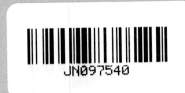

野球 肩・ひじ・腰の鍛え方と治し方

八王子スポーツ整形外科院長
間瀬泰克 著

トヨタ記念病院
リハビリテーション科
坂田淳 著

医療法人社団スポーツメディカル
八王子スポーツ整形外科 編

日本文芸社

はじめに

スポーツ外来にはさまざまな競技の選手が受診に来ます。競技レベルもトップアスリートからスポーツ愛好家までさまざまです。そんな中で親御さんが同伴されるケースが最も多いのが、小学・中学・高校の野球選手です。なかには、父親が少年野球のコーチをしているといったケースもしばしばあります。日本では、それだけ野球に対する両親の思い入れも強く、野球は日本における最もメジャーなスポーツだと再認識させられます。

外来では、時間もスペースも限られているため、実際のフォームや身体の使い方を詳細にチェックするには限界があります。身体で覚えてしまっている不良フォームを外来での2、3のアドバイスでどこまで修正できているのか、身体の硬い部分や弱い部分に対してストレッチやトレーニングを指導しても果たしてきちんと継続できているのか、つねに不安を抱いたまま外来診療をしているのが現状です。

一方、指導者に対して行ったアンケートでは「現在の指導で本当に強くなっていくのか不安を感じている」「実際に故障者が出た場合にどうしてよいかわからない」といった声が聞かれ、現場においても監督やコーチが自らの経験のみに基づいて何らかの不安を抱きつつ指導していることが多く、科学的な理論に基づいて強化やトレーニングを実施できているところはまだごく少数のようです。

今回「野球の障害」の書籍の企画をいただいて、一般の書店に並ぶ啓蒙書を見てみましたが、医科学の専門家による科学的な論点から書かれた書物はほとんどなく、その必要性を痛感した次第です。本書は、野球でなぜ「肩・ひじ・腰」が痛くなるのか？　どうすれ

ばそれを「しっかり治す」ことができるのか？　といったことを科学的に説明し、少しでも多くの選手が大好きな野球を痛みなく、競技レベルを落とさずに、永く続けられるようにわかりやすく解説しました。

われわれは、スポーツに関するプロの職人が集結した日本でも稀有な集団であり、選手に対する理想的なサポート体制は各分野のスペシャリストたちが協力してバックアップすることであると考えています。今回われわれのグループで、このような一般向けの啓蒙書を手がけることができたことはたいへん喜ばしく、機会をつくっていただいた出版関係者に感謝しております。

スポーツ選手にとって、競技の技術や能力、センスで優劣がつくことは納得がいきます。しかし、ケガや故障で戦列から離脱することはとても悔しい思いをします。われわれスポーツ選手をサポートするグループとしての使命は、１人でも多くのこういった悔しい思いをする選手をなくし、正々堂々と競技で勝負できる土壌に選手を戻してあげることだと考えています。

日本では競技人口が非常に多い野球ですが、その中には非凡なセンスや才能を持ちながら不適切な練習やトレーニングにより、不幸にして故障し、そのまま脱落してしまうケースも散見されます。スポーツの世界はある意味でサバイバルレースですが、本書が少しでもこういった例をなくし、結果として日本における野球競技のレベルアップにつながれば幸いです。

間瀬　泰克

Contents

コラム

※本書に掲載のQRコードをスマートフォンなどのカメラ機能で読み取ってアクセスすると、表示タイトルの動画を観ることができます。
（ご利用の際には別途通信料がかかり、お客様のご負担となることをご了承ください）

Prologue

障害に対する考え方

八王子スポーツ整形外科／間瀬泰克・中井大輔
トヨタ記念病院リハビリテーション科／坂田 淳

野球の競技の特徴（競技特性）を知る

スポーツ競技によるケガを考えるときは、
その競技の特徴（競技特性）を知ることが大切です。

野球は個人競技的要素の強いチームスポーツ

野球は、日本で最も人気のあるスポーツのひとつです。9人対9人のチームスポーツではありますが、各場面では1対1の個人競技的要素が強いスポーツともいえます。攻撃では相手チームのピッチャーの球をいかに打つか、守備では相手チームのバッターをどう打ち取るか、このピッチャーとバッターとの対決が野球最大の魅力であり、日本人の感性にマッチしているのでしょう。そこに、チームとしてどのような攻撃、あるいは守備をするかという要素が加わり、プレーする者や観る者を魅了するのです。

野球の試合は、ピッチャーのデキに大きく左右されます。サッカーやラグビーのような組織で動くプレーが少ない分、個々のメンタル部分が重要で、そうした要素が試合の勝敗に影響をおよぼします。野球は個人競技的要素の強いチームスポーツであるといえるのです。

野球では外傷よりも障害が多い

スポーツによるケガや故障は、大きく2種類に分類されます。それは、1回の衝撃で受傷する「外傷」（≒ケガ）と、繰り返しのストレスによって徐々に発症する「障害」（≒故障）の2種類です。

野球の場合、外傷の原因となるコンタクトプレーは、ホームベース上でのクロスプレー、野手同士の衝突など、1試合にあるかないかであり、また全力疾走やフルスイング時の肉離れ、スライディング時のねんざも頻度としてはまれです。

野球は、何といっても投球動作が最大の特徴であり、とくにピッチャーは究極のパフォーマンスが要求されます。投球は、下肢ー体幹ー上肢とつながる全身の運動連鎖であり、そのどこかに少しでも問題があれば、問題のある部分のパフォーマンスは低下し、それを補うために過度の負担のかかった部位に種々の障害が発生します。

中学生の場合、不良なフォームによる投球動作の繰り返しで、発育期の身体の弱い部分に徐々にストレスが蓄積され、障害を発症するケースが多くなっています。

その代表的なものが「野球肩」「野球ひじ」で

Column 現在の少年野球の環境

野球をするスペースは、昔に比べて少なくなりました。とくに都会では、土や芝生の空き地はほとんどなく、あっても気軽にキャッチボールができる環境ではありません。

また、今の指導者が幼少の頃は、メンコや木登り、川遊びなど、自然に触れながら知らないうちに体力がついていましたが、今の子供たちは遊ぶ場所がないため、平日は塾通いやゲームをする子供が多く、休日の土日に急に多くの練習をして、肩やひじ、腰を痛めてしまうケースが多々みられます。

生活環境の欧米化も関係しています。和式トイレを使うことは少なくなり、椅子やベッドの生活が当たり前になったため、畳から立ち上がるような動作が極端に減り、とくに股関節周囲の柔軟性や支持性が低下しています。

このような環境は、時代の流れでしかたがないことで、子供に罪はありません。ただ、単純に野球をやりたいという子供たちを、いかにケガや故障をさせずに好きな野球を続けさせてあげられるかを、われわれは考えていかなければなりません。

野球によるケガ・故障の多くは障害

すが、必ずしも症状がある部位だけの問題ではなく、根本の原因は股関節の硬さであったり、肩甲骨や体幹の動きの悪さであったりすることが多いのが現実です。

野球は安全なスポーツといえるのか？

野球はコンタクトプレーという面から見れば
安全といえるかもしれませんが、危険な側面もあるのです。

日本では幼少時から野球一本槍？

かつて、野球は、日本人の生活に最も浸透しているスポーツであり、男子であれば多くの日本人が幼少時から野球を経験しました。

一方、アメリカでは、学生の間に野球、バスケットボール、アメリカンフットボールなど、数種類のスポーツを経験するのが一般的です。

幼少時から単一のスポーツだけを経験することの多い日本では、まだ身体ができ上がっていない成長期に同一の動作（とくに左右非対称な動き）を繰り返し、身体の特定の部位に過度のストレスをかけ続けることにより、成長期特有の障害が発生しやすくなります。

また、スポーツ現場にいまだ残っている日本古来の精神論や根性論的な考え方も、障害の発生を助長する要因になっています。

野球は肩・ひじ・腰に危険なスポーツ？

野球は、ラグビーや柔道のようなコンタクトスポーツではないので、危険性はないと思われている親御さんがたいへん多くいらっしゃいます。

たしかに、脊髄損傷などの重篤な外傷はほとんど起こりませんが、肩・ひじ関節のスポーツ障害という観点では、野球は他の競技に比べ、圧倒的に障害の多い（危険な）スポーツなのです。

それは、関節の構造上の特徴からきています。肩やひじの関節は、もともと荷重関節（身体の体重を支える関節）ではないため、ひざや足首のような荷重関節とは異なり、構造上、丈夫ではありません。

不正な投球フォームや過度の投げ込みによって肩やひじに膨大なストレスがかかり、継続していると、最終的に関節内外に元に戻らない傷ができるのです。

また、野球の基本動作であるバッティングやピッチングは、いずれも体幹の同一方向へのひねり動作が中心であり、繰り返しのストレスにより、腰部に疲労性の障害を引き起こします。統計上、野球が他のスポーツより腰部の疲労性障害の頻度が高いことがわかっています（Part3を参照）。

Column ひじが下がらなければよいのか？

投球障害では、ほぼすべてにおいて、不良フォームが関係しているといっても過言ではありません。そして、投球障害で最も多いのが、肩・ひじの障害です。

子供たちに、「肩のラインよりもひじが下がらないように」と指導するのは、とても重要なポイントです。しかし、痛いところが肩やひじでも、そこだけの修正では解決しないことが多いのです。基本となる「体重移動」がしっかりできていなかったり、体幹が使えていなかったりするからです。

たしかに、肩やひじを上から振れるようになれば、位置エネルギーも使えるため、肩やひじにかかる負担は軽減し、痛みは減少します。しかし、その分、股関節に負担がかかり、股関節を痛めることにより股関節の可動性が悪くなり、結果として肩・ひじを痛めてしまいます。

不良フォームが原因といっても、外来やグラウンドで数回のフォームを見ただけでそれを的確に指摘して修正することは難しいといえます。最も大切なことは、選手自身が自分の弱い部分を把握して、自分で身体の異変に気づくようになることです。

そのためには、受け身ではなく、自ら率先して解剖学や運動生理学を勉強し、自分の身体を理解するように努める姿勢が大切であり、選手生命を長く維持する秘訣にもつながるのです。

スポーツへの親しみ方は日米で大きな違いが

投球動作は「運動連鎖」による全身運動

投球動作は、全身の運動連鎖による究極のパフォーマンスといえます。
どこか１箇所の不具合でも障害の要因になります。

投球動作は下肢→体幹→上肢の運動連鎖

投げるときは、どの野球選手も必ず足を上げて、そこから得られるエネルギーを体幹から上肢に伝えて指先からボールを離します。椅子に座ったまま、キャッチャーまで速いボールを投げられる人はまずいません。逆に、助走をつけて投げると、より遠くまで投げられます。

これは「運動連鎖」と呼ばれる理論です。下半身を利用して地面からの反動で力を得て体幹に伝え、肩甲帯から肩関節にその力を伝え、上肢全体を利用して指先のボールに力を伝えるのが運動連鎖です。

つまり、投球動作とは、「地面から足裏を通じて吸い上げたエネルギーを、下肢・股関節・骨盤で蓄え、体幹・胸郭・肩甲骨で増幅し、肩関節・ひじ・手首・指先に至るまで、いっさいのむだなく伝達し、ボールに乗せるという全身の運動連鎖による究極のパフォーマンスである」ということができます。

その過程の1箇所でもうまく機能しないとパフォーマンスは落ち、そのまま無理して継続すると他の部分に負担がかかり、障害につながるのです。

機能低下した部分を他の部位が補っている

機能低下した部分があっても、その部分に痛みがなければ本人は気づきません。しかし、機能低下した部分は他の部位が補っていて、それが積み重なると最終的に過度の負担がかかっていた部分は故障します。これが通常、最も多く見られる障害のパターンです。

ですから、痛みのある箇所だけを治療していたのでは、復帰してすぐに再発し、繰り返すこ

Column 球数制限は必要か？

成長期の障害の起きやすい時期に、特に投手の球数制限をすることは意味のあることだと思います。

アメリカ発祥のリトルリーグは2006年に球数制限を決定し（日本でも2007年導入）、2014年メジャーリーグベースボール（MLB）はピッチスマート（球数制限と必要な休息日に関する報告）を発表しました。野球界の頂点に立つMLBが育成年代の健康ついて提言したことに大きな意味があります。一方日本では、2019年に学童軟式野球の球数制限（1日70球）や高校野球全国大会での球数制限（1週間500球以内）が決定されました。選手のレベルアップを妨げる可能性がある、関節の負担のかからないフォームが重要であるなどの現場の意見もありますが、より普遍的かつ明確な基準である球数制限で、育成世代の野球選手の健康と批判にさらされやすい指導者の立場を守らなければなりません。

選手は投球時に少しでも違和感や痛みを感じた場合、球数にかかわらず、その場で投球を中止できる自己管理能力を持つ必要があり、また周囲もそれを受け入れる環境にしておくことが大切でしょう。

下肢・体幹の柔軟性や機能が低下すると…

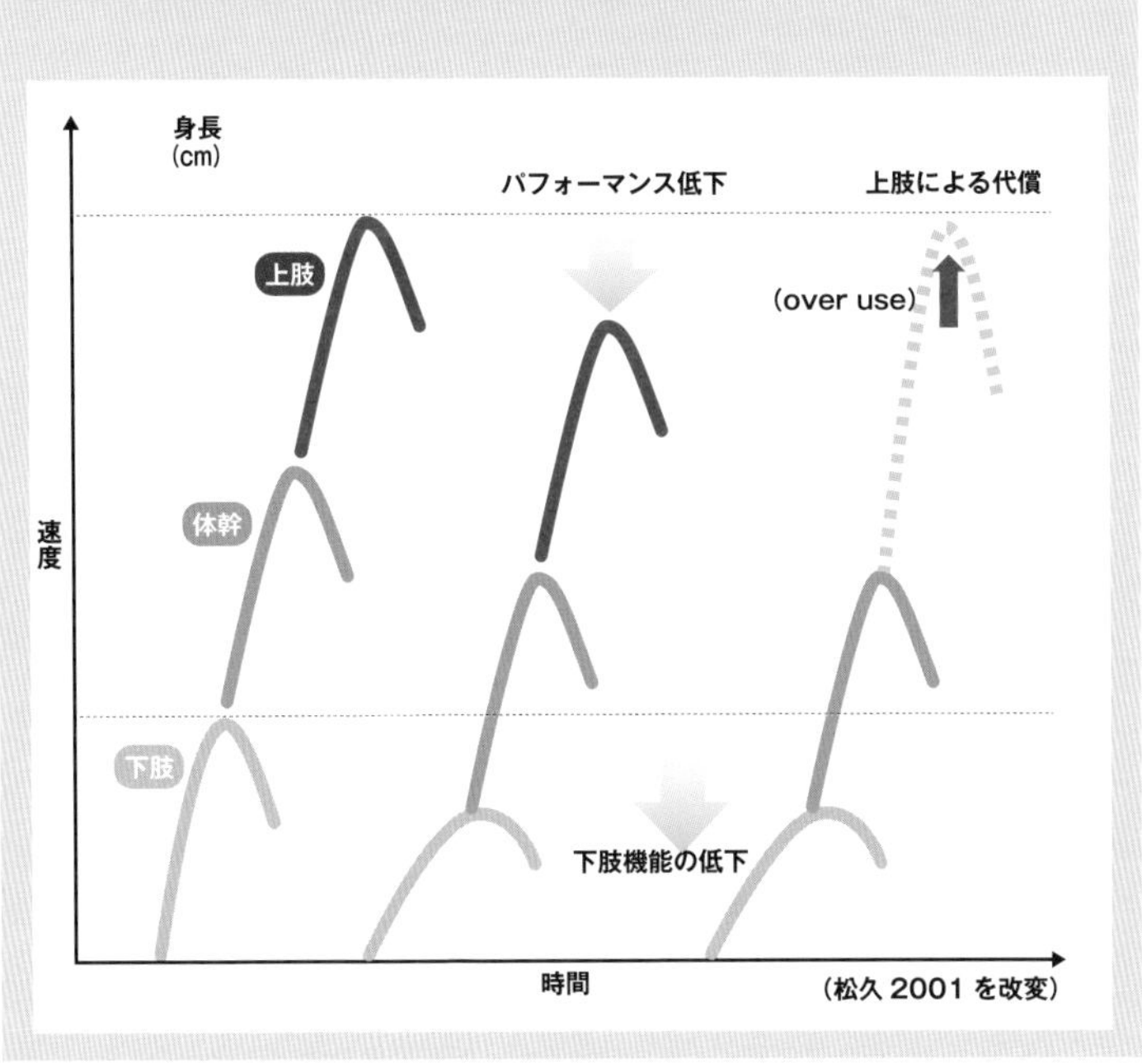

とになります。本来すべき治療は、痛みのある箇所のケアと同時に、機能低下している部分を見つけ出し、そこを重点的に治療し、機能を高めるということになります。

ケガ・故障には原因がある

小、中学生のケガ・故障が高校生、大学生、プロ野球選手になっても邪魔をします。

三つ子のケガ・故障は百まで

野球で起こるケガ・故障のうち、最もひじを痛めやすい時期は小学生の頃です。小学生を対象とした障害調査を行うと、一年間で4人に1人がひじを痛めるというショッキングな結果が得られました。そのうち10人に1人はひじに後遺症が残り、高校生や大学生になった際にトミージョン手術というひじの手術を受ける確率が高くなることも知られています。つまり、40人に1人の小学生が、将来的に手術を受ける危険性を作ってしまうことになります。これは決して少ない数字ではありません。

腰椎分離症という、腰部の疲労性障害にも注意が必要です（Part3参照）。中学野球選手を検査したところ、症状を自覚し、かつ腰椎の疲労骨折がみられた選手が4人に1人にも及びます。腰椎の疲労骨折を十分に治さないままに高校、大学と進むと、トレーニングを行うたびに腰痛が生じる確率は3倍にもなります。やりたくても皆と同じようにトレーニングに励むことができなくなってしまう危険があります。

ケガ・故障には球数のほか、体力の低下が背景に

野球におけるケガ・故障には必らず原因があります。これまで述べた球数やフォームの問題に加え、体力の低下も危険因子となります。その中で、最も危険な因子は、姿勢（猫背）です。猫背になると、ボールを投げる際に胸が張れず、肩やひじに負担がかかるためです。我々の調査結果によると、猫背の選手はそうでない選手の2・5倍ひじを痛めるリスクがあがります。

股関節の柔軟性が低下することも問題です。股関節の柔軟性が低下すると、上半身優位の投球やバッティングとなり、腰や肩、ひじへの負担を増大させます。

小学生から中学生にかけて、骨が急激に作り変えられ、身長や体重が一気に増加します。骨が伸びる一方で、筋肉は一緒に伸びてはくれません。結果、特に下股の柔軟性が低下し、また特に体幹や肩甲骨の筋力が追い付かず、体のバランスが崩れます。体格の変化は野球の調子も崩すため、小学生から中学生年代の指導には特に注意が必要です。

Column 骨が成長する際、一時的に弱くなる？

ひじや肩の障害は、骨端線と呼ばれる成長線が閉鎖する前後で、その病態が異なります。骨端線閉鎖後は靱帯や腱の障害が多いのに対し、骨端線閉鎖前は骨や軟骨の障害が多く起こります。さらに骨軟骨障害の発症時期は、骨端線が変化するタイミングと一致することが知られています。ひじの骨であれば小学生、肩の骨であれば中学生の時期に、大人の骨の形に作り変えられる過程の中で、まるで建て替え中の家屋のように一時的にもろくなる、危険な時期が訪れるのです。

成長曲線（男女）

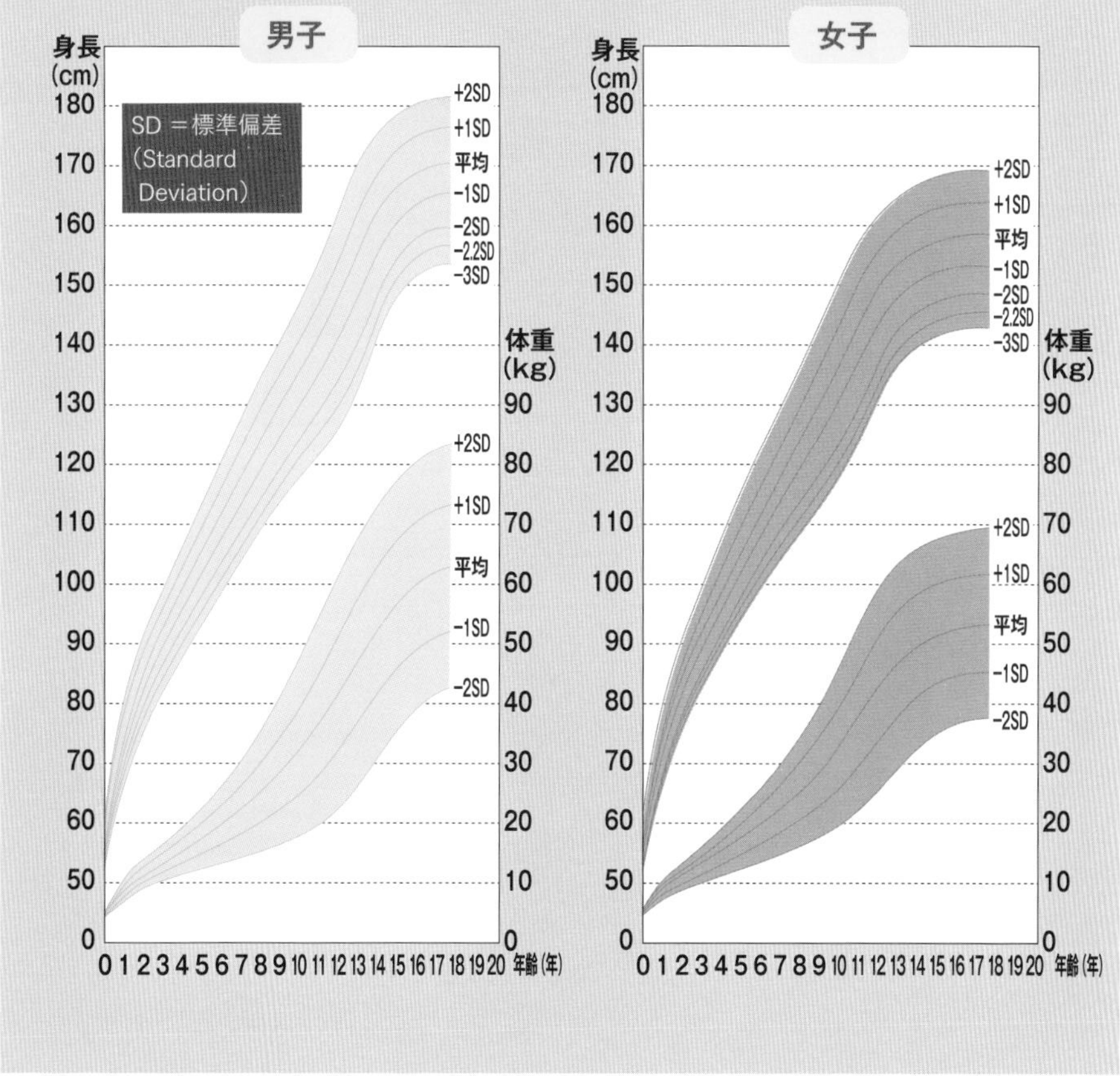

最大の治療は予防

丈夫になることは、ケガ・故障をしないことにも、
野球を上手になることにもつながる近道です。

丈夫な身体になることが ケガ・故障の予防に

近年の研究では、小学生のうちに、肩や股関節のストレッチ、肩甲骨・胸郭の運動、片脚バランスのエクササイズを15分、週に1度行うと、姿勢がよくなり、肩や股関節も柔らかくなり、肩やひじのケガ・故障の起こる確率が1／3まで減少することがわかっています（24～25ページ参照）。高校生でも同様に、肩甲骨や体幹、股関節の運動を行うと、腰痛の発生が減少するとされています。

さらに、体幹のバランスやスクワット動作時の股関節の使い方を身につけるエクササイズを行うと、肩やひじ、腰のケガ・故障が減るだけでなく、球速やスウィングスピードも向上することがわかりました。

日頃からの積み重ねにより、身体を丈夫にすることで、ケガ・故障の予防をすることができ、野球の上達にもつながるのです。

予防は、最大の治療と言われるゆえんです。ＰＡＲＴ１では、肩やひじ、腰の予防に重要なエクササイズを紹介します。

1日1回15分、未来のために体操を！

Column まず、ボールの握り方から

ボールを正しく握ることは、故障しにくい投球をする野球が上手になるための第一歩です。

まず、人差指と中指をボールの縫い目に直角に交差するようにかけます。

また、縫い目のほぼ同じところに指がかかるように、人差指より中指が長いことを考慮してください。

最も重要なことは、その2本の指と反対側のボールの位置に親指の「腹」ではなく、人差指側の側面の部分をボールに当てることです。小学生低学年では、親指の腹を当てる（母指指腹握り）が多く、これが不良フォームに関係している可能性が指摘されています。

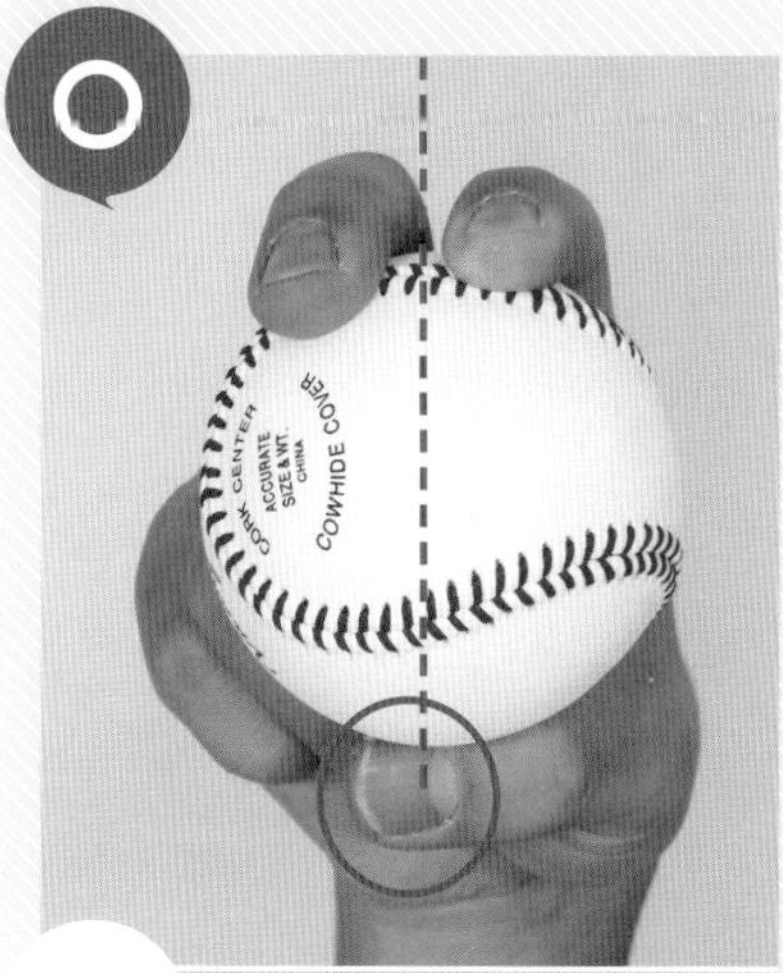

母指尺側握り

親指は、人差指側の側面部分をボールの中心下部に当てる。

母指指腹握り

親指の腹をボールの中心から外れた下部に当てる握り方。

ケガ・故障は生活習慣病？

ちなみに、一日1時間以上ゲームを行う選手は、ゲームをやらないあるいはやっても一日一時間以内の選手の約2倍、ケガや故障のリスクがあることがわかっています。日頃の取り組みは練習にも現れます。一日15分、自分の未来のために時間を作ってください。

野球で求められる能力

野球で求められる能力は、ポジションによって異なります。

投手に求められる能力

投手はバッターを打ち取るために必要な球速・回転数、投げたいところに投げられるコントロールが大事です。

実は、球速には軸足の安定性が大事であったり、回転数にはボールの持ちがよくなるように胸郭の柔軟性や指の力が重要であったり、コントロールには踏み込み足のバランスや強さが大事であったりと、身体の機能と密接な関係があります。

投手には、継続する能力も大事です。継続力にはいろいろな意味があります。もちろん、厳しい練習を続けることができる精神力もそうです。そしてひとつは、同じ動きを繰り返し行うことができる再現性。再現性があることで、投手のパフォーマンスは安定します。持久力や回復力も継続する力のひとつです。先発投手であれば長いイニングを投げ続けられるよう、強い力を繰り返し出すことができる間欠的持久力という持久力が必要ですし、リリーフや抑えであれば、連日投げ続けられる回復力も必要です。

もうひとつ、投手に重要な能力、それは脱力する能力です。体力をできるだけ温存するためには、実は力を抜いて投げることが非常に重要です。力を抜いてもよい球が投げられる。これはケガや故障をしないためにも非常に大事な能力です。そして、肩や腕の力を抜くためには、体幹や肩甲骨が重要となってくるのです。

野手に求められる能力

野手は、ただ投げるだけでなく、捕球のための反応性、捕球した体制から素早く投球動作に入る俊敏性、体勢が崩れても投げることができるバランス能力が必要です。加えて、捕手では常に座る、立つを繰り返すポジションであるため、特に股関節の柔軟性と筋力が重要になります。

打者に求められる能力

投手が投げる速い球や遅い球、鋭くいろいろな方向に曲がる変化球に対応し、球を打ち返すことが求められます。速い球を打ち返すパワーとスピード、変化球に対応する動体視力、遅い

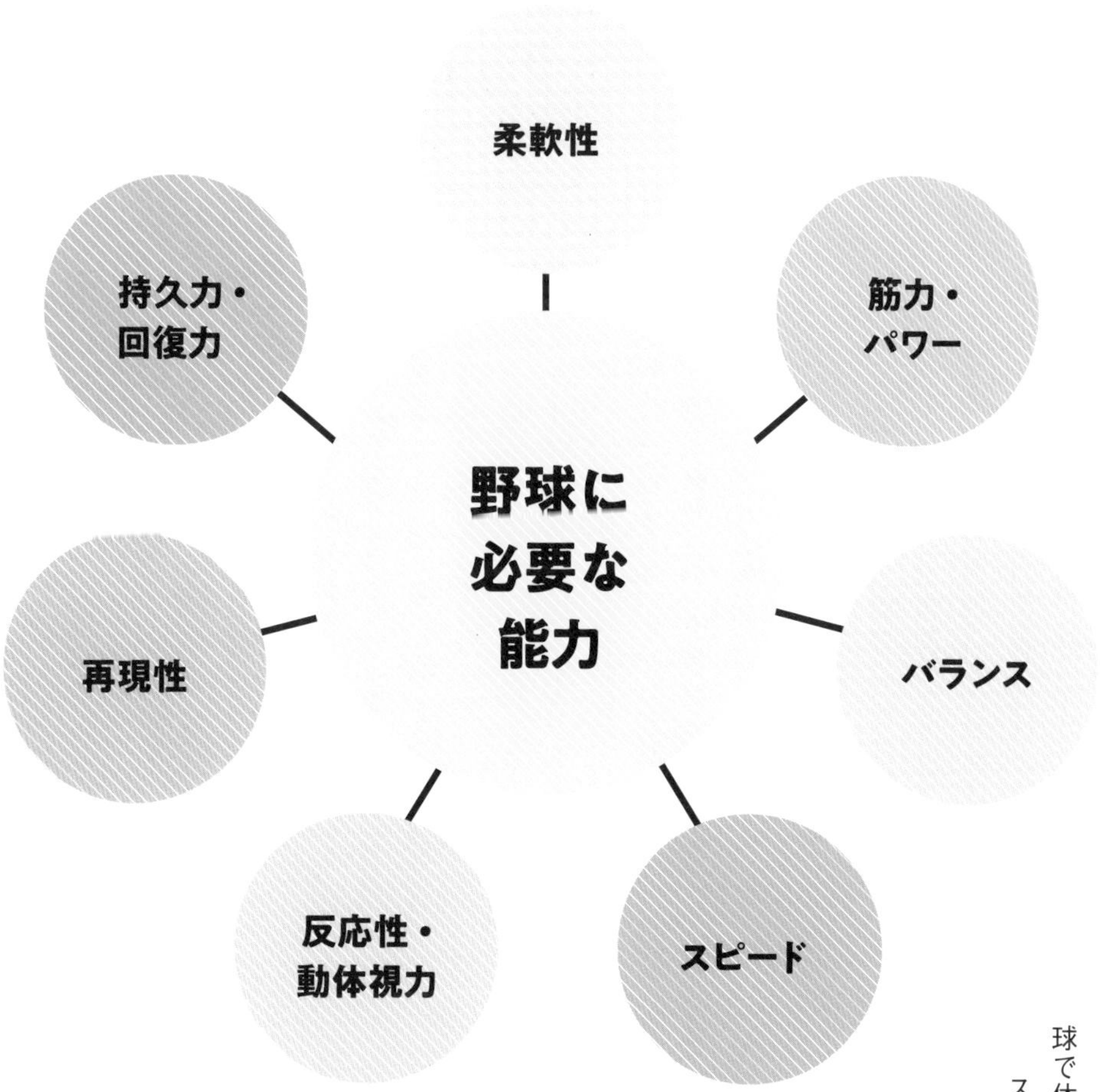

球で体制を崩されてもスイングできるバランス能力、そして打った後にすぐに走り出せる敏捷性とスピードが求められます。

野球に必要な体力要素

このように、野球には、柔軟性、筋力、パワー、バランス、スピード、反応性・動体視力、再現性、持久力や回復力など、非常に多くの体力要素が重要です。

これらの体力は、野球の練習をするだけでは、身につくものではありません。様々運動様式を通したトレーニングを経験することが重要です。これらを様々な運動バランスよく鍛えることが、野球の上達の近道になるのです。

治療に対する考え方

投球障害の治療は、手術をしない「保存的治療」が中心です。
手術が必要な場合でも、最小限の治療に留めます。

ほとんどの投球障害は保存的治療で完治する

障害の治療はいろいろとありますが、手術をする、しないで大きく2通りに分けられ、手術をしない治療を「保存的治療」といいます。

前述のように、投球障害は不良な投球フォーム、過度の練習やそれに伴う部分的な機能低下が問題であることが多く、ほとんどの投球障害は保存的治療で完治します。

つまり、治療ではまず保存的治療を第一選択とし、手術治療は最終手段となります。

ただし、ひじの離断性骨軟骨炎のように、病期によっては保存的治療では限界があるとわかっている障害に対しては、最初にきちんとした診断をして、治療方針を立てます。

コンディショニングの重要性

野球選手（とくに肩関節）を診療していると、子供と大人では違うということを感じます。

成長期の子供に関しては、「検査で関節内に損傷を認めることはきわめてまれ」であり、成長の終了した大人に関しては、「関節内に小さな傷（損傷）があることは決して珍しくない」し、「疼痛のない選手の肩に損傷があることさえある」のです。また、大人の場合、関節内部の傷が自然治癒することもまれです。

つまり、症状は全身のコンディショニングによって左右されるものであること、一度治癒しても再発し得る可能性があることを知っておきましょう。

手術する場合の方針

コンディショニングによって全身の機能改善が図れても、関節内部構造の破綻が機能によってカバーできない場合や、構造破綻を改善しないかぎり理学療法が進まないと判断される場合に、手術を検討します。

野球選手の手術で注意すべき点は、「治しすぎない」ことです。傷んでいる関節唇のクリーニングあるいは修復、腱板関節面のクリーニングあるいは修復など、手術中に選択できるケースも多いのです。

技術レベルの高い選手ほど最小限の治療に留めておくことが、その選手の身体特性（肩の柔軟性）を維持することにつながります。

Part 1

予防・コンディショニング

トヨタ記念病院リハビリテーション科／坂田 淳
トヨタ記念病院・VERSATR代表／橘内基純

ルーチンワーク

野球前の
ルーチンドリル

四つ這いで手を後頭部にあてて体をひねり、天井が見れるか

腕を組んで片足立ちになり、3足分外の靴をタッチできるか

3 足を前後に最大まで開き、お尻を落としながら、内側のひじを前足の横につく。次に肘をついた手を天井に伸ばす。10回繰り返したら、左右交代

7

後ろ側に片手をつき、お尻を天井に向かって持ち上げながら、反対の手を遠くに伸ばす。（交互に10回）

8

片膝をつかんだまま、真上に伸び上がる。（交互に10回）

野球へ

スポーツを行う準備、できていますか？

Let's TRY! 野球をする前の

Check!

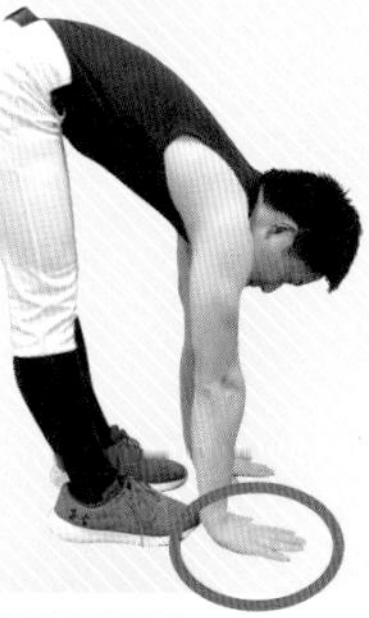

前屈して、両手のひらを床にタッチできるか

後屈して、後ろの床を見ることができるか

ドリル

1

肩幅よりも広く足を広げ、両肘を膝の内側に入れてつま先をつかむ

膝と腕で押し合いながら、お尻をしっかり地面に落とす（10回）

2 しゃがんでつま先をつかみ、お尻を天井につきだす（10回）

4 両腕を膝の外側からまわして外側の床に手をつき、お尻を後ろに引く（10秒キープ）

5 腕と膝をクロスさせたまま、外側の手を床から放し、天井にまっすぐ伸ばす（10秒キープ）

6 前に出した足と同じ側の手を床につき、反対側の手を天井にまっすぐ伸ばす（10秒キープ）

YOKOHAMA BASEBALL 9

Yokohama
Baseball-9

4 わきのストレッチ

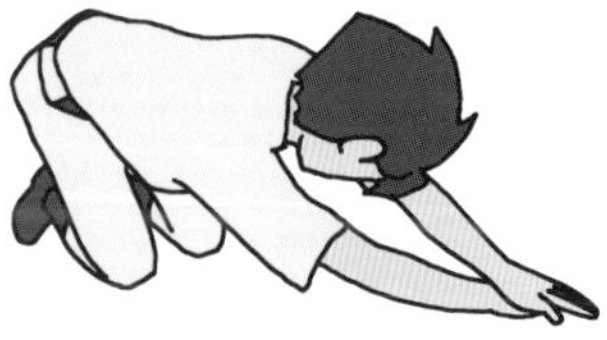

四つんばいで、手を反対の手の前に置き、上から抑える。投げる側の方に上体をずらし、骨盤を後ろに引く（10 秒キープ）

5 股関節後方のストレッチ

臀部がつっぱるまで骨盤を横にずらし、その後、骨盤を後方に引く（10 秒キープ）

アドバンス版：体幹バランス

レベル 1 手・足クロスあげ

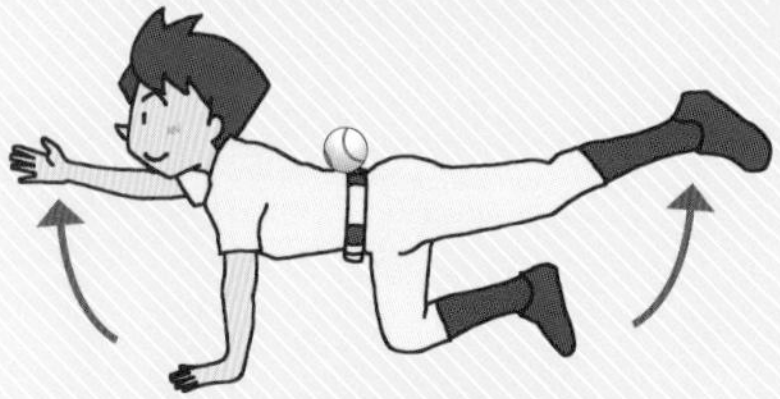

右手と左足を骨盤の高さまであげる。左手と右足も同様（交互に 10 回）

レベル 2 ヒップヒンジ

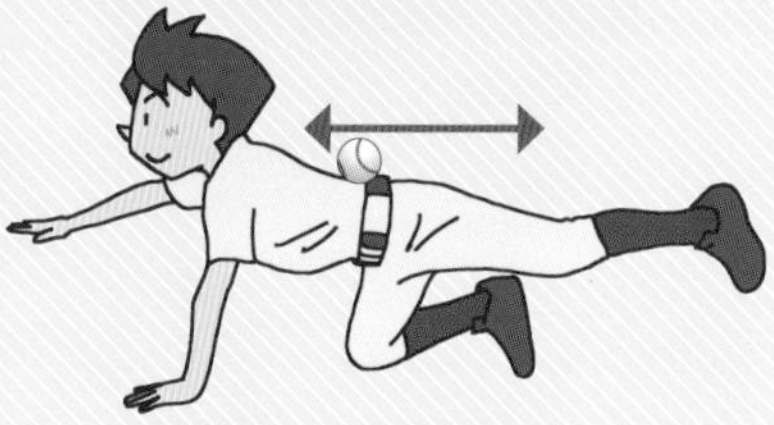

クロスで手足をあげたまま、身体を前後に水平移動する（10 回）

レベル 3 同側挙上

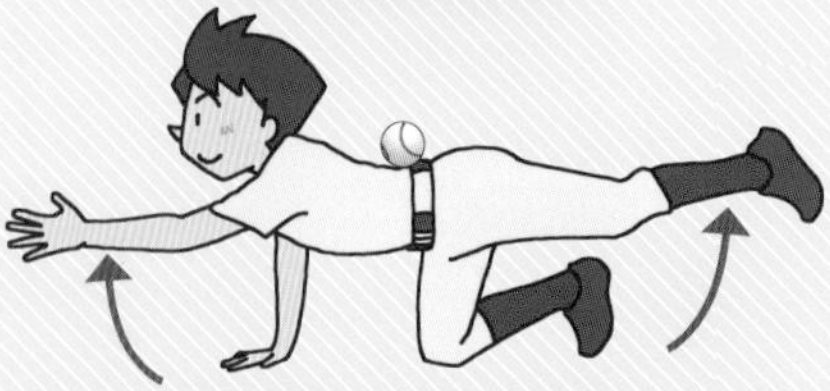

右手と右足を骨盤の高さまであげる。次に左手と左足をあげる（交互に 10 回）

四つんばいで背骨にボールを載せ，落とさないように動く。落とさずに 10 回できたら、レベル UP！体幹の安定と股関節の使い方が上手になり、軸がきれいに作ることができるようになります。

小学生の練習前に10分!

小学生のケガ・故障予防の決定版

1 肘の外側の筋肉ほぐし

力こぶを握り、ひじを曲げ伸ばしをゆっくり10回

2 母指球のストレッチ

手のひらを上にして、親指を下に引っ張る（10秒キープ）

3 肩前面のストレッチ

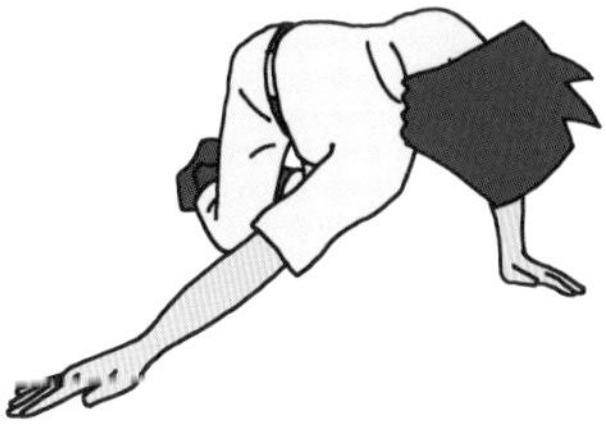

四つんばいで、手を遠くに置く。上体を反対に捻り、肩を地面に近づける（10秒キープ）

6 キャットアンドドッグ

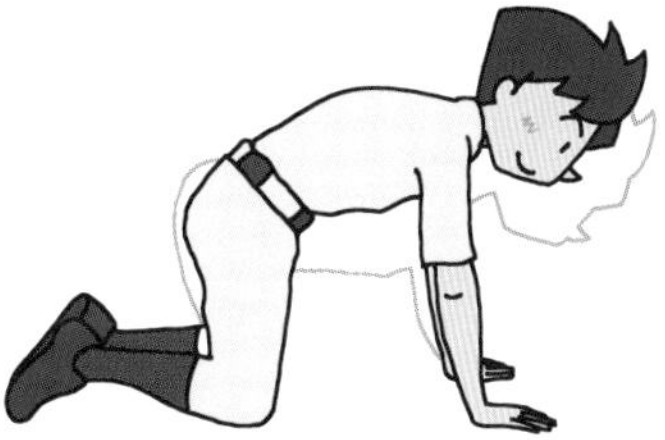

肘を伸ばしたまま、胸を地面に近づけたり、胸を高くあげたりする（10回）

7 トランクローテーション

手をつむじにあて、胸を張りながら、天井をみるように上体を捻る（10回）

8 軸足バランス

片足立ちになり、浮かした足を横にリーチし、地面に足がつかないように戻る（10回）

9 エルボートゥニー

両手を肩に当て、一歩前に踏み込む。骨盤から身体を回し、肘を前膝に近づける（10回）

なぜ指力が大事なのか

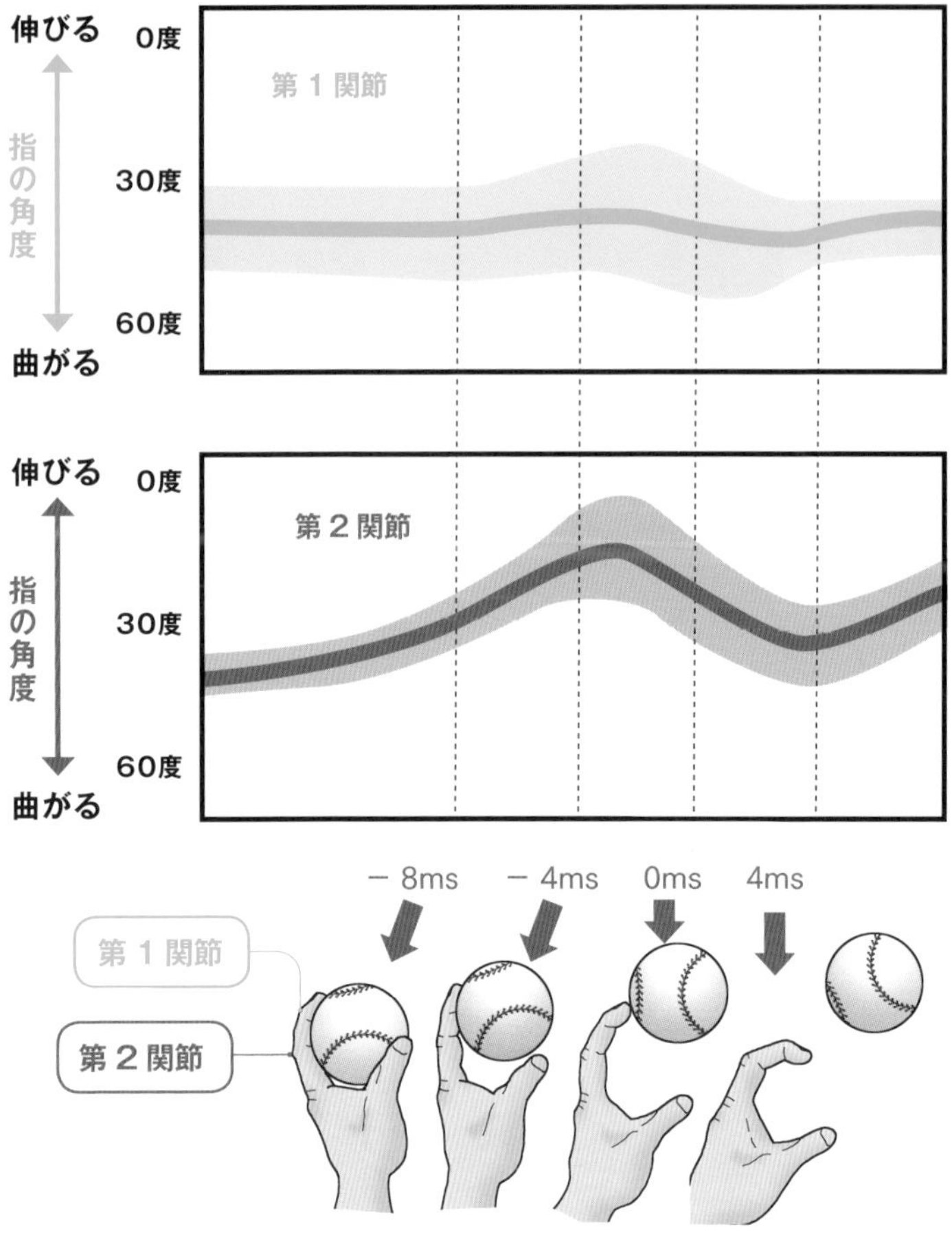

ボールを投げるときの指の働き

投球時の指の動きを解析した研究によると、第1関節はあまり動かず、第2関節がボールを放す直前に伸びて、またすぐに曲がることがわかっています。これは、ストレッチショートニングサイクルといわれ、例えば反動を使ってジャンプをすると高く飛べるように、筋肉が強い力を発揮することができる重要なメカニズムです。さらにボールをひっかく方向に力を加えることで、回転数が増加するといわれています。実際に第2関節の指を曲げる筋力が強いと回転数や球速も高く、指力は非常に重要です。

第2関節を曲げる筋肉はひじを守る

第2関節を曲げる筋肉は、ひじの内側まで伸びており、最近の研究では、ひじを守る重要な筋肉といわれています。パフォーマンスを上げるためにも、ひじを守るためにも、指力を鍛えることが重要です。

指力を鍛えよう

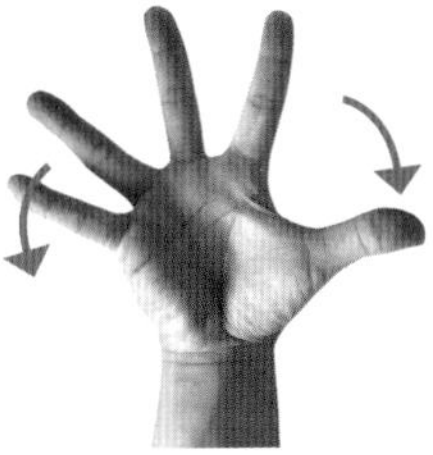

パーをし、親指と小指が一直線になるまで開く（10回）

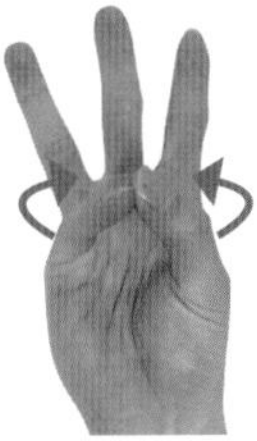

親指と小指を人差し指と中指の間で合わせる（10回）

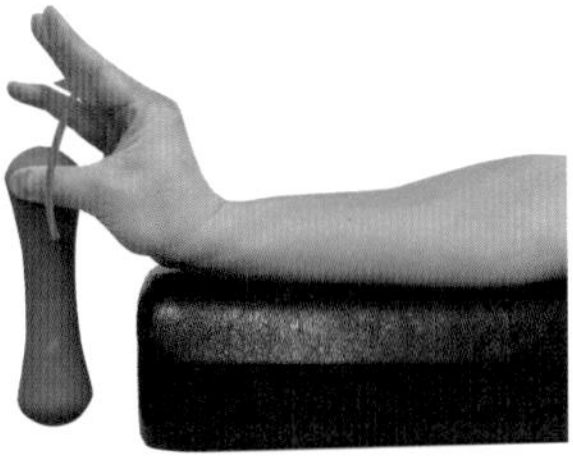

親指と小指で重り（1~2kg）を挟み、落とさずに手首を起こして、持ち上げる（30回）

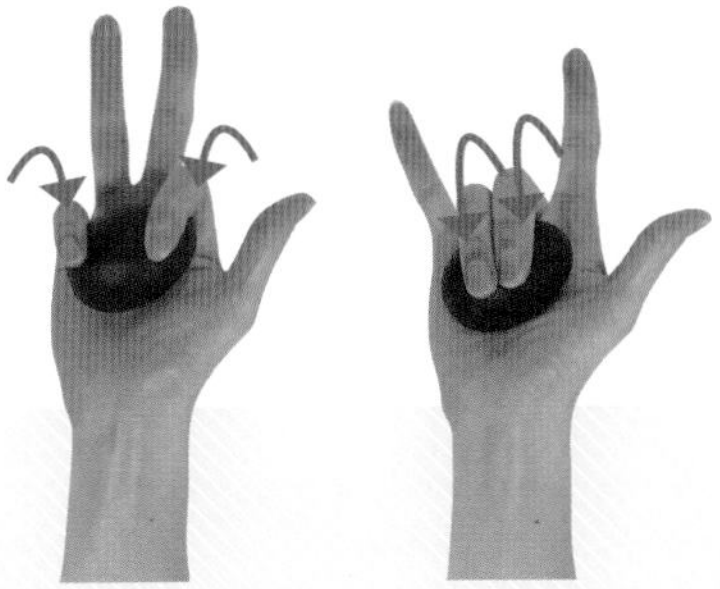

他の指ができるだけついてこないようにしながら、人差し指と小指、中指と薬指の第2関節を曲げて、スポンジを握る（各30回）

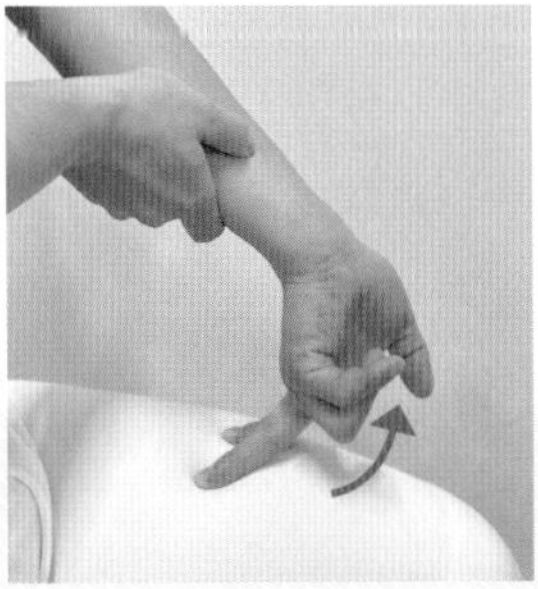

人差し指と中指を伸ばしたまま、薬指と小指の第2関節を曲げる（30回）

鉄棒やバーに人差し指と中指をかけ、第1関節が伸びないように注意しながら、第2関節を曲げ伸ばしする。はじめは体重をかけるだけにし、徐々に斜め懸垂の姿勢やぶら下がってもできるようにしたり、指をかけたまま斜め懸垂をする（10回×3セット）

※人差し指と中指だけでなく、中指と薬指をかけたキツネの形、薬指と小指をかけたピースの姿勢でも同様に行うとよい。

肩甲骨パワーが重要

肩甲骨の安定がボールに力を与える

投球時、肩甲骨は胸のしなりを作るだけではなく、両足と反対側の手から生み出された力を肩、腕、指、そしてボールへと伝える大事な役割があります。その際に働く筋は菱形筋《りょうけいきん》と僧帽筋《そうぼうきん》、前鋸筋《ぜんきょきん》です。ケガをしない選手は菱形筋の働きが優れており、強いボールを投げることができる投手は前鋸筋が発達していることがわかっています。肩甲骨回りの筋を鍛え、投球時に使えるようにすることが、投球パフォーマンスとケガ・故障の予防に重要です。

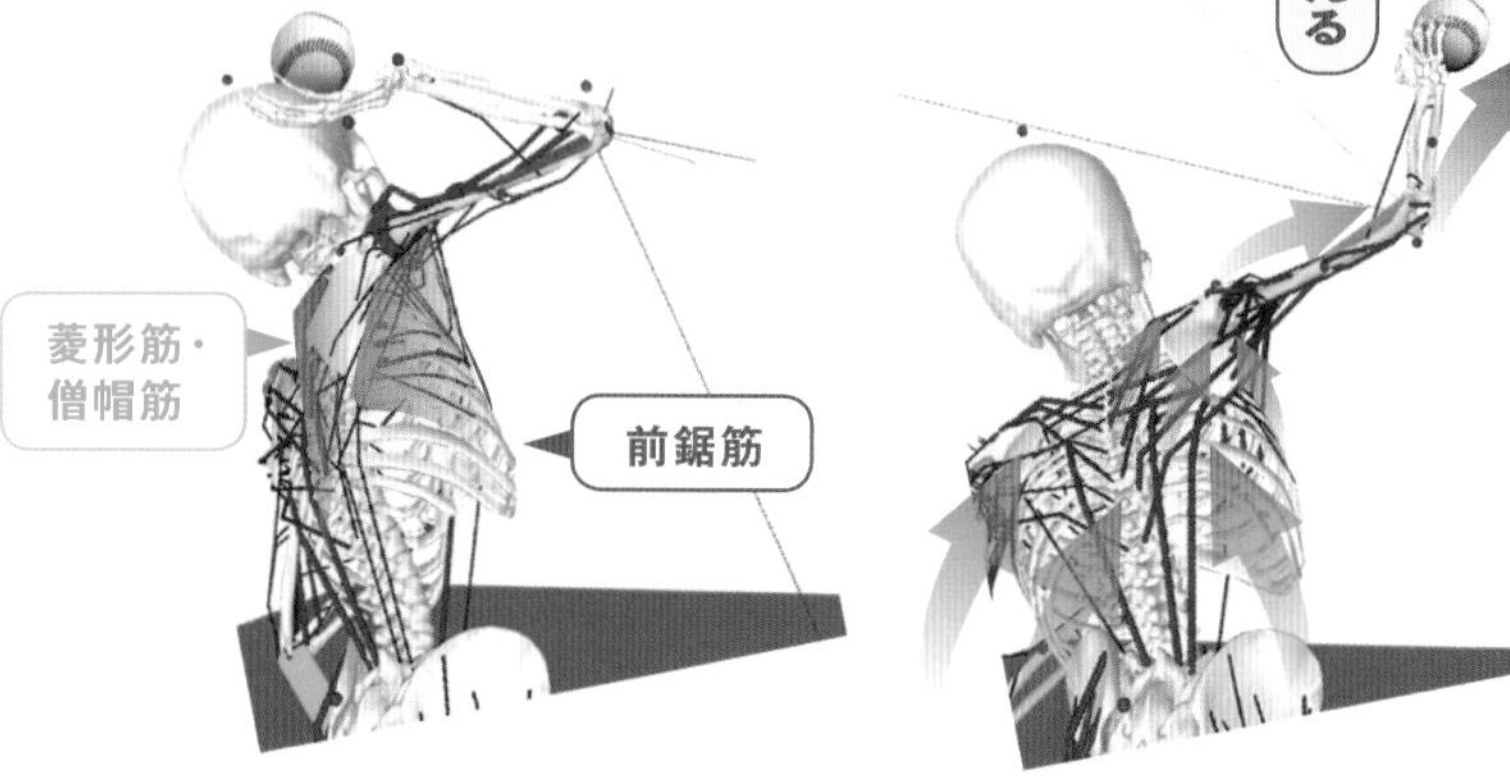

前鋸筋トレーニング

重り（5～10kg）を前に突き出し、上下に振りながら、天井に向かって押し続ける（10回×3セット）

菱形筋・僧帽筋トレーニング

肩幅にチューブを持ち、横に引っ張りながら肩を下げ、肩甲骨の内側に力を入れる（10回×3セット）

レベル2

肩甲骨を突き出したら、肩をひねり、片方の腕で重りを上下に振る。わき（前鋸筋）に力が入るように行う（10回×3セット）

レベル3

投げる際の足をついた姿勢でチューブを後ろから握り、胸を張りながら前に引っ張る。うまく行うと、わきに力が入る（10回×3セット）

前鋸筋
トレーニング

球速アップ

レベル2

両腕を前に伸ばし、利き腕の脇を締め、肩甲骨を引き寄せるようにチューブを引く。戻すときは、反対側の手を追い越すところまで伸ばす。（10回×3セット）

レベル3

肩甲骨を寄せてから足を浮かしてぶら下がり、肘を伸ばしたまま肩甲骨だけで懸垂を行い、上下する（10回×3セット）

菱形筋・僧帽筋
トレーニング

ケガ・故障の予防

コンディショニングの考え方

コンディショニングが勝負を分ける

大切な試合にピークで臨むためには、日々のコンディションやパフォーマンスをより良い状態に高めるため、練習や試合、トレーニングの強度・量や内容などを調節し、変化させていくことを，「ピリオダイゼーション」と呼びます。

いかに大事な試合に向けた、体調や身体能力を高めておくかということには、長期的に且つ段階を踏んだ計画的な取り組みが必要です。

特に、「コンディショニング」と呼ばれる取り組みは、体力面に加えて、精神や技術、栄養、環境など、パフォーマンスに関わるすべての要素をバランスよく発揮できるよう調節・コントロールできるようにすることを指します。

体力といっても，その意味は、体の大きさや筋力、スピード、持久力などの行動体力に加え、免疫や体調などの防衛体力と合わせた身体的要素全体と意志・動機や精神ストレスなどの態勢などを含めた精神的（心理的）要素すべてを含めた広い範囲を指しています。

単純に反復練習のみで体力強化だけを進め精神的・肉体的な疲労を溜め込むのではなく、睡眠や栄養、生活環境の整理など、野球や身体に関わるすべての要素をバランスよく調整すること、短期的な結果だけを見ずに、長期的な視点や計画を持って取り組むことで、怪我を予防しつつ、大事な試合におけるパフォーマンスの発揮を可能にするという点では，勝負の分かれ目となるでしょう。

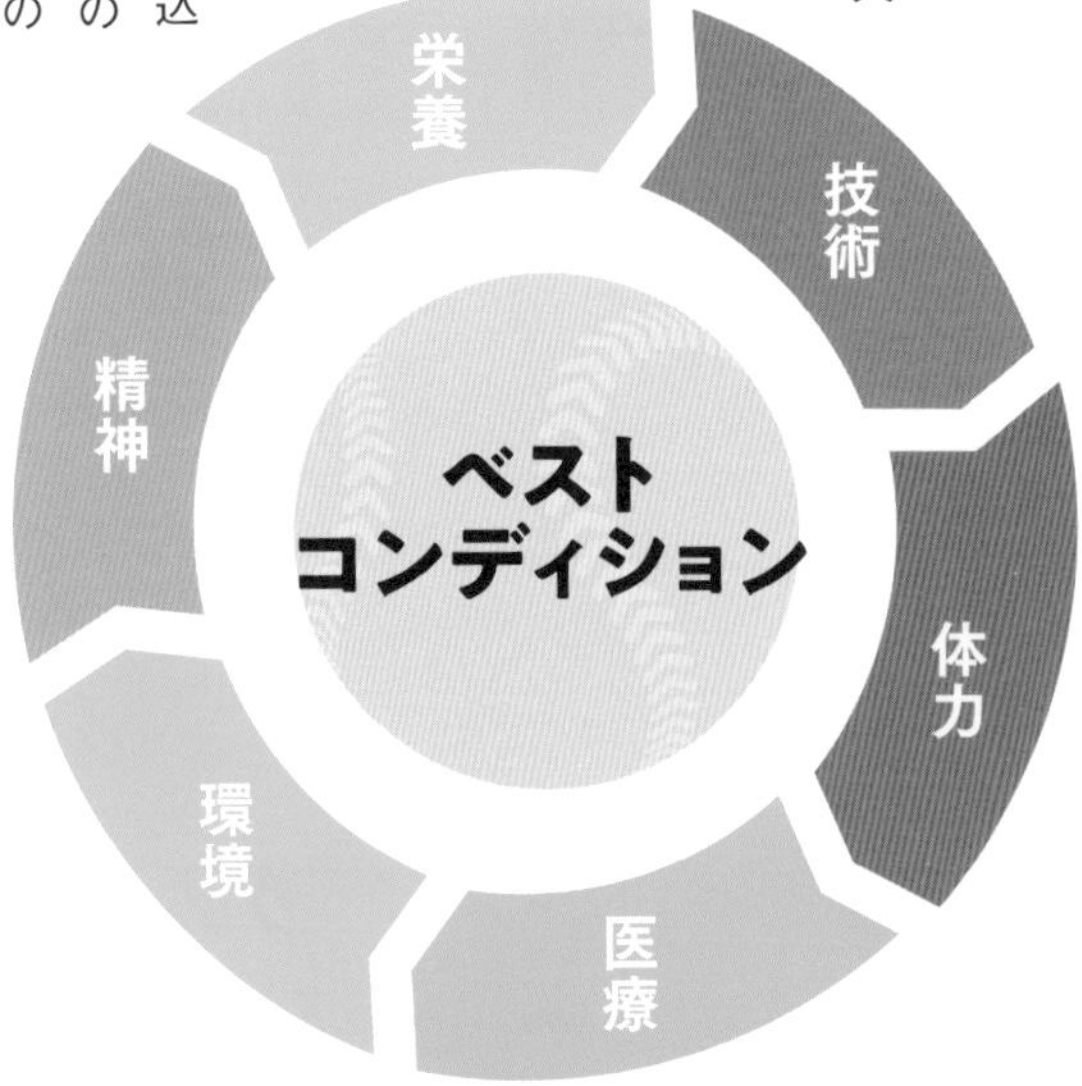

それぞれの年代での違い

身長の発達や体重の増加、形態の変化など、成長の速さと内容は、年齢や性

野球スキル向上のためのパフォーマンスピラミッド

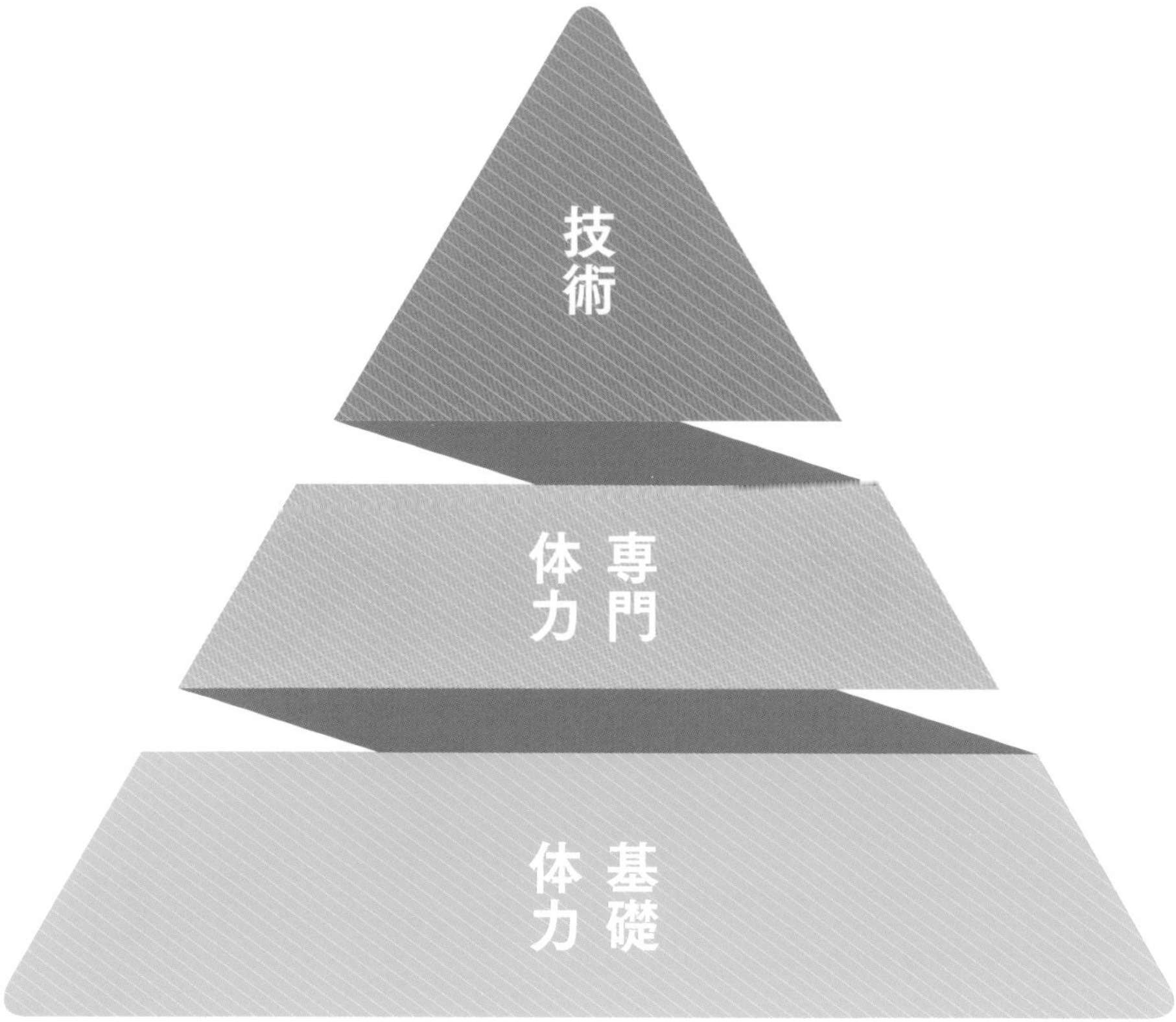

別によって大きくことになります。特に第二次成長期と呼ばれる9～15歳までの発育発達時期には、身長や体重、体型、運動能力の変化など、大人になるための様々な変化が起きてきます。

当然ながら、能力を高めるためのトレーニングも年齢に応じた段階を踏むことも求められます。「長期的アスリート育成(Long Term Athlete Development)」(214～215ページ参照)の概念では、基礎的な運動能力や動作を学習する時期を6～12歳の小学生年代に、競技レベルを高めるために行う専門的な体力・能力を高める期間を中学生年代に、徐々に競技レベルや筋力のレベルを高め、競争へとつなげていく時期を高校生年代としています。基礎的な運動スキルや体力要素を高めた上で、より野球の専門的なスピード、パワー、持久力を獲得し、野球のスキル獲得を目指すことで、動作の学習やスキルの向上、精神的な養成も確実に進めていくことができるようになるでしょう。

「遊び」からスポーツ&野球へ

遊びの中から得られる運動スキルの獲得が将来を変える

小学生年代において、遊びや様々なスポーツ・運動経験を体験することは、フィジカルリテラシーと呼ばれる運動の素養を高め、動きや感覚を養うためには最も重要な経験です。中枢神経系の発達が最も高い時期でもあるため、スピードやアジリティ、バランス、コーディネーションなど、将来的なトレーニングを積めるキャパシティーの拡張やケガを防ぐ体の使い方などをしっかりと伸ばす期間となります。

年代別トレーニング
-小学生-

1 T-バランス

片足でバランスをとりつつ,両手を前方に、片足を後ろに伸ばす（10秒キープ）

2 Y-バランス

片足でバランスをとりつつ,両手を横に、片足を後ろに伸ばす（10秒キープ）

3 ハンドラダー

四つ這い、膝浮かし、腕立てなどの姿勢を保ちつつ、手の位置を変え、動作スピードを高める

4 マルチステップ

言われた色や数字に反応しながら、つま先でタッチし、バランスを学習

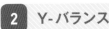

5 一人ボールキャッチ

上に投げたり、バウンドしたりさせながら、前や後ろで手をたたいたり、回転したりしてキャッチ

6 ペアボールキャッチ

姿勢やボールを変えながら，バウンドやゴロでのボールキャッチ

COLUMN コーディネーションとは？ ＝状況に応じて身体を上手にコントロールする能力

専門的コーディネーション

・U-12 年代から導入
・野球のパフォーマンスに直接関わる
・安全で効率的な投球を可能にする動作（投球コーディネーション）
・正確な守備・打撃を可能にする手の動作と視覚の連動（ハンドアイコーディネーション）
・パワー発揮の土台、身体軸の意識、自由に体を操るための体幹安定・下肢柔軟性にも取り組む

基礎的コーディネーション

・U-10 年代で主に獲得
・多様な身体の使い方（≒運動の要素）
・鬼ごっこや木登りといった外遊びや様々なスポーツで経験
・できる動きと組み合わせる
・内容を次々に変化させる
・難度を様々に変化させる
・心身ともにフレッシュな状態で実践する

基礎体力の効果的レベルアップ

遊びから基礎体力の向上へ、基礎体力から専門体力へ

中学生年代は、トレーニングを積むためのエンジンを作る期間として、遊びの延長線から、基礎体力を高めていくこと、そしてスポーツ特有の体力やスキル獲得へと移行する時期です。第二次性徴期を迎え、骨や腱、靭帯、筋肉などの形態や血液循環動態も大きく変化します。可動域、心肺機能、スピードを高めるためのトレーニングを中心に、基礎体力を高め、次の年代につながる基盤を高めます。

1 ウォールスクワット

両手・膝を壁につけ，下に下がりつつ，胸郭や股関節の柔軟性を高める（10回）

2 T-ヒップローテーション

両手を壁に固定し，股関節・胸郭の回旋を同時に行う（10回）

年代別トレーニング
-中学生-

直線的スピードのプログレッション

壁を利用したスピードドリル：姿勢と可動域の学習

レベル１

膝を壁に突きさすようにしつつ、地面を踏みしめる（10回）

足をクロス方向に振り出しながら、地面を踏みしめる（10回）

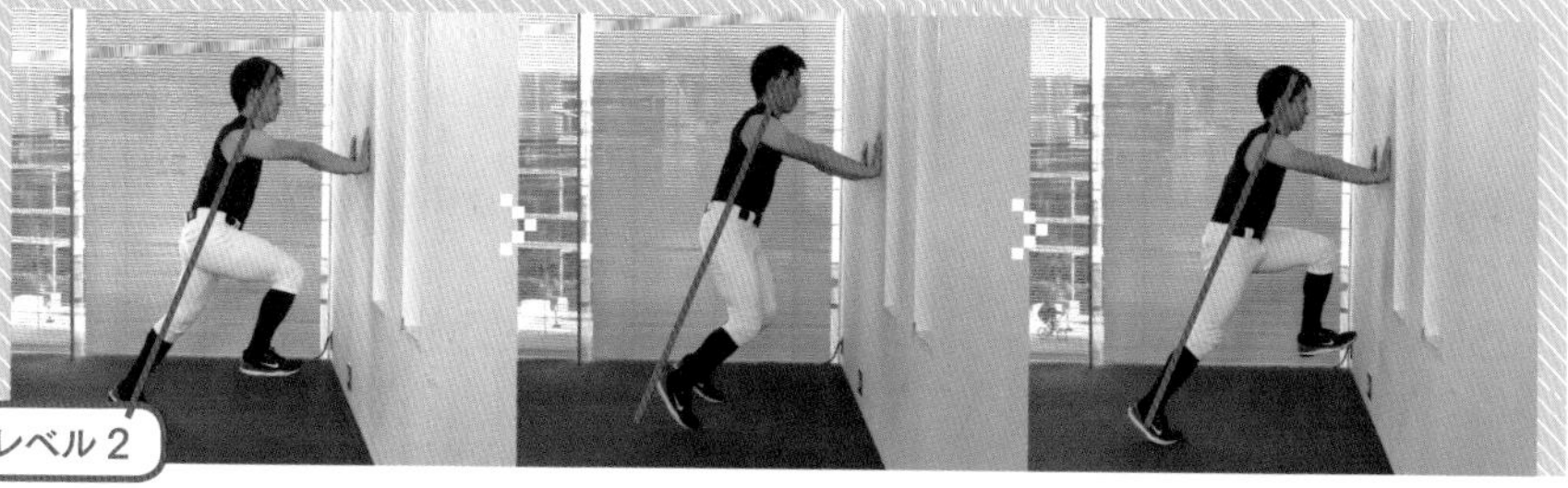

レベル２

地面を踏み込む（押し込む）ことをポイントに足を踏みかえ、スピードを高める（2歩あるいは3歩×10セット）

スプリント（5-10ｍ）

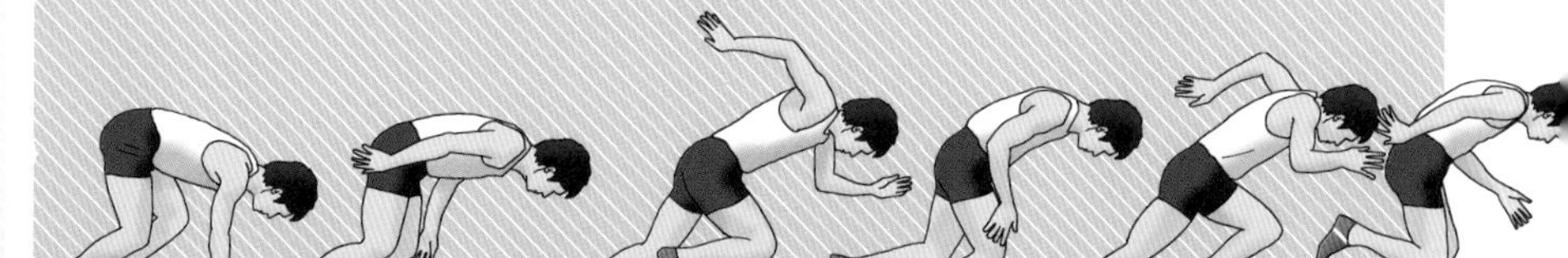

レベル３

最初の３～５歩で加速することを意識する

ボールを交えた全力ダッシュ

レベル４

全力ダッシュから後方のボールをキャッチする

レベルアップのための専門的トレーニング

能力を引き出すための、専門的トレーニング

高校生以降は、成長期も落ち着き、より専門性・競技性の高いトレーニング・練習を実施します・筋力を高めるウェイトトレーニング、野球動作へとつながる多方向へのスピード、アジリティ、パワー発揮など、負荷強度の高いトレーニングも開始・実施していきます。特に、股関節、臀筋群、背筋群の強化は、動作の安定性やパワー効率を高めるためには，非常に重要です。

1 リバースランジ

後方に足を一歩ずつだし、臀筋群・股関節を強化（10kg ほどの重りを持って行ってもよい）

2 メディシンボールスロー

後方・前方・側方へ瞬間的にメディシンボール（1～5kg）を投げる。上半身よりも、特に下半身を伸ばし切る意識が重要

年代別トレーニング
-高校生-

横方向動作のプログレッション

レベル1

腰を落とし、左右へのマーカーに
ツイストしながらタッチ（10往復）

レベル2

コーンの幅を広げ, ステップしながら
スピードを上げてタッチ（10往復）

レベル3

投げられたボールに反応しながら
ステップをしてキャッチ（10往復）

指導者の方々へ

八王子スポーツ整形外科　間瀬泰克

選手の裸を見てください！

まず、「個々の選手の身体の変化に注意を払う」ことが必要です。とくに成長期の学生選手の指導者であれば、個々のトレーニングメニューを作成するためにも、一人一人の成長過程を把握しておくことが、とても大切になります。

簡単な方法としては、風呂に入ったときやトレーニング時に選手の裸を見ることです。身体全体を見て、上半身と下半身の筋力バランス、左右差をチェックしましょう。背中から見たときの肩甲骨の位置、左右差をチェックします。

選手の背景を知っておきましょう！

よりくわしい身体チェックには、定期的にメディカルチェックを行うとよいでしょう。各選手のデータを整理して、個々の特徴や問題点を把握しておくことは、ケガや障害予防にもつながります。

選手がスランプに陥ったとき、原因が何かを考えるためには、その選手本来の状態がわからなくては始まりません。たとえば、本来は柔らかいはずの身体が硬くなってしまったのはなぜか？　バックグラウンドに何が潜んでいるか、把握する必要があります。

練習方法、練習時間、練習前後のケア、睡眠、栄養、ストレスなど、あらゆる背景を検証するためにも、選手ごとのアプローチが必要になってきます。

問題点を指摘し、選手自身に自覚させましょう！

メディカルチェックの結果を選手個々にフィードバックして問題点を指摘し、選手自身に自覚させることが大切です。

とくに成長期では、バランスと柔軟性の獲得を主眼とし、痛みが出るのは間違った身体の使い方をしているからという認識を選手に持たせ、自己管理のできる選手の育成を目標としましょう。

Part 2

肩・ひじの障害

横浜市スポーツ医科学センター／鈴川仁人
トヨタ記念病院リハビリテーション科／坂田 淳

※肩・ひじのケガの多くは、障害が大半を占めます。

肩・ひじ 1

「なぜケガをするのか」、考えてみよう

選手やコーチが悩むこと

ケガをして病院を訪れた野球選手に、「どうしてこんなになるまでほっておいたの？」と聞くと、よく次のような答えが返ってきます。

「練習を休みたくなかった」

「ほっておけば治ると思った」

なかには指導者やコーチに、

「1回壊したら強くなる」

「下手くそだからだ、もっと練習しろ」

と言われた選手もいるようです。

また、こんな選手もいます。近くの整形外科や接骨院に行き、**「投げすぎです。休めば治ります」**と言われ、一定期間休んだあとに再開し、**「休んでから投げたけど、やっぱり痛くて……」**と、再度整形外科を訪れるのです。

自分は一生懸命やっているのに、コーチや監督には下手だと言われ、病院ではただ休めと言われる。休んで投げ始めてもまた痛い。このように、どうすればよいのかわからなくなっている選手はたくさんいます。

コーチの立場からすればどうでしょう。目の前にはたくさんの選手がいて、全員に指導が行き渡るのはほぼ不可能です。指導を受けて結果を出す選手もいれば、どれだけ教えてもうまくいかない選手もいるはずです。

無理をさせても大丈夫なケガなのか、ダメなケガなのか、ダメならどれくらいで治るのか、後遺症は残らないのか……。野球技術を教えることはできても、ケガの詳細はわからないのは当然です。

選手の将来と間近に迫った試合……。

身体は選手個々で違う

選手の身体は一人ひとり違います。柔軟性や筋力をみてもそうです。身体が硬ければ、イメージ通りに身体を使うことができません。また、バランスが悪かったり、筋力が弱かったりすれば、思い通りに身体を動かすことや、投げる負荷に耐えることはできません。

これが、同じように教えても、できる選手とできない選手がいる原因のひとつです。

「自分はどうしてイメージ通りに投げられないんだろう」

「この選手はどうして教えた通りの動きができないんだろう」

それは自分（選手）が下手だからではな

3者のバランスが重要

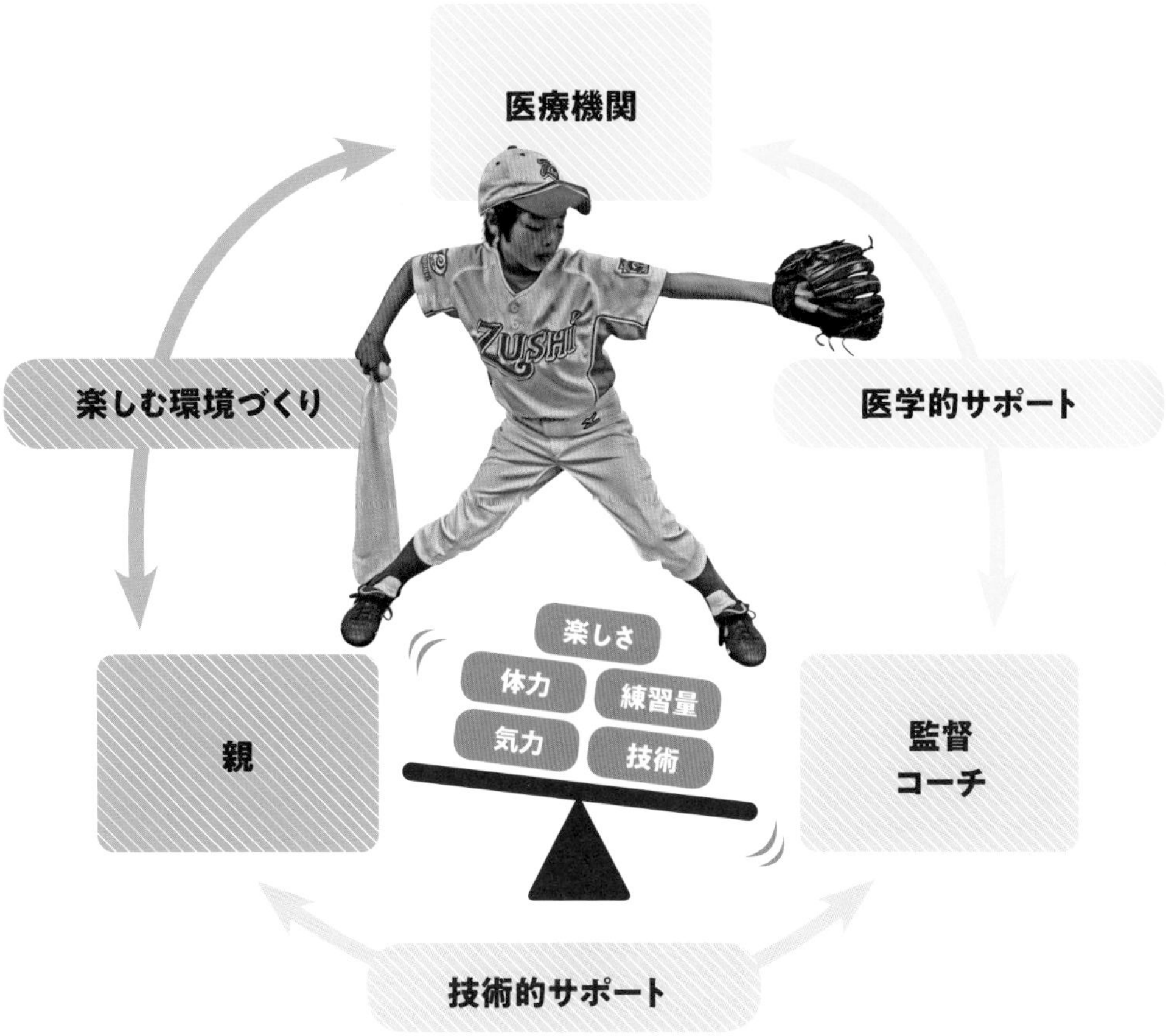

く、そのようにできない身体になっている可能性があるからです。

知識を得て実戦に生かす

このPARTの目的は、ケガのこと、身体のこと、投球フォームのこと、そしてそれぞれのつながりについて知ることです。

また、それらを理解し、自分（選手）がケガをしない選手に、そして理想のフォームで投げられるように。この目標を達成するためには、**必要なトレーニングやストレッチを自分自身で日々行うことができるようになることが大切です。**

自分はなぜケガをしてしまったんだろうと思う選手、子供の活躍はみたいけれど心配な保護者、指導方法を工夫しても選手のケガが減らない指導者、それに加え、そういった選手に対応する医療機関のスタッフ……。多くの方々の気づきや実行に移す一つのきっかけとなることを願って、また選手が思いきり野球を楽しむために解説していきます。

肩・ひじ 2

年齢や部位によって見方が異なる

年齢による違い

同じ小学6年生でも、成長段階はさまざまです。そして、その成長段階により、起こりやすいケガがあることがわかっています。

上のグラフは、横浜市スポーツ医科学センタークリニックを受診し、肩やひじに痛みを訴えた野球選手の年齢分布です。

これによると、**ひじのケガは13歳、肩のケガは15歳がピーク**になっています。このように、その選手の年齢によって、注意すべきケガが違うのです。

ひじの内側の骨が成人に近い形になるのは、15歳前後といわれています。それよりも前の段階では、ひじは非常に弱い構造でケガをしやすい状態といえるでしょう。

学年別の肩・ひじのケガ

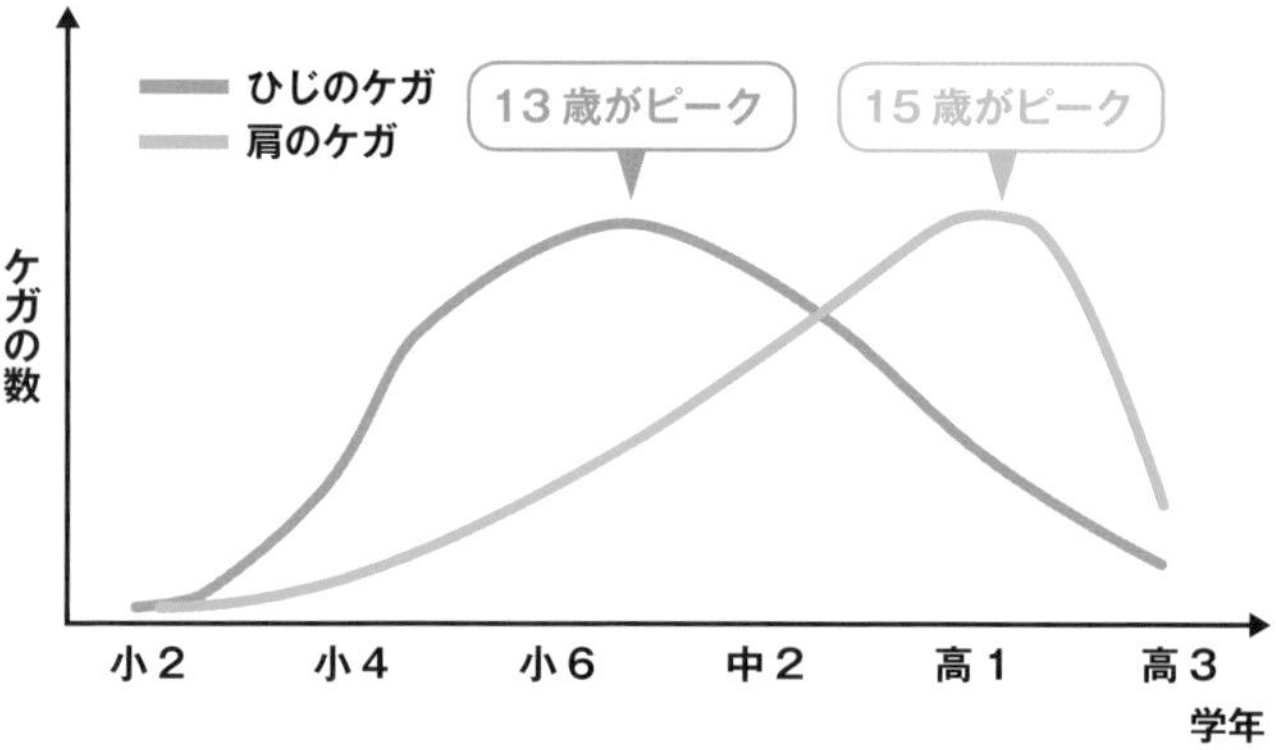

この時期のひじの骨（上腕骨）

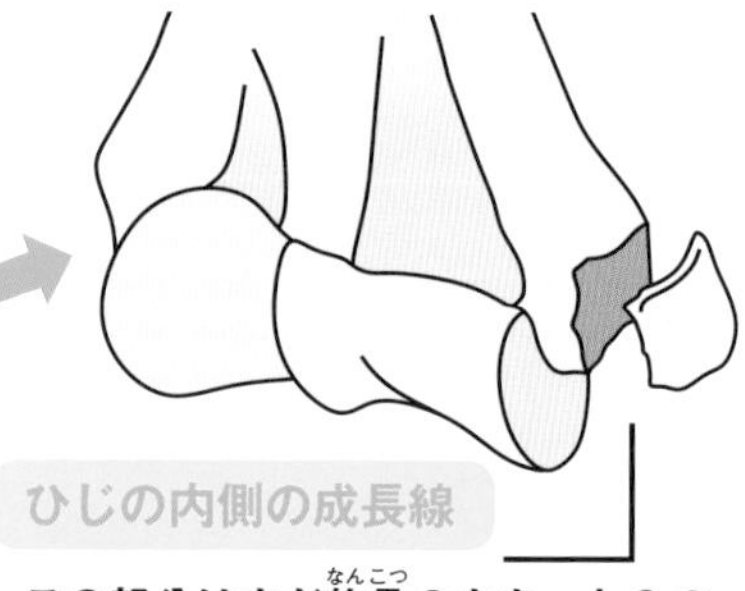

この部分はまだ軟骨《なんこつ》のまま。小６の頃から閉じ始め、中３の頃にほぼ閉鎖する。

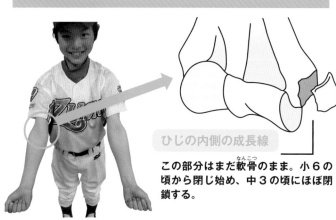

部位による違い

同じ関節のケガであっても、骨（軟骨《なんこつ》）、靭帯《じんたい》、筋肉、神経など、さまざまな組織が痛む場合があります。

それぞれのケースによって、無理をしても大丈夫なのか、ダメならどれくらい休めばよいのか、後遺症《こういしょう》が残るのか、などが変わってきます。

一般的に、**筋肉の痛みであれば、1〜3週間で治るのに対し、靭帯のケガでは5〜8週間ほどかかる**といわれています。

また、ひじの内側の剥離《はくり》（裂離《りれつ》）骨折などに代表される骨（軟骨）の障害では、**骨が剥がれたまま投げていると、ひじがグラグラに緩くなる**ことがわかっています。

神経のケガは、初期症状である**しびれを軽くみて投球を続けていると、筋肉に力が入らない状態となる**ため、無理のできない障害の一つといえるでしょう。

筋肉・靭帯《じんたい》が治る3つの過程

炎症期	修復期	改変期
痛みや熱の強い時期	強度が増す時期	元の状態に戻る時期
安静が必要	注意しながら、徐々に運動が可能	完全に復帰が可能

筋肉・靭帯の治る時期の違い

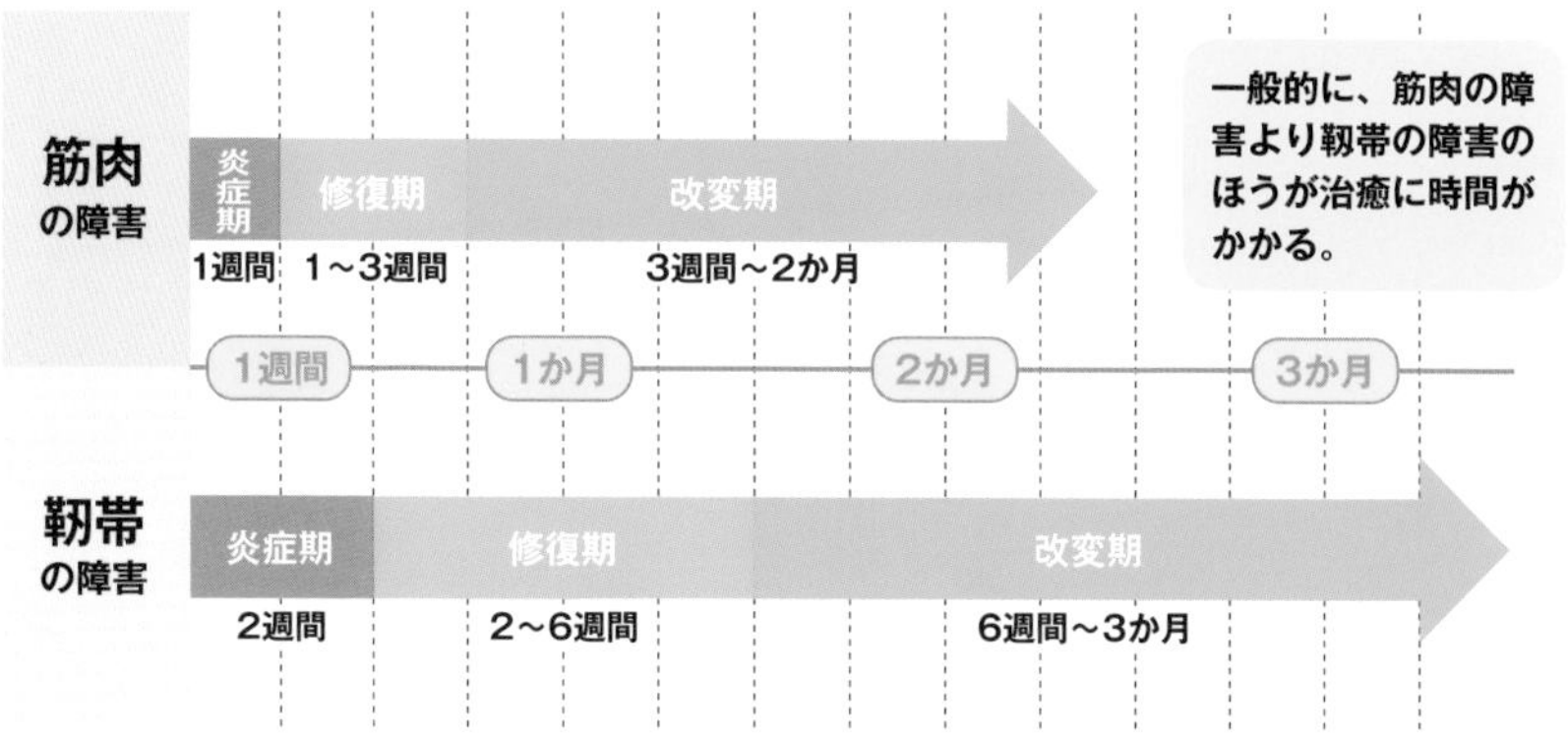

ひじ 1

投球フォームでひじにかかる負担は相当違う

ストレスのかかる場面と大きさ

ひじに痛みがある野球選手100人に「投げるどの瞬間にひじが痛いか？」と聞くと、「**胸を張ったとき**」が最も多く、次が「**リリースのとき**」でした。海外の研究でも、同じ場面でひじが外側に引っ張られる力（外反《がいはん》）が最も大きいことが報告がされています。**プロ野球選手ではボール150個分、少年野球選手でもボール60個分**の重さがひじにかかるそうです。

さらに、身体が早く開くなどの**悪いフォームでは、約2倍のストレスがかかる**といわれ、小・中学生でまだ身体がしっかりとしていないこの時期では、プロ野球選手並みの負担をひじにかけることになるのです。安全なフォームの確立がとても重要になります。

投げるときにかかるひじの負担

投球時のひじへの負担が硬式球何個分に該当するかで比較してみると、少年野球選手の場合、フォームのよし悪しでかなりの違いがみられる。

ストレスのかかる部位と特徴

ひじの周囲には、ストレスの繰り返しに負けないようにさまざまな組織が働きます。

まず、投球時に起こるひじの外反（ひじが外側に引っ張られる力）により、内側にある組織（内側側副靭帯《ないそくそくふくじんたい》や回内屈筋《かいないくっきん》群《ぐん》）には伸ばされる力がかかります。これと同時にひじの外側や裏側には、圧迫やこすれる力がかかり、骨と骨がぶつかることで、ひじが外側に行きすぎるのを止めようとします。

また、ひじの裏側にはひじを伸ばす筋（上腕三頭筋《じょうわんさんとうきん》）があるため、投球時にその部位を引っ張る力が生じます。

これらを踏まえ、次ページからは、ケガの具体的な特徴と、自分でできるチェック方法を紹介していきます。

このように、投げる際にひじにはいろいろな部位にストレスがかかります。「野球肘《ひじ》」とひと言でいっても、その病態はさまざまなのです。

投げるとき、ひじに加わる力

ひじが外方向に引っ張られたときは、ひじの内側・外側どちらにも負担がかかる。

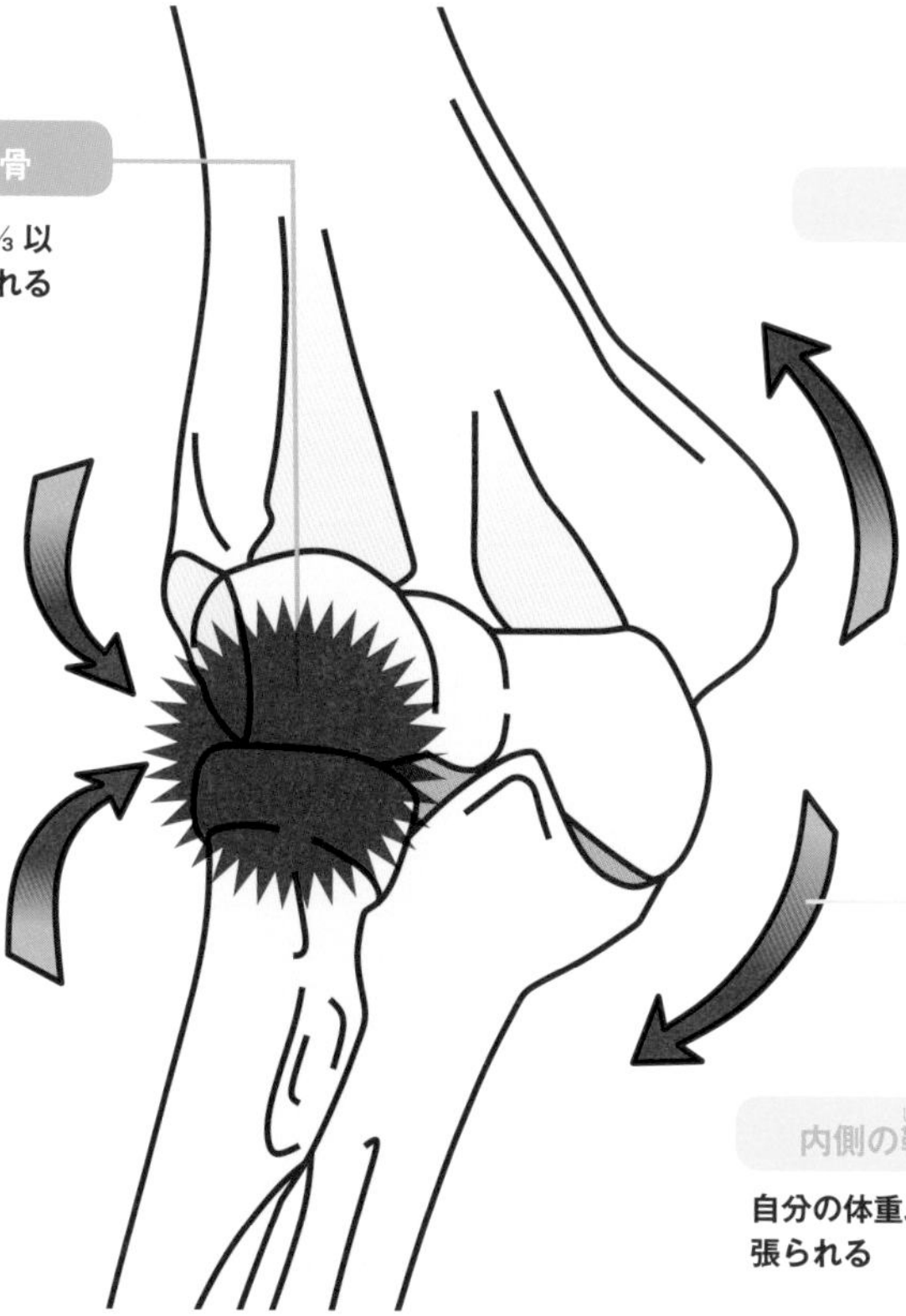

自分の体重の⅔以上の力で圧迫される

自分の体重以上の力で引っ張られる

ひじ 2

ひじを自己チェック!

ひじに痛みがある場合の自己チェックシートです。痛む場所と症状をチェックしてみてください。

痛む場所	症状
ひじの内側	ひじの内側の骨の出っ張りを押すと痛い
	投げていて、小指がしびれてくることがある
ひじの外側	ひじの外側の骨の出っ張りを押すと痛い
ひじの裏側	リリースのときに痛い
	以前に、ひじの内側が痛くなったことがある

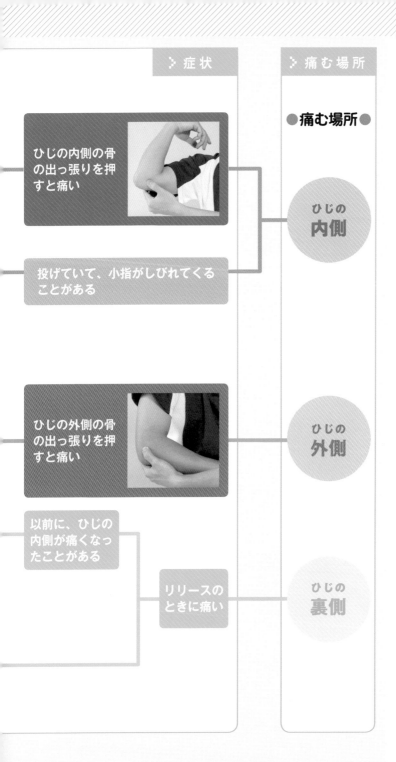

考えられる疾患

ひじが逆のひじと比べて
10度以上曲がらない
10度以上伸びない

詳しいチェック方法➡P.64

内《ない》側《そく》型《がた》野《や》球《きゅう》肘《ひじ》
➡P.48〜53

ひじを曲げると内側が痛く、手首を起こすと痛みが強くなる

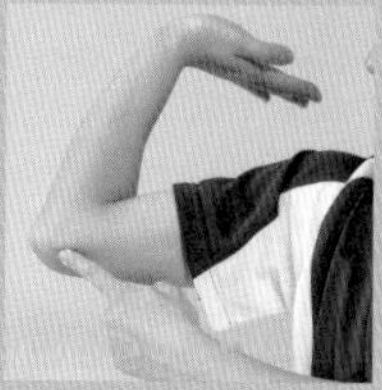

尺《しゃっ》骨《こつ》神《しん》経《けい》麻《ま》痺《ひ》
➡P.60〜P.61

ひじが逆のひじと比べて
15度以上曲がらない
15度以上伸びない

手術が必要なほど傷んでしまっている場合あり

詳しいチェック方法➡P.64

外《がい》側《そく》型《がた》野《や》球《きゅう》肘《ひじ》
（離《り》断《だん》性《せい》骨《こつ》軟《なん》骨《こつ》炎《えん》）
➡P.54〜P.55

ひじを伸ばしきると裏が痛い

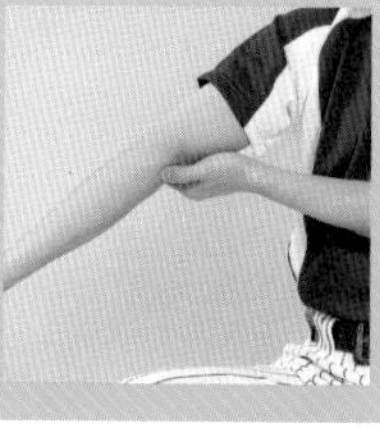

後《こう》方《ほう》型《がた》野《や》球《きゅう》肘《ひじ》
（衝突型❶）
➡P.56〜P.57

ひじを曲げきると裏が痛い

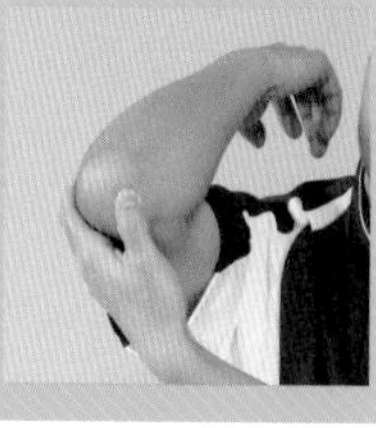

後方型野球肘
（衝突型❷）
➡P.58〜P.59

ひじ 3

内側型野球肘《ないそくがたやきゅうひじ》

投球時にひじが外反することにより内側の靭帯や筋腱が伸ばされたり、骨が剥がれたりします。そのことでひじの内側が痛みます。

どんな症状？

最初はひじ内側の違和感程度から始まることが多いのですが、無理をして投げ続けると少しずつ痛みが出てきます。まれに、1回の投球で急に痛みが出ることもあります。

投球時の痛みは、**胸を張ったときやボールリリースの直後にひじの内側**に現れます。悪化すると、ひじを最後まで伸ばすことができなくなり、食事など、日常の動作でも痛みが出ます。

何が起こっているのか？

投げるときにひじが外反《がいはん》（外側に引っ張られる力）すると、ひじの内側にある靭帯《じんたい》や筋腱《きんけん》が伸ばされます。

これらの靭帯や筋腱は、すべて内側上《ないそくじょう》

正面から見たひじの構造

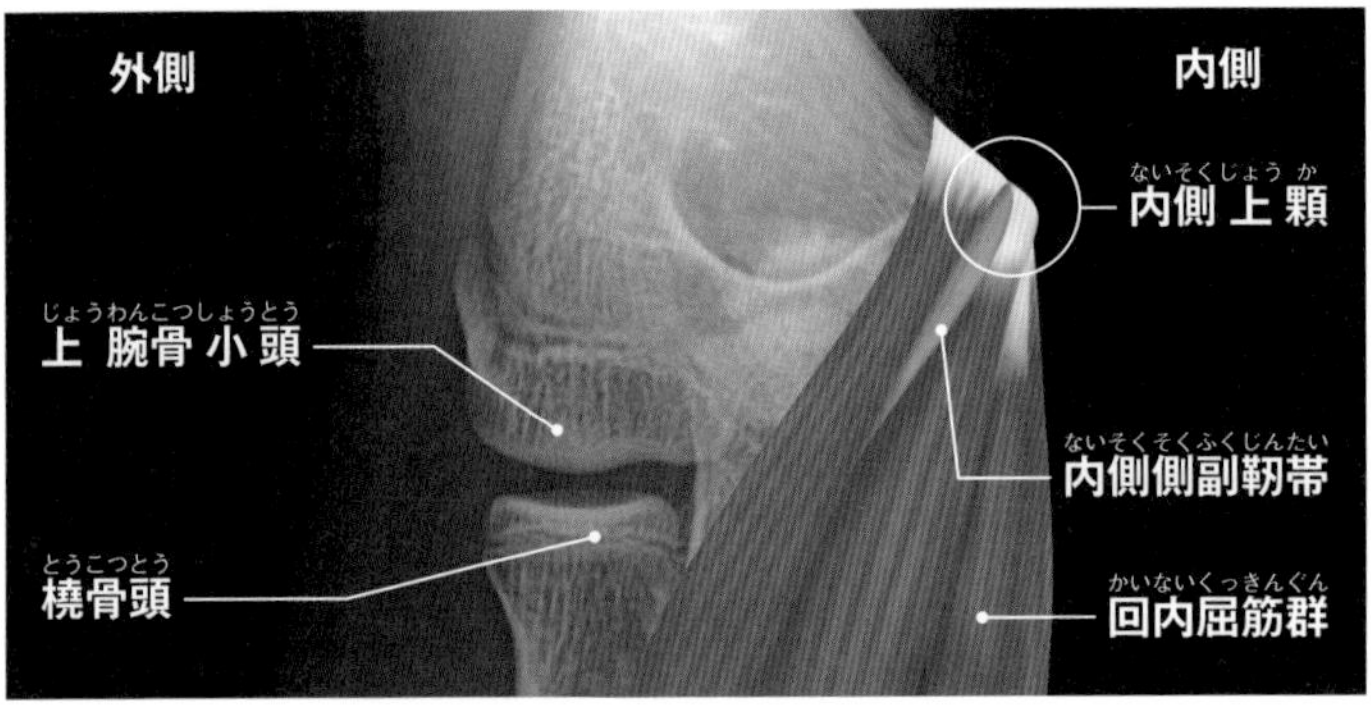

発生メカニズム

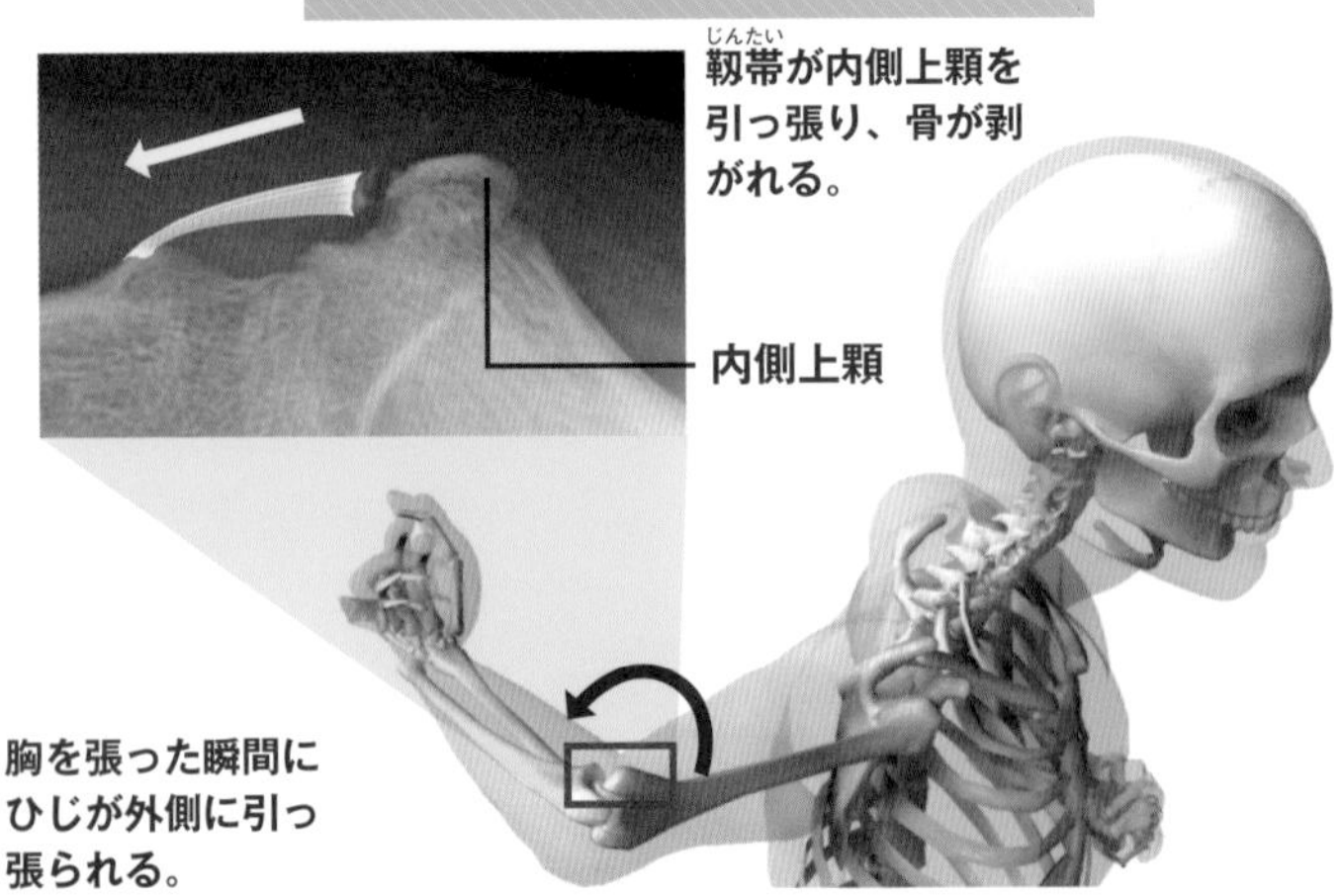

顆《か》という骨についていますが、**小学校高学年**では内側上顆はまだ十分な強さがないため、繰り返し引っ張られる力を受けると、骨が剥《は》がれることがあります。すると、そこについている靭帯が緩んだような状態になります。骨が治ればそのような不安定な状態はなくなりますが、休まずにそのままにしていると、**骨は変形したままで完全に治らず、将来的にひじが緩んだままになってしまいます。**

　靭帯のケガは**中学校高学年から高校生以降**に多くみられ、放置しておくと靭帯の緩みが残り、ひじに不安定感を抱えたままになります。骨や靭帯に対し筋腱が傷んでいる場合は、ストレッチやトレーニングをすることによって、比較的早くよくなります。

　筋肉の炎症なのか、骨や軟骨《なんこつ》を痛めたのか、靭帯を痛めたのかを調べるには、医療機関で検査する必要があります。

　痛みが強いうちはひじまわりのストレッチを入念に行い、痛みが治まってきたところでフォームの練習を行います。

そのまま投げていると……

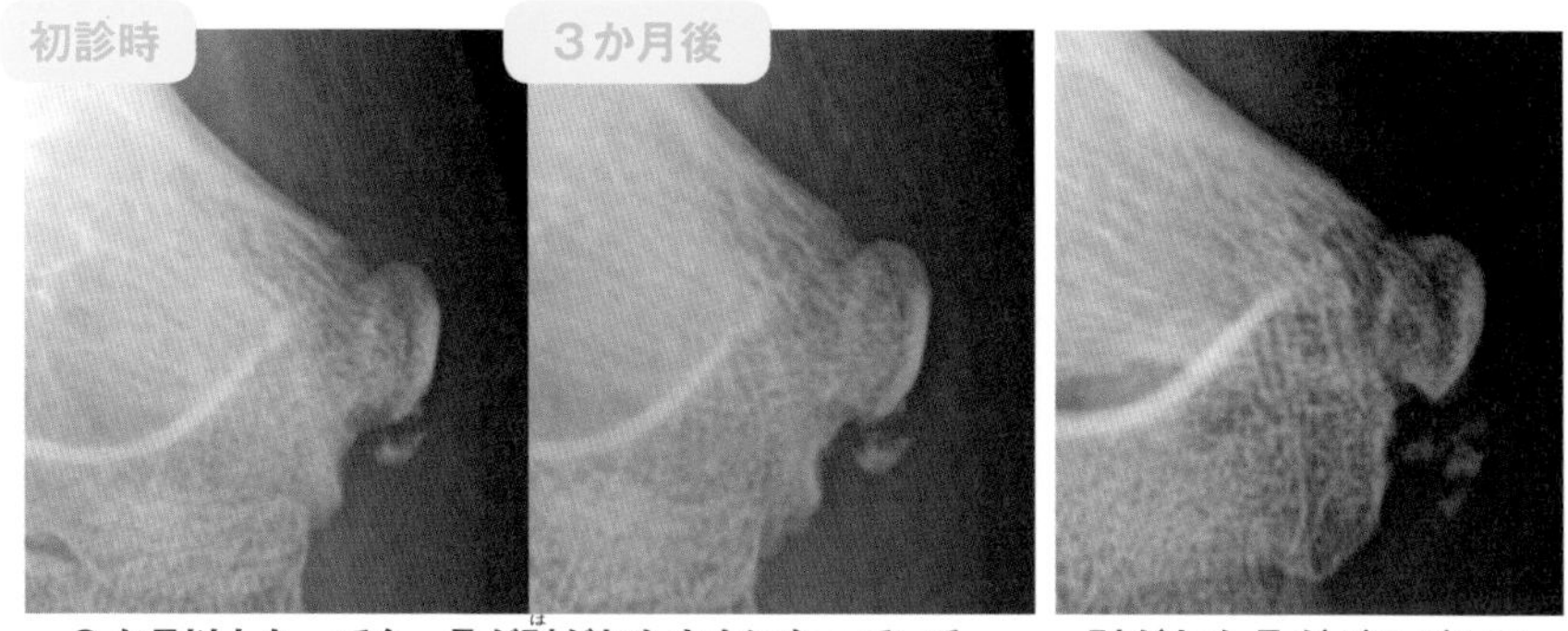

3か月以上たっても、骨が剥《は》がれたままになっている。

剥がれた骨がバラバラになっていることも。

痛みが消える（≒投げ始める）までにかかる期間と完全復帰の目安

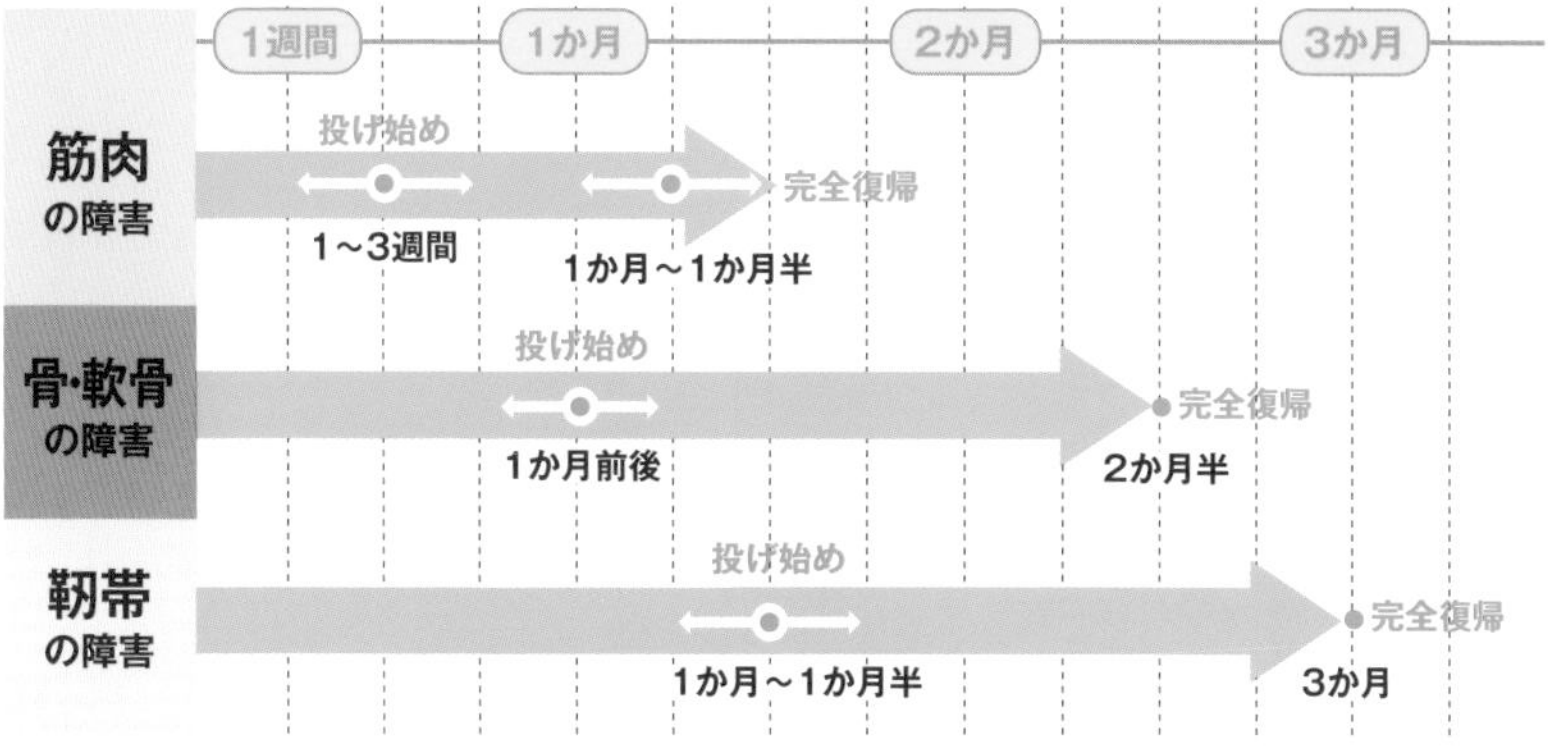

1 胸を張った瞬間に痛いとき

上の写真は胸を張った瞬間にひじに痛みが出る選手のフォーム。下のイチロー選手のバックホームのフォームと比較すると、頭からボールが離れ、ひじが下がってしまっているのがわかる。

ひじ下がりのフォームの修正方法 166~179ページへ

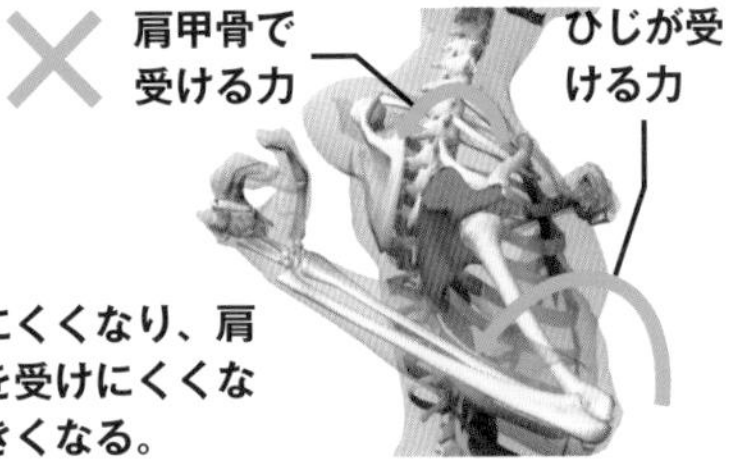

ひじが下がると、胸が張りにくくなり、肩甲骨で腕が引っ張られる力を受けにくくなる結果、ひじへの負担が大きくなる。

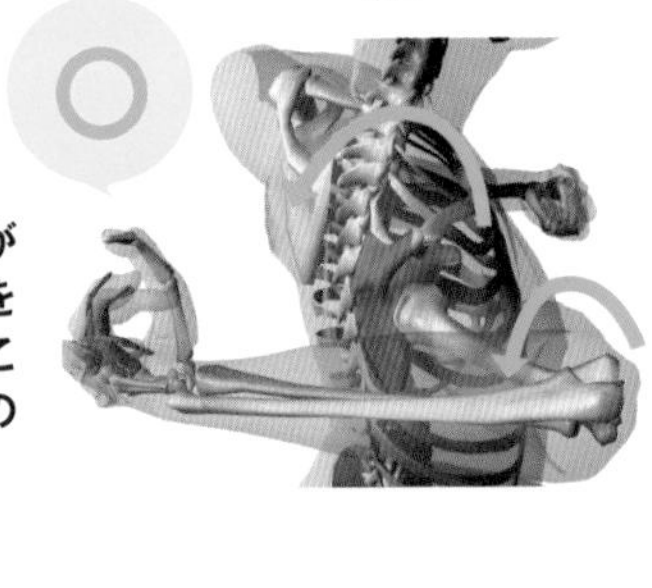

Point

しっかりと胸を張り、肩のラインまでひじを上げる！

投げるときの腕が引っ張られる力を肩甲骨で受けることができ、ひじの負担が減る。

2 胸を張った瞬間からリリースにかけて痛いとき

上の写真は胸を張った瞬間からリリースにかけてひじが痛い選手のフォーム。下の大竹選手のピッチングフォームと比較すると、上体が浮き上がり、体が横に倒れているのがわかる。

身体が横に倒れると、頭の後ろにボールが隠れず、身体の遠くをボールが通ってしまう。そのため、ひじへの負担が増加する。

身体が横に倒れるフォームの修正方法 170~175ページへ

Point

しっかりとひじを曲げ、ボールを身体の近くに通す

身体の近くをボールが通ると、ひじに余分なストレスがかからない。

3 リリース前後に痛いとき

上の写真は、リリースの瞬間にひじが痛い選手のフォーム。これらの選手の多くは、リリース以前からひじが前に出すぎてしまい、ひじを曲げたままリリースしてしまう。いわゆる手投げ。下のプロの写真のように、ピッチャー、外野手、キャッチャーどのポジションでも、リリースまで両肩とひじのラインが一直線のままで投げるフォームを身につける必要がある。

手投げのフォームの修正方法 196~201ページへ

腕を使った運動が大きくなると、リリース時にひじが下がり、腕にかかる負担を肩甲骨で受けられず、ひじへの負担が大きくなる。

Point

肩のライン上にひじを保ち、ひじをしっかりと伸ばす！

両肩のラインにひじを保つことで、腕にかかる負担を肩甲骨で受けることができる。

上から見ると……

×

リリースに向けて、両肩のラインよりもひじが前にいってしまっているのがわかる。

○

胸を張ってからリリースまで、肩・肩・ひじを結んだラインが一直線の状態にあるのが理想。

ひじ 4

外《がい》側《そく》型《がた》野《や》球《きゅう》肘《ひじ》（離《り》断《だん》性《せい》骨《こつ》軟《なん》骨《こつ》炎《えん》）

投球するとき、ひじの外側にかかる力によって骨と骨とがぶつかり、ひじの外側が痛みます。内側の痛みより注意が必要です。

どんな症状？

最初は違和感程度のことが多く、悪化するまで症状が軽いのが特徴です。

投球時には、リリースでひじの外側が痛む場合が多く、胸を張ったときに痛む場合もあります。**痛みよりもひじの曲げ伸ばしができない**ことで気づくこともあります。

悪化した人では、ひじの外側で音が鳴ったり、ひじの外側が腫《は》れて明らかな動きの制限がみられたりします。

何が起こっているのか？

ボールを投げるときは、ひじの外側に圧迫やこすれる力がかかります。これは、ひじの外側にある上腕骨小頭《じょうわんこつとうしょう》という骨と橈骨頭《とうこっとう》という骨がぶつかることによっ

発生メカニズム

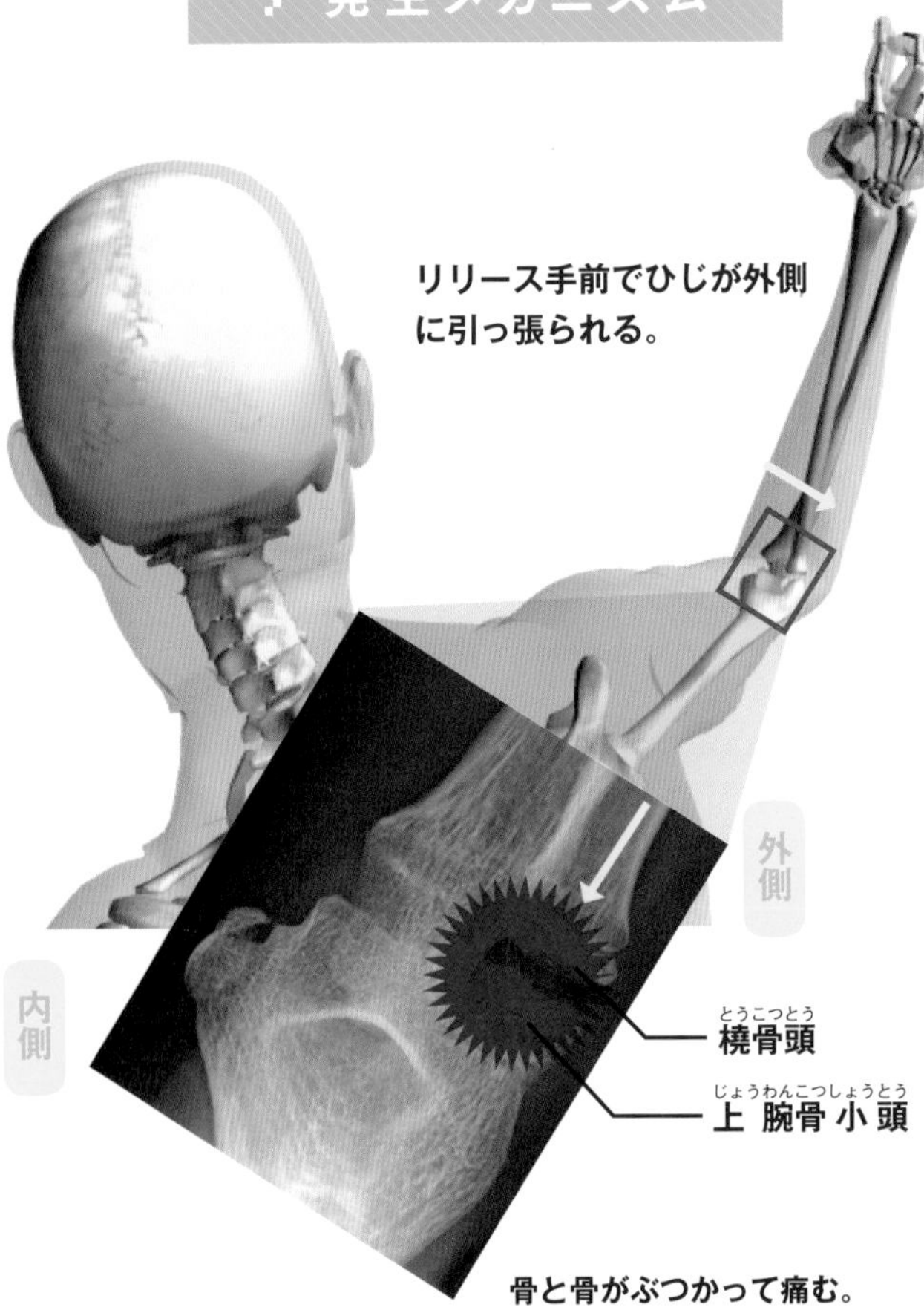

骨と骨がぶつかって痛む。

て起こります。

骨や軟骨《なんこつ》がまだ弱い年齢で、繰り返しそこに力がかかると、上腕骨小頭側の骨・軟骨が傷みます。

野球選手で外側に痛みがある場合は要注意です。症状が軽いうちに発見できれば、安静により骨・軟骨は治ります。それでも、筋肉や靭帯に比べて骨・軟骨のケガは治りが遅く、3か月から6か月、また1年以上かかるケースもあります。

進行するとひじの曲げ伸ばしがつらくなり、**野球だけでなく、日常生活にも支障が出ます**。自然治癒《ちゆ》は望めないため、手術が必要となります。

このケガはMRI検査による診断が必要となるため、「ひじの外側が気になる」場合はがまんせず、**早めに専門の医療機関を受診することが大切**です。

リハビリでは痛みだけを基準にせず、長期に安静をしながら、ひじまわりのストレッチを入念に行い、レントゲンやMRIによる軟骨の修復具合を見て、フォームの練習を行います。

離断性骨軟骨炎の病期と特徴

透亮《とうりょう》期

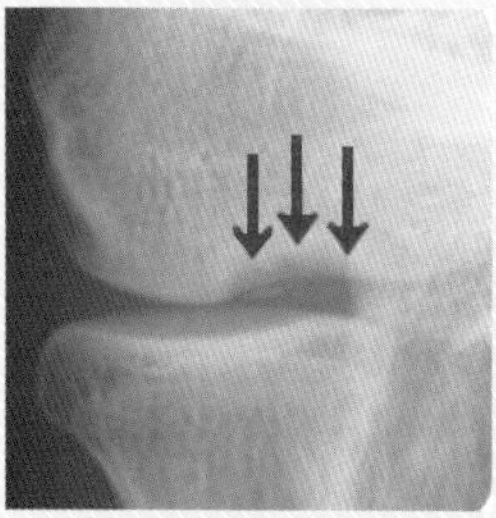

骨が薄く見える。

曲げ伸ばしが10度以内の制限

分離期

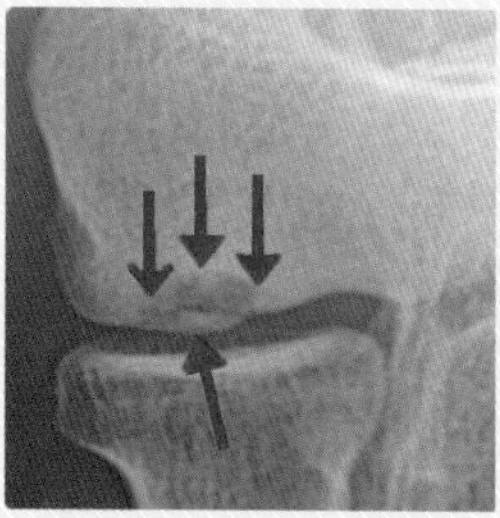

薄くなった中に骨が見える。

曲げ伸ばしが10度前後の制限

遊離期

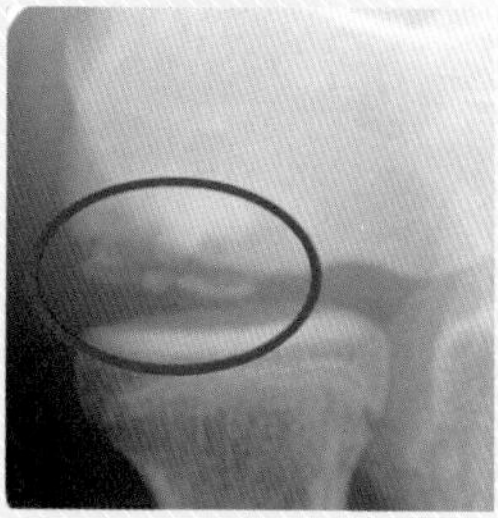

明らかに別の骨がある。

曲げ伸ばしが15度以上の制限

	リハビリからの復帰	手術からの復帰
復帰時期	平均4～5か月で復帰（骨が治るのは3か月から半年）	平均すると5～6か月で復帰
治療方針	骨が治るのをレントゲンで確認しながら、リハビリで復帰を目指す	手術によって軟骨・骨を治す。手術後はリハビリを行う
注意点	成長線が閉じていると治癒《ちゆ》しないため、手術が必要になる	復帰にかかる期間は手術の方法によって異なる

◉ひじのストレッチの方法⇒ 62～75ページ
◉フォームの特徴（内側型と同様）⇒ 50～53ページ ※とくに3の手投げが多い

ひじ 5

後方型野球肘《こうほうがたやきゅうひじ》（衝突型《しょうとつがた》❶）

投球時のひじの外反により、後方の骨同士がぶつかって痛みを感じます。手投げのフォームの人に多くみられます。

どんな症状？

症状の出始めはひじの違和感程度ですが、悪化してくるとひじを伸ばしきるときにひじの後ろ側に痛みが出るようになります。

また投球時では、**リリース付近でひじ後方に痛み**を感じます。

ひじ後方が痛くなる人の多くは、その前に、ひじの内側の痛みを経験しています。

何が起こっているのか？

投げるときにひじが外反《がいはん》（外側に引っ張られる力）すると、ひじの骨の後ろが横（内側）にずれる力が働きます。

以前、ひじの内側を傷めたことがあったり、痛みがなくても投げるときに何度

発生メカニズム

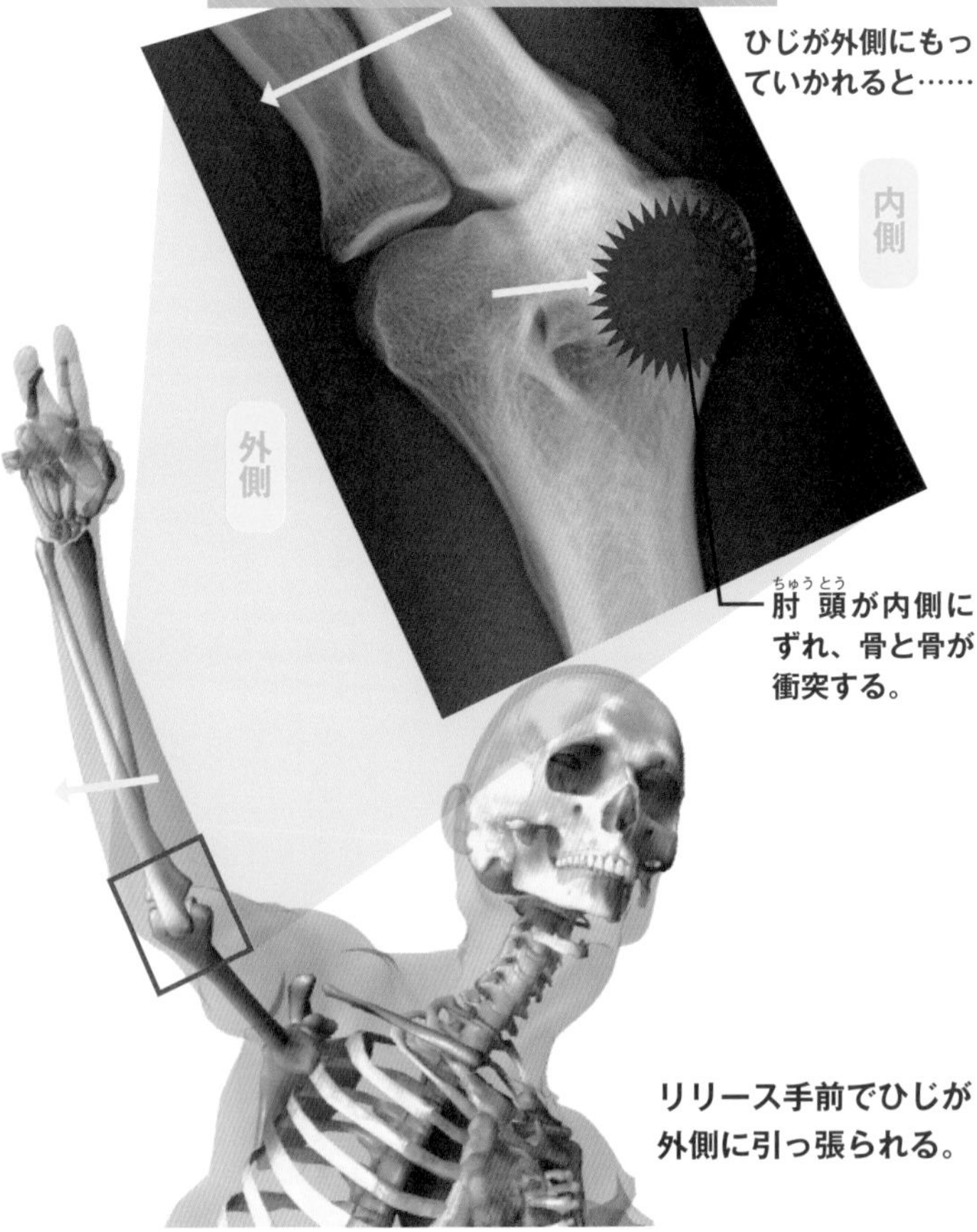

ひじが外側にもっていかれると……
内側
外側
肘頭《ちゅうとう》が内側にずれ、骨と骨が衝突する。
リリース手前でひじが外側に引っ張られる。

もひじが外に引っ張られたりすることで、慢性的にひじの内側の靭帯《じんたい》が伸びてしまい、外反に対する抵抗が弱くなることがあります。

その結果、後ろの骨同士が衝突するようになり、痛みが出てきます。無理をして投げ続けていると、**ひじの骨が変形し、ストレッチをしてもひじが伸びなくなる**ことがあります。早めにひじのストレッチを行い、ひじを伸ばしても痛くないようにすることが重要です。上腕三頭筋《じょうわんさんとうきん》という筋肉の強化も非常に重要になります（54ページ参照）。

また、頻度は少ないですが、この衝突を繰り返すことで、**疲労骨折**を起こす場合があります。これは、20歳前後に多く、骨折線が斜めに入るのが特徴です。リハビリにも長期の安静（平均5か月）を要し、さらに再発も多いため、手術が必要な場合もあります。

ストレッチをしてもひじが伸びない場合や、症状が長期にわたる場合は、医療機関を受診しましょう。

骨同士が衝突し続けると…

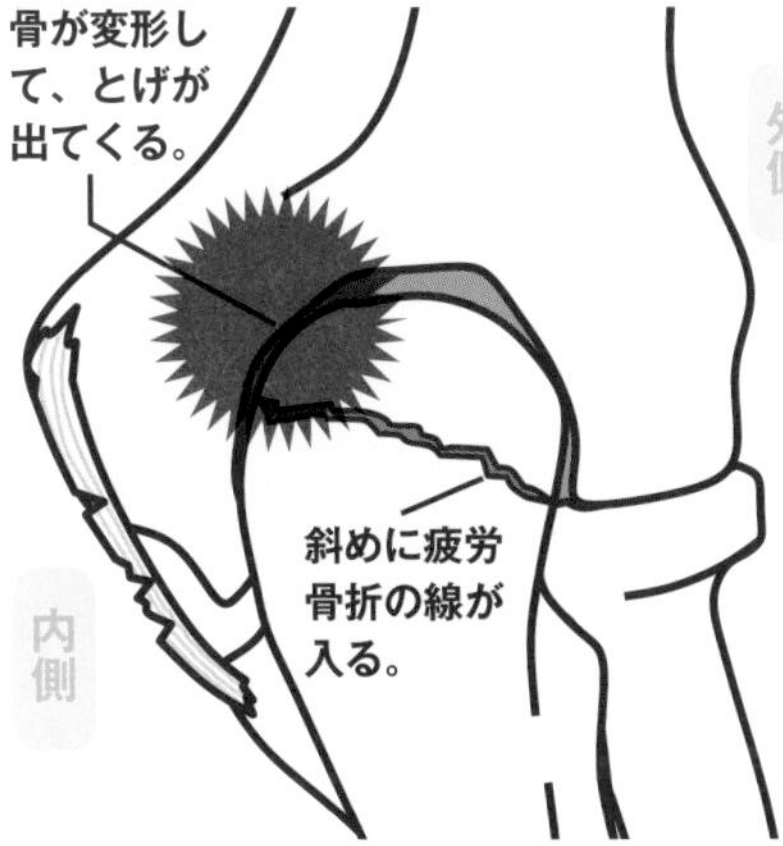

疲労骨折のMRI画像

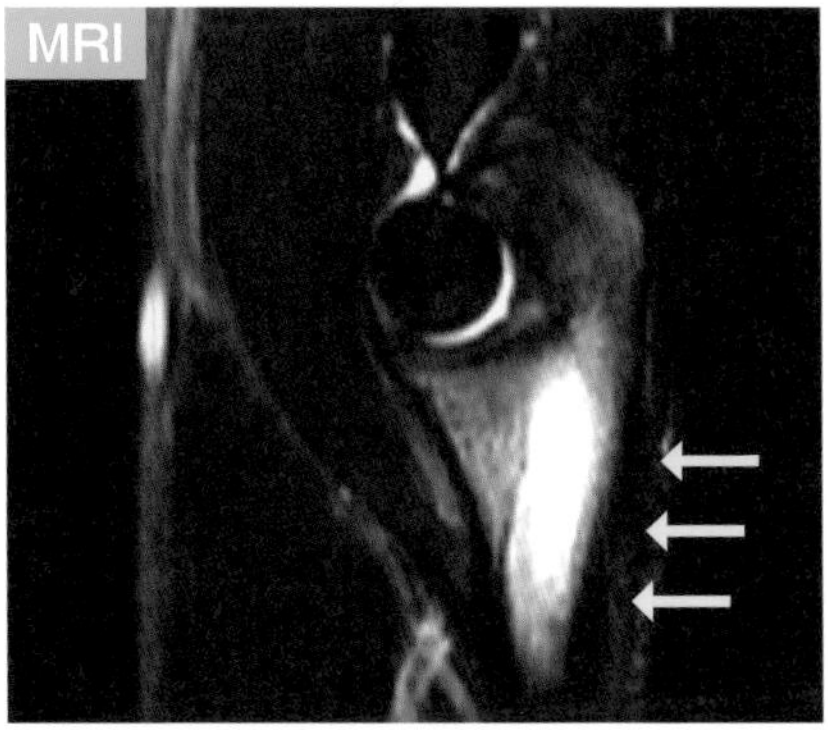

ひじを縦に輪切りにした画像をみると、骨の中が出血し、真っ白に写っている。

痛みが消える（≒投げ始める）までにかかる期間と完全復帰の目安

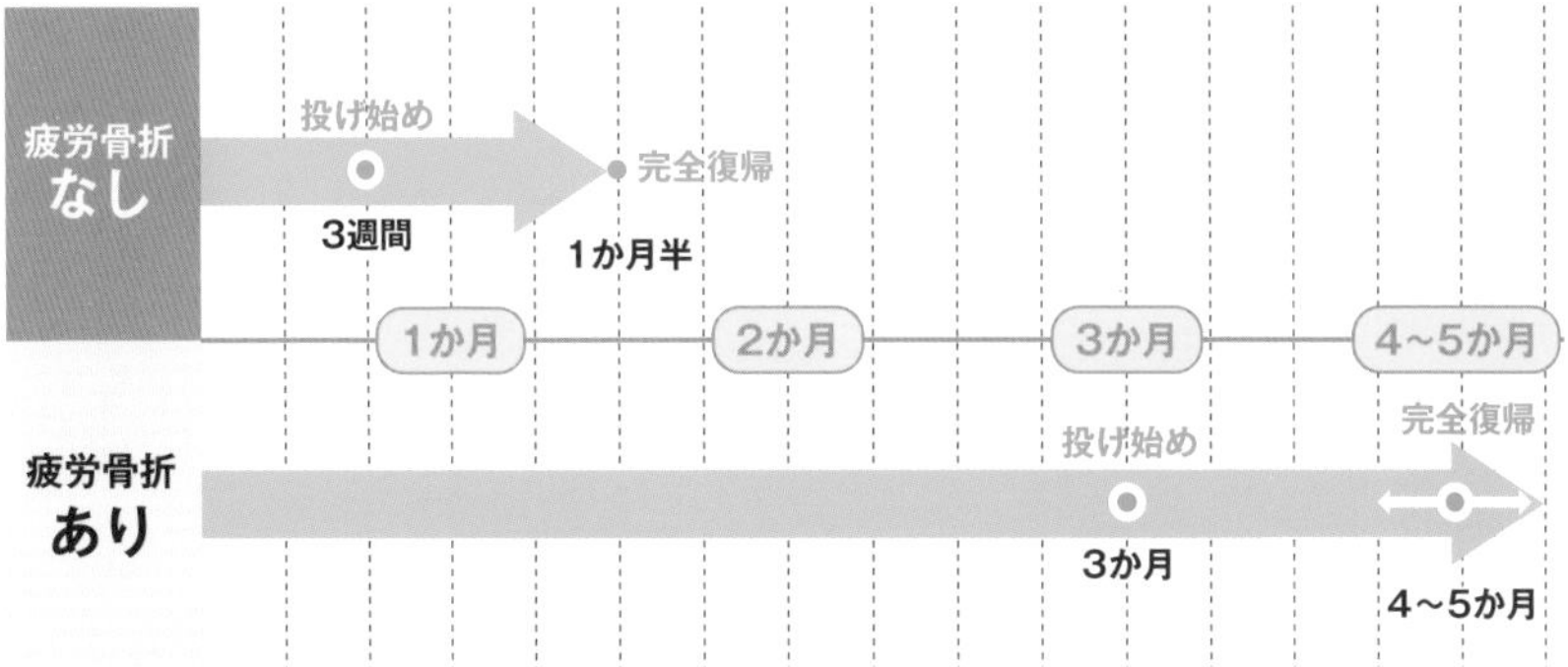

◉ひじのストレッチの方法 ⇒ 62～71 ページ
◉フォームの特徴（内側型と同様）⇒ 50～53 ページ ※とくに3の手投げが多い

ひじ 6

後《こう》方《ほう》型《がた》野《や》球《きゅう》肘《ひじ》（衝《しょう》突《とつ》型《がた》❷）

投球時のリリースで力が入る上腕三頭筋が疲労して痛みが出ます。肘頭の成長段階によっては、重症のおそれがあります。

どんな症状?

症状の出始めは、ひじの裏側に張りを感じる程度であることが多く、悪化すると痛みが出るようになります。

投げるときの症状では、**リリース付近でひじ後方に痛み**を感じたり、**ひじに力を入れて伸ばすときやひじを曲げきるときに痛み**が強く出たりします。

症状は軽いことが多いのですが、まれに骨にまで負担がかかると、伸ばしきっても痛みが出る場合があります。

ひじを曲げたときの痛みだけだったものが、伸ばしても痛くなってきたら要注意です。

何が起こっているのか?

投げるときは、胸を張ってからリリー

発生メカニズム

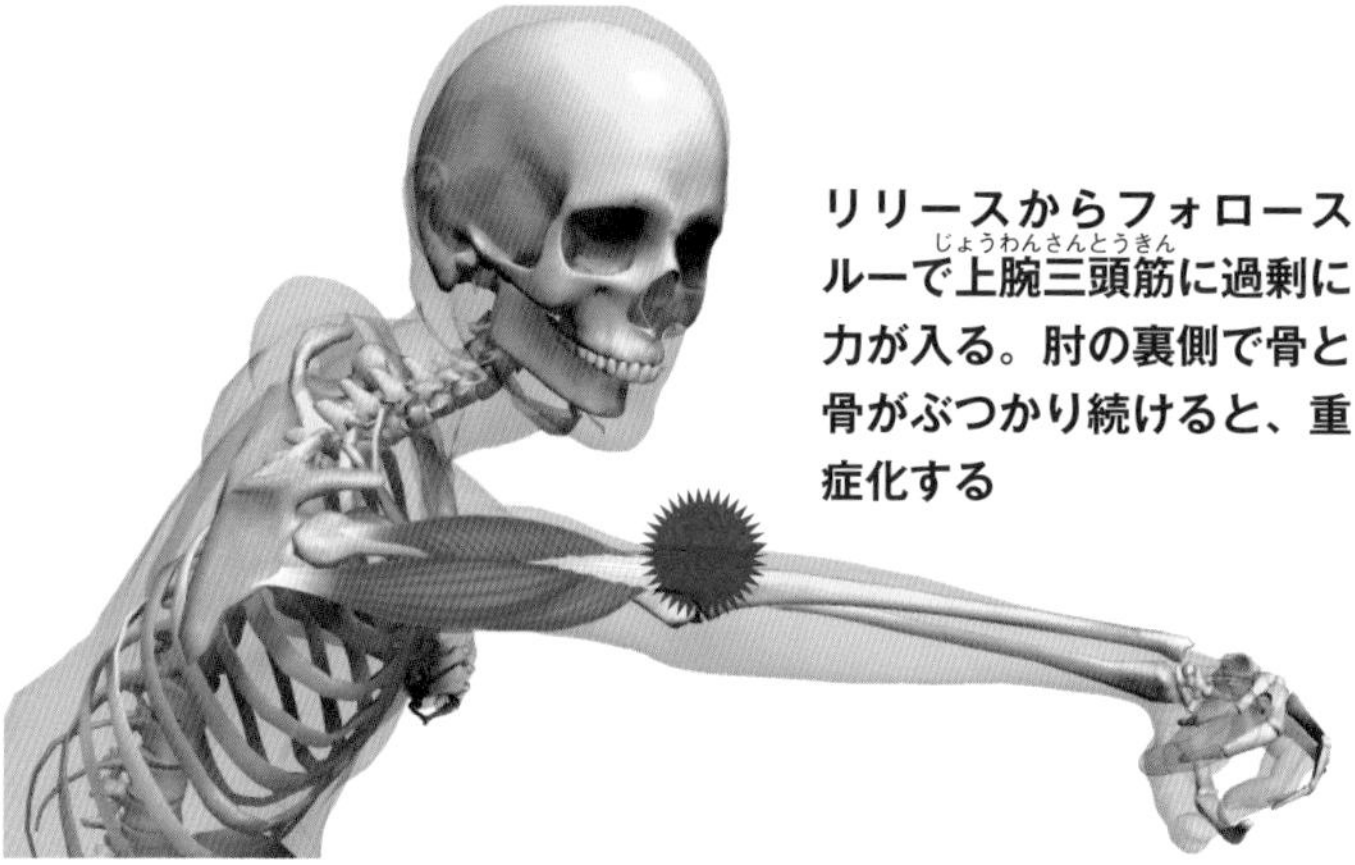

リリースからフォロースルーで上腕三頭筋《じょうわんさんとうきん》に過剰に力が入る。肘の裏側で骨と骨がぶつかり続けると、重症化する

フォームの特徴

手投げ（身体の回転が途中で止まってしまう）

骨盤の回転が早く止まることで、上体の回転もリリース付近で止まってしまい、リリース以降、手だけで投げてしまっている。

スにかけてひじを伸ばしますが、そのとき上腕《じょうわん》三頭筋《さんとうきん》という筋肉が伸ばされながら強く収縮します。

　繰り返しボールを投げることにより上腕三頭筋は疲労し、伸びにくくなります。**ストレッチをしないまま無理をして投げ続けていると痛み**が出てきます。

　また、ひじの裏側の肘頭という骨は17歳頃に一つの骨になります。まだ一つの骨になっていない中学生の時期に、ひじが伸びきるようにボールを離すような手投げを繰り返すと、肘頭が上腕骨とぶつかり続け、骨端線《こったんせん》といわれる成長線が開いてしまいます（**骨端線離開《りかい》**）。

　悪化すると成長線が閉じなくなり、場合によっては手術となることもあるため、注意が必要です。ひじを曲げたときだけではなく、伸ばしきっても痛みが出てきた場合は、医療機関を受診してください。

　上腕三頭筋だけでなく、肩のストレッチも必要なのが特徴です。

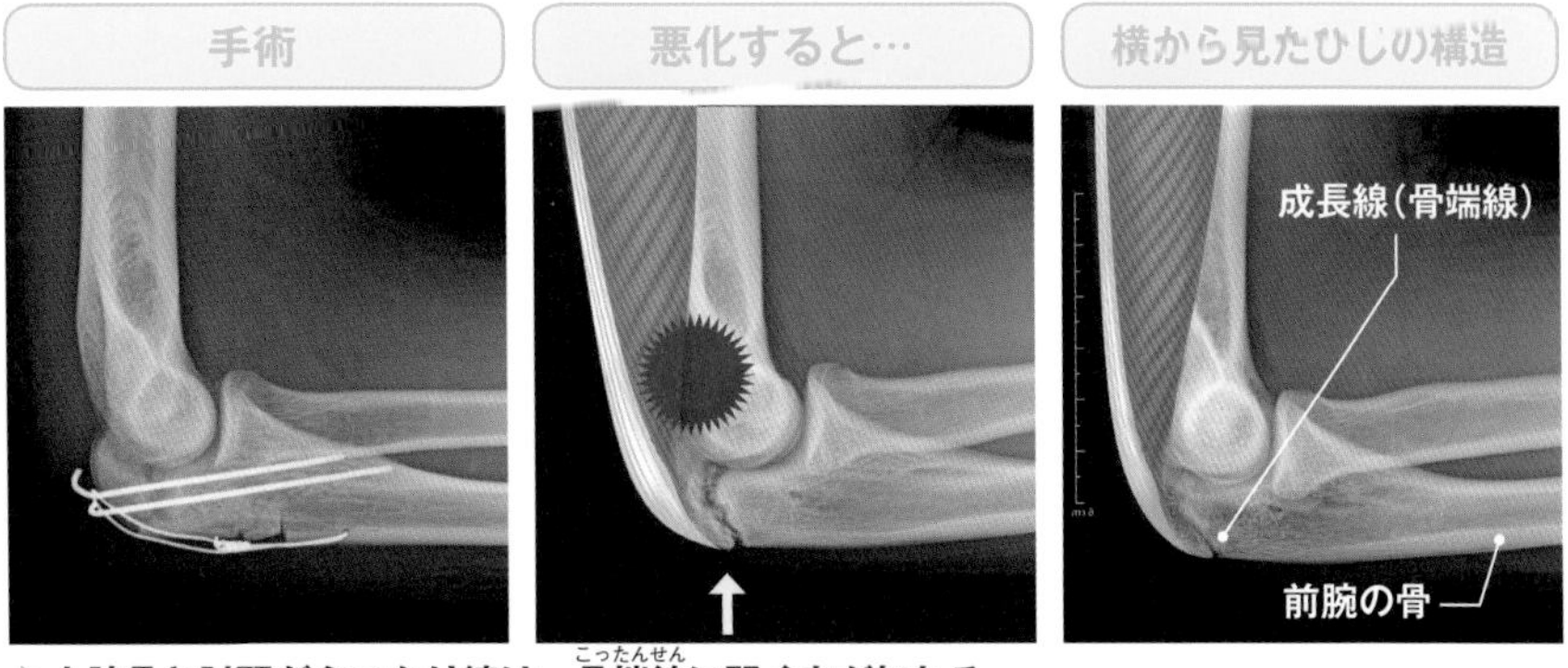

手術
悪化すると…
横から見たひじの構造

▶上腕骨と肘頭がぶつかり続け、骨端線《こったんせん》に開く力が加わる。
▶成長線が閉じなくなると、手術となる場合もある。
▶17歳以上の場合は骨の成長が止まっている可能性があるため、注意が必要。

痛みが消える（≒投げ始める）までにかかる期間と完全復帰の目安

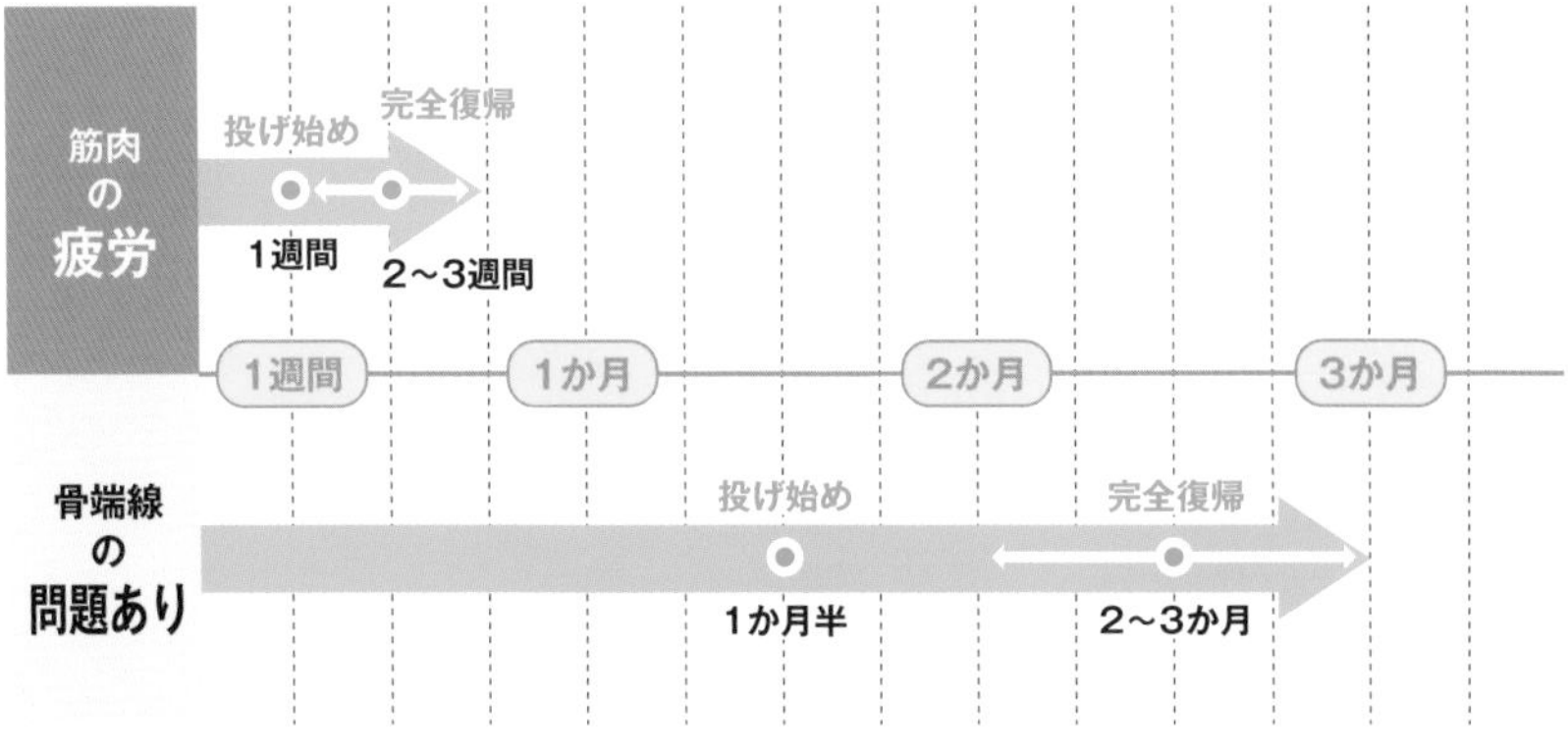

◉肩のストレッチの方法 ⇒ 94～103ページ
◉上腕三頭筋のストレッチの方法 ⇒ 71、74ページ

ひじ 7

尺《しゃっ》骨《こつ》神《しん》経《けい》麻《ま》痺《ひ》

首から手首までつながっている尺骨神経は、投球時のひじの外反によって伸びます。繰り返すとダメージを受け、手指のしびれなどの症状が出てきます。

どんな症状?

内側型野球肘《ないそくがたやきゅうひじ》(↓28ページ)と同様に、ひじの内側の違和感や痛みから始まります。そのまま投球を続けていると、小指側がしびれたり、指に力が入らなくなったりします。

投球時は、**胸を張った瞬間にひじの内側から小指にかけて痛み**が出ます。**ひじを曲げたときに痛みが強いのが特徴**で、腕を身体のそばに垂《た》らして曲げたときよりも、テイクバックのように腕を上げて後ろに引いた位置でひじを曲げたほうが症状が強くなります。

悪化するとはしや鉛筆が握れなくなり、日常生活に支障が出ます。

何が起こっているのか?

尺骨《しゃっこつ》神経の走行

神経は、皮膚の感覚や筋肉を動かす役割を担う大切なもの。尺骨神経は首から出て、鎖骨《さこつ》の下を通り、腕の前からひじの内側に向かう。前腕を通り、最後は手首まで伸びている。

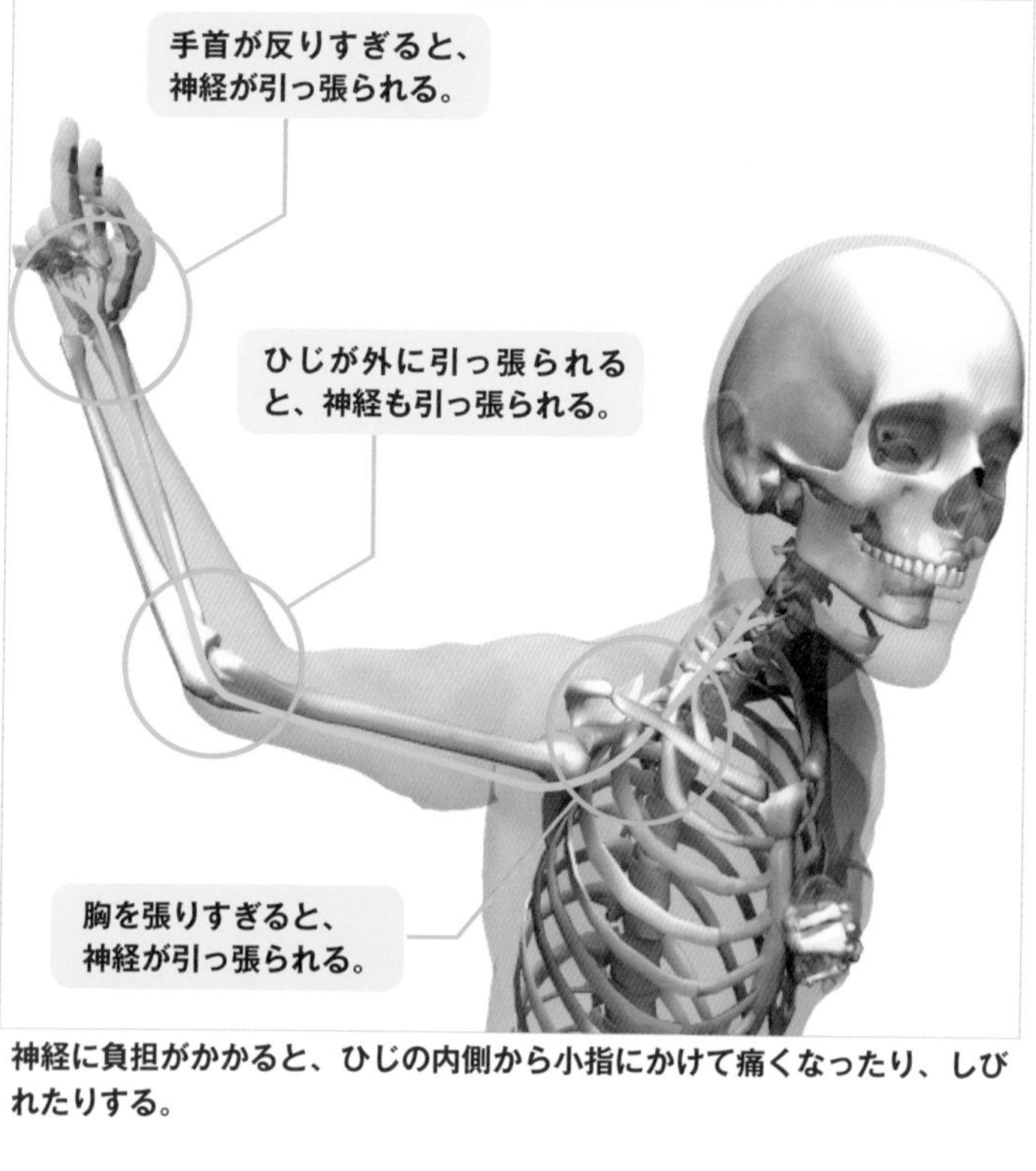
手首が反りすぎると、神経が引っ張られる。
ひじが外に引っ張られると、神経も引っ張られる。
胸を張りすぎると、神経が引っ張られる。

神経に負担がかかると、ひじの内側から小指にかけて痛くなったり、しびれたりする。

ひじの内側には尺骨神経が通っており、この神経は首から手の指先までつながっています。

投球時にひじが外反《がいはん》（外側に引っ張られる力）すると、内側の靱帯《じんたい》や筋が伸びるのと同時に神経も伸ばされます。

この繰り返しにより神経がダメージを受けると、**皮膚の感覚が鈍くなったり、手の小指側がしびれたり、指を曲げるときに力が入らなくなったりする**症状が現れます。

約1か月の投球休止とひじ周囲筋のストレッチでひじを曲げたときの症状は改善しますが、投げたときの痛みやしびれに対しては、ひじだけではなく、首・肩も含めたストレッチとフォームの改善が必要になります。

◉ひじのストレッチの方法
⇒ 62～71ページ
◉肩のストレッチの方法
⇒ 94～103ページ
◉腕が後ろに残る
フォームの修正方法
⇒ 180～181ページ

フォームの特徴

腕を後ろに引きすぎた状態で、さらに身体が早く回ってしまい、腕が後ろに残る。これにより、尺骨神経が伸ばされる。

痛みが消える（≒投げ始める）までにかかる期間と完全復帰の目安

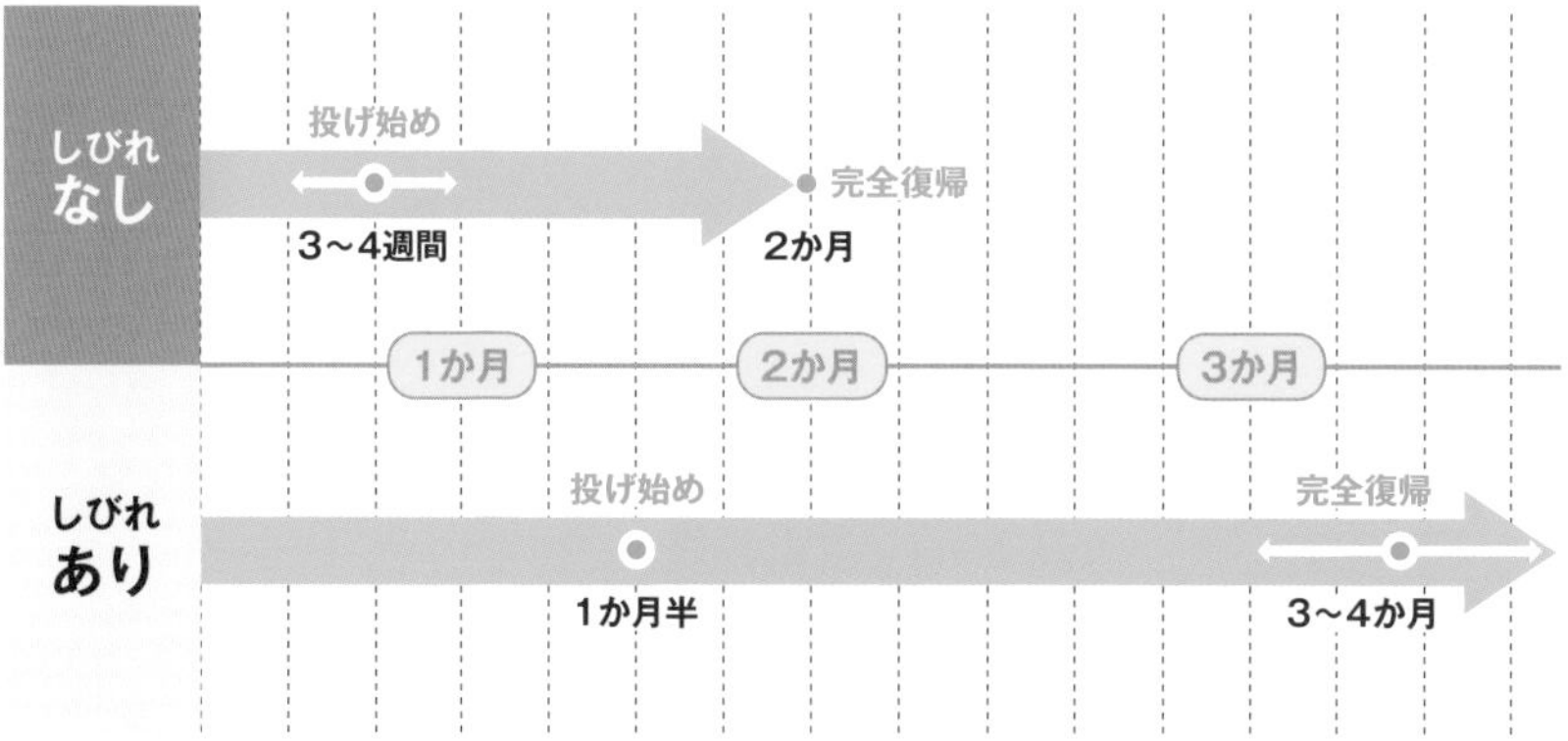

ひじ
8

ストレッチ・トレーニングの前に知っておくこと

1 ひじの形（アライメント）

野球肘《ひじ》になっている選手は、ひじの外側の筋肉に引っ張られて、ひじが外に傾いている場合が多い。

ひじが外に傾いていると、内側の靭帯《じんたい》や筋肉・神経がつねに引っ張られた状態になり、治りが遅くなる。

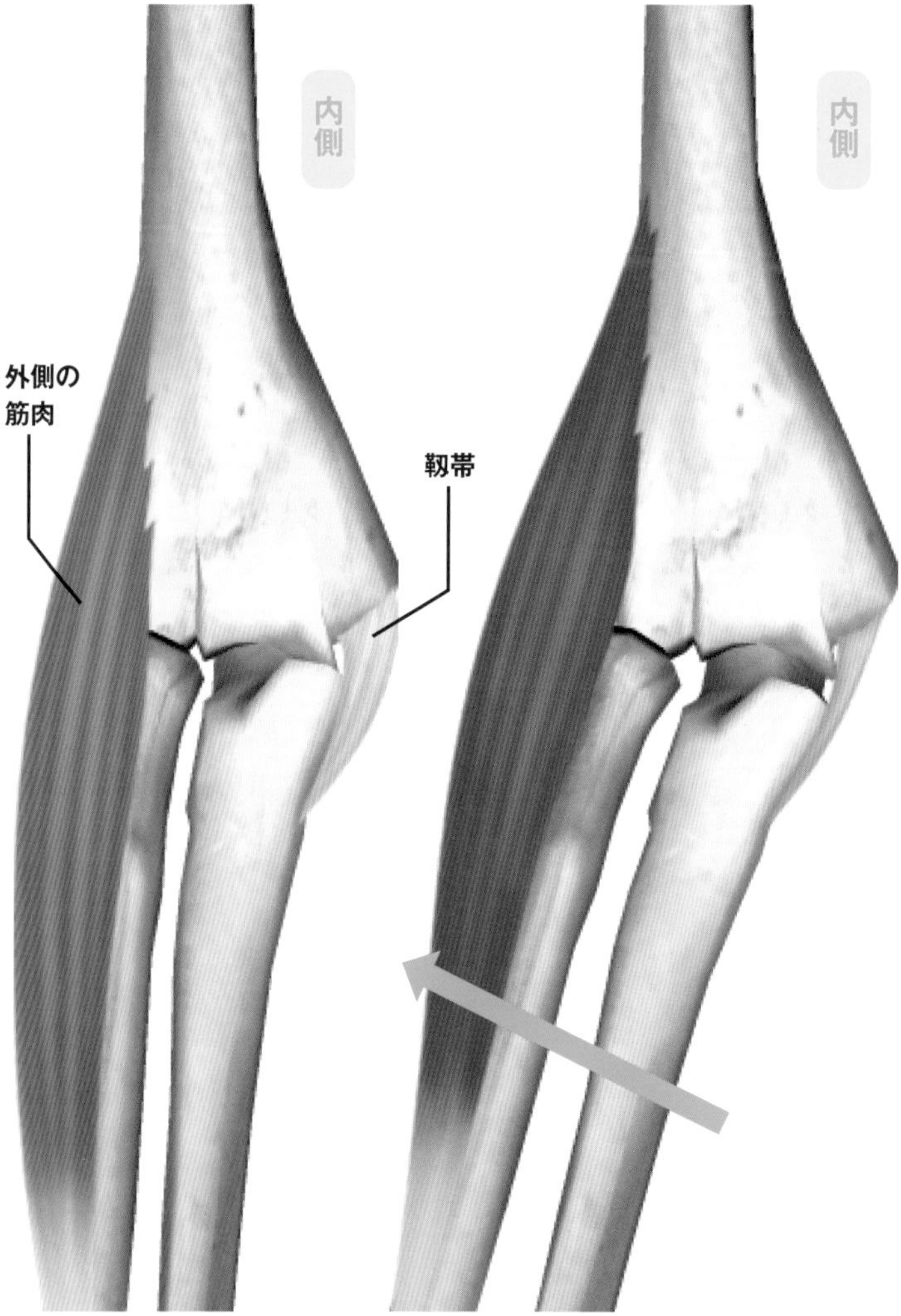

Check Point

肩セルフケアでは、まずこのひじのアライメントとまわりの筋力を戻すのが重要！

2 ひじのまわりの筋力

投げるときには、ひじは必ず外に引っ張られる。それに耐えうるためには、ひじの裏側の上腕三頭筋《じょうわんさんとうきん》や、ひじの内側の尺側手根屈筋《しゃっそくしゅこんくっきん》・浅指屈筋《せんしくっきん》の筋力が重要になる。

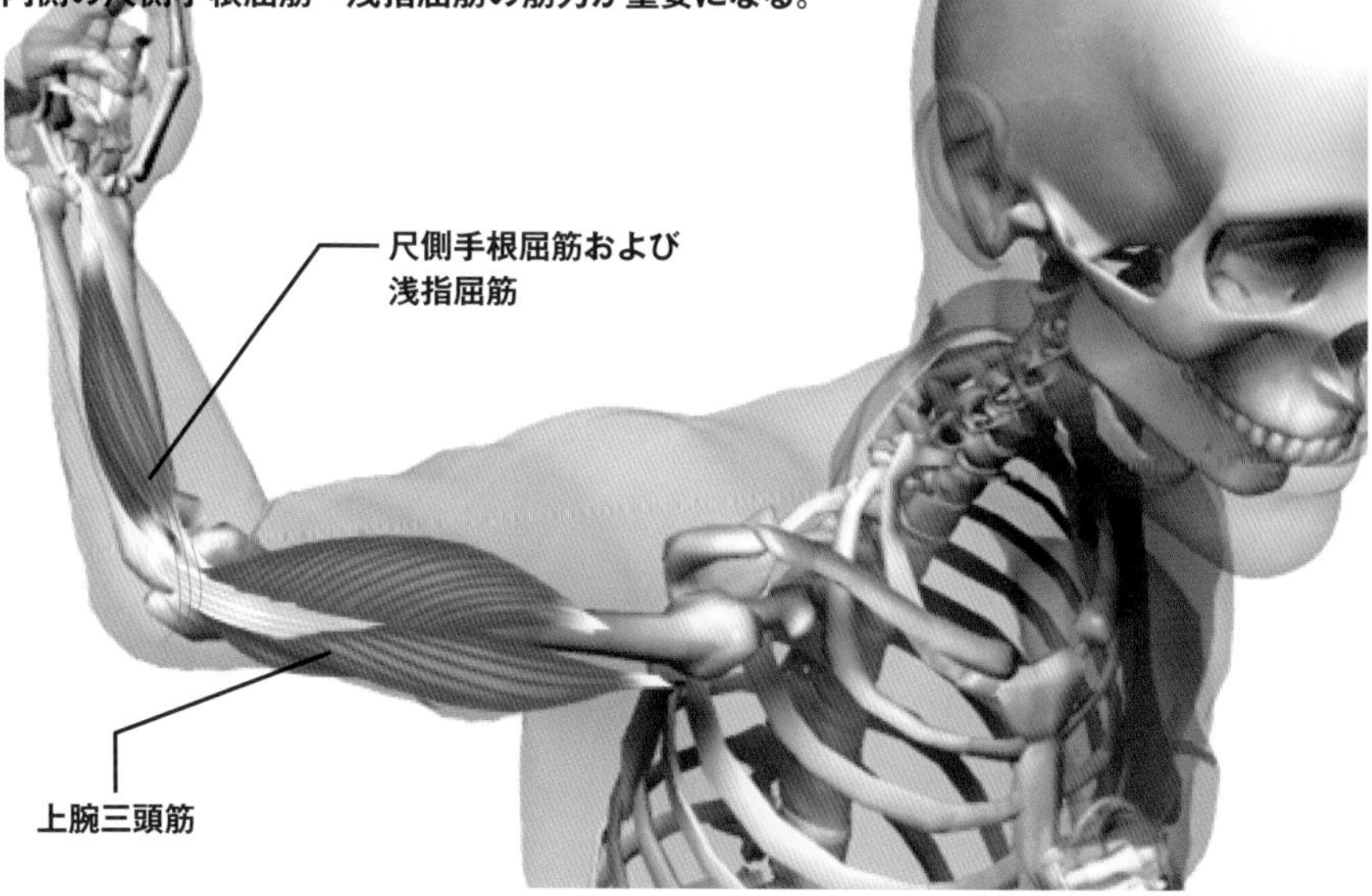

3 セルフケアの流れ

ひじのセルフケアの流れとして、ひじの曲げ伸ばしの痛みがある時期（安静期）には、ひじのストレッチを行い、痛みをとっていく。ひじの曲げ伸ばしで痛みがなくなったら(回復期)、ひじ周囲の筋トレをストレッチに加えて行う。ボールを軽く投げてみて、痛みが消失したら、フォームの修正を行いながら、徐々に練習に参加していく（復帰期）。

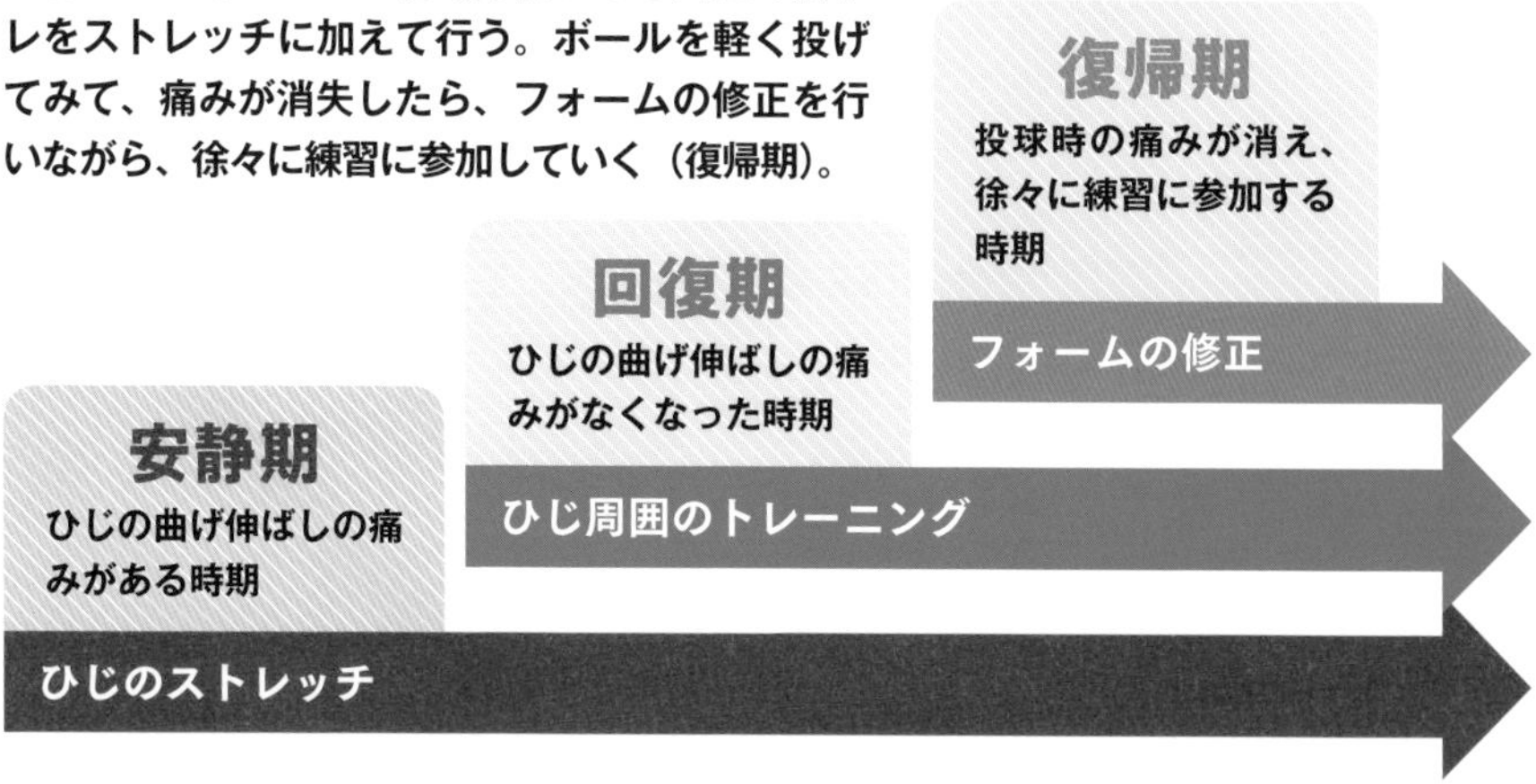

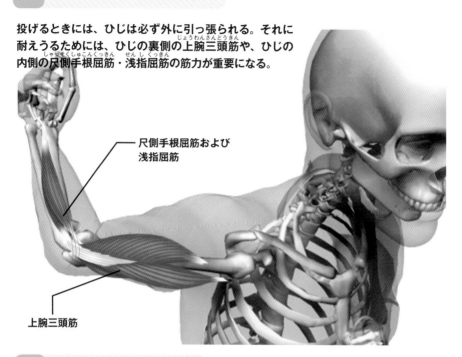

ひじ 9

ストレッチ前の「ひじ」チェック！

ここをチェック！	❶ひじの曲げ伸ばし ❷ひじの形（アライメント） ❸前腕の回内外《かいないがい》

1 ひじの曲げ伸ばし

☑伸ばしのチェック

両ひじをまっすぐ伸ばす

正常
●ひじがしっかり伸びている
●左右差がない

☑曲げのチェック

ひじから曲げて指先を
肩につける

正常
指先が
肩につく

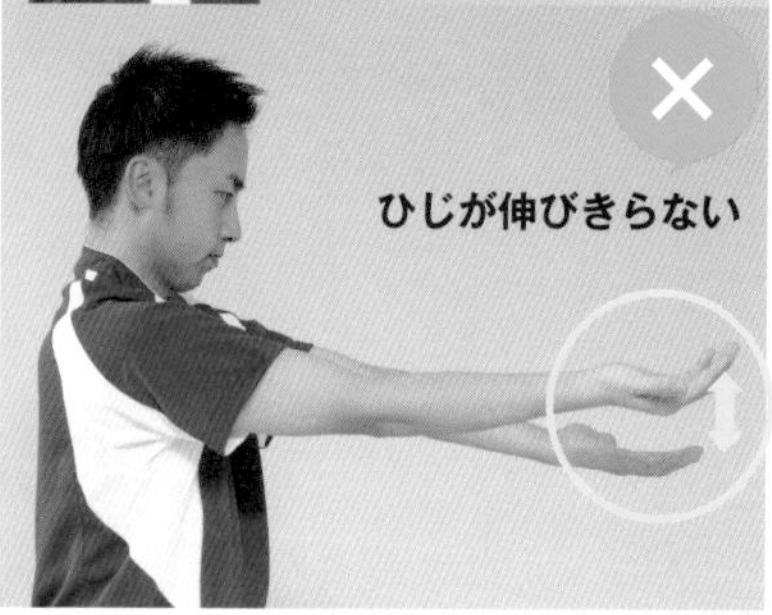
ひじが伸びきらない

☑左右の曲げのチェック

ひじを曲げきったとき、手首と肩との間に指を入れて左右で比較する

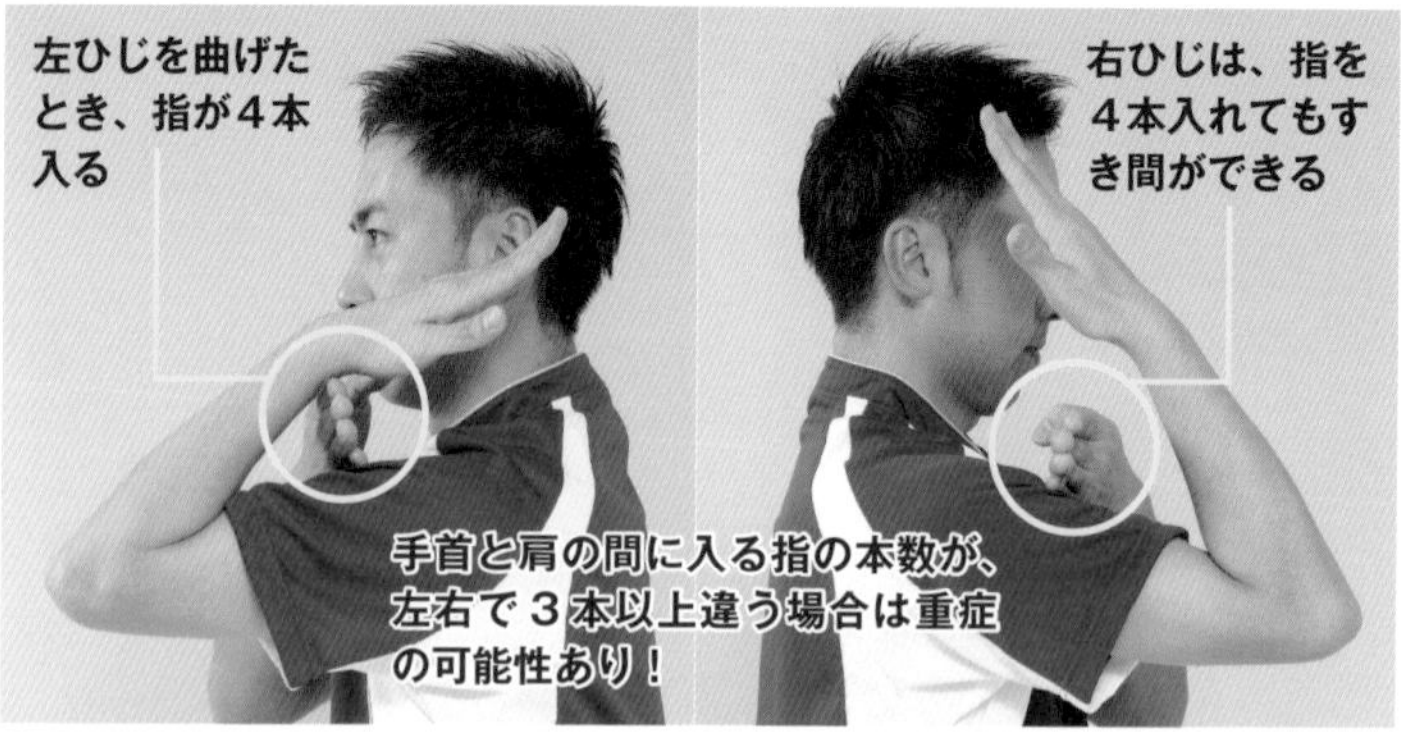
左ひじを曲げたとき、指が４本入る
右ひじは、指を４本入れてもすき間ができる
手首と肩の間に入る指の本数が、左右で３本以上違う場合は重症の可能性あり！

ひじの曲げ伸ばしが悪い
＞内側の骨が剥《は》がれていたり、外側の軟骨《なんこつ》が痛んでいる可能性あり

2 ひじの形（アライメント）

ひじを伸ばして手のひらを上に向け、両側のひじの開きをチェックする

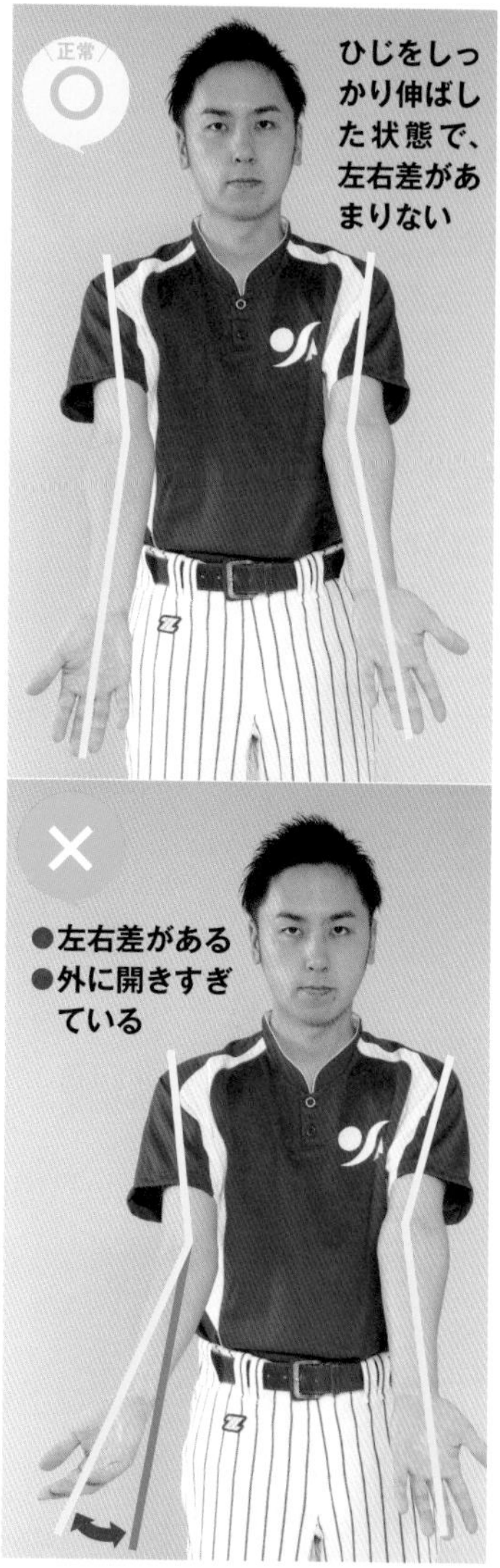

ひじが外を向いている
＞ 内側の靱帯がつねに引っ張られた状態

3 前腕の回外

ひじを90度に曲げ、鉛筆などの棒を軽く握り、ひじを動かさずに手のひらを上に向けるように回転させて、左右の棒の傾きをチェックする

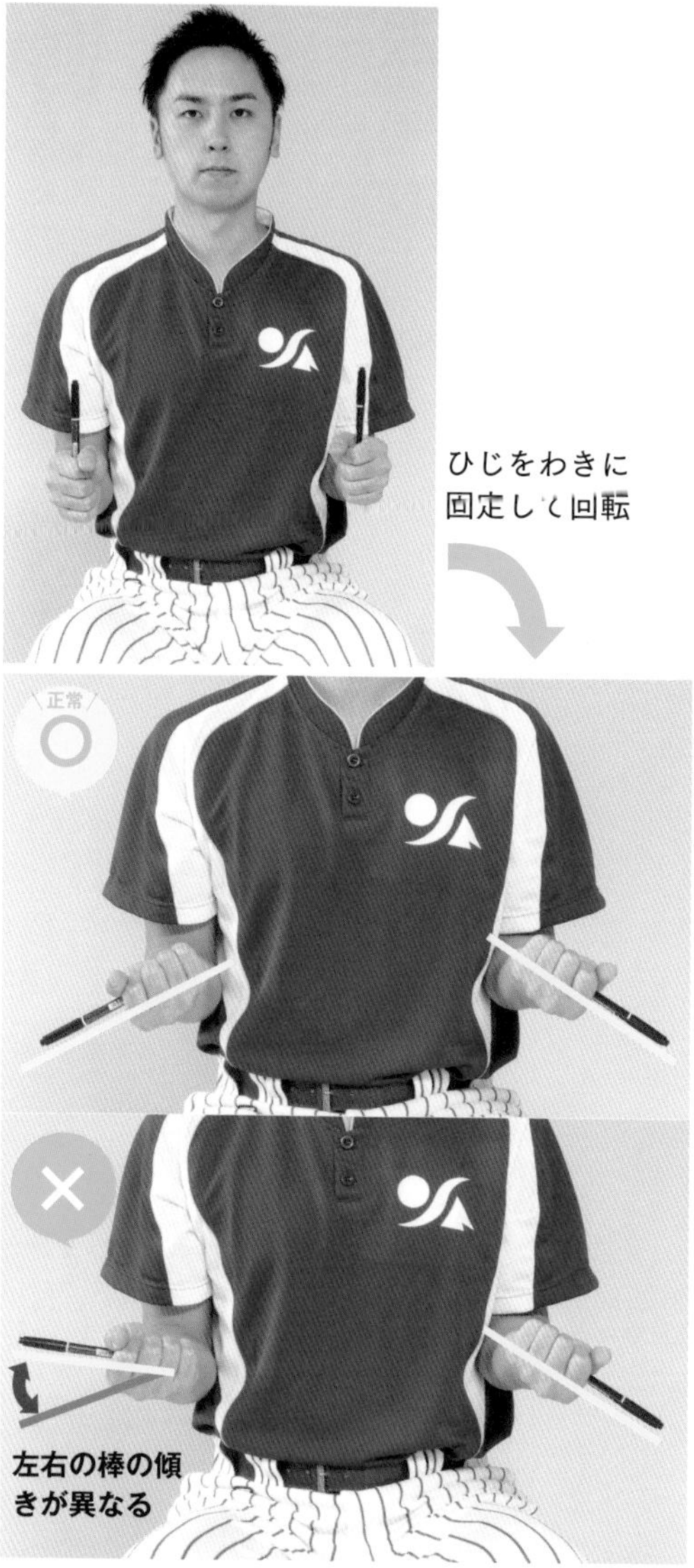

回外の動きが悪い
＞ ひじの内側の筋肉が硬く、重症である場合あり

ひじ 10

自分でできるひじ周囲のストレッチ

まず、ひじの伸びと形をよくする

1 ひじの外側の筋肉ほぐし

目安の時間 5分

ひじの外側の筋肉（腕橈骨筋《わんとうこつきん》）が硬くなり、ひじが外に向いてしまうと、ひじの伸びが悪くなる。硬くなった筋肉（上腕《じょうわん》二《に》頭筋《とうきん》）との間を圧迫しながらひじを伸ばすことで、ひじの動きをよくする

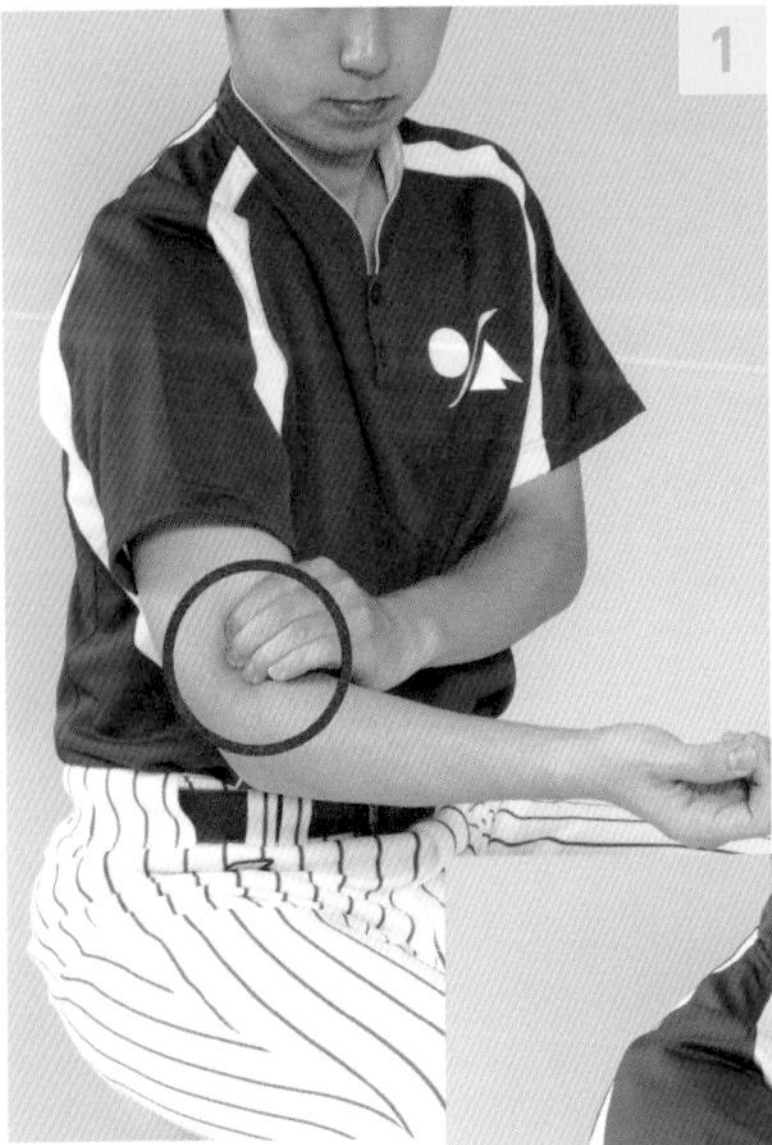

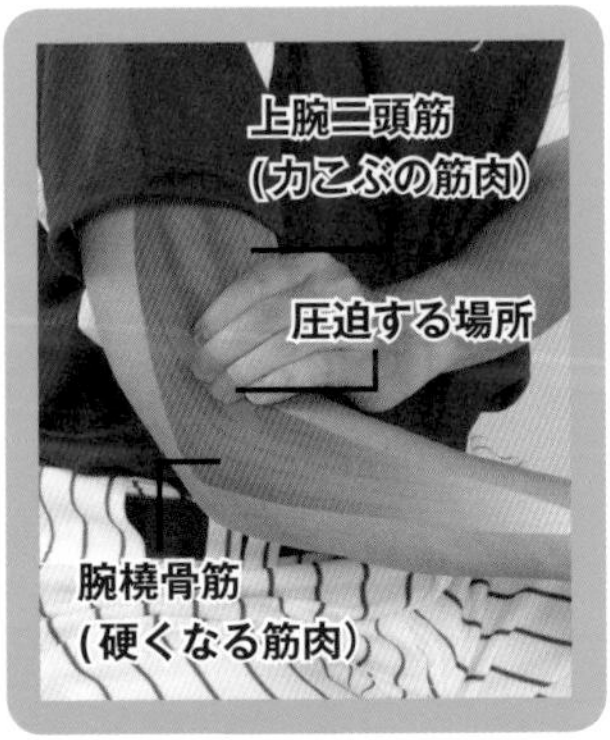

力こぶの外側を“痛気持ちいい”くらいに握る。

Point

指の腹でしっかりと力こぶをつかんで、伸ばしたときにズレないように！

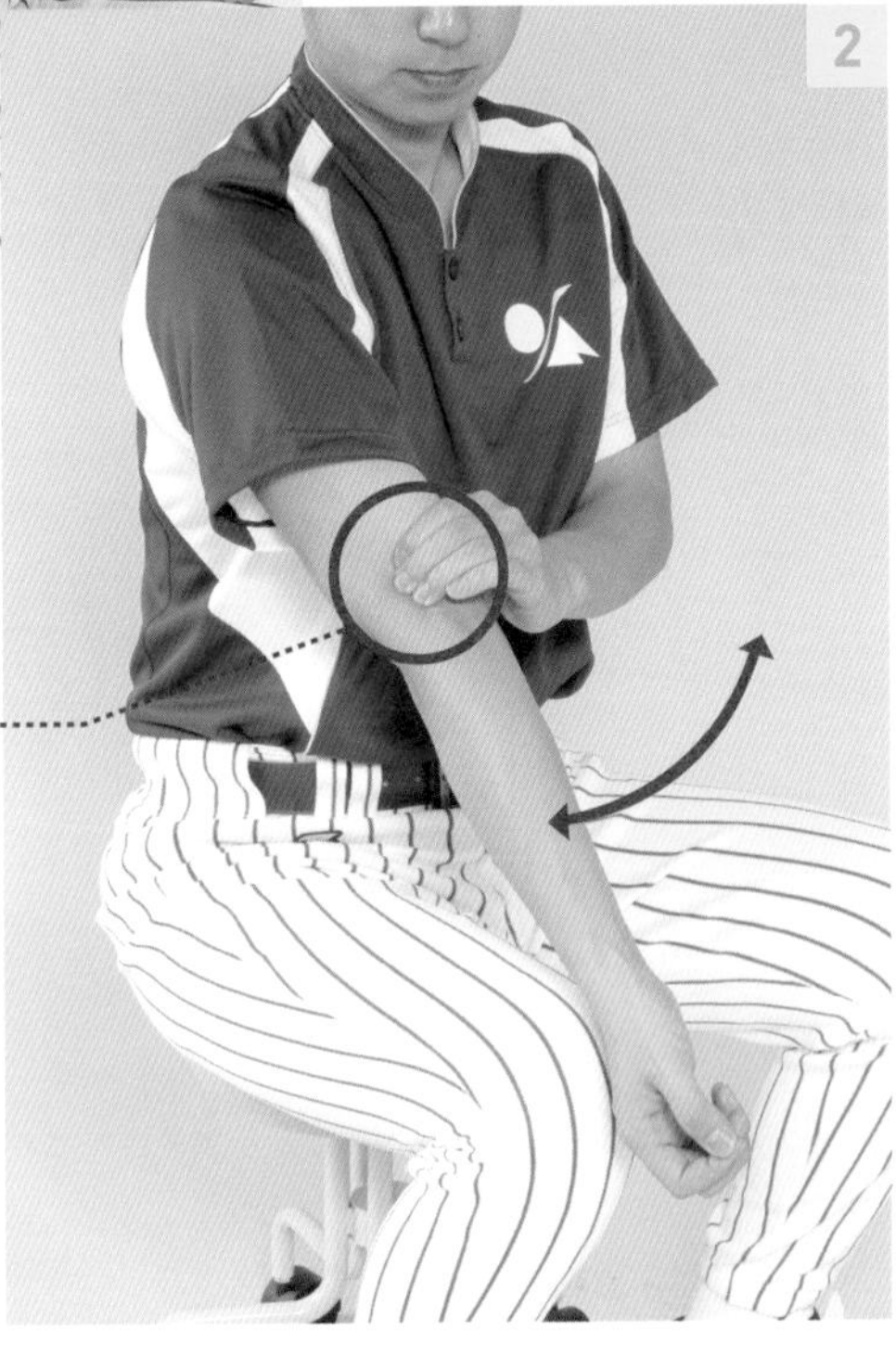

力こぶをつかんだまま、ひじを繰り返し曲げ伸ばしする。

ひじの外側の筋肉ほぐし－腕橈骨筋－

2 腕の外側の筋肉ほぐし

目安の時間 5分

硬くなった腕橈骨筋という筋肉は、前腕の外側を走行している。その走行に沿ってほぐすことで、ひじの動きをよくする。

Point

腕の外側の筋肉を、親指で外側に押しやるように圧迫する！

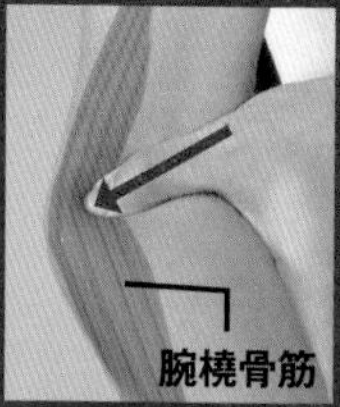

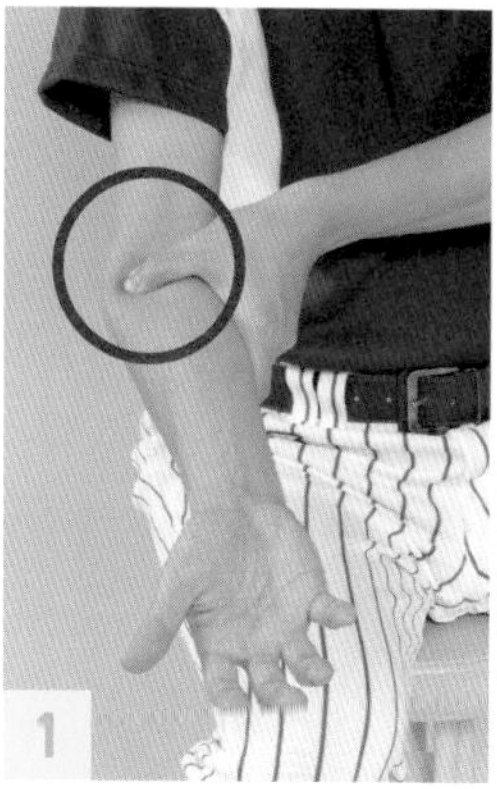

腕の外側を“痛気持ちいい”くらいに親指で押す。

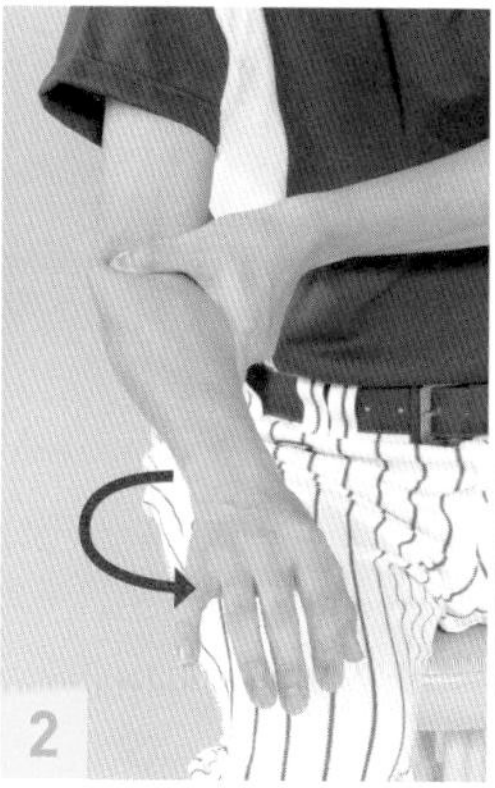

親指で押したまま、手のひらを返したり上に向けたりする。

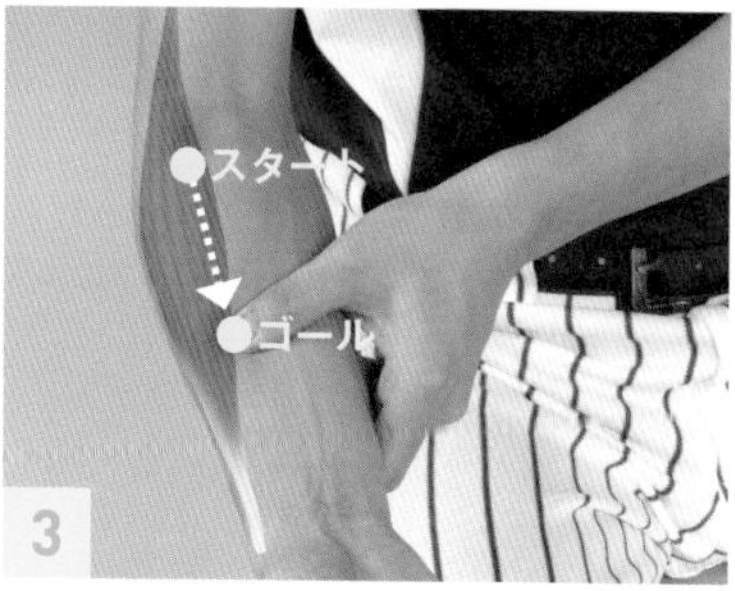

同じ場所で10回手を動かしたら、押す場所を変える。

3 ひじの裏側の筋肉ほぐし

目安の時間 5分

ひじの裏側の筋肉も硬くなると、ひじの伸びや前腕の回る角度が悪くなる。

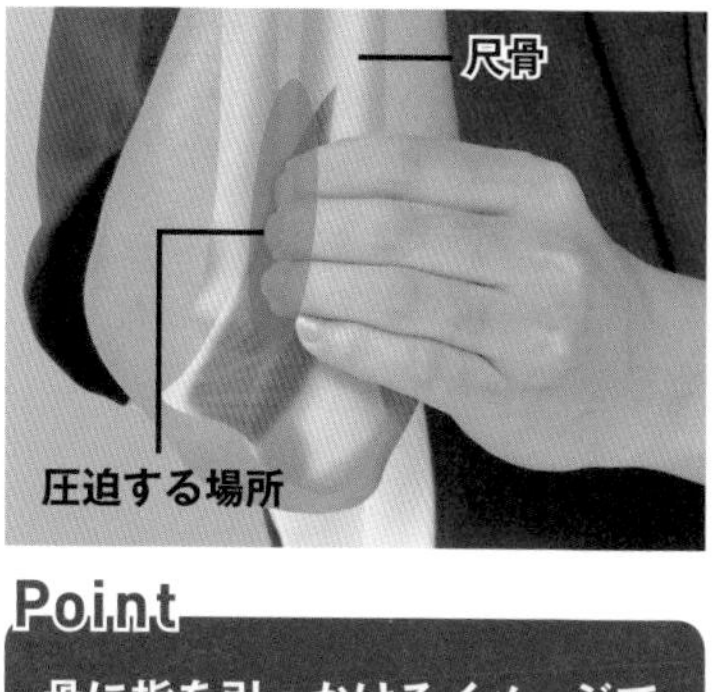

Point

骨に指を引っかけるイメージで圧迫する！

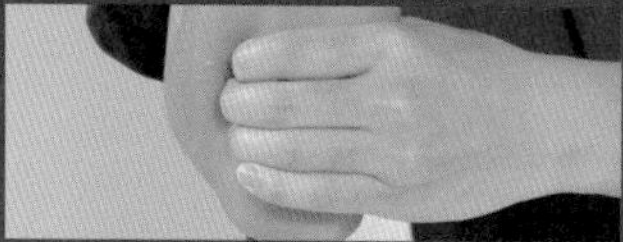

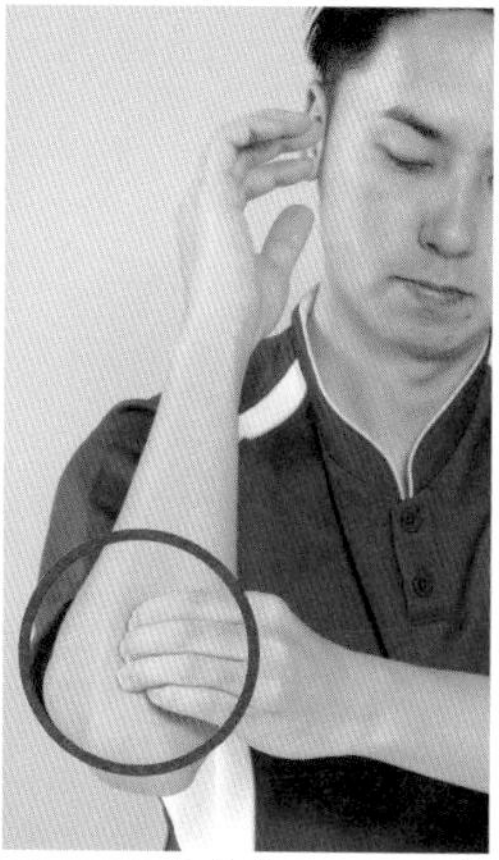

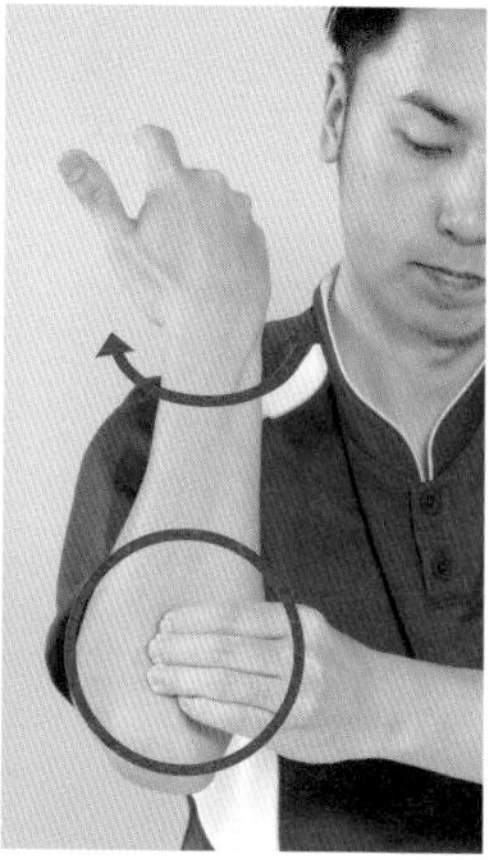

手のひらを自分のほうに向けてひじを曲げ、ひじ裏の骨（尺骨）のすぐ外側を“痛気持ちいい”くらいに押し、前腕をくるくる回す。

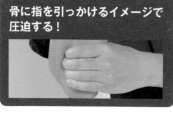

再チェック！

伸ばしのチェック！

Check Point

- しっかり伸びているか？
- 伸ばした痛みが軽くなっているか？

伸ばしたときの頑固な痛みが残る場合

前腕の筋肉ほぐし

目安の時間 5分

前腕の筋肉を柔らかくすることで、内側の痛みも和らぐ。

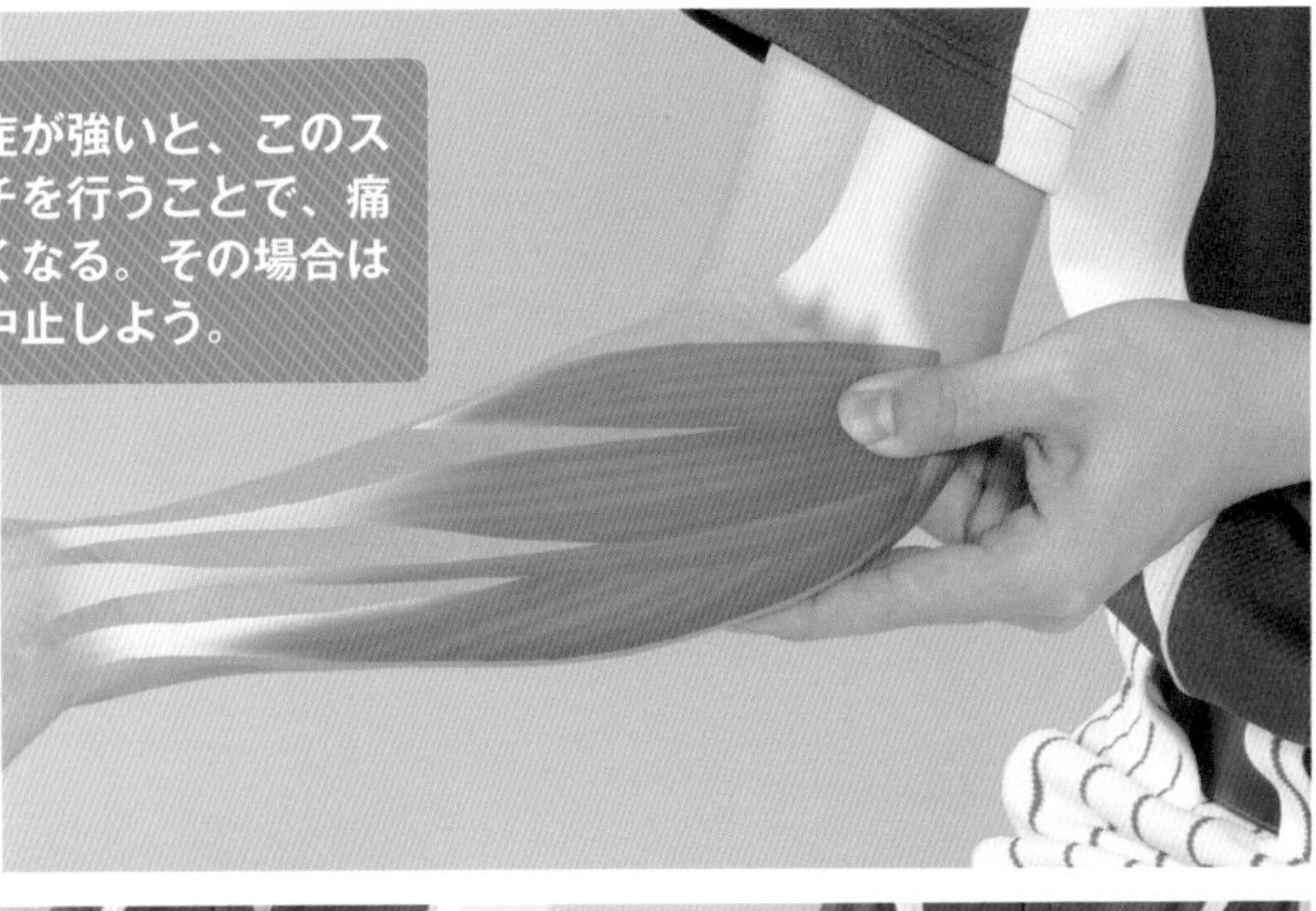

ここに注意！
まだ炎症が強いと、このストレッチを行うことで、痛みが強くなる。その場合はすぐに中止しよう。

1

ひじの内側の出っ張っている骨の少し上を押す。

2

つかんだまま、ひじを繰り返し曲げ伸ばしする。

ひじの伸びがよくなったら行う曲げと回外をよくするマッサージ

1 ひじ外側の骨のモビライゼーション

目安の時間 5分

ひじ外側の骨（橈骨《とうこつ》）が動きにくくなると、ひじは最後まで曲がらなくなる。橈骨を下に引っ張りながらひじを曲げることで、ひじの動きをよくする。

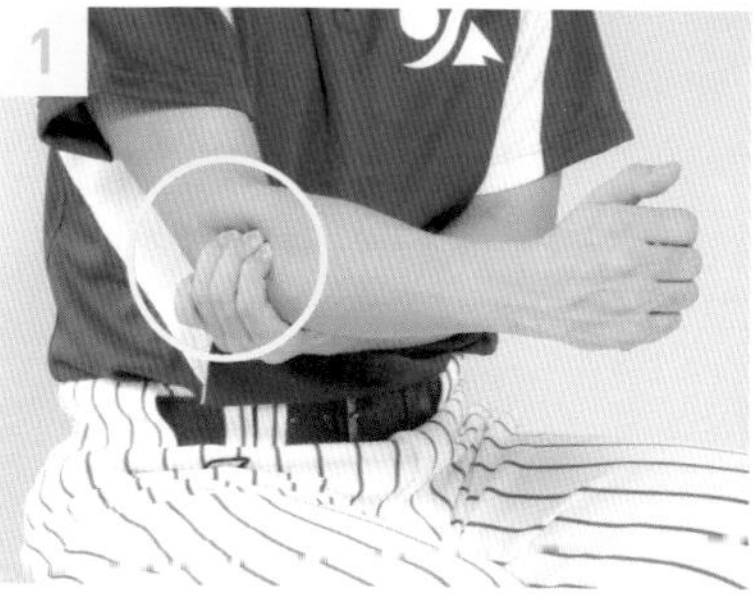

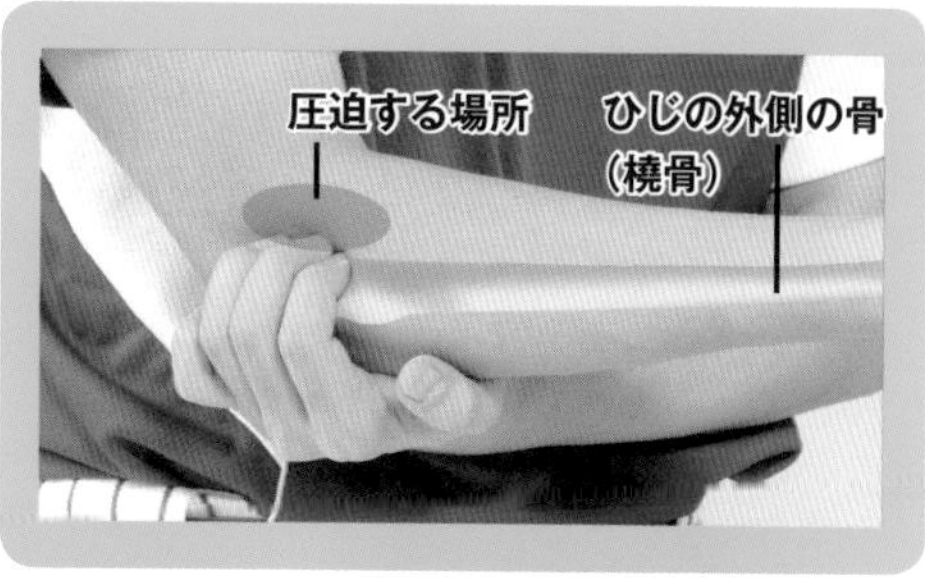

ひじ外側の骨の出っ張り上に四指を入れ、下に引っ張る。

Point

骨を下に引っ張るように圧迫する！

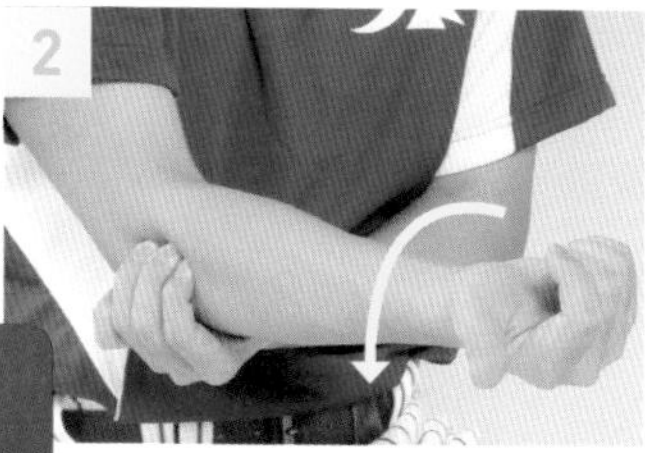

前腕を外側に回す。

ひじの位置はそのままで、ひじの曲げ伸ばしを繰り返す。

2 母指球《ほしきゅう》のストレッチ

目安の時間 10秒×10セット

母指球が硬くなると、前腕の回外が最後までいかない。バッティングをすることでも硬くなるため、こまめにストレッチしよう。

母指球のストレッチ
-長母指屈筋-

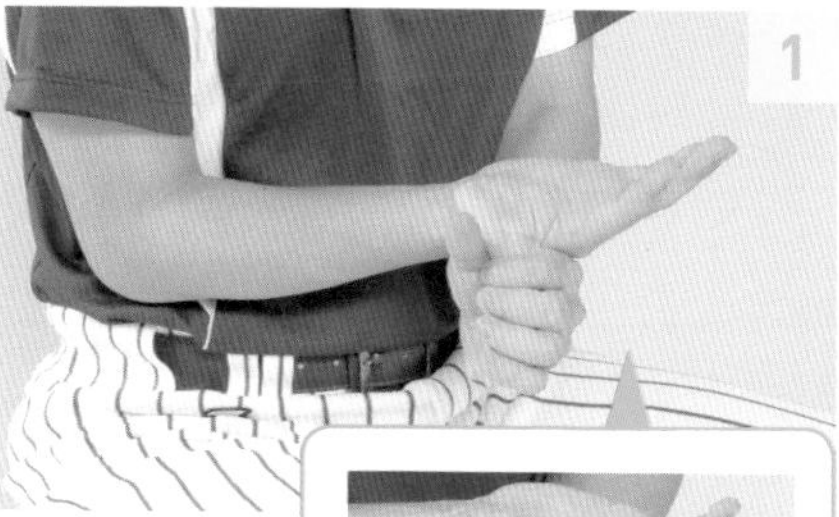

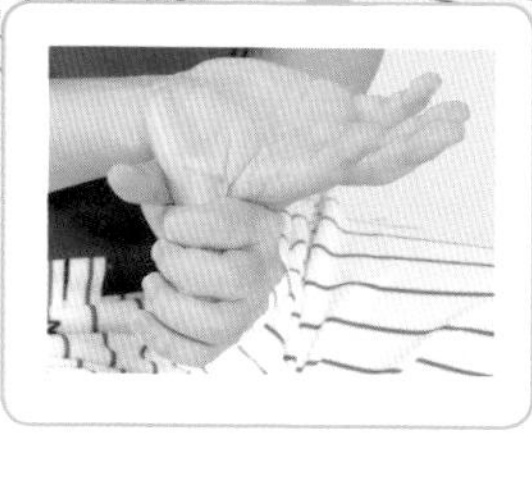

手のひらを上に向け、もう一方の手で親指をつかむ。

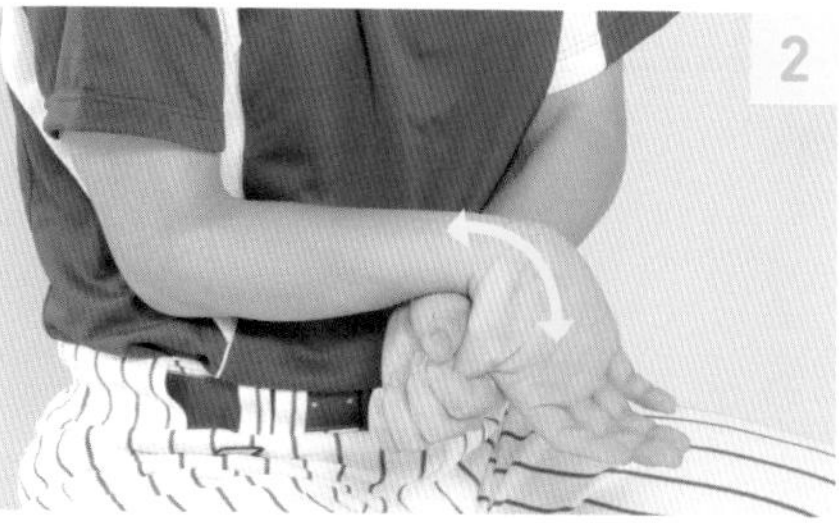

つかんだ親指を引っ張る。母指球が伸びる感じがしたら、その位置をキープする。

再チェック！

Check 1

●ひじを曲げきったとき、手首と肩の間に入る指の本数が、セルフケアを始める前と比べて少なくなっているか。
●ひじを曲げたときの痛みが軽減しているか。

Check 2

回外の動きは改善しているか

Check 3

ひじの形の左右差は改善しているか

回外《かいがい》の制限が残る場合

1 円回内筋付着部のほぐし

目安の時間 5分

この筋肉を柔らかくすることで、前腕の回外の動きがよくなる。

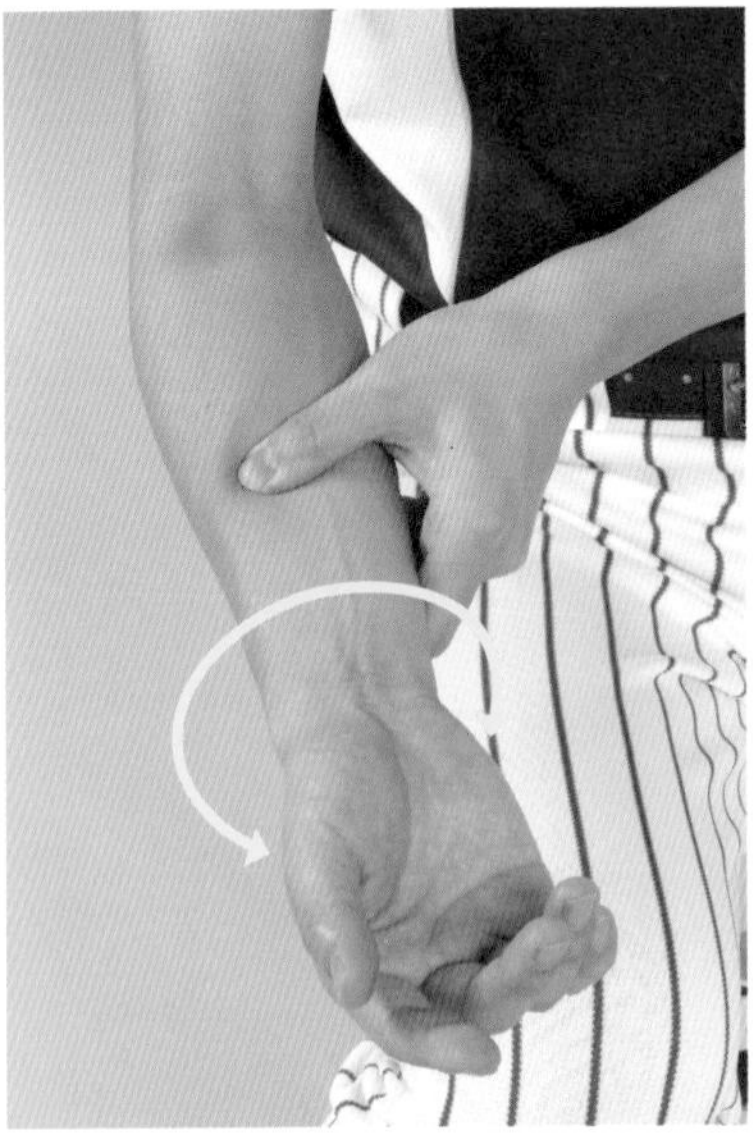

前腕をくるくるまわす。

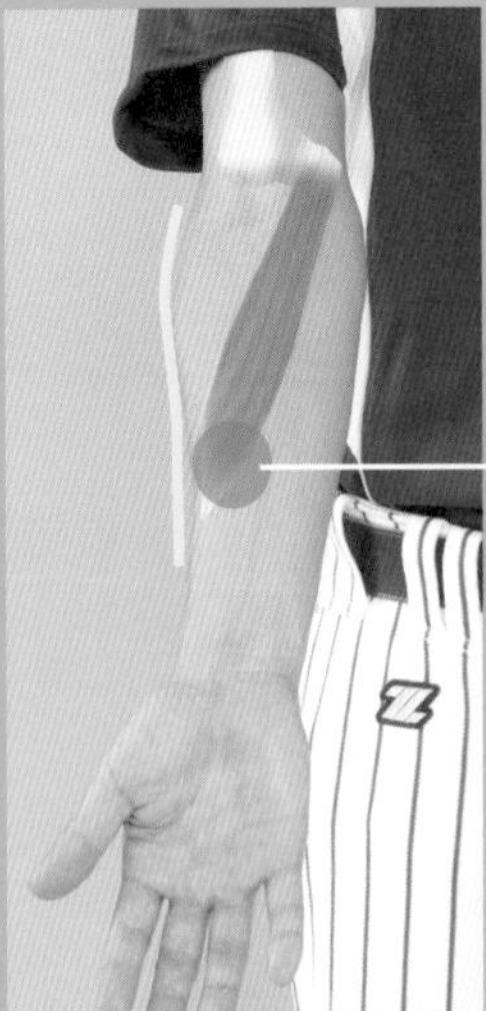

圧迫する場所は、前腕の外側のふくらみがなくなり、平らになり始めるところ。

ひじの屈曲《くっきょく》の制限が残る場合 後方型野球肘《ひじ》（牽引型《けんいんがた》）のストレッチ

上腕三頭筋のストレッチ

2 上腕三頭筋《じょうわんさんとうきん》のほぐし

目安の時間 ゆっくり 10秒× 10セット

二の腕の筋肉（上腕三頭筋）が硬くなると、ひじの曲げが最後までいかなくなったり、ひじの後ろが痛くなったりする。この筋肉をストレッチすることで、ひじの動きをよくする。

1

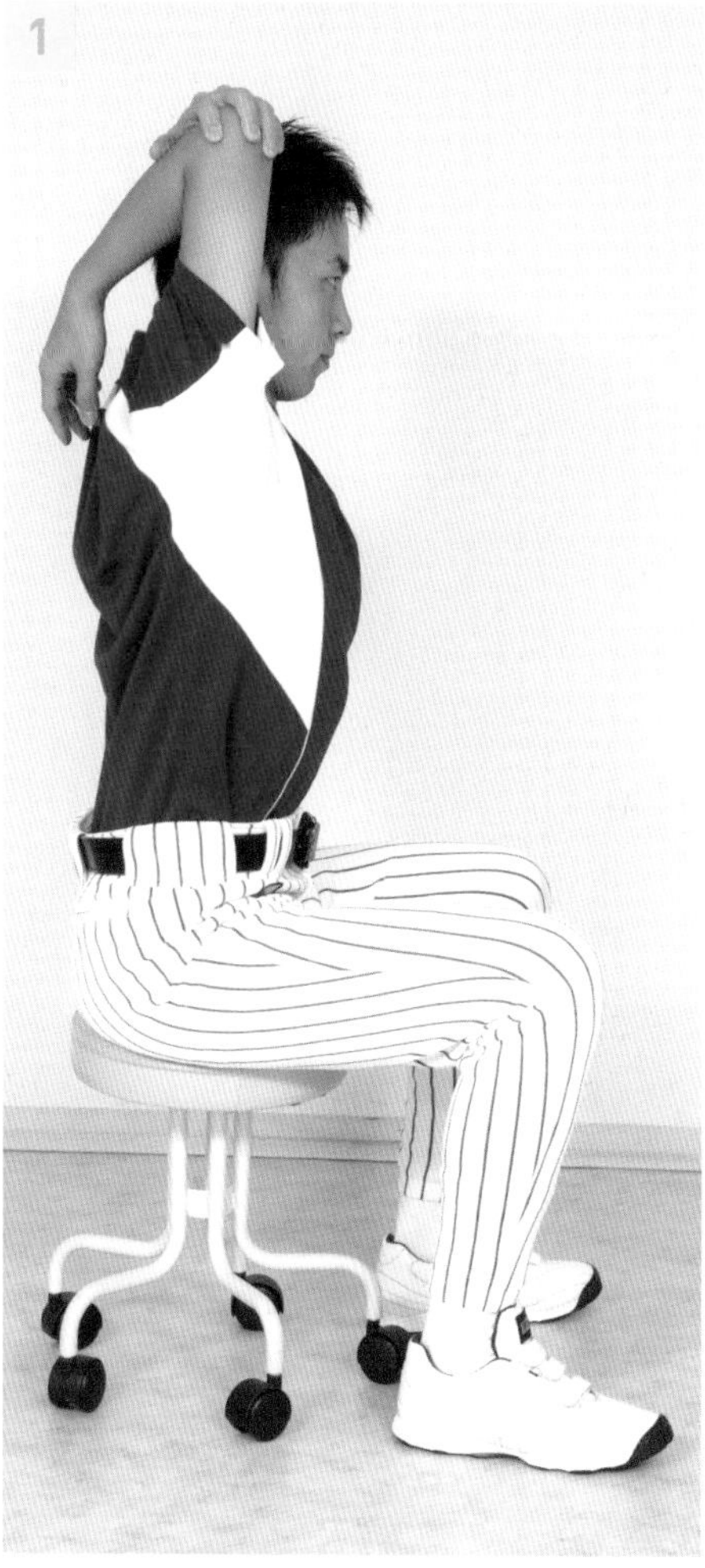

ひじを頭の横に持ってくる。ひじは無理に曲げようとせず、リラックスした状態にする。

2

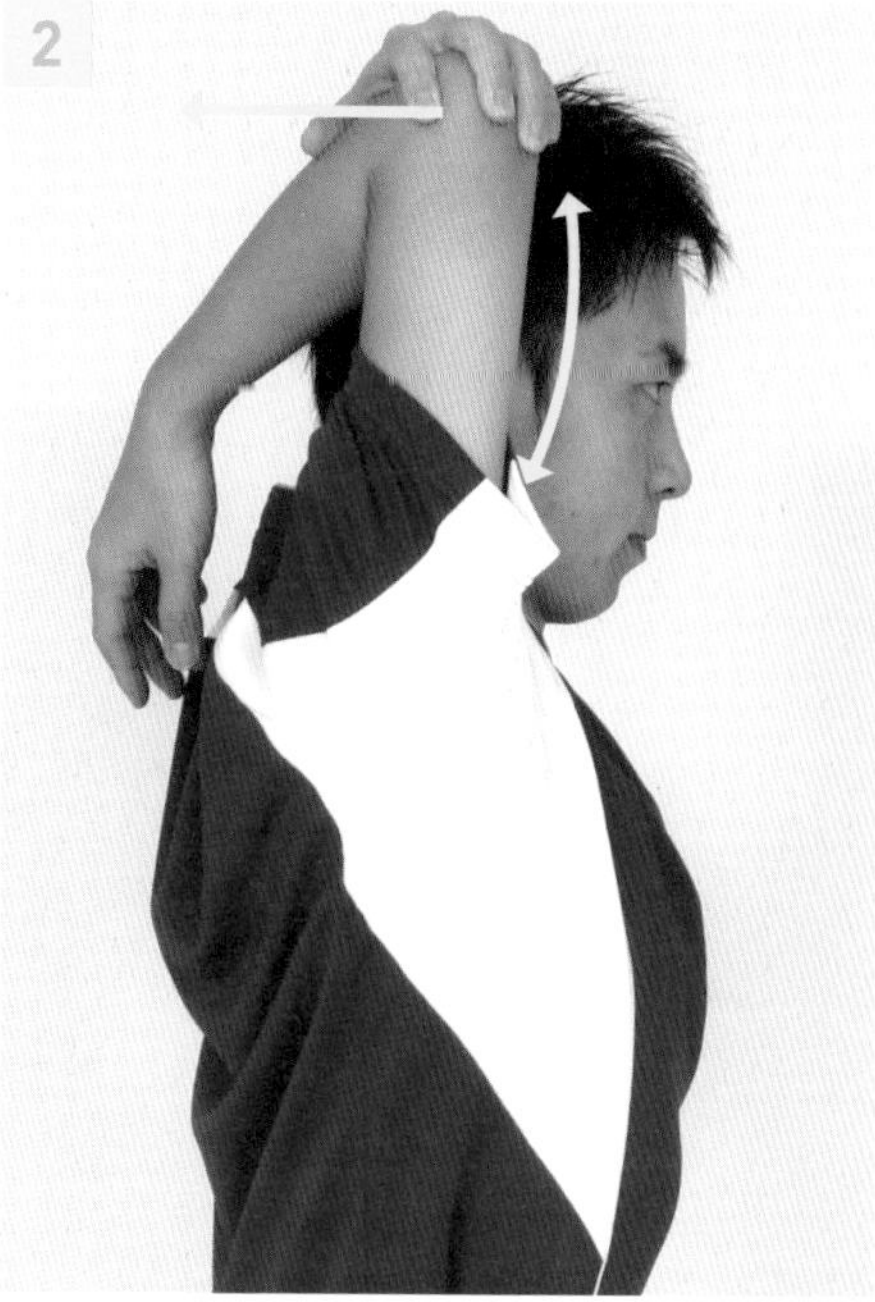

反対の手でひじを後ろに引っ張る。腕の後面が伸びる感じがしたら、その位置をキープする。

ここに注意！

ひじをリラックスし、肩を伸ばすようにして行えば、ひじの後ろの痛みが出ることは少ない。しかし炎症が強いと、痛みが強くなることもあるため、痛い場合はすぐに中止しよう。

ひじ 11

自分でできるひじ周囲のトレーニング

ひじの曲げ伸ばしがよくなったら筋トレをスタート！

1 物を握る筋肉（浅指屈筋《せんしくっきん》）のトレーニング

ひじの内側にある物を握る筋肉を強くすると、ひじの内側の靱帯《じんたい》や骨へのダメージを少なくできる。

回数など
10回×3セット（握ったまま5秒キープ）

用意するもの
スポンジまたはゴムボール

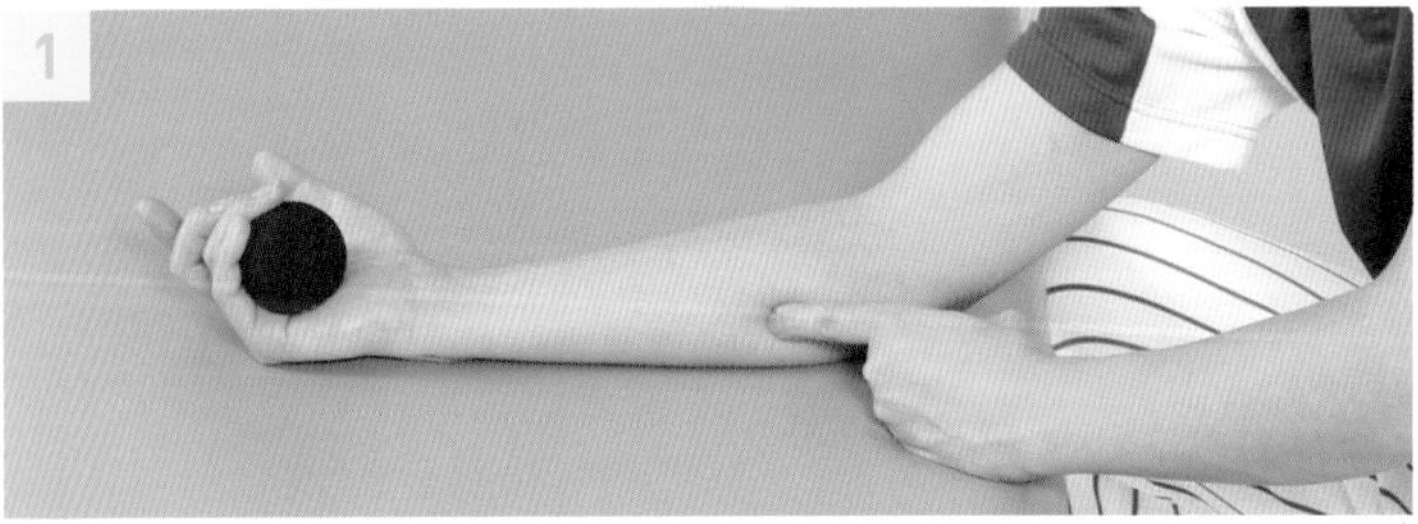

椅子に座り、自分の大腿や台の上に腕を置き、
スポンジやゴムボールを手のひらに乗せる。

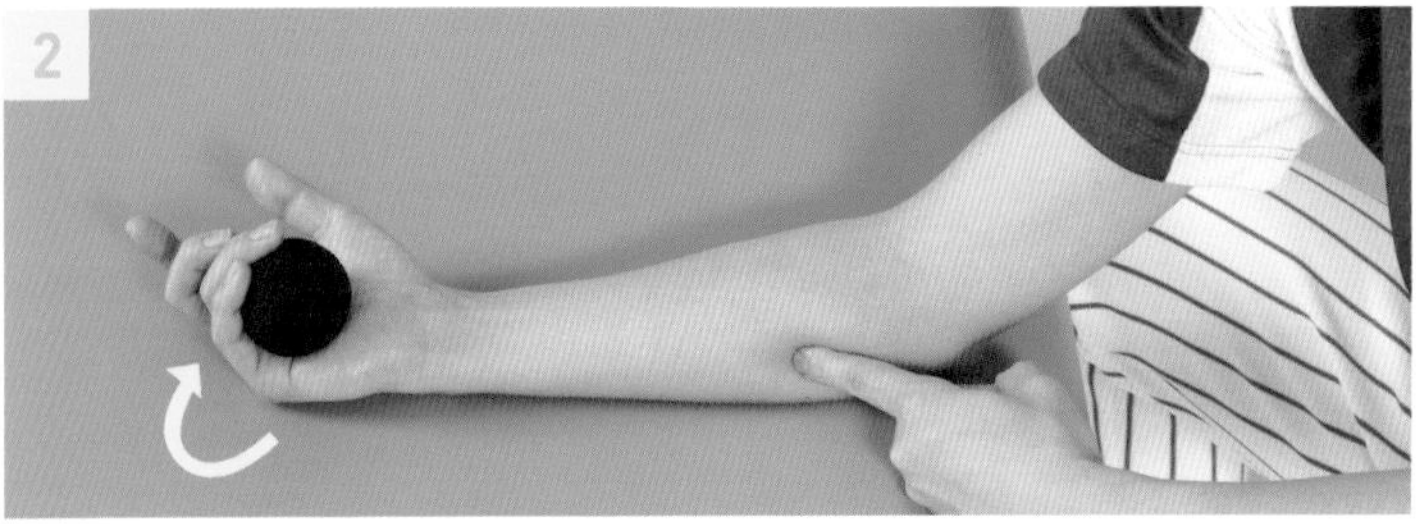

薬指・小指に力を入れ、人差指と
中指はできるだけ脱力する。

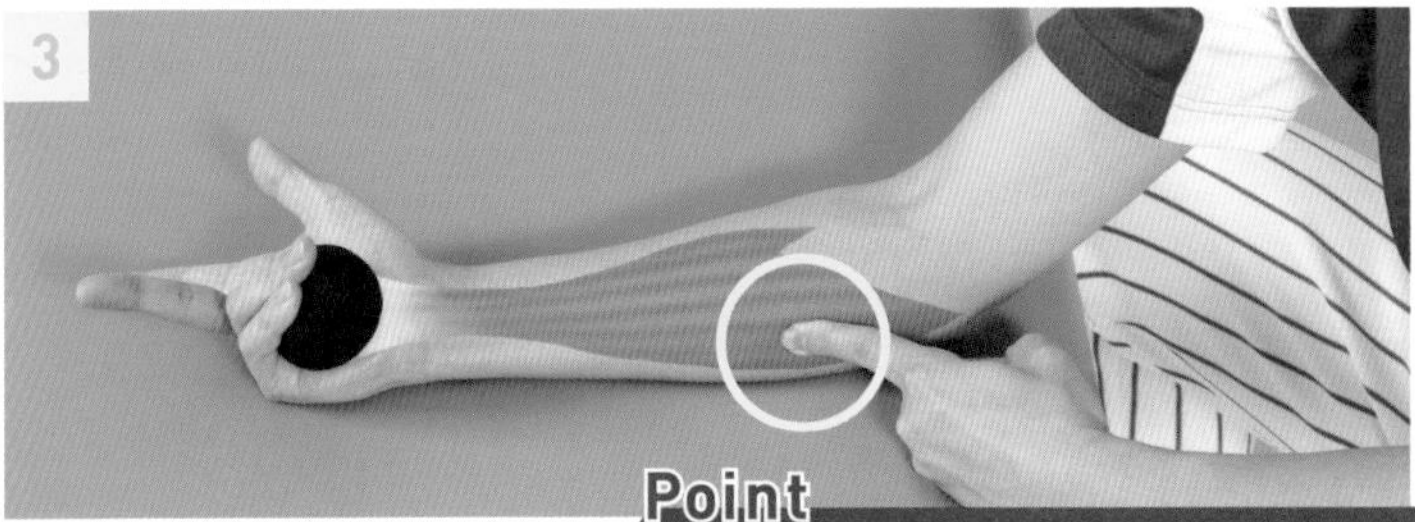

薬指・小指で、スポンジ
やゴムボールをつぶす。

Point

- スポンジやゴムボールをつぶすとき、指を立てないようにする！
- ひじの内側に力が入っているか、反対側の手で触って確認する！

2 手首を起こす筋肉（尺側手根屈筋《しゃっそくしゅこんくっきん》）のトレーニング

ひじの内側にある手首を曲げる筋肉を強くすると、ひじの内側の靱帯や骨へのダメージを軽くできる。

回数など
10回×3セット

用意するもの
ダンベル（重さは3～10kg）

1

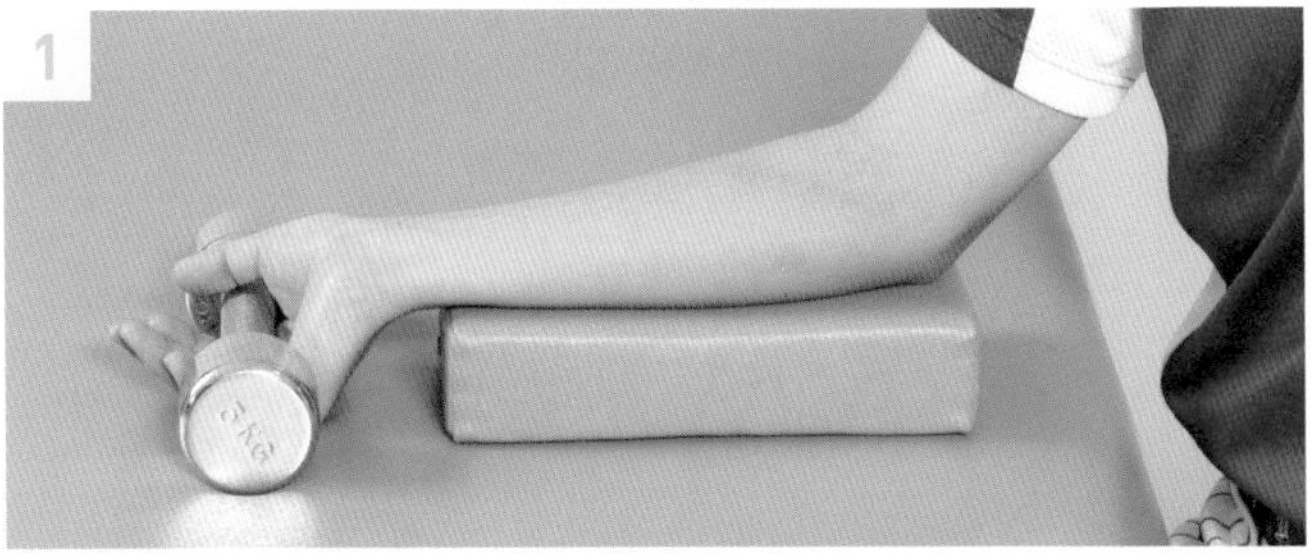

椅子に座り、自分の大腿や台の上に腕を置き、手首から先を垂らしてダンベルに指をかける。

2

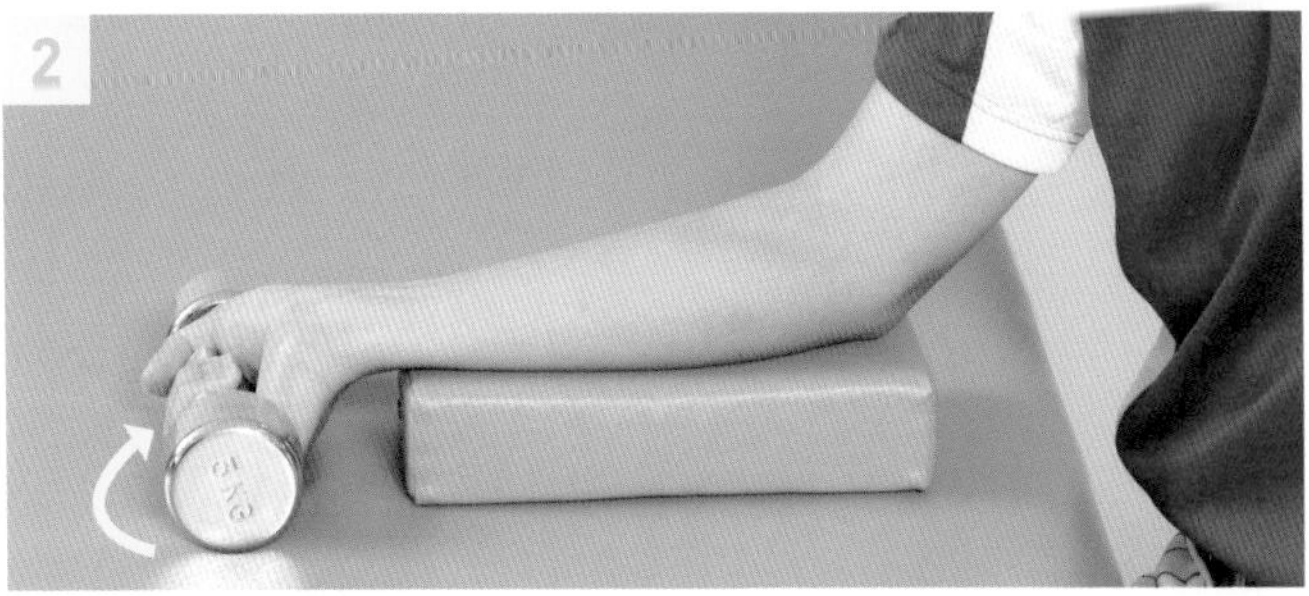

ダンベルを握る。このとき、薬指と小指にとくに力を入れる。

3

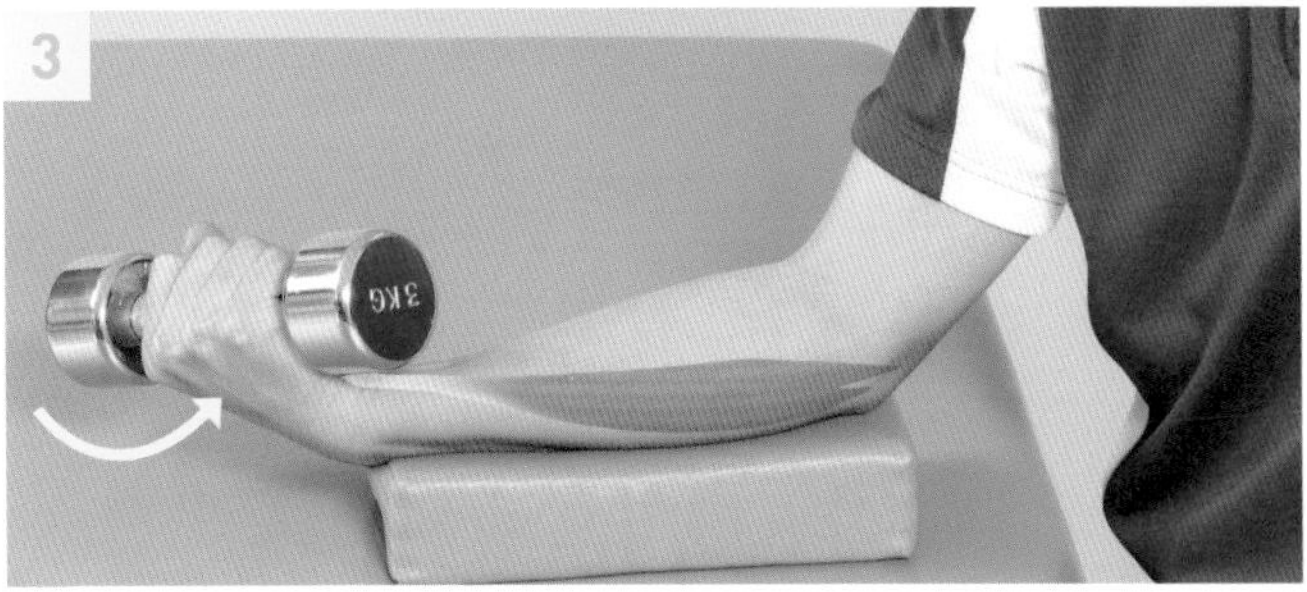

手首を起こし、ダンベルを持ち上げる。

筋トレ後はアフターケアを

ひじ周囲のトレーニングのアフターケア

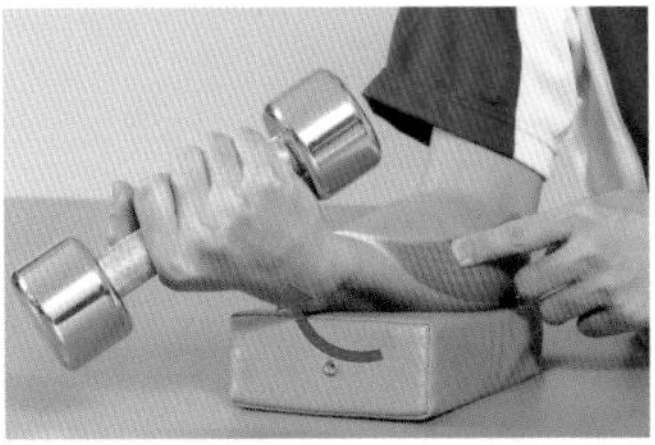

小指側を高くしてダンベルを持ち上げる。ひじの内側に力が入っているか、反対側の手で触って確認する。

Point

- フォームが崩れずに余裕を持って10回できるようになったら、1kgずつ重さを増やしていく
- 塁間投球までに5kg、全力投球までに8kg以上を目指そう

3 ひじの裏側の筋（上腕三頭筋《じょうわんさんとうきん》）のトレーニング

ひじの裏側の筋を強くすると、内側の筋肉と同様に、ひじへのダメージを軽減できる。

回数など	用意するもの
10回×3セット	ダンベル（重さは1 ～ 8kg）

1

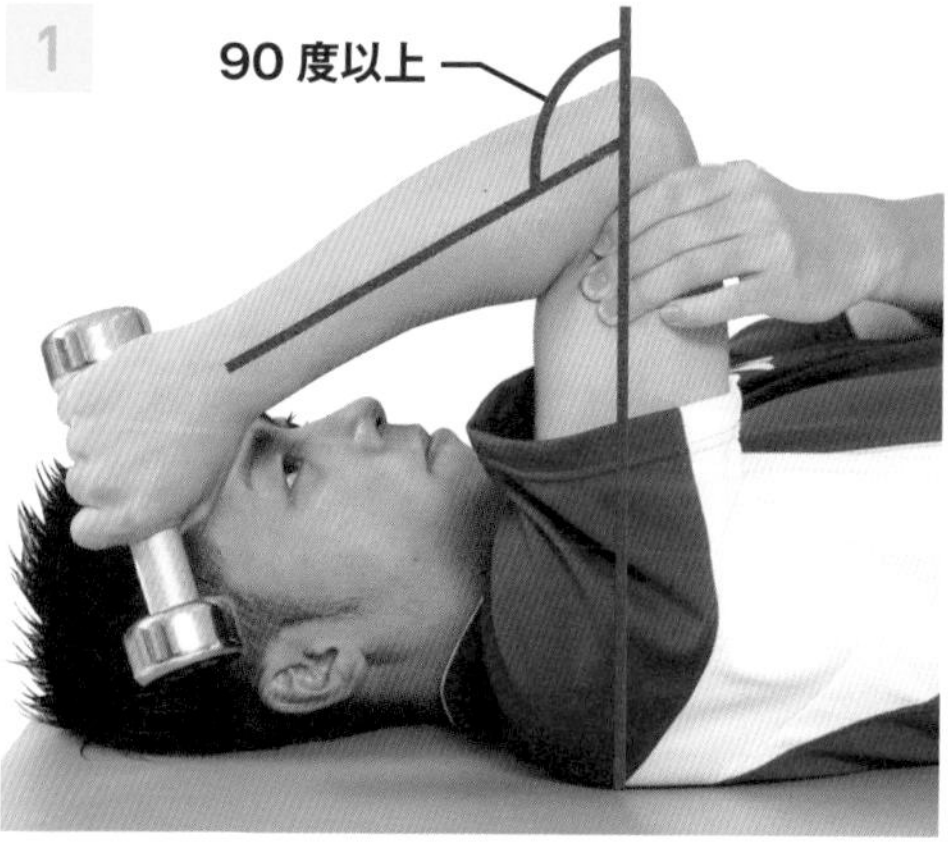

あお向けに寝た状態でダンベルを持ち、ひじを 90 度以上曲げる。

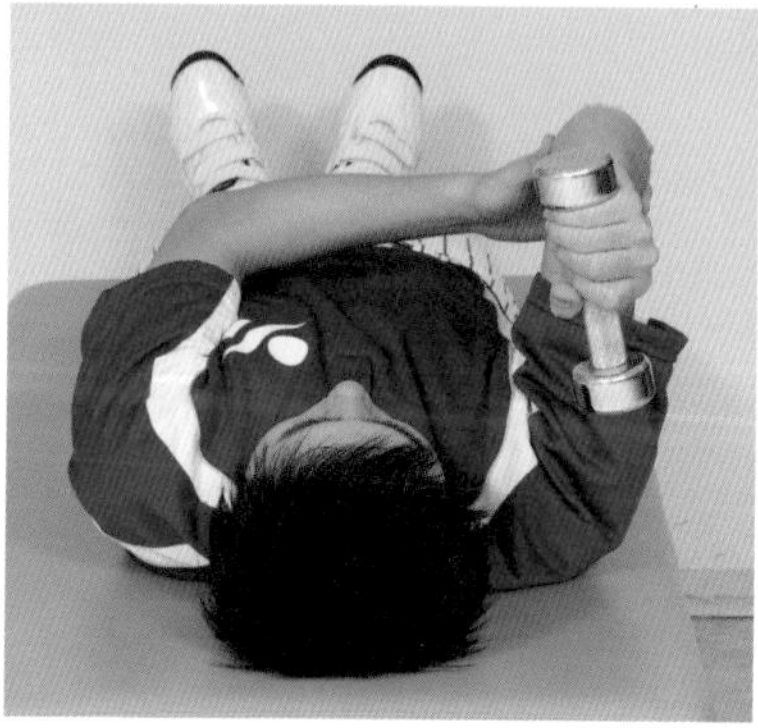

2

ひじを伸ばし、小指側からダンベルを上げる。反対の手で上腕を支えながら、裏側の筋肉に力が入っているか確認する。

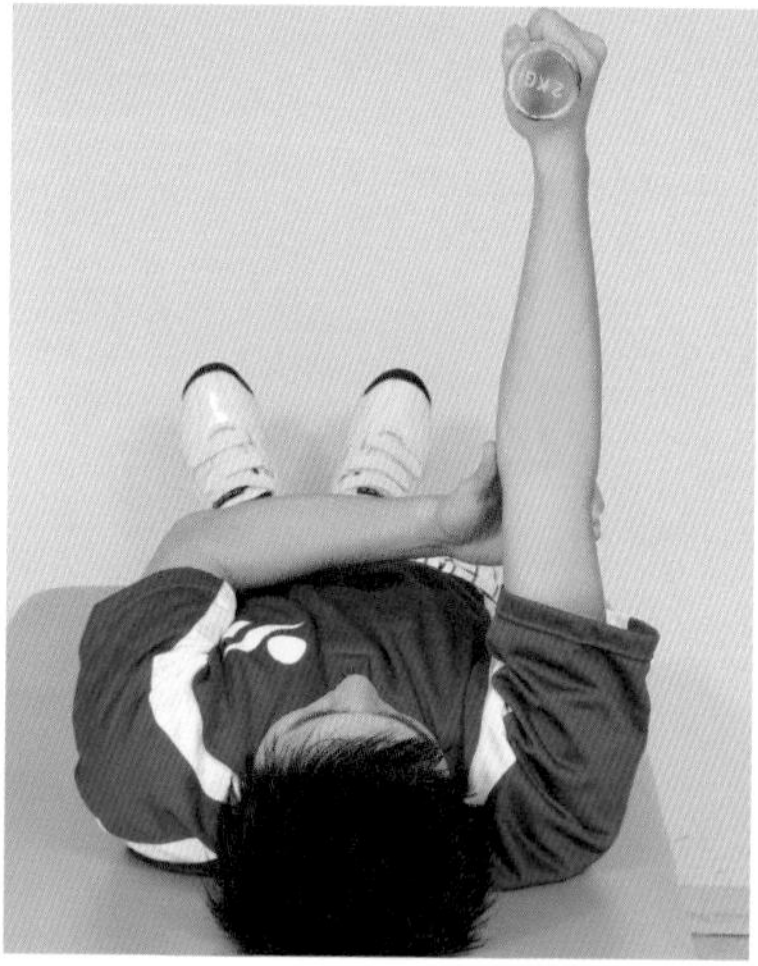

Point

フォームが崩れずに余裕を持って 10 回できるようになったら、1 kgずつ重さを増やしていく。塁間投球までに3kg、全力投球までに5kg以上を目指そう！

ここに注意！ 離断性骨軟骨炎《りだんせいこつなんこつえん》の場合は行わないこと！

離断性骨軟骨炎で上腕三頭筋トレーニングが禁止の理由

離断性骨軟骨炎は、ひじの外側に圧迫力が加わることで、外側の軟骨が傷んでいきます。右ページのトレーニング方法では、ダンベルの重さがひじの軟骨《なんこつ》にかかり、痛みを伴うことがあります。

詳細は54~55ページへ

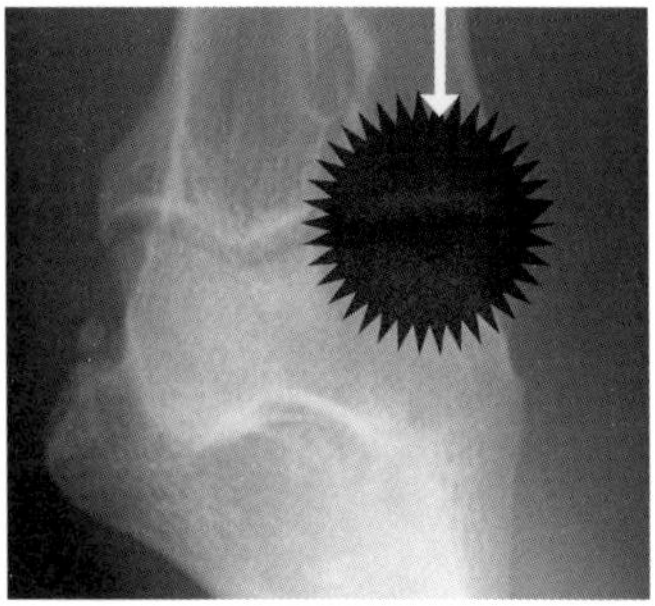

離断性骨軟骨炎の場合の上腕三頭筋トレーニング

回数など	用意するもの
10回×3セット	ダンベル（重さは1～8kg）

1

うつ伏せに寝て、ひじから先をベッドや台から垂らし、ダンベルを持つ。

2

胸を張り、肩甲骨を背骨に寄せるようにひじを上げる。

3

ひじを伸ばしてダンベルを持ち上げる。ひじの裏側に力を入れる。

上から見ると……

ここに注意！ 必ずトレーニング中に痛みがないことを確認しよう！

ひじ 12

痛みの有無を確認しながら段階的に復帰する

投げ始め

ひじのストレッチを十分に行い、曲げ伸ばしや軽くボールを投げて痛みがなくなったからといって、すぐにすべての練習に入れるわけではありません。安全なフォームを習得するために、フォームを固めていく必要があります。投げ始めは、キャッチボールではなく、コントロールを意識しないでもよい〝壁投げ〟を行います。壁に大きな的をイメージし、その周辺に行くように意識して投げることから始めます。距離は10m、6割の力で投げ、投球中に痛みが出ないことを確認しつつ、徐々に距離を15mまで延ばしていきます。1日の球数は30球に留めるようにし、フォームが安定してきたら、イメージした的を小さくしていきます。

塁間までのキャッチボール

フォームとコントロールが安定してきたら、キャッチボールを開始します。フォームを意識しながら、6～7割程度の力で10mから投げ始めます。痛みが出ないことを確認しながら、徐々に力を8割ほどまで入れ、距離も15m→塁間と延ばしていきます。

1日の球数は初めは30球に留め、投球後の痛みが出ていないことを確認し、50球程度まで増やします。塁間を8割の力で50球、投球中やその後に痛みもなく投げられるようになったら、ポジション別の練習に入っていきます。

ポジション別の練習

内野手や外野手は、ノックに混ざり、動きの中でフォームを崩さないことを目指します。外野手の場合、初めは中継の距離までとし、バックホームの練習は控えるようにします。球数は、塁間でのキャッチボールの数と合わせて50球から始めます。練習後に痛みが出なければ、80球程度まで増やします。塁間より短い距離のキャッチボールは、球数に数えなくてかまいません。続いて、内野や中継の距離のノックに入り、痛みがなければ遠投を行います。遠投はひじにかかる負担が大きいので、初めは15球に留め、投球後の痛みを基準に、徐々に30球→50球と増やしていきます。遠投が問題なくできるようであれば、外野からのバックホームの練習に参加し、完全復帰します。

ピッチャーは、平らな場所でキャッチャーを立たせて投げることから始め、痛

段階的な復帰プラン

フォームとコントロールが安定！

壁投げ

- 目的　フォームを固める
- 距離　10～15m
- 球数　30球

塁間を8割で50球投げて痛みなし！

キャッチボール

- 目的
  強く投げる負荷に耐える
- 距離　塁間
- 球数　50球

クリアできたら完全復帰！

ポジション別練習

- 目的
  動きの中でフォームを崩さない
- 内野手
  内野のノック→遠投《えんとう》
- 外野手
  中継までのノック→遠投→バックホーム
- ピッチャー
  立ち投げ→遠投・投げ込み
- キャッチャー
  盗塁阻止の練習

ポジション別のフォームの修正方法 202～211ページへ

みやコントロールを確認します。次に、キャッチャーを座らせてマウンドから投げます。球数は30球から始め、痛みがなく力を入れて投げられるようであれば、50球→80球と段階的に球数を増やしていきます。変化球を投げるのは、ストレートで力を入れて投げられるようになってからにします。キャッチャーは、盗塁を刺す練習が危険です。痛みに注意しながら、球数を30球→50球と増やします。フォームを確認し、急いで投げても崩れないようにすることが重要です。

投球後のケア

投球後は、必ずひじの曲げ伸ばしのときの痛みを確認します。痛みが出ている場合は、球数が多かったか、まだフォームに問題がある可能性があります。ひじのストレッチとフォームの修正をもう一度行い、曲げ伸ばしの痛みが消えてから投げるようにします。痛みがない場合でも、投げ終えたらひじのストレッチは行うようにしましょう。

肩 1

投球場面で肩への負担は変わる

投球場面の4つの期分け

投球の場面は、「**ストライド期**」「**コッキング期**」「**加速期**」「**フォロースルー期**」に分けられます。

ストライド期は、ボールがグローブから離れて足がつくまでの場面をいい、コッキング期は、そこから胸を張り、腕を後ろに引ききるまでを指します。加速期は、胸を張った瞬間から腕を前にひねり、ボールをリリースするまでの場面をいい、リリースしてから最後まで腕を振りきるまでがフォロースルー期です。

ストレスの場面と大きさ

肩には、さまざまな筋肉や靭帯《じんたい》などが集まり、いろいろな役割を担っています。また、投球時に肩にかかるストレスは非

場面 3　肩後面の組織

棘下筋

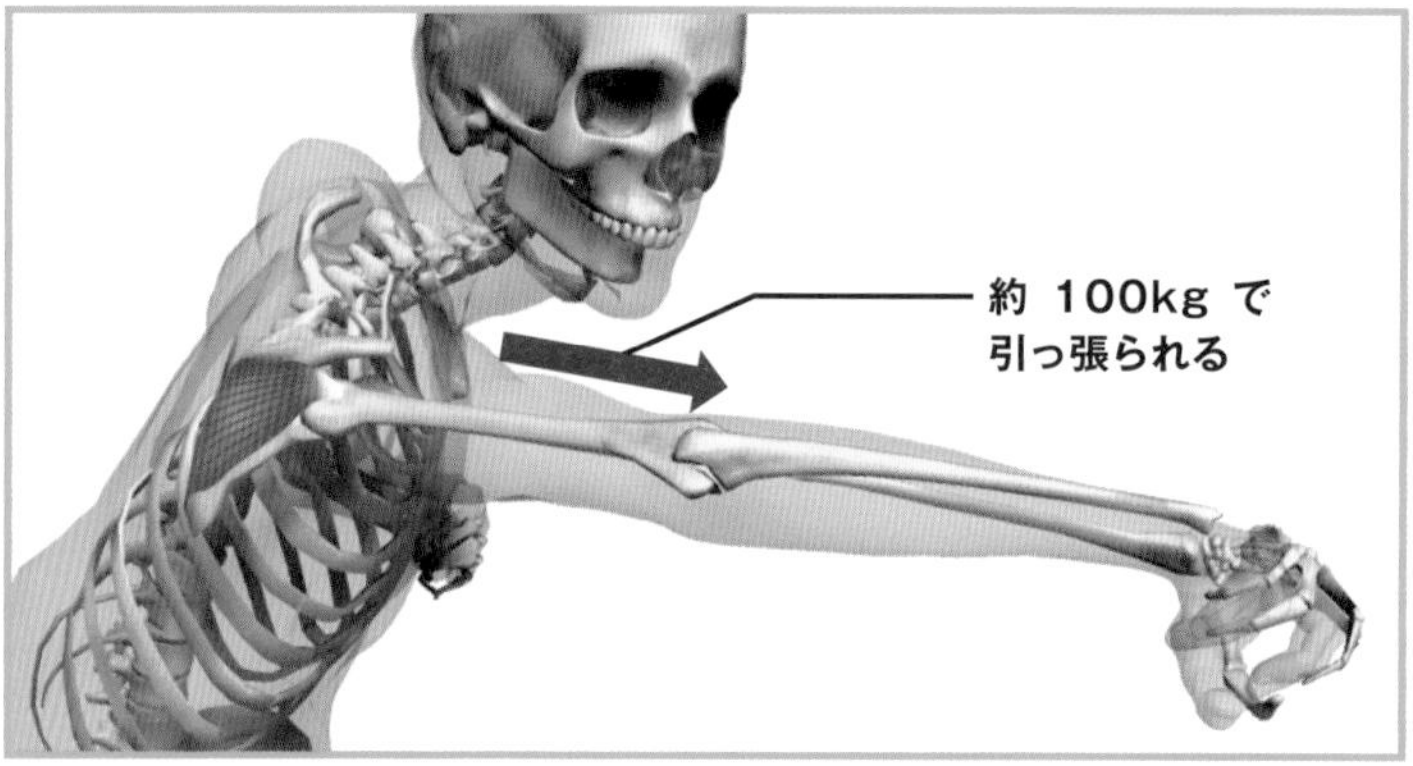

腕が約 100kg の強さで前に引っ張られ、肩の後面の組織に負担が加わる。

加速期
胸を張りきってから、
リリースまで

フォロースルー期
リリースから、腕を振り
きるまで

常に複雑で、投球の場面によってどこにストレスが加わるかが異なります。

コッキング期では、腕が後ろに持っていかれる（**水平外転《がいてん》**）力と後ろにひねられる（**外旋《がいせん》**）力が加わります。この力により、肩の前面にある上腕《じょうわん》二《に》頭筋腱《とうきんけん》などの組織に負担がかかります。

加速期では、腕を急激に前に回す（内旋）動きが起こります。その速さは、秒速6000〜8000度といわれており、時計の針でいうと、1秒間に20周するほどの速度で腕が回っています。そのくらい速い速度で肩が回されることにより、肩のさまざまな組織にひねられるストレスが加わるのです。

フォロースルー期では、腕が強い力で引っ張られます（約100kg）。この力により、おもに棘下筋《きょうかきん》という肩後面の組織にストレスが加わります。

このように、投球時には、フォームの異常や過度な投球数により、ケガをするリスクにさらされているのです。

場面1 肩前面の組織

上腕《じょうわん》二《に》頭筋《とうきん》長頭腱《ちゅうとうけん》
関節唇《しん》
肩甲下筋《けんこうかきん》

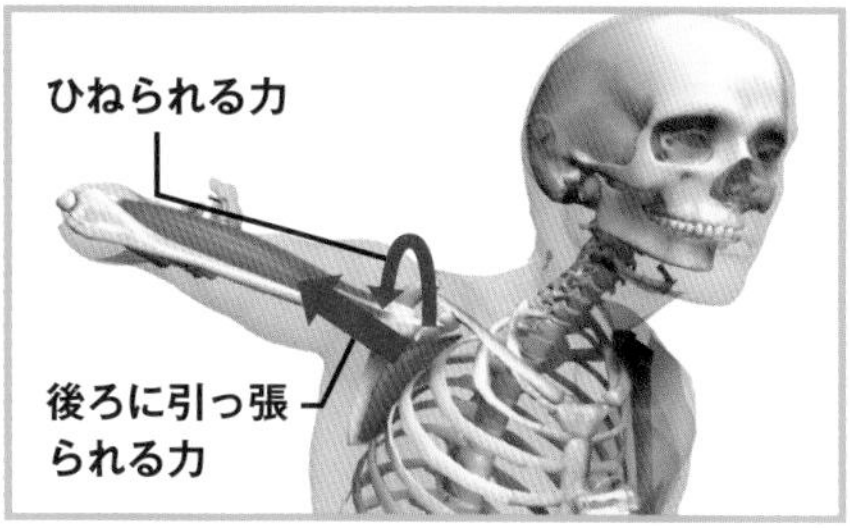

外旋力と水平外転力により、肩の前面の組織に負担がかかる。

場面2 ひねられる組織

上腕二頭筋長頭腱
関節唇
腱板《けんばん》（棘上筋《きょくじょうきん》・棘下筋《きょくかきん》・小円筋《しょうえんきん》・肩甲下筋）

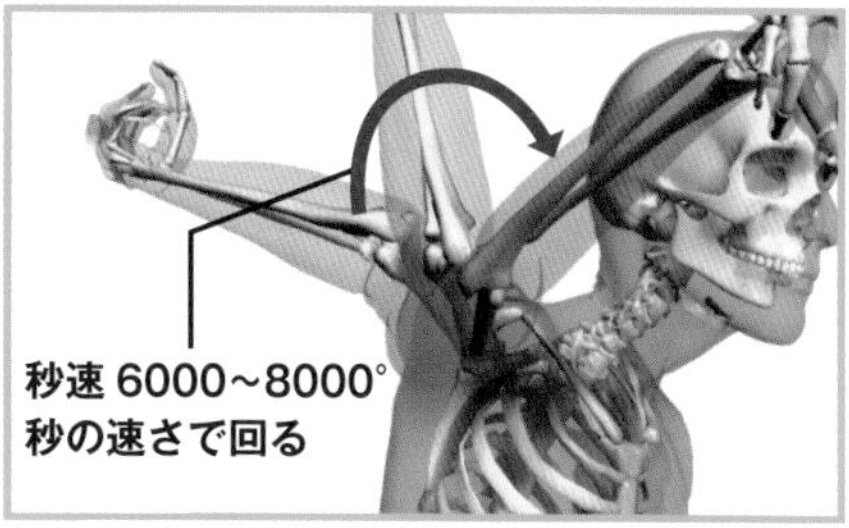

1秒間に時計の針が20周するほどの速さで腕が回るため、肩のいろいろな組織がねじられる。

ストライド期
ボールがグローブから離れてから足がつくまで

コッキング期
足がついてから、胸を張り腕を引ききるまで

肩 2

肩を自己チェック!

肩に痛みがある場合の自己チェックチャートです。痛む場所と症状をチェックしてみてください。

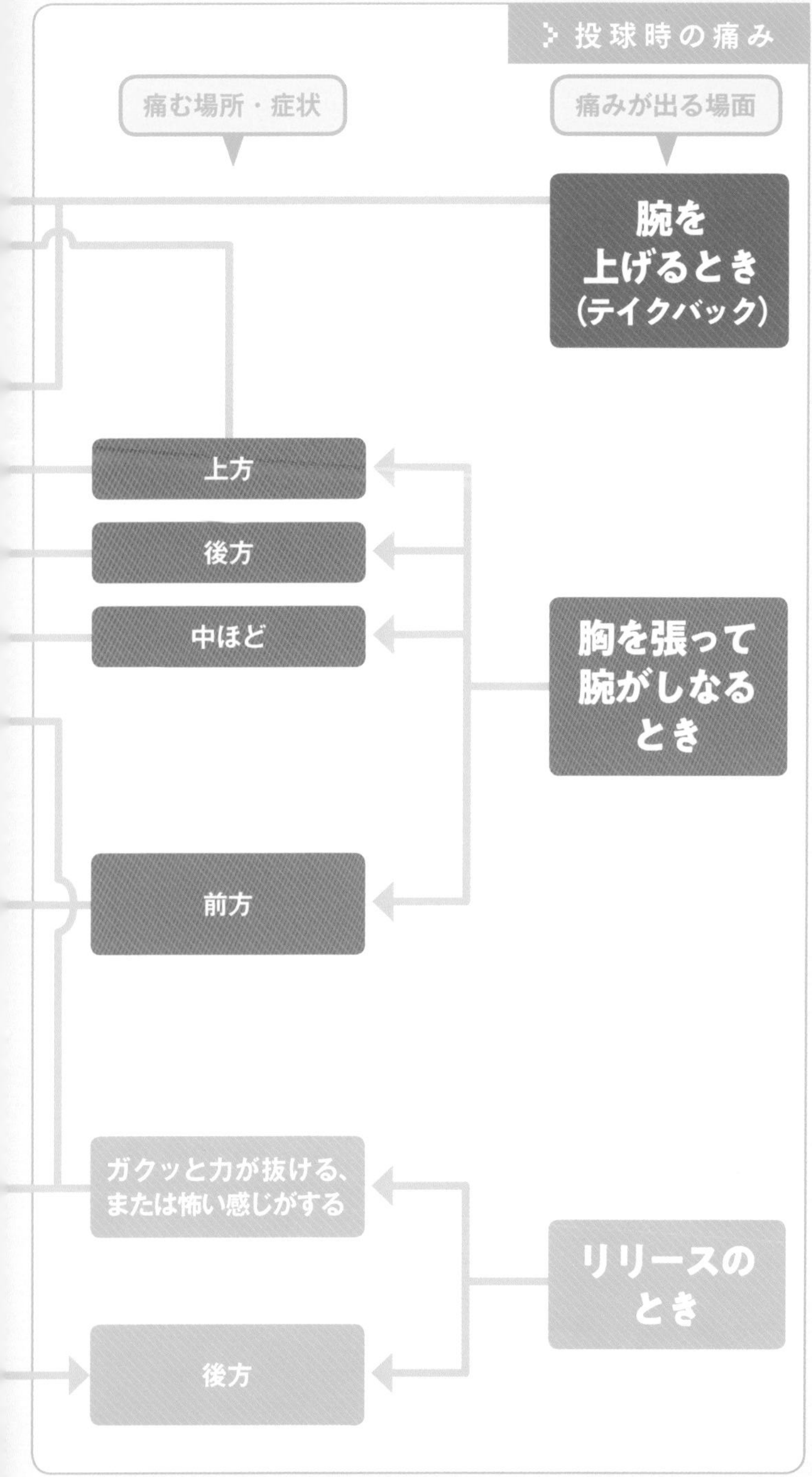

考えられる疾患《しっかん》

インピンジメント 症候群《しょうこうぐん》
➡P.84～P.85

腱板《けんばん》損傷《そんしょう》
➡P.86～P.87

インピンジメント 症候群《しょうこうぐん》(重症)
➡P.84～P.85

上腕《じょうわん》二頭筋《にとうきん》 長頭腱炎《ちょうとうけんえん》
➡P.88～P.89

肩関節唇損傷《けんかんせつしんそんしょう》
➡P.90～P.91

棘下筋腱炎《きょくかきんけんえん》
➡P.82～P.83

バンザイをしたときの症状

腕を最後まで上げきるとつまる感じがする、または痛い

上げる途中で痛い（60°～ 120°くらい）

手のひらを上に向けて物を持ち上げたときに痛い

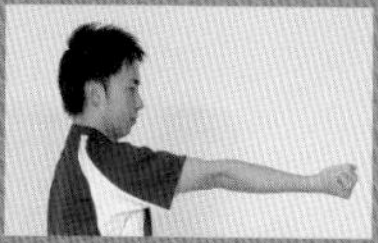

手のひらを上に向けて物を持ち上げたときより、下に向けて持ち上げたときのほうが痛い

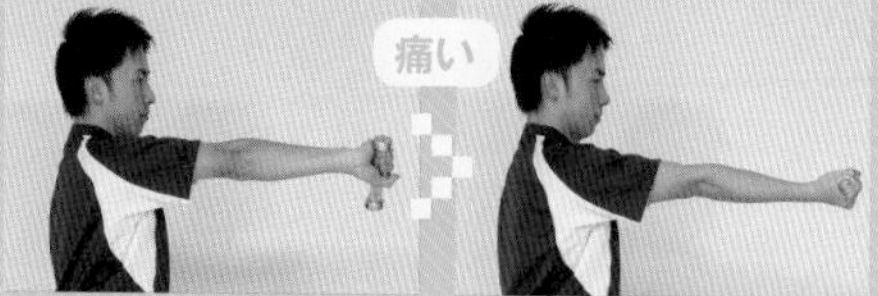

肩 3

棘《きょく》下《か》筋《きん》腱《けん》炎《えん》

ボールを離すリリースのとき、腕にブレーキをかけることになるため、肩の後ろの棘下筋に負担がかかります。長引くと他の障害を引き起こす要因になります。

どんな症状？

練習後に肩後方に張りを感じることから始まることが多く、悪化すると投球時のリリースからフォロースルーにかけて、**肩後方に痛みやだるさ**を感じるようになります。

ふだんの生活では、あまり痛みを感じません。

何が起こっているのか？

投げるとき、ボールが手から離れると、強く振った腕にブレーキをかけることになります。そのとき、肩の後ろにある棘下筋という筋肉に強く負担がかかります（**棘《きょく》下《か》筋《きん》**は肩甲骨《けんこうこつ》と上腕骨につく深層筋《しんそうきん》）。

これを繰り返すことで、少しずつ棘下筋が疲労して肩の後ろが硬くなり、痛み

発生メカニズム

フォロースルーでは、強く振った腕にブレーキをかけるため、棘《きょく》下《か》筋《きん》が働く。投げすぎたり、フォームが不良だと、徐々に棘下筋が疲労して痛みが出現する。

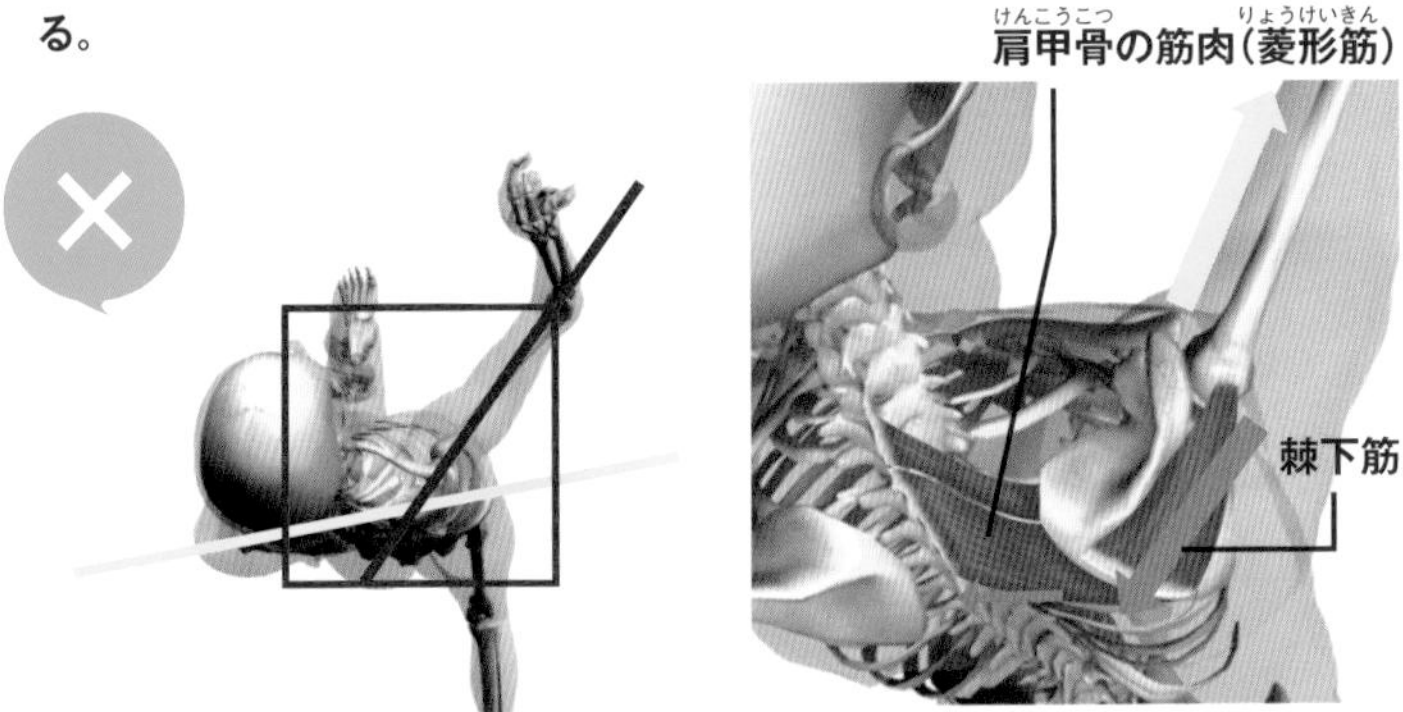

両肩のラインよりひじが前に出ると、棘下筋に強く負担がかかる。

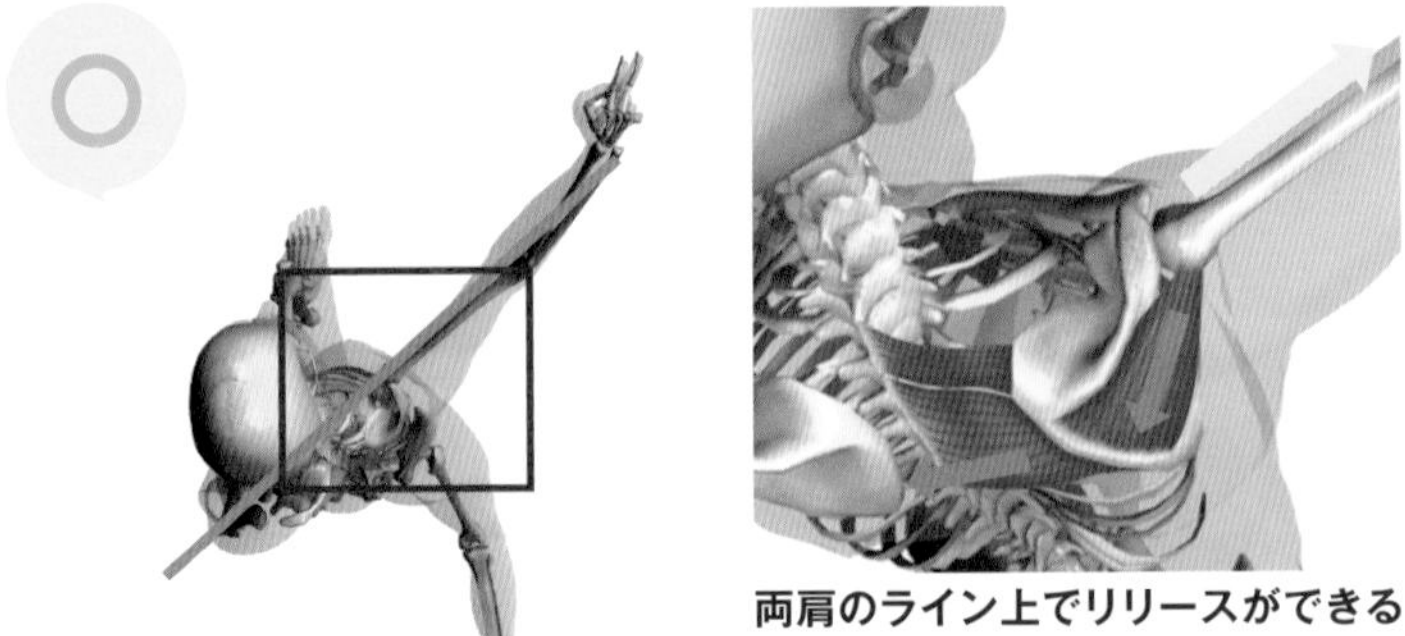

両肩のライン上でリリースができると、腕が引っ張られる力を肩甲骨の筋肉で補うことができる。

が出てきます。

肩後方のストレッチを定期的に行うことで症状は比較的早期に回復しますが、同時に**肩後方に負担のかかるフォームを修正**しないと、再発を繰り返すケースが多くみられます。

痛みが長引くと、**棘下筋の筋力が落ちる↓痛くてさらに筋力が落ちる↓筋力が弱いからすぐまた疲労して痛い**、という悪循環から抜け出せなくなります。

また、肩の後方の硬さが残ると、これから紹介するさまざまな肩の障害を引き起こす原因となるため、注意が必要です。慌てて医療機関を受診することはありませんが、症状が1か月以上など、長期にわたる場合は受診しましょう。

◉肩のストレッチの方法
⇒ 94～109ページ
◉手投げの修正方法
⇒ 196~201ページ

手投げのフォーム

胸を張ってから、リリースにかけて、ひじが先行し、前に押し出すように投げている。肩甲骨が腕のブレーキに機能せず、棘下筋が過剰に収縮する。

身体の回転が早めに終了することで、手投げになっている。腕が過剰に前方に引っ張られ、棘下筋への負担が増える。

痛みが消える(≒投げ始める)までにかかる期間と完全復帰の目安

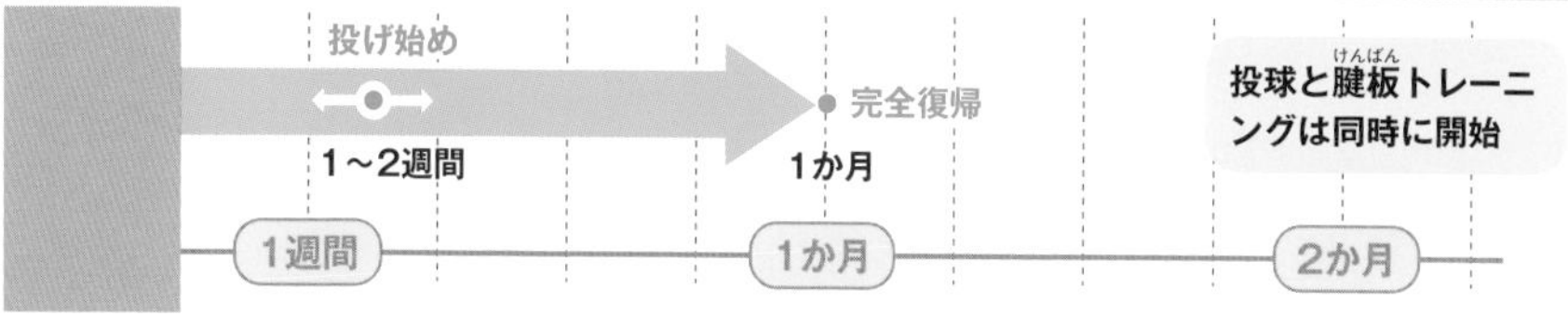

肩 4

インピンジメント症候群《しょうこうぐん》

「インピンジメント」は挟まれることをいい、腕の骨と肩甲骨に肩峰下滑液包や腱板が挟まれることで痛みが出ます。

どんな症状?

はじめは、投球時に胸を張って腕を前に持ってくるときに、引っかかる感じや肩の上部に痛みが出ます。無理に投げ続けると、徐々にテイクバックで腕を上げるときにも痛みを感じるようになります。

バンザイで最後まで上げると、肩の上部でつまる感じや痛みが出るのが特徴です。悪化すると肩が腫《は》れて、安静にしていても痛みが出てきます。

何が起こっているのか?

投げるとき、ひじがいちばん高い位置（トップポジション）にあるとき、腕の骨（**上腕骨頭**《じょうわんこっとう》）と肩甲骨《けんこうこつ》の骨（**肩峰**《けんぽう》）がぶつかり、その間にある肩峰下滑液包《かつえきほう》や腱板《けんばん》が挟まれる（**インピンジメント**）ことで痛

発生メカニズム

胸を張ってからリリースに向けて肩を回すとき、上腕骨と肩甲骨《けんこうこつ》の間にある棘上筋《きょくじょうきん》や滑液包《かつえきほう》（油の袋）が挟まれる。

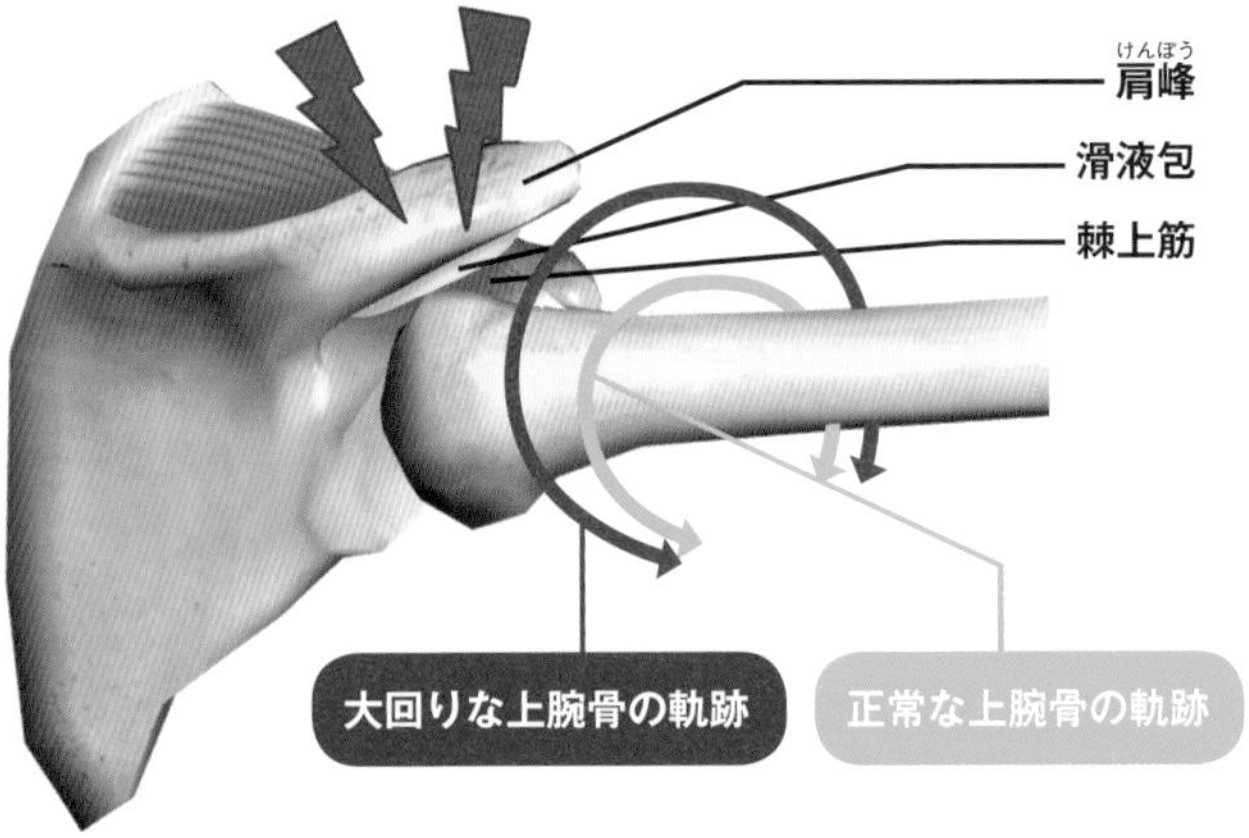

肩の後方（棘下筋《きょくかきん》）が硬くなると、腕の骨は大回りするようになる（赤矢印）。それにより、棘上筋や滑液包がこすられ、傷んでいく。

悪化すると…

腱板《けんばん》がこすり続けられると、腱板が損傷してしまう場合がある。こうなると腕が上がらなくなり、復帰にも時間がかかる。

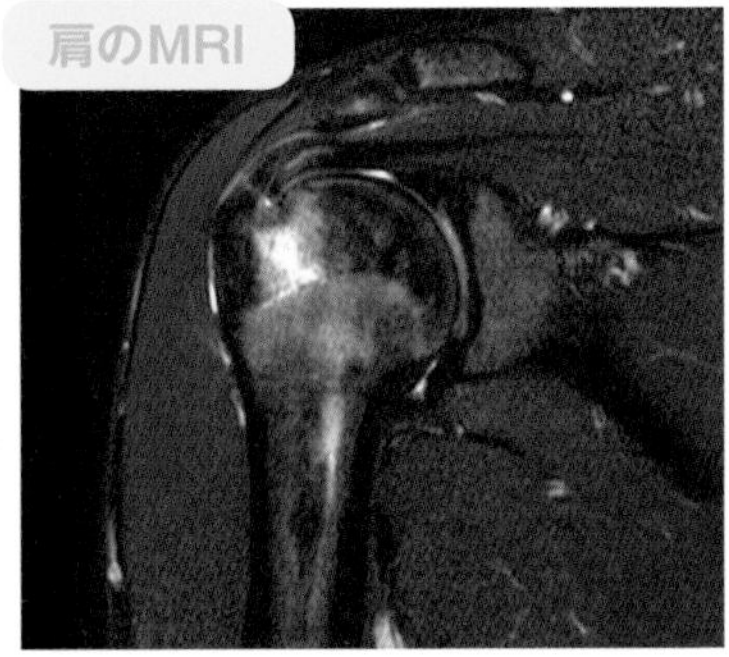

みが生じます。

滑液包や腱板が挟まれた状態で肩をひねる動作を繰り返すと、徐々に痛みが強くなります。症状が軽ければ比較的早く（2～3週）回復しますが、投げ続けると腱板を傷める可能性があります。

腱板損傷は、復帰までに3か月～半年かかり、さらに悪化すると野球が続けられなくなることもあります。

また、インピンジメントが起きる原因には、肩の後方の硬さが関係しており、83ページのような手投げのフォームが問題となります。肩甲骨まわりが硬くなり、投げるときに胸が張れなくてもインピンジを起こすため、しっかりとストレッチを行いましょう。安静時の痛みや腕が上がらなくなってしまう場合は、医療機関を受診しましょう。

◉肩のストレッチの方法
⇒ 94～109ページ
◉手投げの修正方法
⇒ 196～201ページ
◉しっかりと胸を張れないフォームの修正方法
⇒ 100～101、104～105ページ

フォームの特徴

しっかりと胸を張れないフォーム

猫背であったり、肩甲骨が硬いことで、胸を張らずに、肩だけで腕を引いてしまうと、身体を回し始めた瞬間に腕が取り残され、肩甲骨と上腕骨の間に棘上筋が挟まれる。

※投げるときにしっかりと胸が張れるように、肩甲骨まわりのストレッチが重要。

※棘下筋腱炎と同様に、手投げのフォームでも起こる。

痛みが消える（≒投げ始める）までにかかる期間と完全復帰の目安

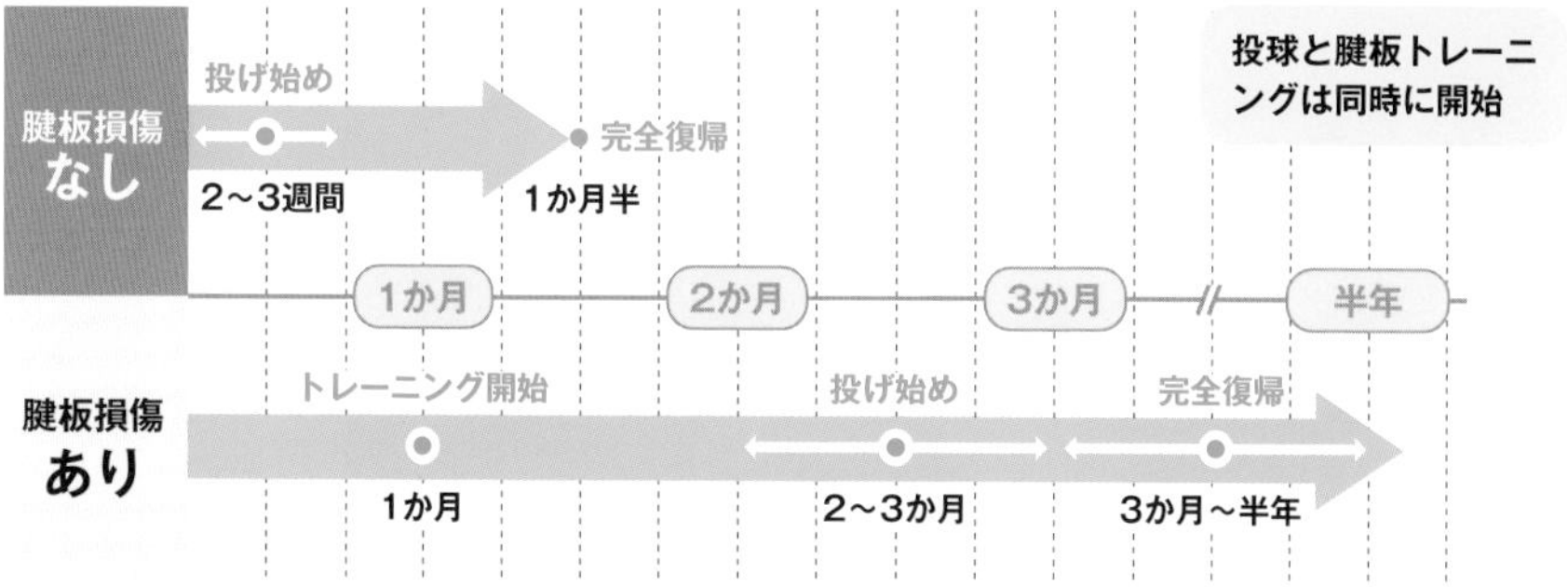

腱板損傷に進行すると、痛みの改善に1か月、その後、腱板トレーニングを1～2か月行う必要があるため、復帰に時間がかかる。

肩 5

腱板損傷《けんばんそんしょう》(インターナルインピンジメント)

投球時、腕が後ろに残りすぎた場合に、肩後方で腱板が損傷して痛みが出ます。改善に時間がかかることが多くなります。

どんな症状?

症状は徐々に始まる場合と、急激に痛みを生じる場合とがあります。

投球時では、**胸を張って肩が後ろに引かれるときに、肩の内部や後方に痛みが出る場合**が多くみられます。

悪化すると、日常生活で腕を上げられなくなり、安静にしていてもうずくような痛みが出ることがあります。

何が起こっているのか?

投げるときの胸を張って腕がしなる場面で、腕が後ろに引かれすぎることで、肩の後方で**腱板**《けんばん》**(棘上筋**《きょくじょうきん》**、棘下筋**《きょくかきん》**、肩甲**《けんこう》**下筋**《かきん》**、小円筋**《しょうえんきん》から成る)が関節の間に挟まれて損傷を起こします。これがいわゆる、「**インターナルインピンジメント**」

発生メカニズム

腕をしならせたときに上腕骨と肩甲骨《けんこうこつ》の間に腱板が挟まれる。

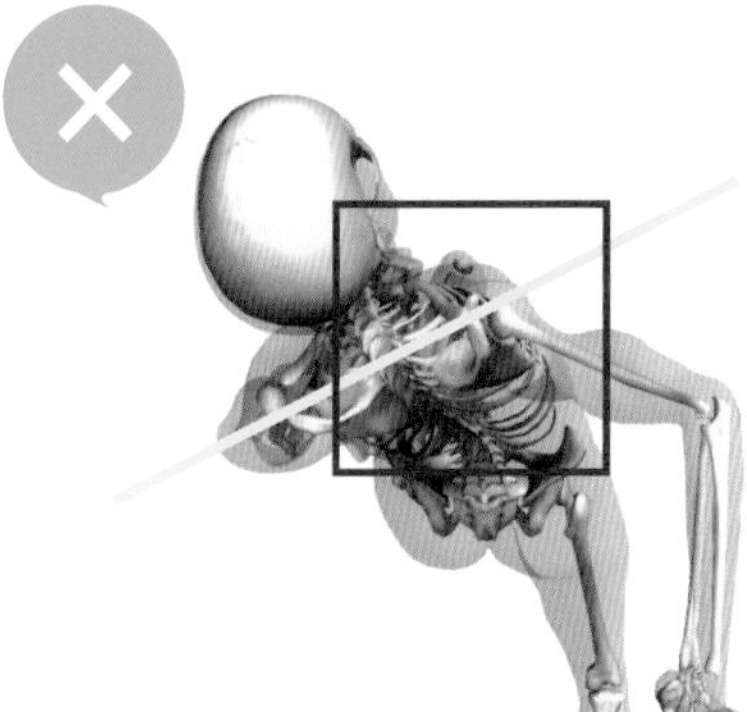

両肩のラインより後ろにひじがあると、肩甲骨と上腕骨の間に腱板《けんばん》が挟まれる。

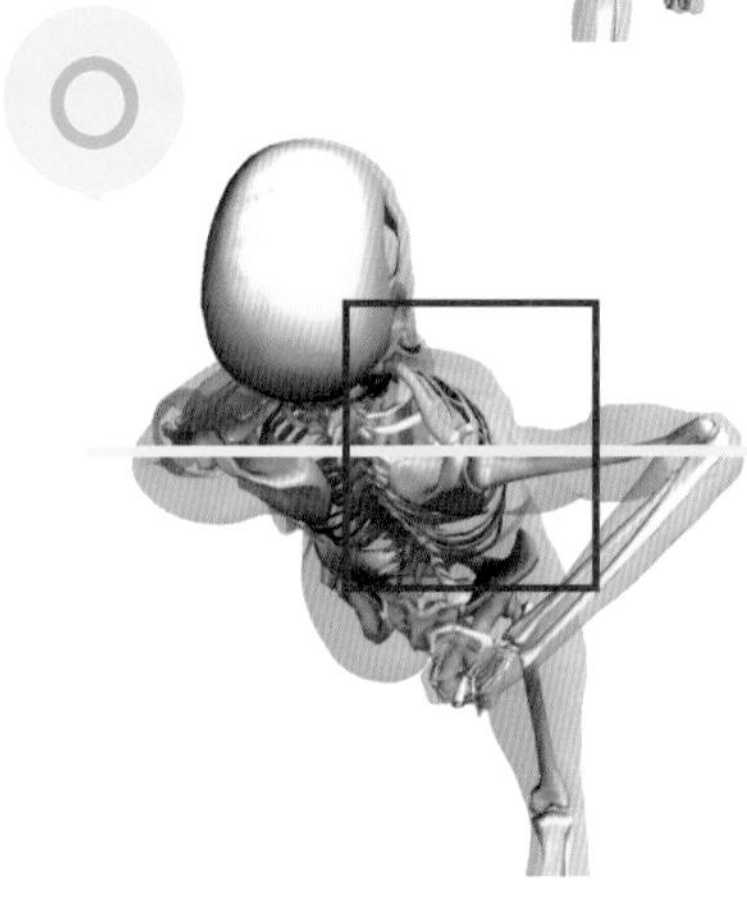

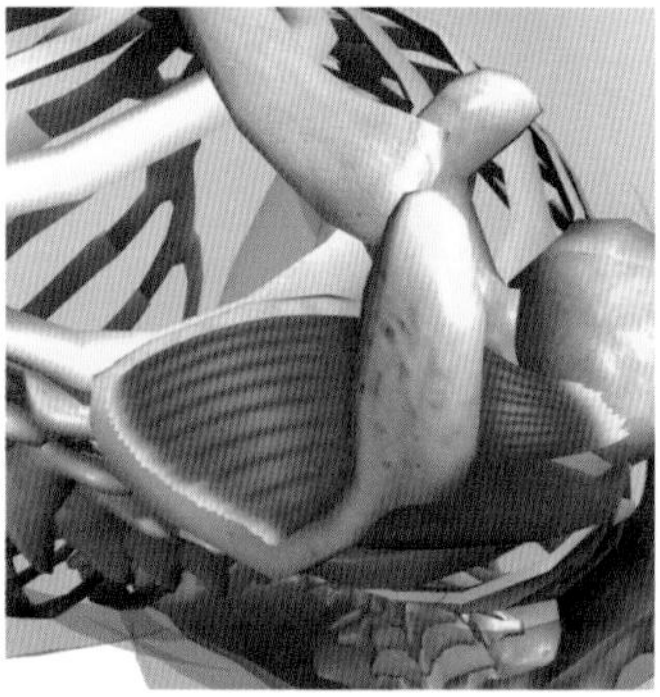

両肩のライン上にひじがあると、肩甲骨と上腕骨の間に挟まれない。

といわれるものです。

前述したインピンジメント症候群が悪化した場合と症状が似ていますが、損傷に至るメカニズムには違いがあります。

症状の改善には時間がかかることも多く、痛みの改善に1〜2か月、腱板の筋力回復に1〜2か月、さらにフォームの矯正《きょうせい》などを行うと、復帰は早くても3か月、通常は半年程度はかかり、なかには野球ができなくなってしまう人もいます。

肩の後ろの硬さが原因となるのに加え、もともと肩が柔かかったり、投げすぎて肩の前側が緩くなったりしている人に多い傾向があります。

安静時の痛みや腕が上がらなくなってしまう場合は、医療機関を受診しましょう。

◉肩のストレッチの方法
⇒ 94〜109ページ
◉腕が後ろに残るフォームの修正方法
⇒ 180〜181ページ

フォームの特徴

腕が後ろに残るフォーム

テイクバックで腕を後ろに引きすぎ、さらに身体が開くのが早いと、腕が後ろに強く残る。これにより、肩の後ろで上腕骨と肩甲骨の間に腱板が挟まれる。

痛みが消える（≒投げ始める）までにかかる期間と完全復帰の目安

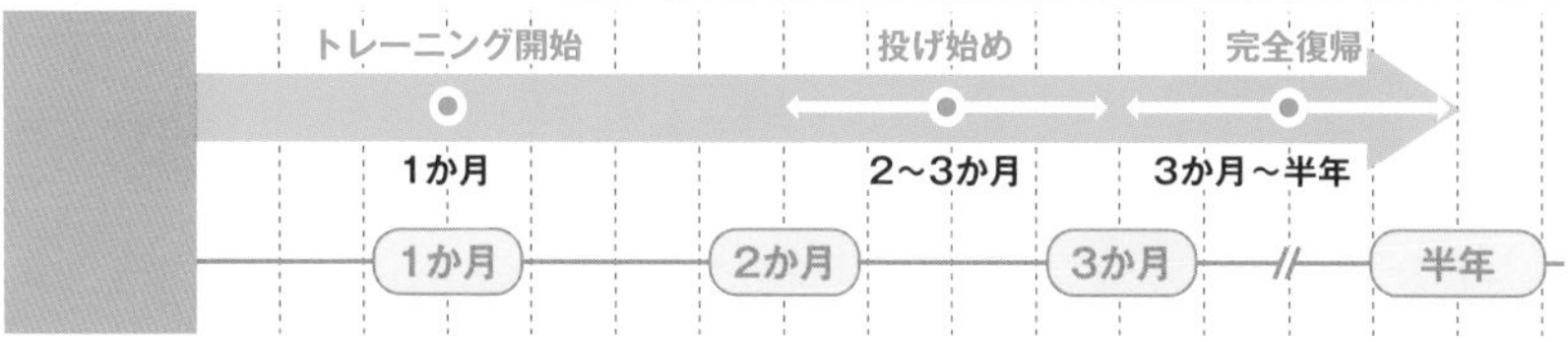

上腕二頭筋長頭腱炎《じょうわんにとうきんちょうとうけんえん》

力こぶの筋肉である上腕二頭筋の腱と腕の骨との摩擦により、腱に負担がかかり炎症を起こすケガです。

どんな症状?

徐々に症状が出てくる場合が多く、はじめは**トップポジションから腕がしなるときに肩の前方に痛み**が出ます。まれに、リリース直前でひじを伸ばすときに痛みが出る場合があります。

頻度として多くはないのですが、投球時のテイクバックで腕を上げてくるときに痛みを感じるようなケースもあります。

何が起こっているのか?

上腕二頭筋《じょうわんにとうきん》は**上腕前面の力こぶの筋肉**ですが、投げるときに胸を張る場面で、上腕二頭筋長頭腱《ちょうとうけん》は腕の骨(上腕骨)の溝を通るため、その骨との間で摩擦が起こりやすくなります。

そこから腕を前に回すときに、引っか

発生メカニズム

腕をしならせたり、ボールをリリースするときに上腕二頭筋長頭腱《じょうわんにとうきんちょうとうけん》が上腕骨にこすれることで痛みが生じる。

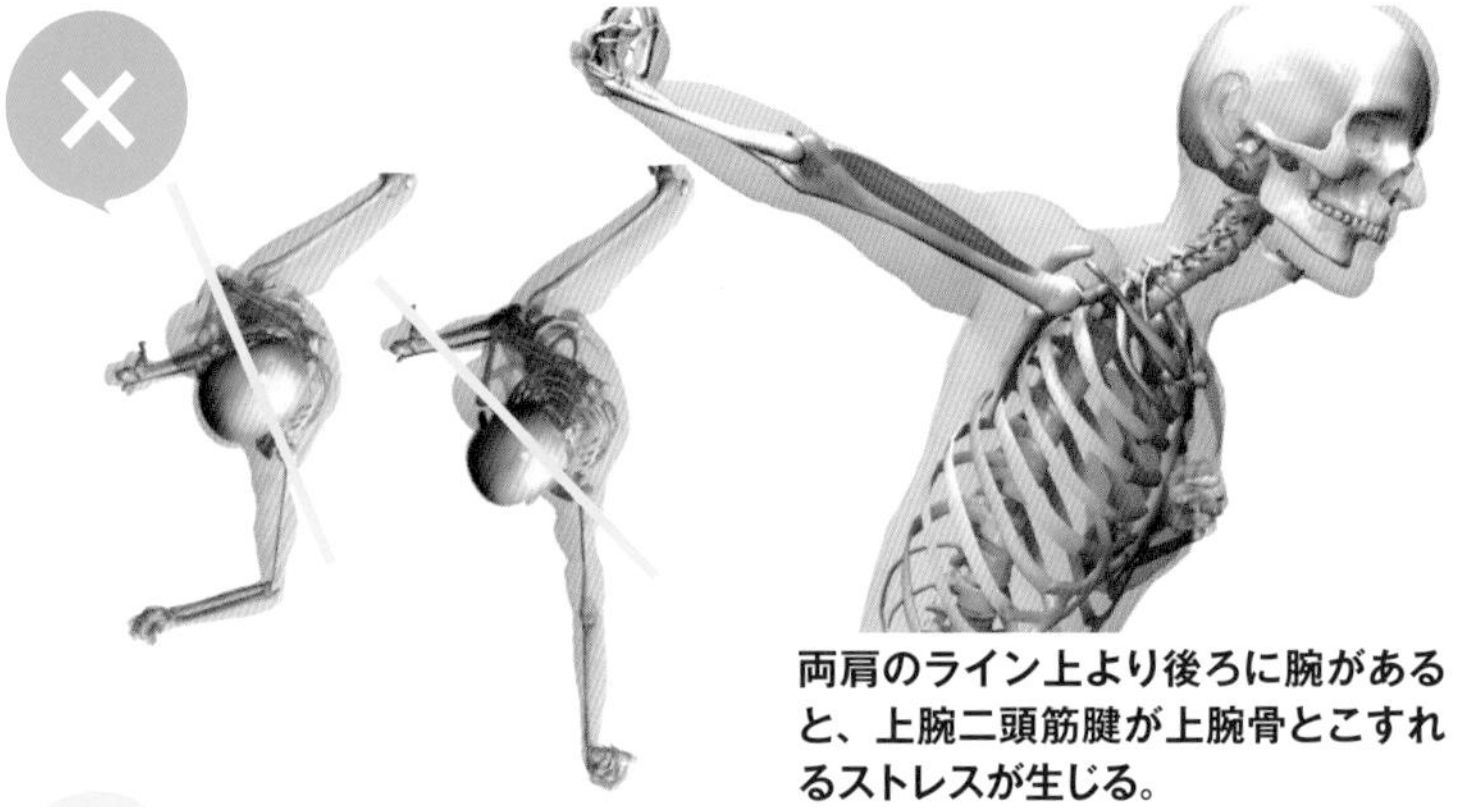

両肩のライン上より後ろに腕があると、上腕二頭筋腱が上腕骨とこすれるストレスが生じる。

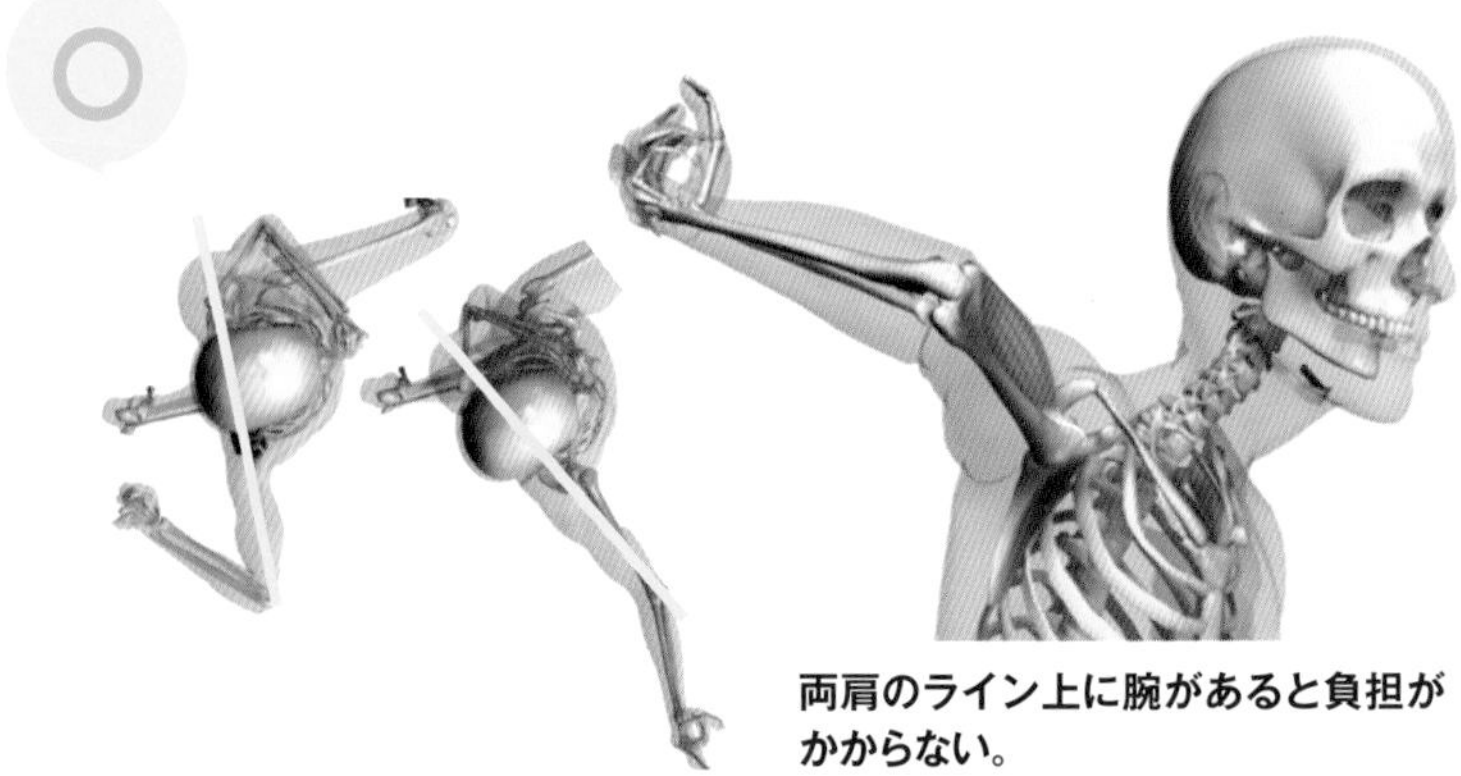

両肩のライン上に腕があると負担がかからない。

かりながらこすれるような力が生じ、腱に負担がかかります。

また、炎症が強くなると、リリースで上腕二頭筋に力が入るときに、痛みが出ることがあります。

症状は2～3週間程度で軽くなる場合が多いのですが、まれに慢性化すると、腱が溝から脱臼《だっきゅう》してしまい、肩の前でゴリゴリ音が鳴る感覚が残ってしまうことがあります。このように重症化することはまれですが、フォームの修正を行わないと再発のリスクが高いため、注意が必要なケガです。

◉肩のストレッチの方法
⇒ 94～109ページ
◉腕が後ろに残るフォームの修正方法
⇒ 180～181ページ
◉身体が横に倒れるフォームの修正方法
⇒ 170～175ページ

フォームの特徴

腕が後ろに残るフォーム

腕を後ろに引きすぎると、胸を張ったときに腕が後ろに取り残され、肩の前面が引っ張られる。また、上体が前に突っ込むことでリリースの位置が両肩のラインよりも後方になることも、肩前面に負担をかける。

身体が横に倒れるフォーム

身体が横に倒れることで、ボールが身体の遠くを通り、胸を張ってからリリースで生じる肩への力が強くなる。

痛みが消える（≒投げ始める）までにかかる期間と完全復帰の目安

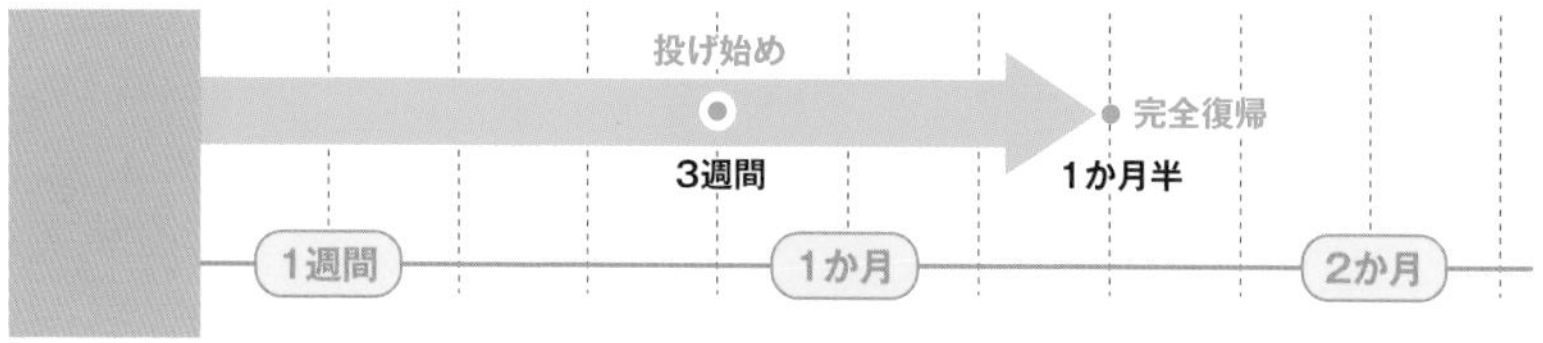

肩 7

肩関節唇損傷《けんかんせつしんそんしょう》

関節唇は肩を安定させるためのもので、上腕二頭筋長頭腱が引っ張られたり、ねじ曲げられたりすることで、この関節唇が肩甲骨から剥がれてしまいます。

どんな症状？

胸を張ってから腕を前に持ってくる瞬間やリリース時に、関節内部に痛みが出ます。痛み以外の特徴的な症状に、**リリース時にガクッと力が抜ける感じ**がしたり、**力が入らなかったりする**と訴えることがあります。

また、肩を回すと関節の中がコキコキ音が鳴ることもありますが、これは他の障害でも起こり得る症状です。

何が起こっているのか？

関節唇《しん》の上方には上腕《じょうわん》二《に》頭筋《とうきん》長《ちょう》頭腱《とうけん》がついていますが、投げるときに胸を張った際、この腱が強く引っ張られ、ねじ曲げられることで、**関節唇が肩甲骨《けんこうこつ》の骨から剥《は》がれて損傷が起こります。**関節唇

「肩関節唇《しん》」とは

ひざでいう半月板《はんげつばん》のように、肩を安定させるためにあるもので、肩を守る関節の袋（関節包《ほう》）や靭帯《じんたい》、上腕《じょうわん》二《に》頭筋《とうきん》長《ちょう》頭腱《とうけん》がついている。

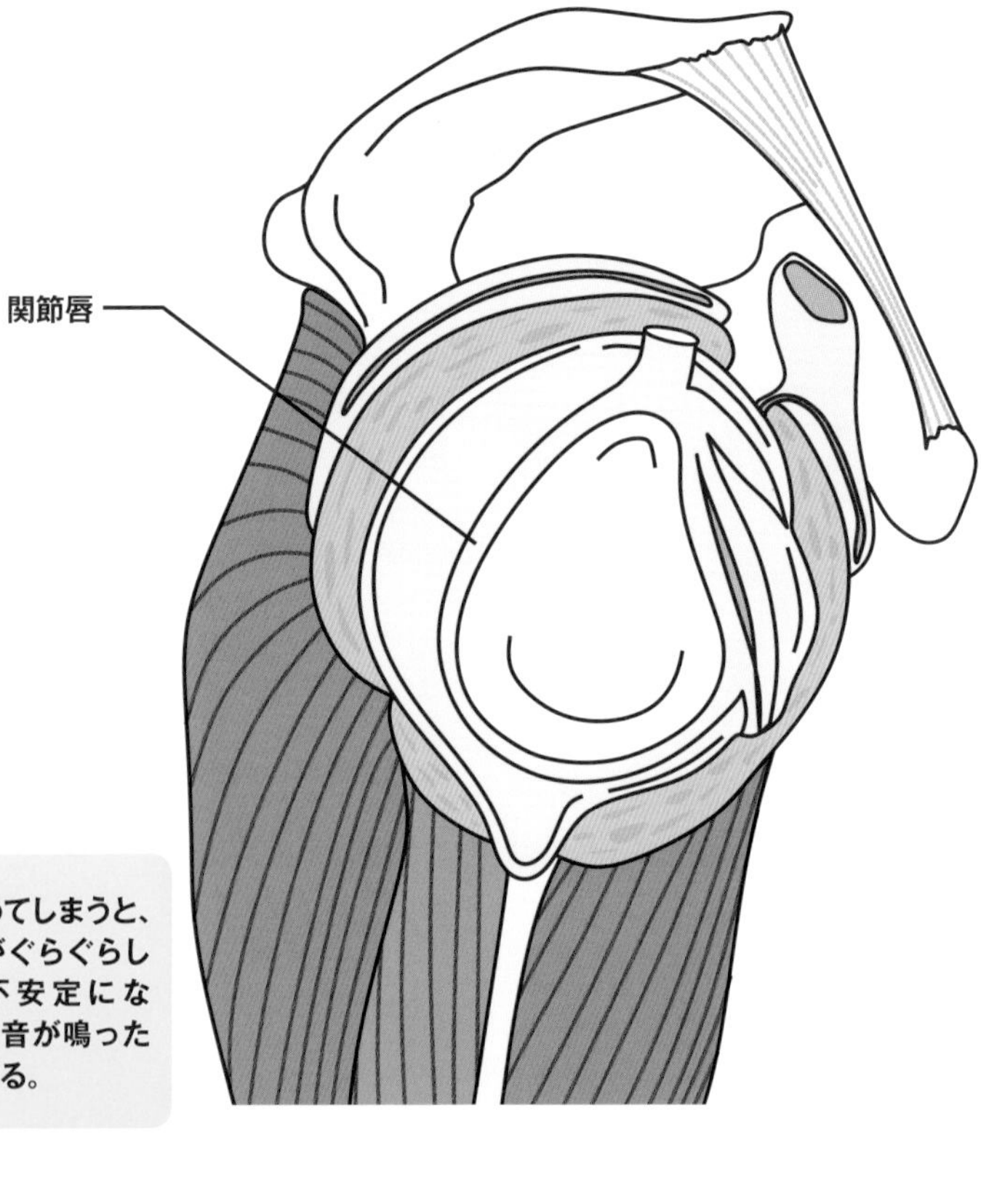

傷めてしまうと、肩がぐらぐらして不安定になり、音が鳴ったりする。

が剥がれると上腕二頭筋に力が入らず、肩を安定させることができません。そのため、とくにリリース時に脱力するような症状が出てきます。

リハビリによる根本的な治癒《ちゆ》は難しく、症状が持続する場合は手術も行われますが、インナーマッスルや肩のストレッチ、フォームの改善で、症状が軽減する場合もあります。

チェックシート(80ページ)で疑わしい場合や、投球時にガクッとした脱力感がある場合は、早めに医療機関を受診しましょう。

◉肩のストレッチの方法
⇒ 94 ~ 109 ページ
◉腕が後ろに残るフォームの修正方法
⇒ 180 ~ 181 ページ
◉身体が横に倒れるフォームの修正方法
⇒ 170~175 ページ

フォームの特徴

胸を張り、腕をしならせたときに上腕二頭筋長頭腱が引っ張られ、長頭腱がつく関節唇も引っ張られる。これにより、関節唇が骨から引き剥《は》がされる。

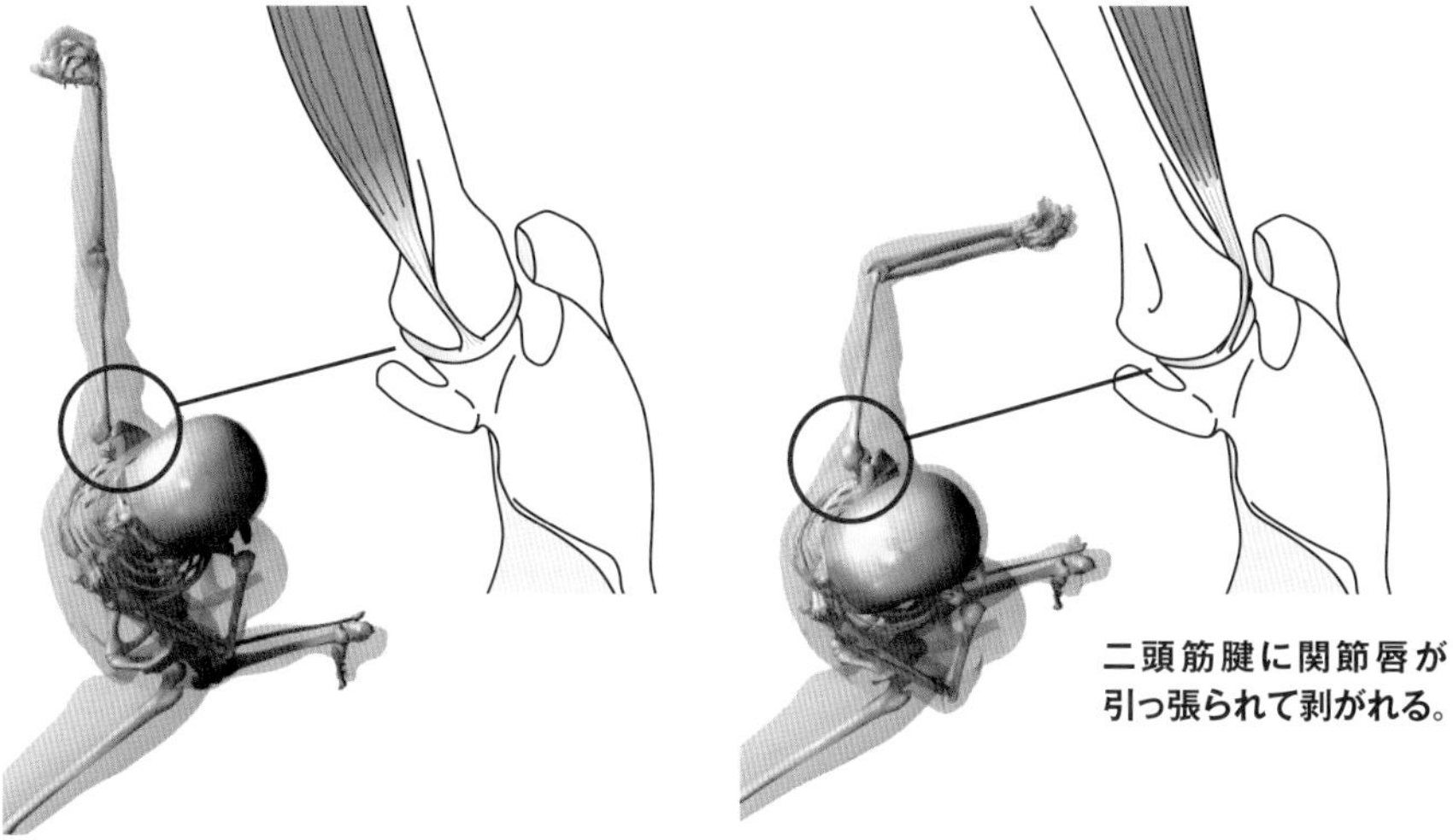

二頭筋腱に関節唇が引っ張られて剥がれる。

※フォームの特徴は上腕二頭筋長頭腱炎（88 ページ）と同様。

痛みが消える(≒投げ始める)までにかかる期間と完全復帰の目安

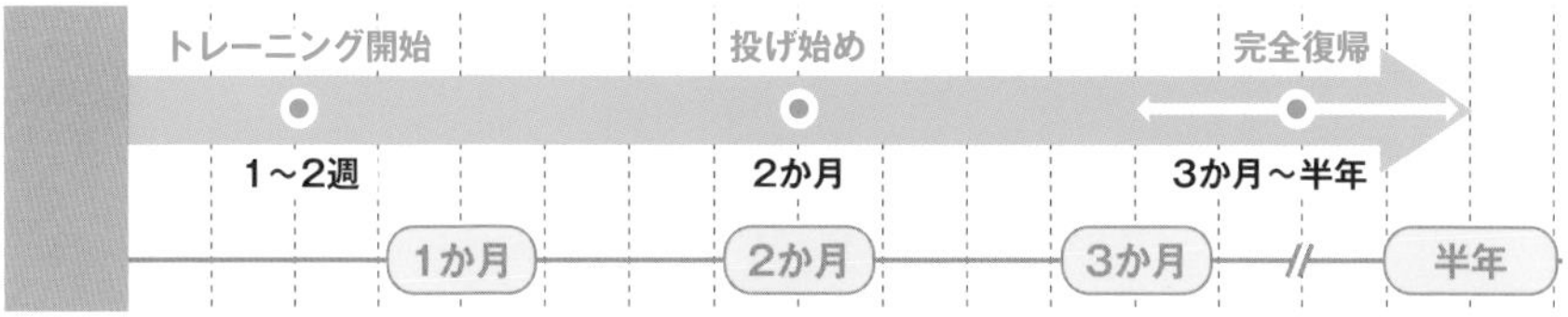

肩 8

骨《こっ》端《たん》線《せん》離《り》開《かい》

小中学生特有のケガです。投球時、腕を前に切り返すときやリリース時に上腕骨の骨と骨との間の軟骨が損傷し、痛みが出るものです。

どんな症状？

徐々に症状が現れる場合が多く、最初は投げ終えたあとに**肩全体が重く感じてきます**。投げ続けると、胸を張る前の腕が後ろに引かれたときから前に切り返すときやリリース時に、**肩にズキッとした痛み**が出るようになります。

悪化すると腕を上げるだけで痛くなり、安静にしていても痛みが出る場合があります。

何が起こっているのか？

中学生までは上腕骨《じょうわんこつ》がまだ弱く、この骨にひねる力や引っ張られる力が繰り返しかかると、骨と骨の間の軟骨《なんこつ》が傷んできます。

投球時に胸を張ってから腕を前に切り

「肩関節唇《しん》」とは

胸を張り、腕をしならせたときに腕が後ろに引っ張られる。そこから腕を前に持っていこうとしたときに、腕にひねられる力が加わり、成長線の部分の軟骨《なんこつ》が傷む。また、リリース時には、これらの力に加えて、腕に引っ張られる力も加わるため、損傷を起こしやすい。

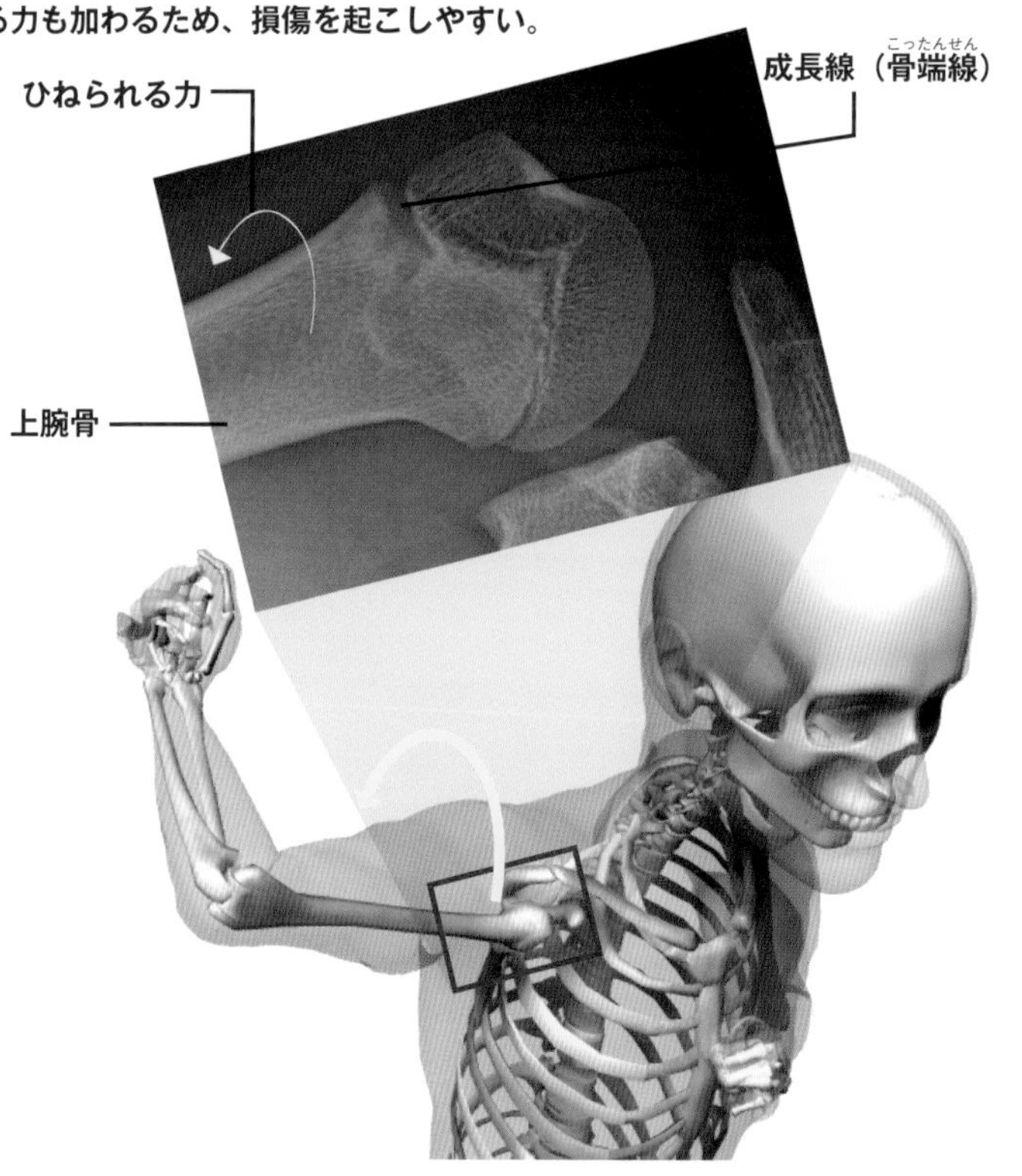

返すとき、**上腕骨にひねる力や引っ張られる力がかかる場合に症状が出てきます。**

安静にしていると3～4週間程度で症状自体は落ちつくことが多いのですが、軟骨と骨のケガなので、レントゲンで骨がよくなってきているのを確認しながら、徐々に投球を開始します。投げ始めから1か月ほどかけて完全復帰を目指します。まれですが、さらに悪化すると半年近く投げられなくなる場合があります。

適切な投球制限とフォームの修正により症状はよくなりますが、そのまま放置しておくと症状が長期化するので、早めの対応が大切です。

小中学生で肩が痛い場合には、このケガが疑われます。がまんせず、早めに医療機関を受診しましょう。

◉肩のストレッチの方法
⇒ 94 ～ 109 ページ
◉腕が後ろに残るフォームの修正方法
⇒ 180 ～ 181 ページ
◉手投げの修正方法
⇒ 196~201 ページ

骨端線離開のタイプと特徴

軟骨はレントゲンには写らないので、レントゲンを撮ると色が抜けて見える（成長線）。その成長線の開き具合で、どれくらい軟骨が傷んだのかがわかる。それにより、復帰の時期が異なる。

タイプⅠ

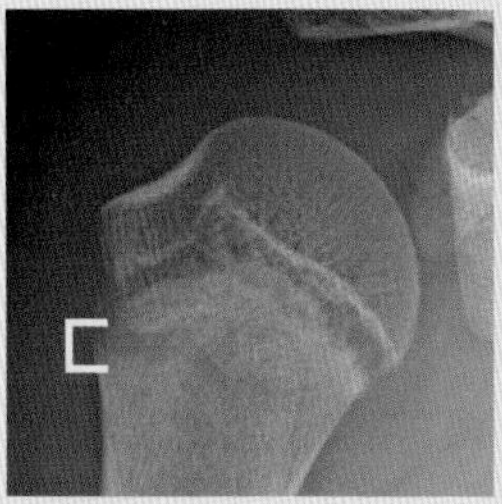

成長線が外側だけ開いている。

タイプⅡ

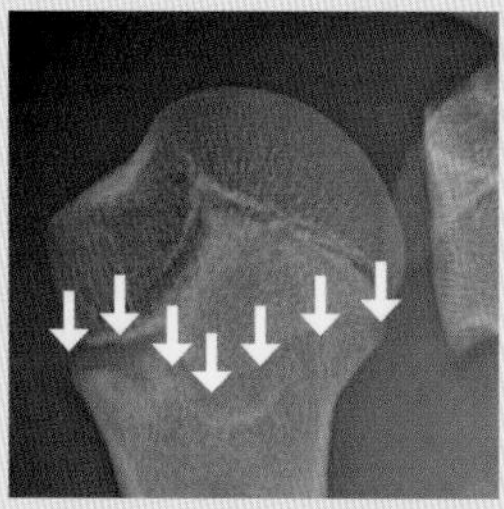

成長線全体が開いている。

タイプⅢ

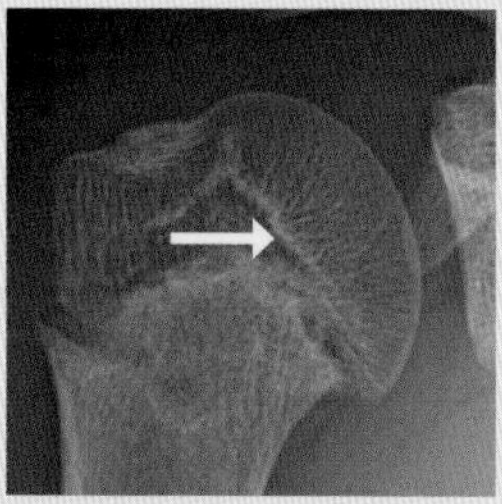

成長線から上の骨がずれている。

	タイプⅠ・タイプⅡ	タイプⅢ
治療	骨が完全に治るのを待たず、肩を押したり、ボールを投げたりしたときの痛みがなくなり、正しいフォームが身についたら徐々に復帰	骨が治り、正しいフォームが身についたら徐々に復帰
復帰	●平均３～４週で投球開始 ●２か月～３か月で完全復帰 （骨が治るのは３か月から半年）	●最低２か月は投球休止 ●完全復帰は３か月～半年

＊フォームの特徴は上腕二頭筋長頭腱炎（88 ページ）とほぼ同様。
＊手投げのフォーム（83 ページ）でも起こる。

肩 9

肩のストレッチ・トレーニングの前に知っておくこと

1 肩甲骨《けんこうこつ》の重要性

肩というのは、肩甲骨と上腕骨《じょうわんこつ》という骨で構成される関節のことをいう。投げるときにこの関節に大きな力が加わることで、いろいろな肩のケガが起こる。肩甲骨は、胸郭《きょうかく》という肋骨《ろっこつ》の集まったものに乗っており、胸郭の上を自由に動くことができる。

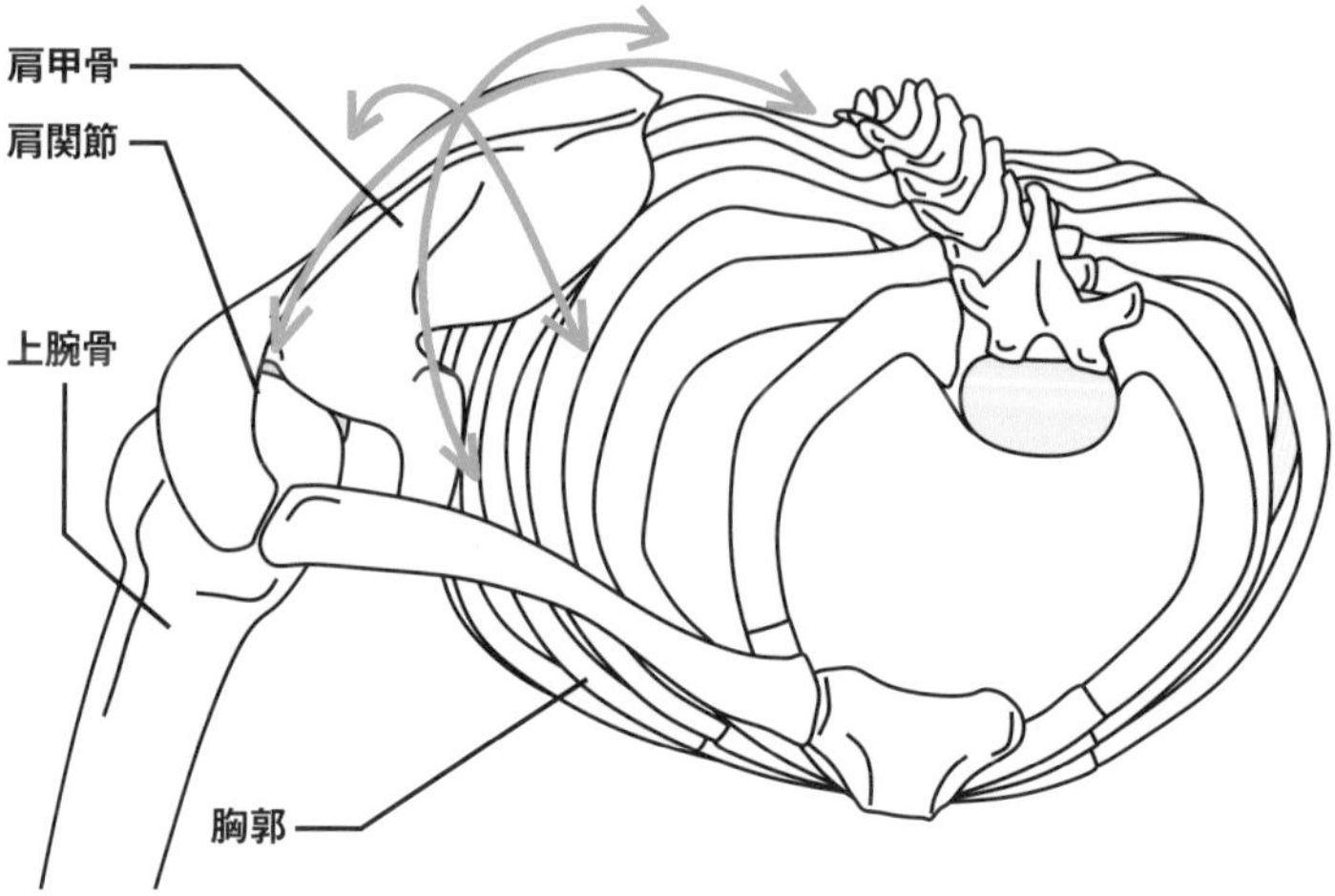

肩甲骨やその土台となる胸郭の柔軟性が十分にあると、胸を張った姿勢が、Cの字になる。この姿勢が作れると、肩にかかる負担を肩甲骨が受けてくれるため、ケガをしにくくなる。

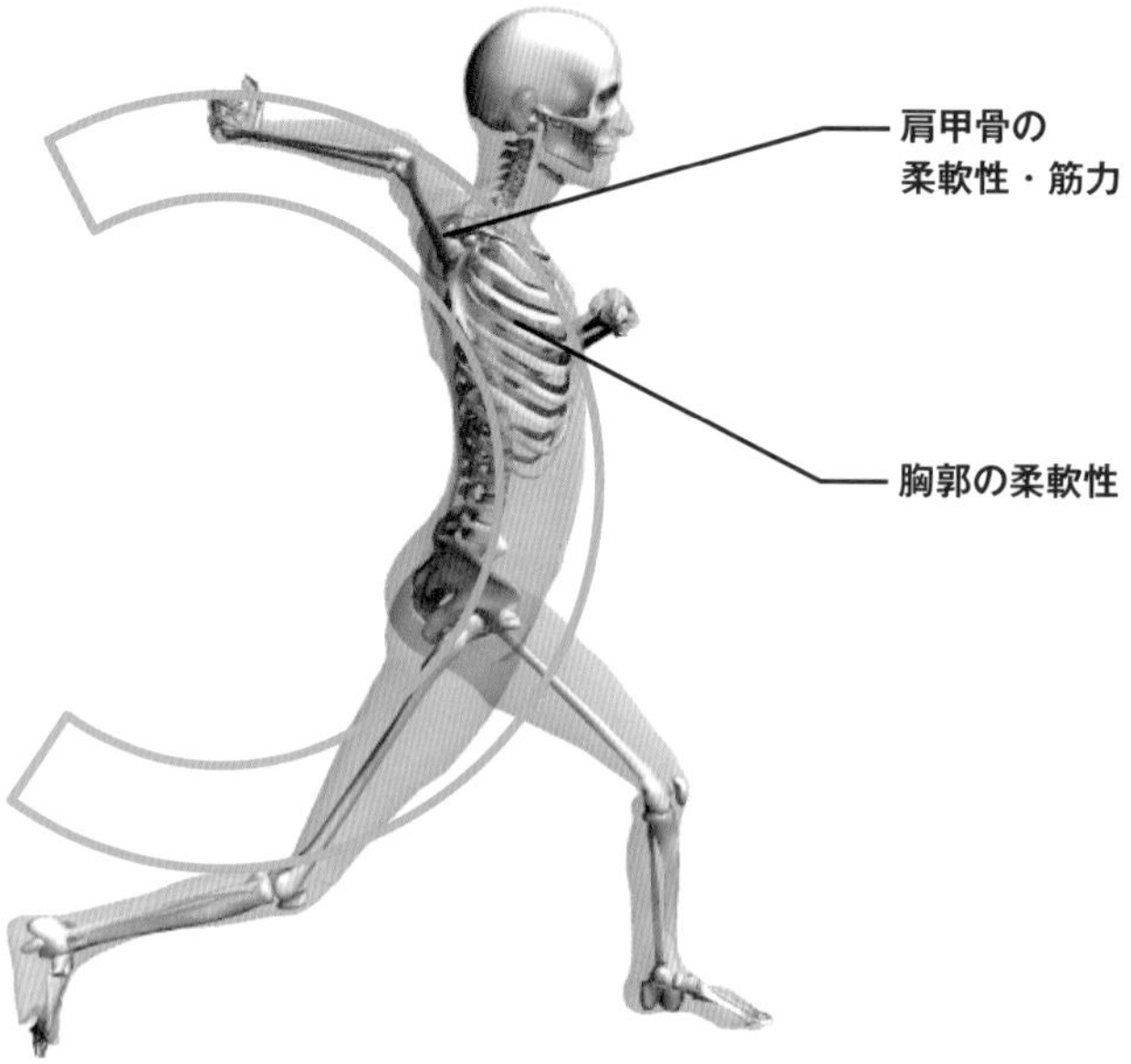

2 腱板《けんばん》の機能

肩関節には、腱板といわれるインナーマッスルがある。４つの筋肉から成り、肩の上には棘上筋《きょくじょうきん》、後ろには棘下筋《きょくかきん》・小円筋《しょうえんきん》、前には肩甲下筋《けんこうかきん》がある。
この４つのインナーマッスルがバランスよく力を発揮することで、上腕骨が肩甲骨に引き寄せられ、関節が安定する。

肩を横から見た図

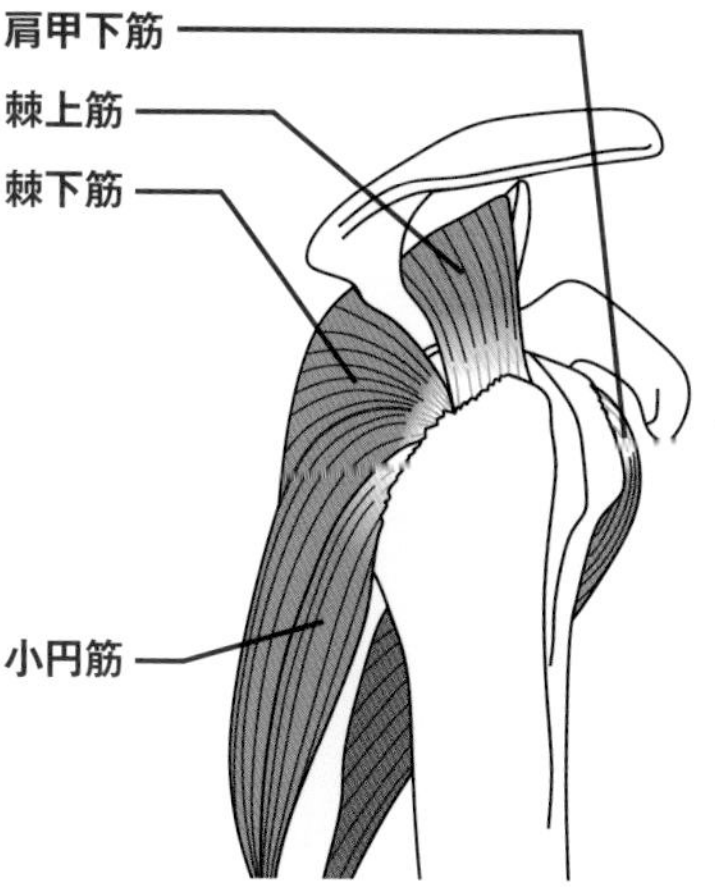

肩を上から見た図

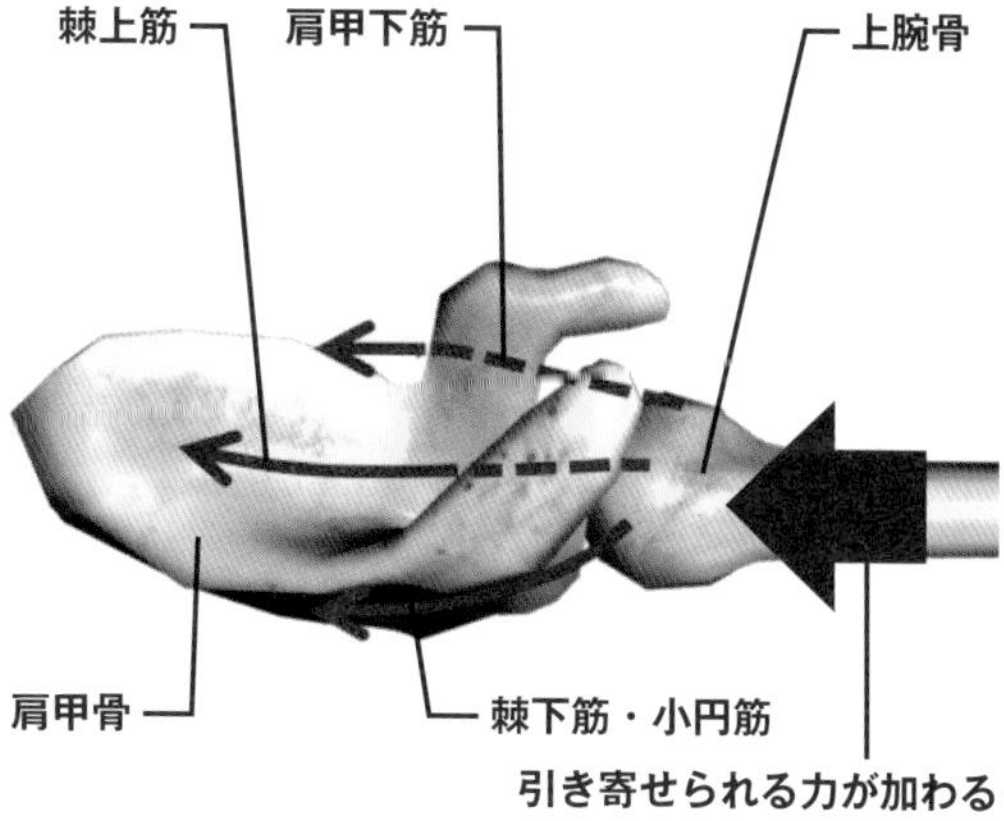

3 セルフケアの流れ

肩のセルフケアの流れとして、肩を動かしたときの痛みがある時期（安静期）は、胸郭・肩甲骨まわり・肩のストレッチを行い、胸を張った姿勢を作りやすくし、安静にしておく。肩を動かしたときの痛みがなくなったら（回復期）、肩甲骨や腱板のトレーニングを行う。ボールを軽く投げてみて、痛みが消失したら、フォームの修正を行いながら、徐々に練習に参加していく（復帰期）。

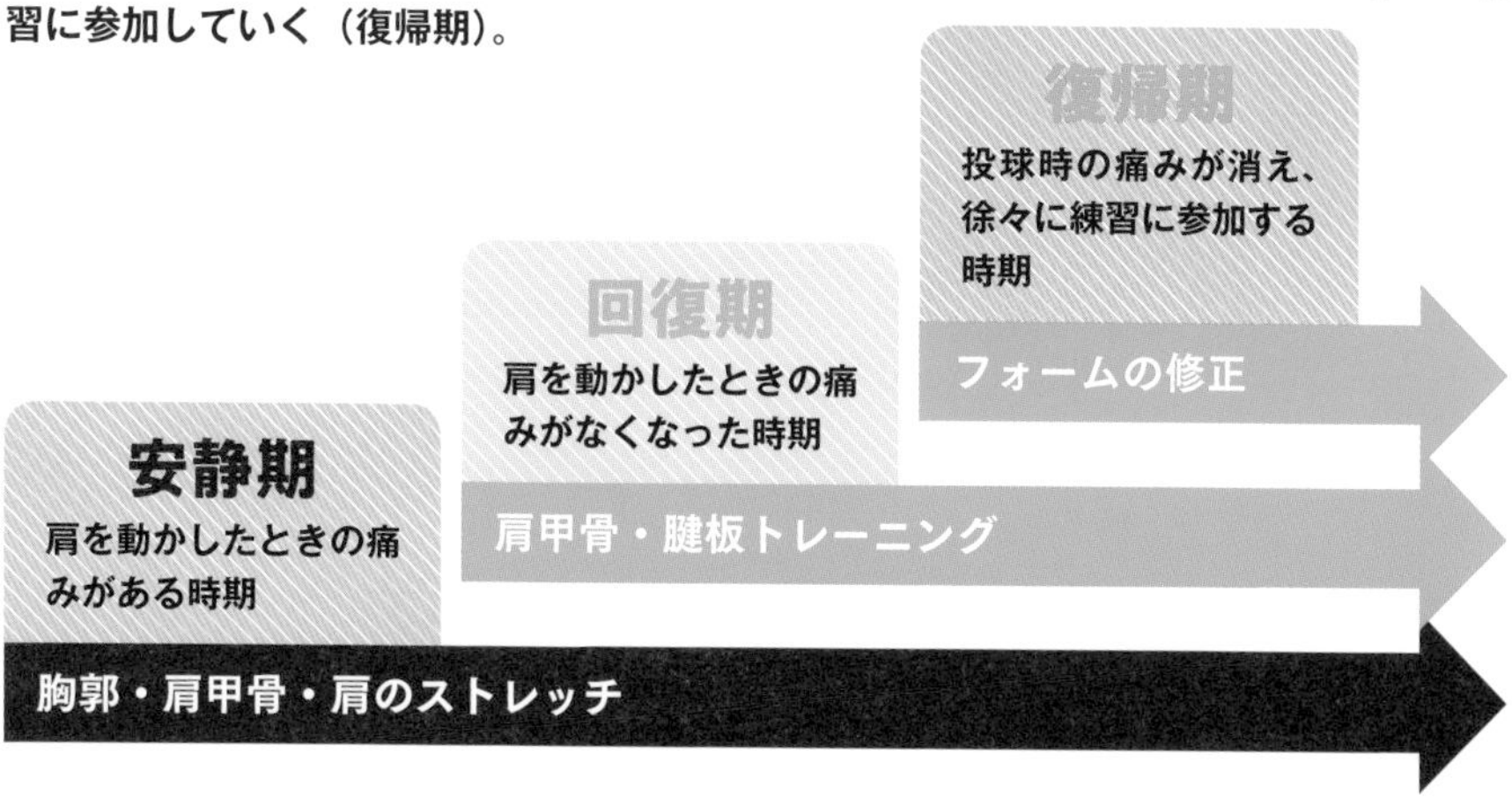

肩 10

ストレッチ前の「肩」チェック！

ここをチェック！

1. 姿勢
2. 胸郭《きょうかく》の柔軟性
3. 肩甲骨《けんこうこつ》の柔軟性
4. 肩の柔軟性

1 姿勢

両足を肩幅ほどに開いてまっすぐ立ち、両腕を自然に下ろし、姿勢を横からチエックする！

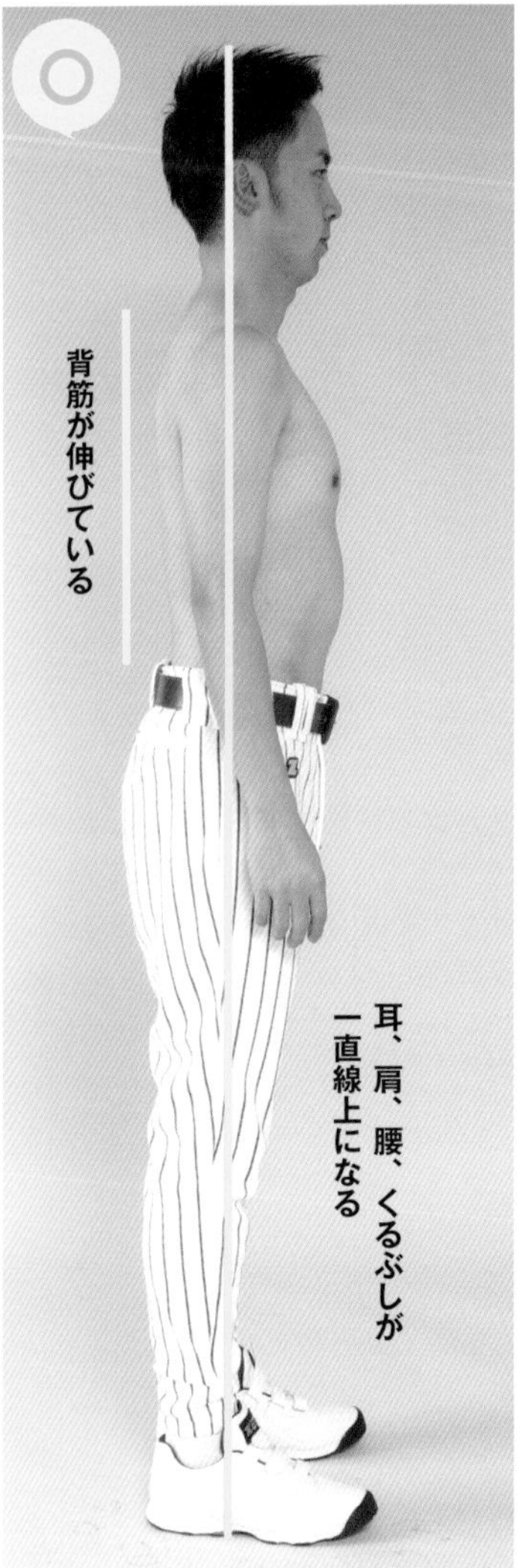

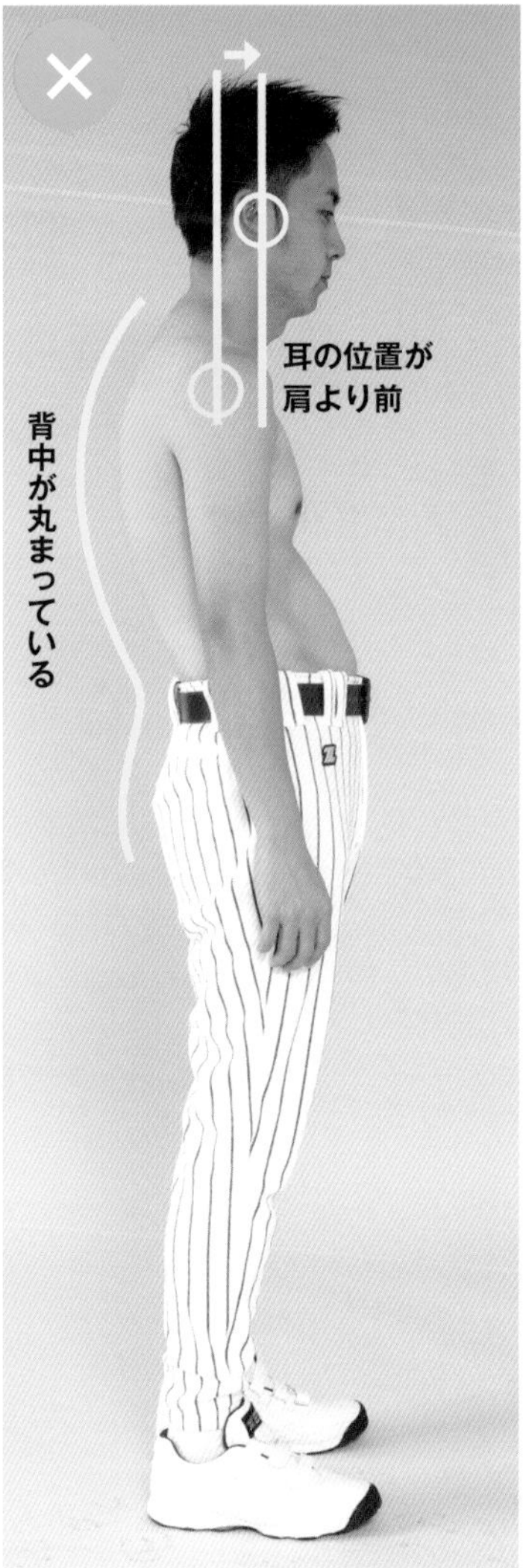

2 胸郭の柔軟性

横向きに寝て両ひざをそろえ、股関節を 90 度曲げる。下側の手で両ひざを押さえ、上側の手で上体をひねるように引っ張り、肩が床につくかチェックする！

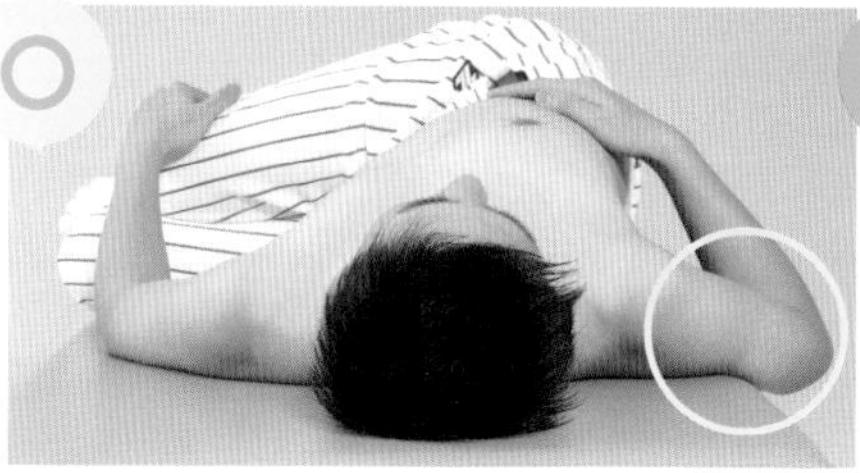

肩が床面につく > 胸郭がやわらかい

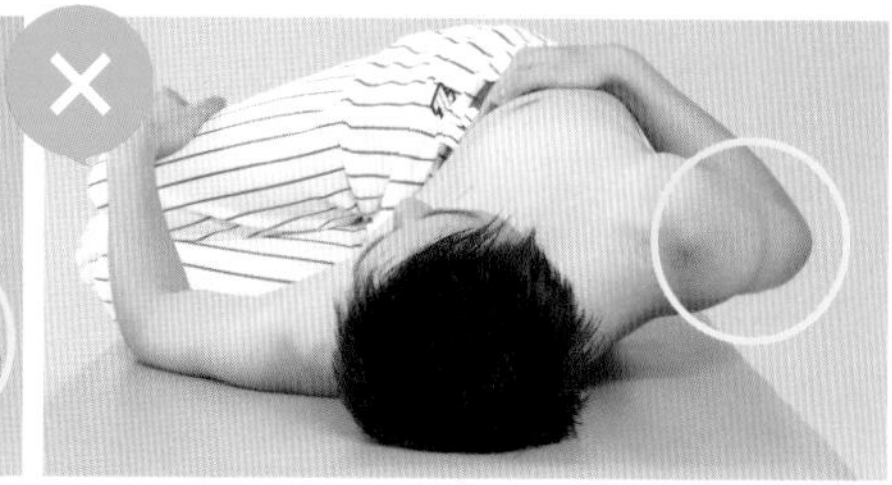

肩が床面から浮いてしまう > 胸郭が硬い

3 肩甲骨の柔軟性

あお向けに寝て肩を床面につけ、床との角度をチェックする！

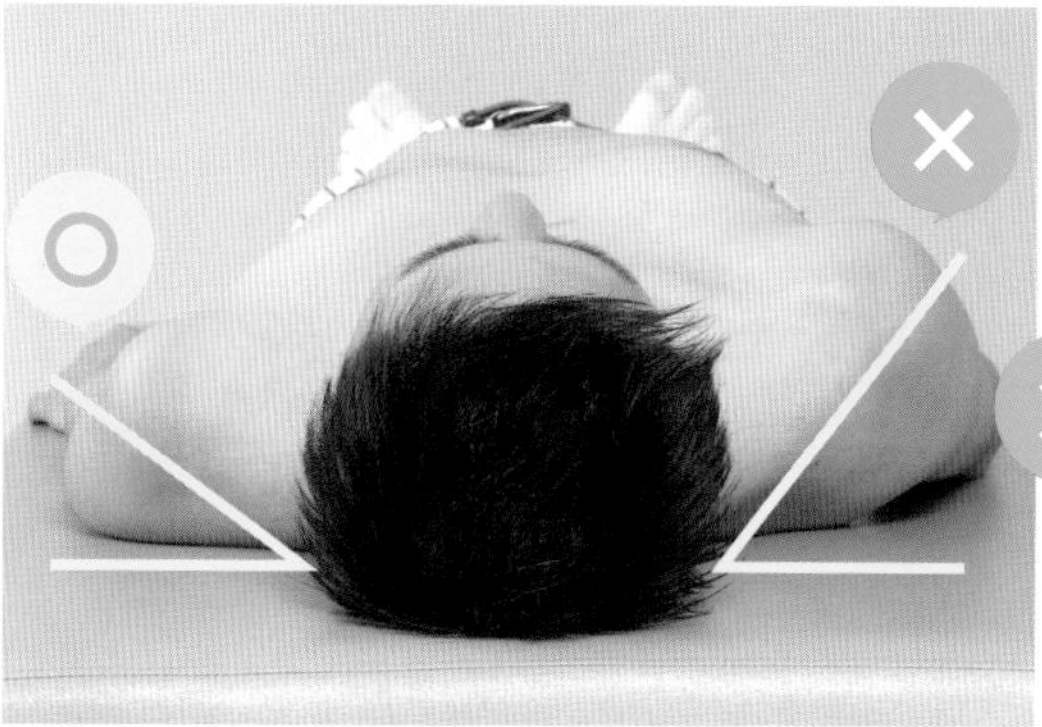

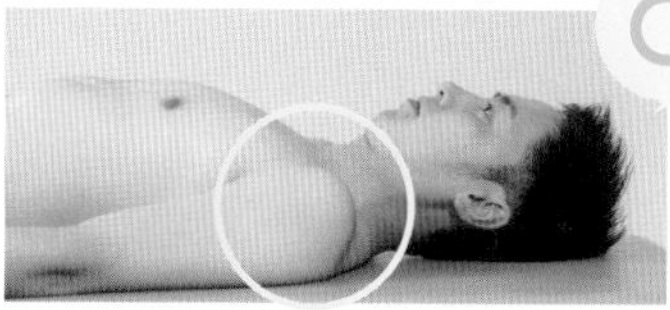

肩が床から浮いていない

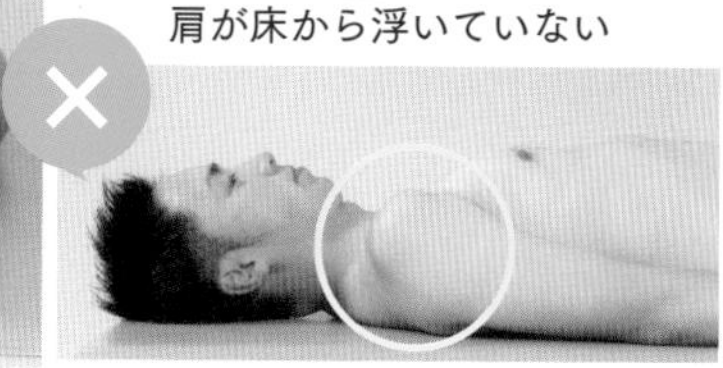

肩が床から浮いている

4 肩の柔軟性

横向きに寝て、下になっている腕を 90 度に上げる。反対側の手で手首を持ち、床面に押していく。肩がすくんだり、それ以上手首が下にいかなくなるところで止め、指が床面につくかチェックする！

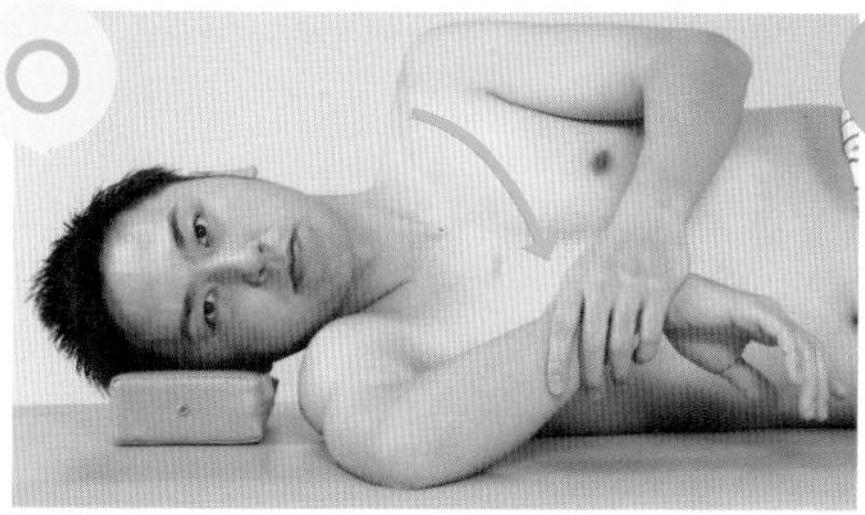

指が床面につく > 肩がやわらかい

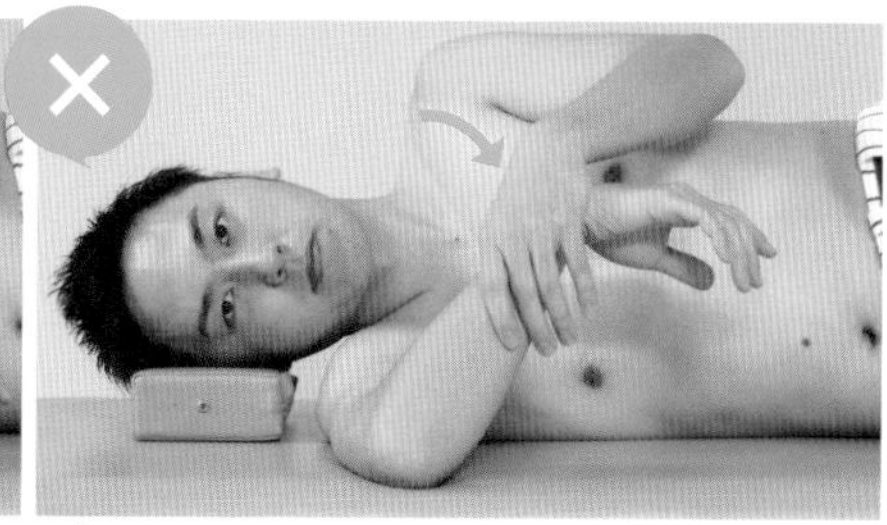

指がまったく床面につかない > 肩が硬い

自分でできる肩周囲のストレッチ

まず、胸郭の柔軟性をよくすることからスタート！

1 あばらのほぐし

目安の時間 5分

あばらの部分には腹筋がつく。腹筋が硬くなると、胸郭が硬くなり、体をひねる動きが小さくなってしまう。あばらに指を入れて身体をひねることで、腹筋をストレッチし、胸郭を柔らかくする。

あお向けに寝て、あばらにお腹のほうから四指を入れ、開くように外に引っ張る。

Point

腕両手であばらを開くように引っ張ろう！

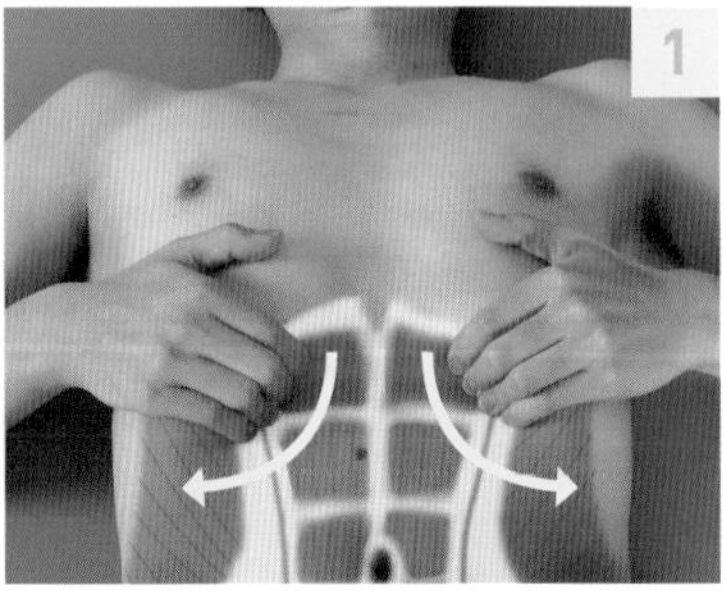

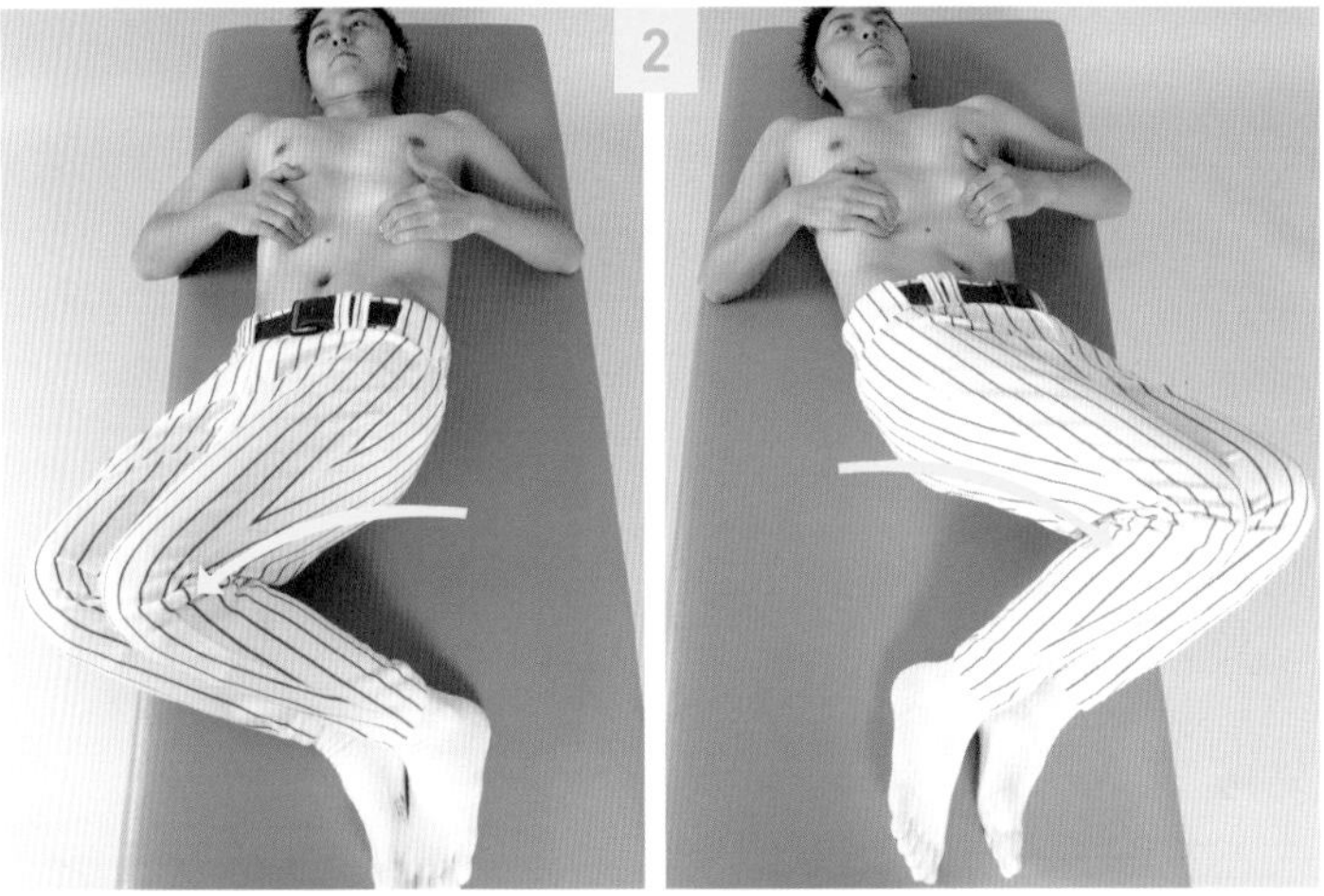

両足をそろえてひざを立てる。あばらを引っ張ったまま、両足を左右に倒す。

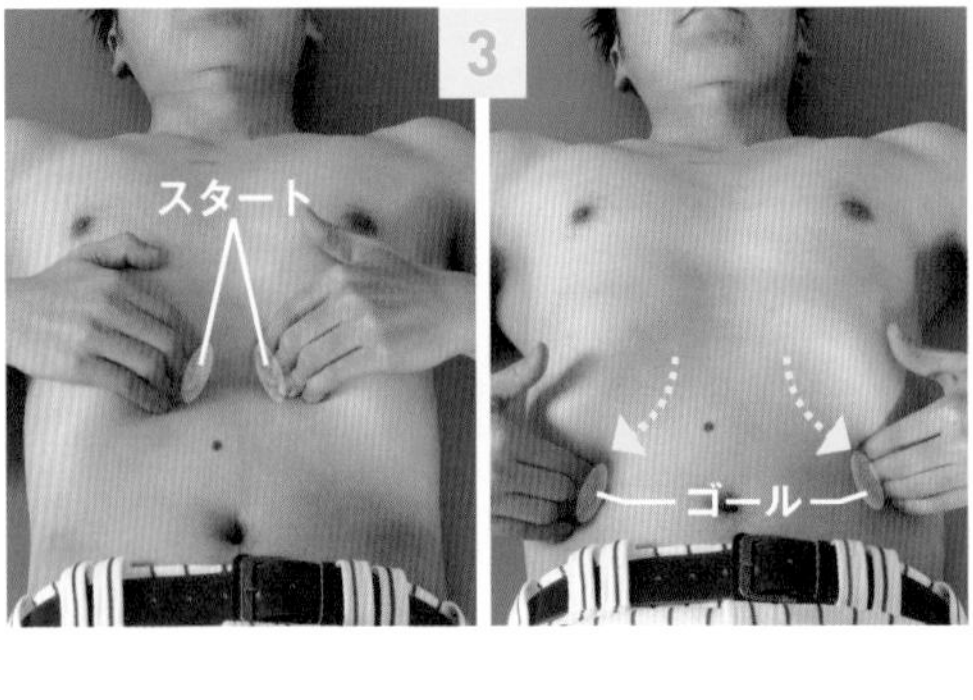

指を入れる場所は、みぞおちの部分から始め、10回左右に両足を倒したら、少しずつ下にずらす。
最後はわき腹まで行き、またみぞおちまで戻る。

あばらのほぐし

2 体をひねるストレッチ

目安の時間 ゆっくり5秒×30回

胸郭が硬くなると、身体を十分にひねれなくなる。身体が十分にひねれないと、全身を使って投げることができず、手投げになったりする。投げるときに十分に身体が回るように、身体をひねるストレッチを行う。

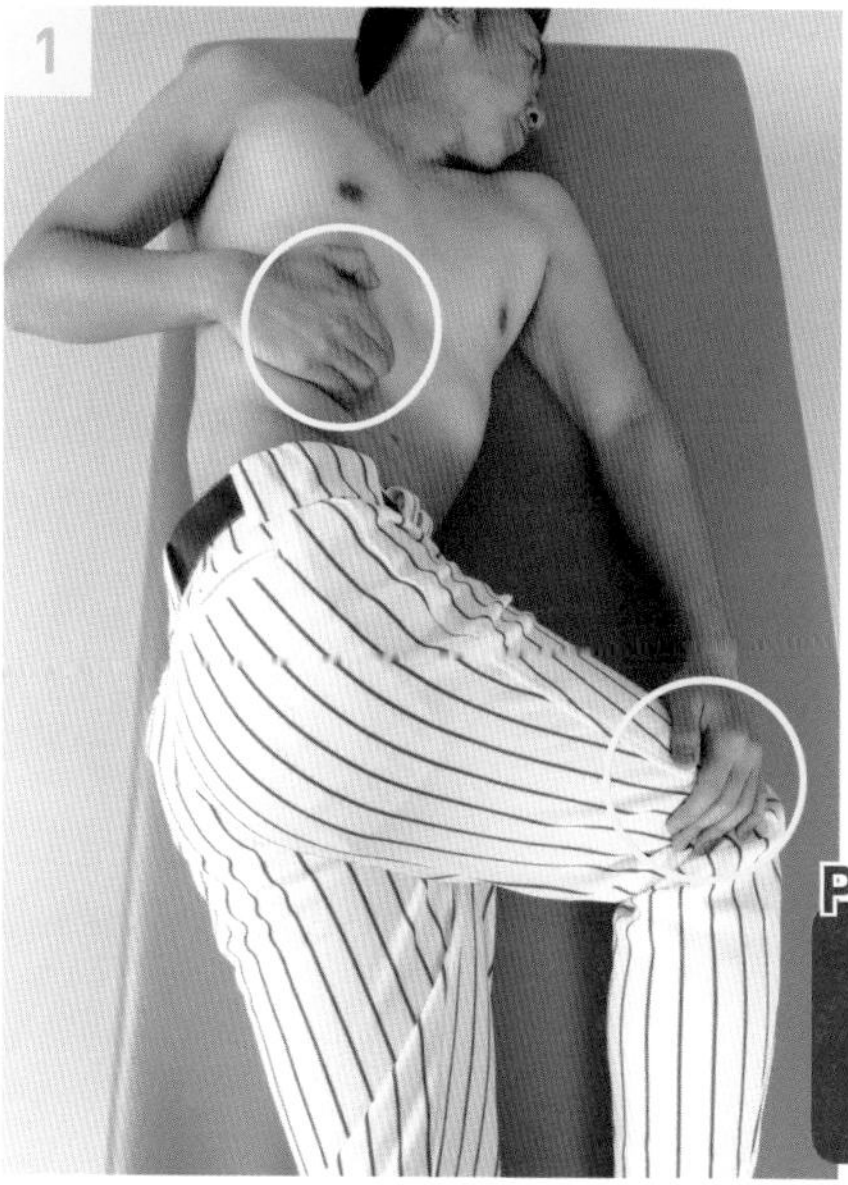

横向きに寝て、上のひざを曲げ、下の手はそのひざの上に、上の手はあばらの上に置く。

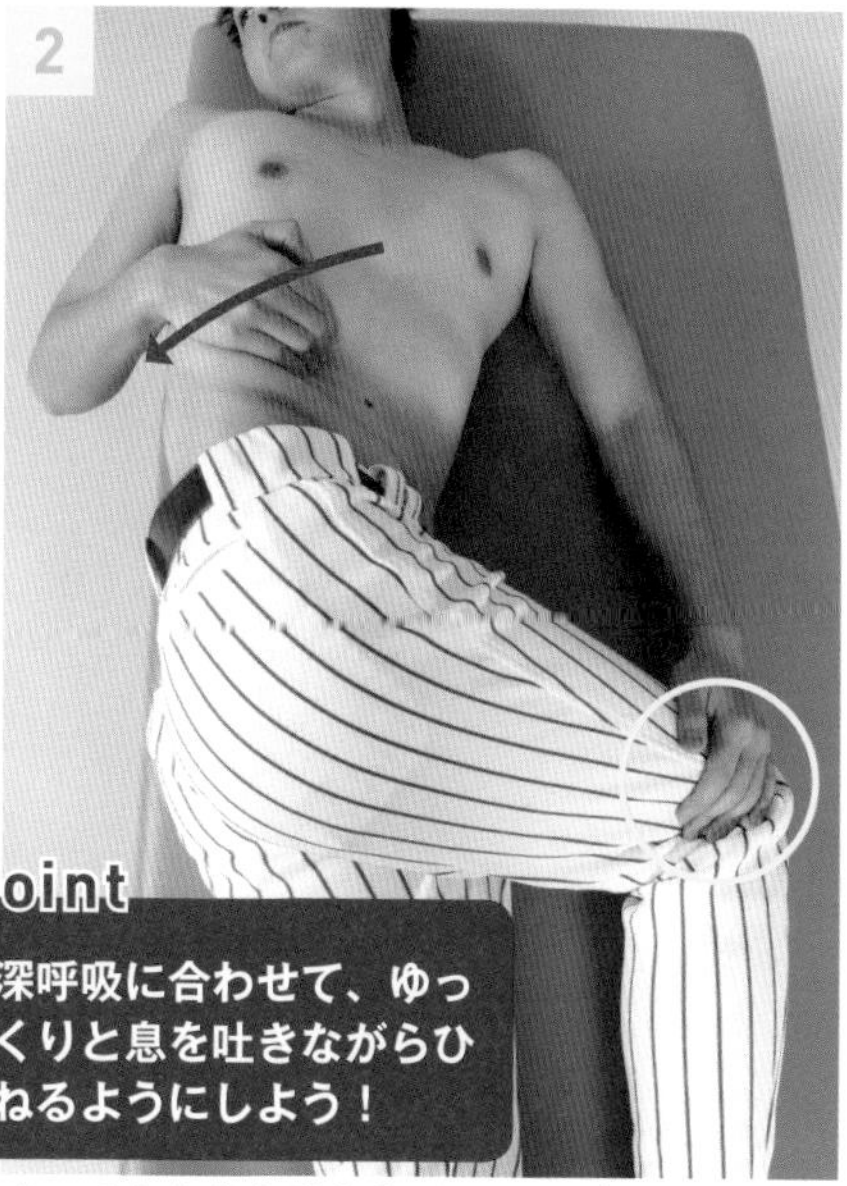

ゆっくりと息を吐きながら、あばらを引っ張り、身体をひねる。このとき、骨盤が回らないようにひざを押さえる。

Point

深呼吸に合わせて、ゆっくりと息を吐きながらひねるようにしよう！

再チェック！ ストレッチが終わったらもう一度チェックしてみよう！

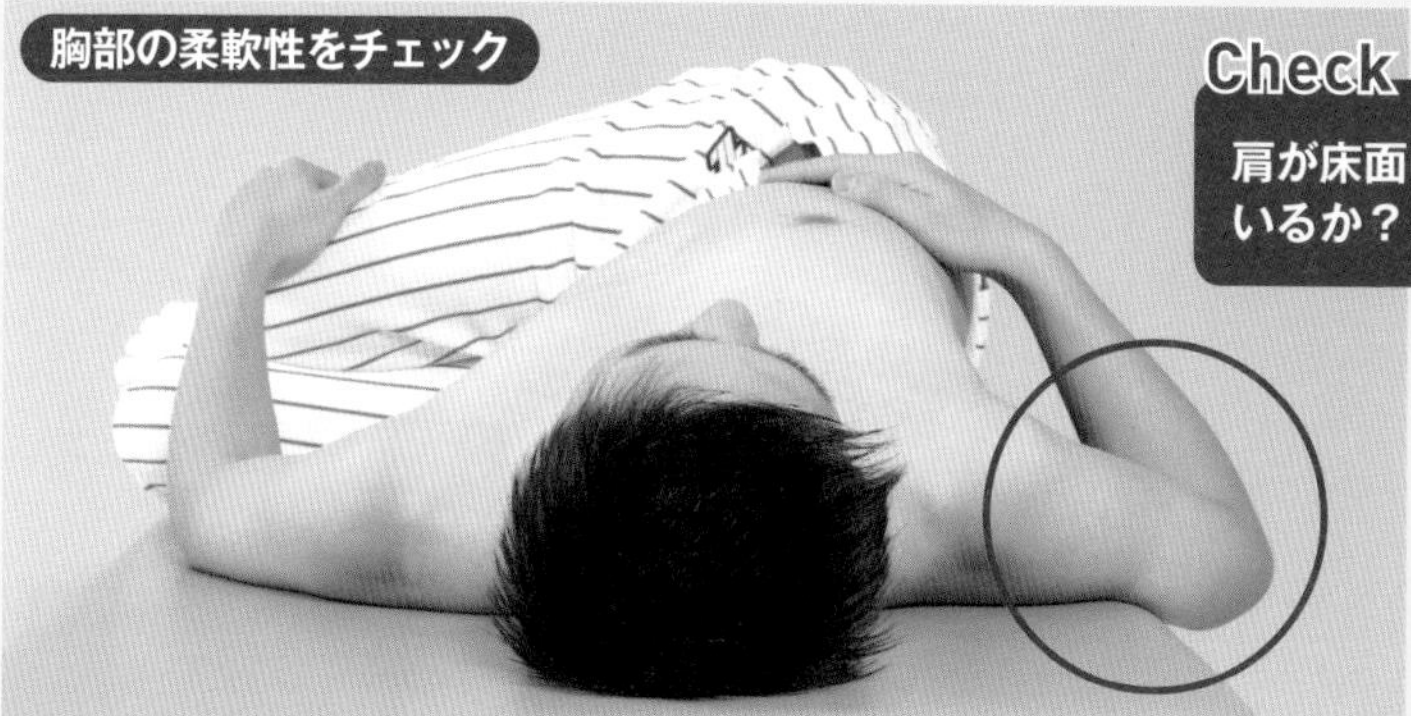

胸郭《きょうかく》が柔らかくなったら肩甲骨《けんこうこつ》を柔軟にしよう！

1 胸の筋肉ほぐし

目安の時間 5分

胸の筋肉（大胸筋《だいきょうきん》）が硬くなると、肩甲骨が動かなくなり、しっかりと胸が張れなくなる。胸の筋肉を柔らかくして、肩甲骨が背中に寄せれるようにする。

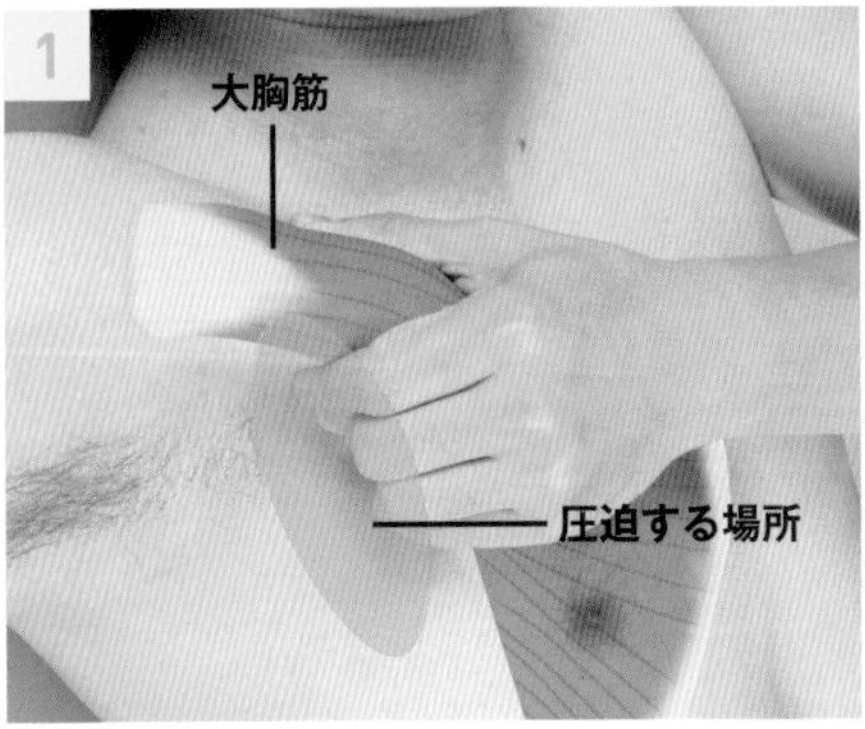

胸の前の筋肉をつかむ。

Point

つかんだを少し上方へ引っ張るようにする！

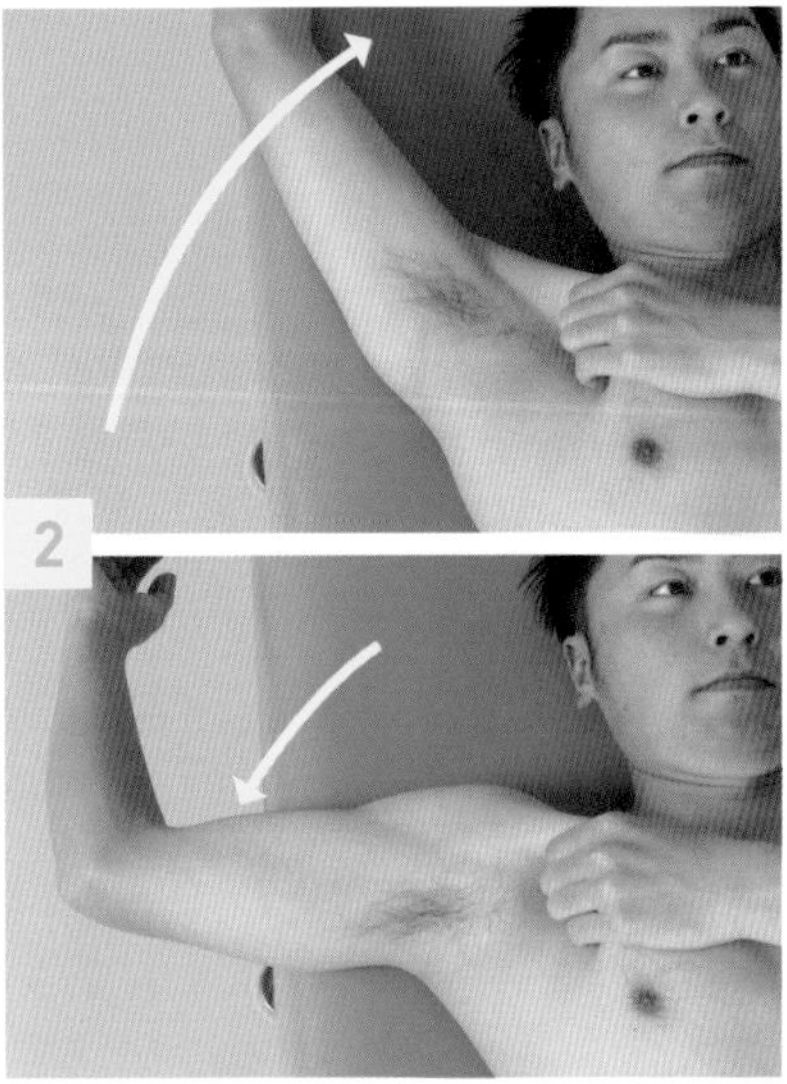

つかんだまま腕を上下に動かす。

別法 胸前のストレッチ

目安の時間 ゆっくり10秒×10セット

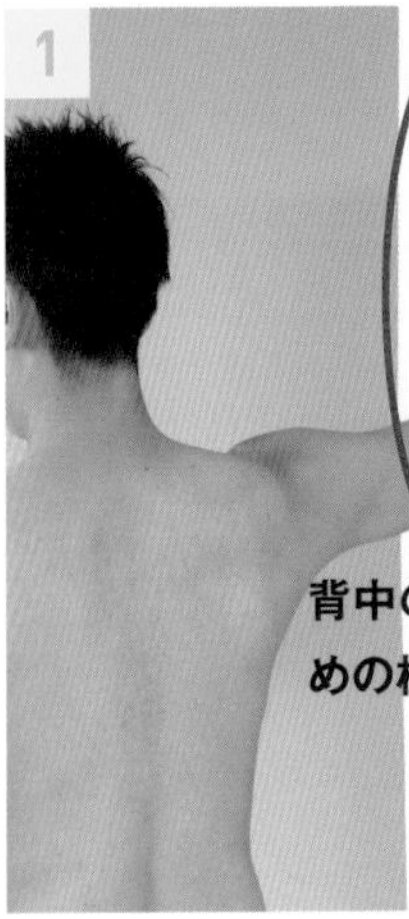

壁などに腕を引っ掛ける。

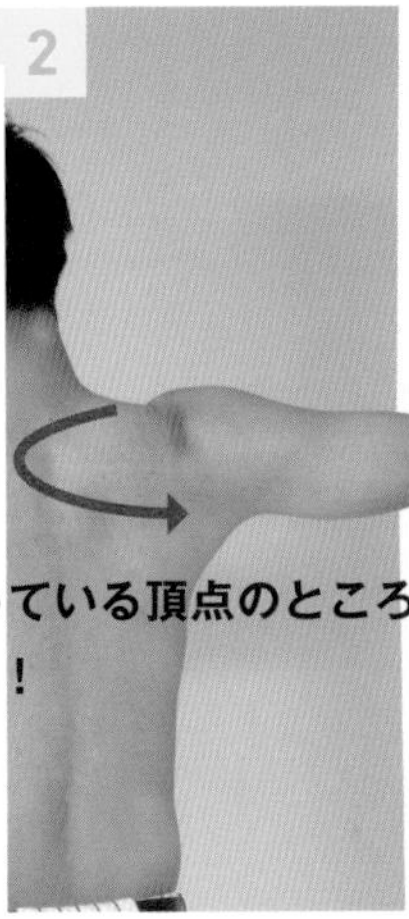

身体をひねり、胸の前に伸びていると感じたところでキープする。

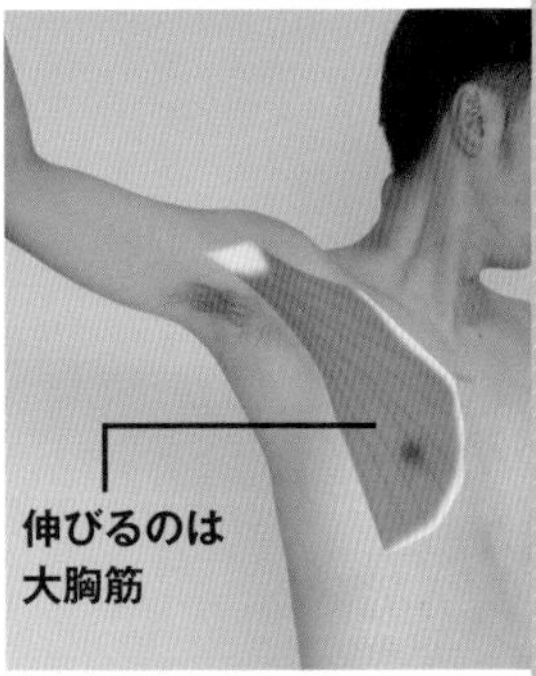

Point

しっかりと胸を張り、肩の前が伸びるようにする！

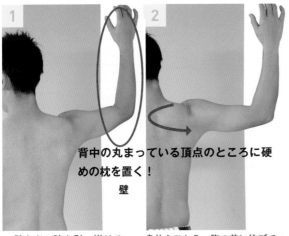

2 わきの筋肉ほぐし

目安の時間 5分

わきの筋肉（広背筋《こうはいきん》）が硬くなると、肩甲骨が動かなくなり、しっかりと胸が張れなくなる。わきの筋肉を柔らかくして、肩甲骨が背中に寄せられるようにする。

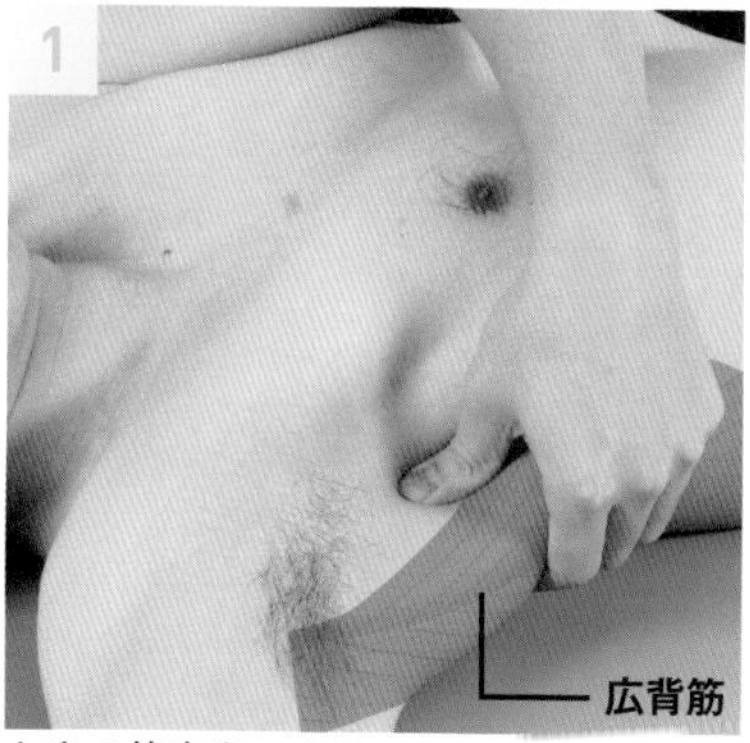

わきの筋肉をつかむ。

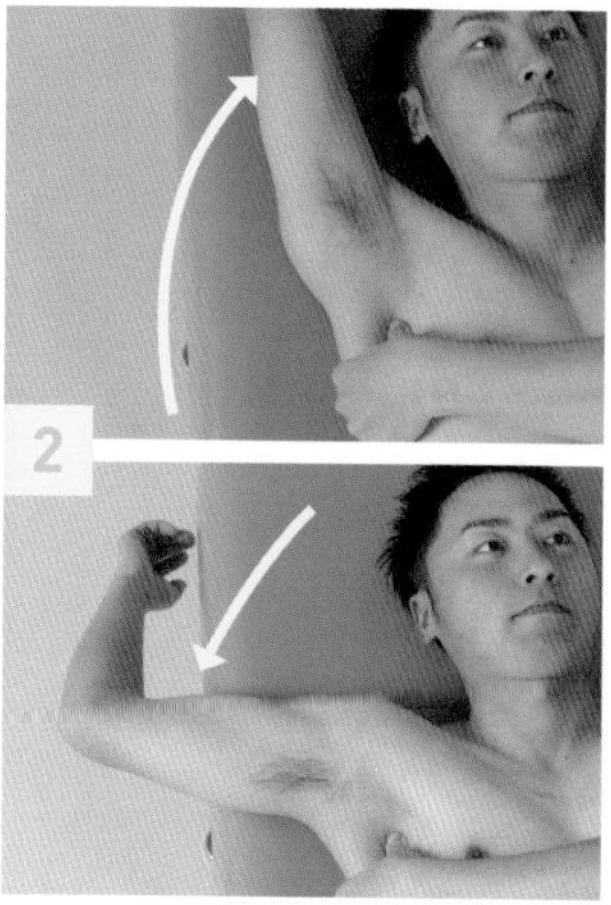

わきの筋肉をつかんだまま、肩を上下に動かす。

Point

つかんだ筋肉を少し下方へ引っ張るようにする！

別法 わきのストレッチ

目安の時間 ゆっくり10秒×10セット

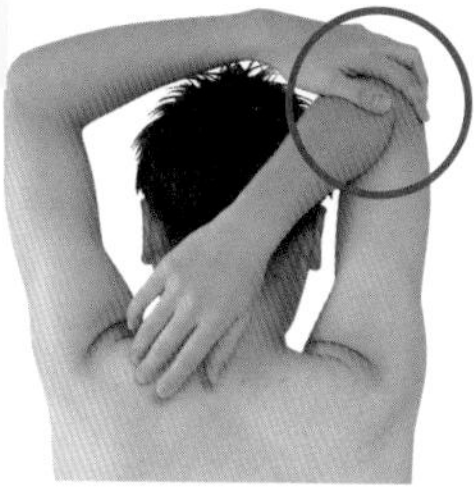

頭の後ろでひじを持つ。

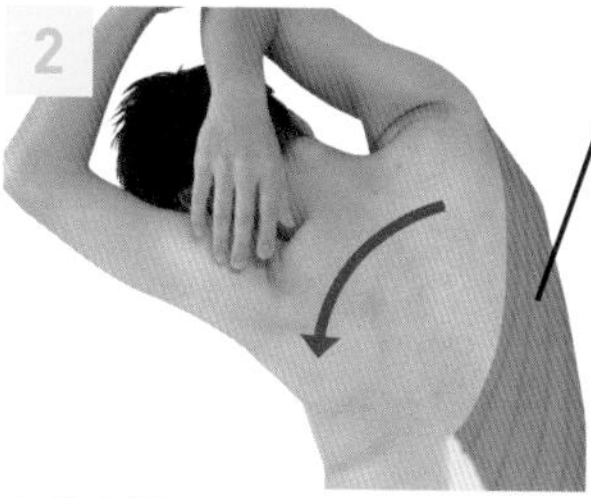

伸びるのは広背筋

身体を倒し、わきに伸びていると感じたところでキープする。

Point

ひじを引っ張りすぎず、身体を倒すようにして伸ばす！

再チェック！ ストレッチが終わったらもう一度チェックしてみよう！

肩甲骨の柔軟性をチェック

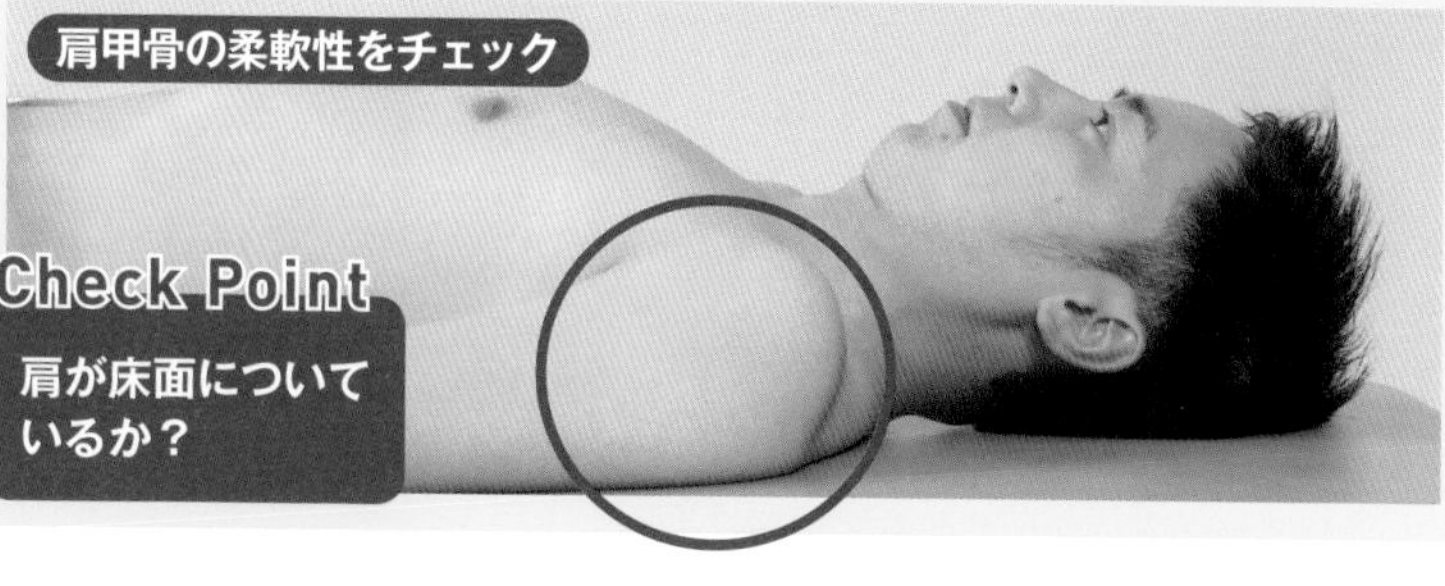

Check Point

肩が床面についているか？

-別法-練習場でできる胸の前・わきのストレッチ

胸郭・肩甲骨が柔らかくなったら姿勢をよくしよう！

1 背骨のストレッチ

目安の時間 5分

背骨（胸椎《きょうつい》）が硬くなり、背中が反《そ》れなくなると、投げるときにうまく胸を張ることができない。背骨を柔軟にして、しっかりと胸を張れるようにしよう。

枕を置く位置

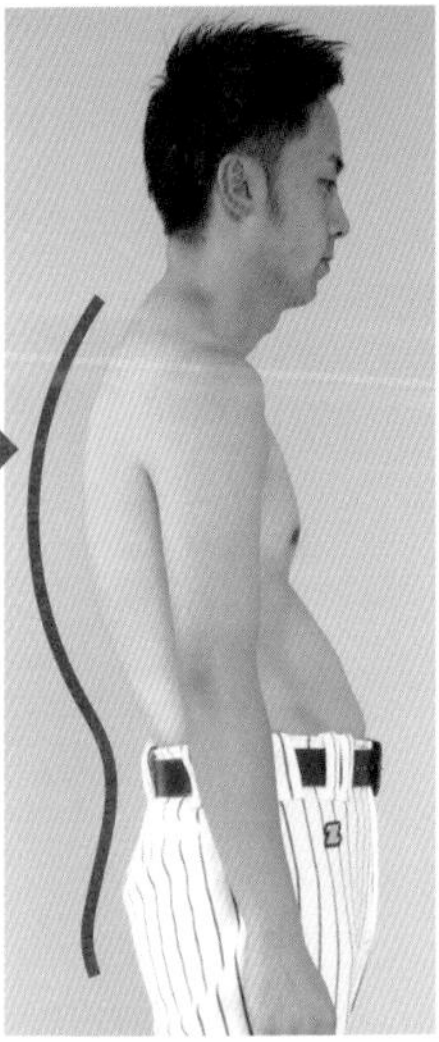

1

背中の丸まりの頂点に枕を置く。

2

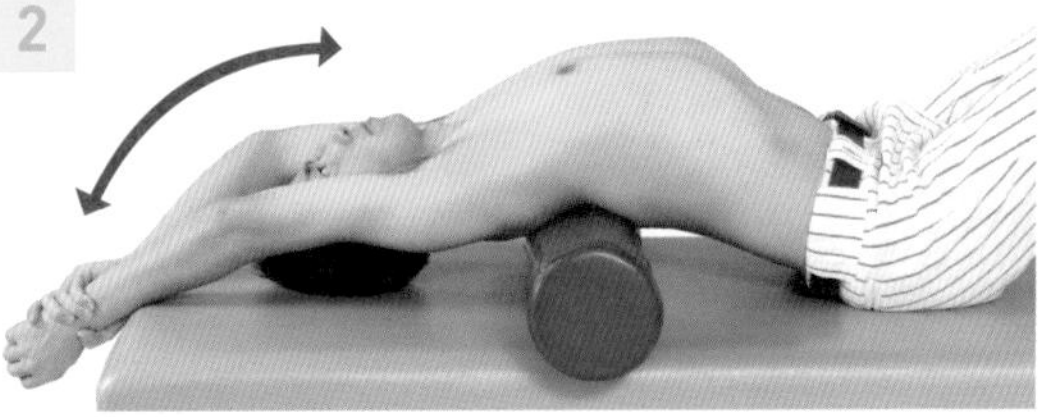

投げているほうの手首を逆側の手で
持ち、腕を上げ下げする。

Point

背中の丸まっている
頂点のところに硬め
の枕を置く！

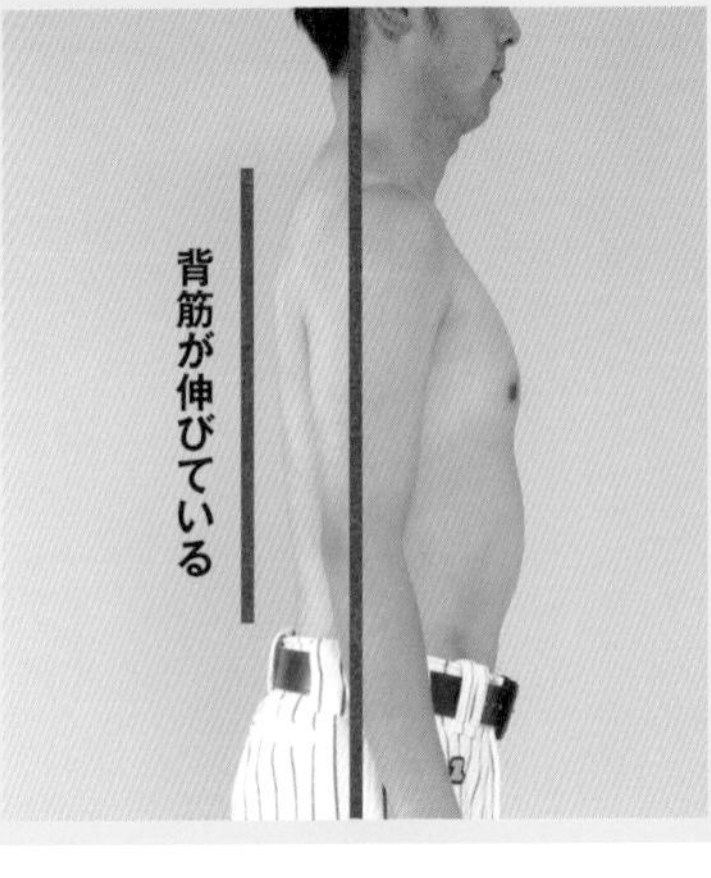

ストレッチが
終わったら
もう一度チェックしてみよう！

再チェック！

姿勢のチェック

ふだんの生活でも、
姿勢を意識して生活しよう！
上手な選手に姿勢が悪い人はいない。

Check Point

背中が丸まっていないか？

-別法-姿勢修正
トレーニング

姿勢がよくなったら肩を柔らかくしよう！

2 肩後方のストレッチ

目安の時間 ゆっくり10秒×10セット

肩の後方が硬くなると、上腕骨《じょうわんこつ》の正常な運動ができなくなる。肩のさまざまな部分にストレスがかかり、肩の多くのケガの原因になってしまう。肩の後方を柔らかくすることで、肩の痛みを軽減させ、再発を予防することができる。

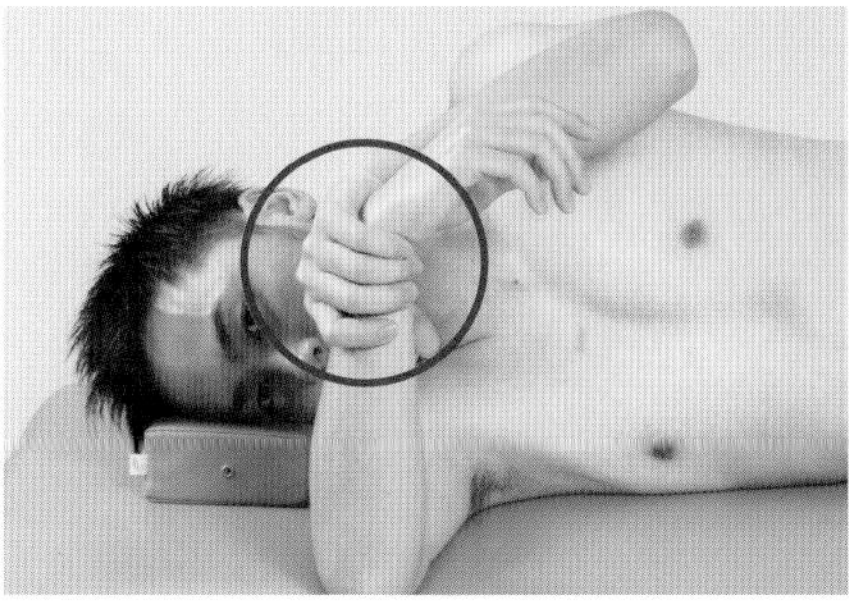

投げる肩を下にして、横向きになる。肩・ひじを90度に曲げ、肩の前にひじが来るようにする。

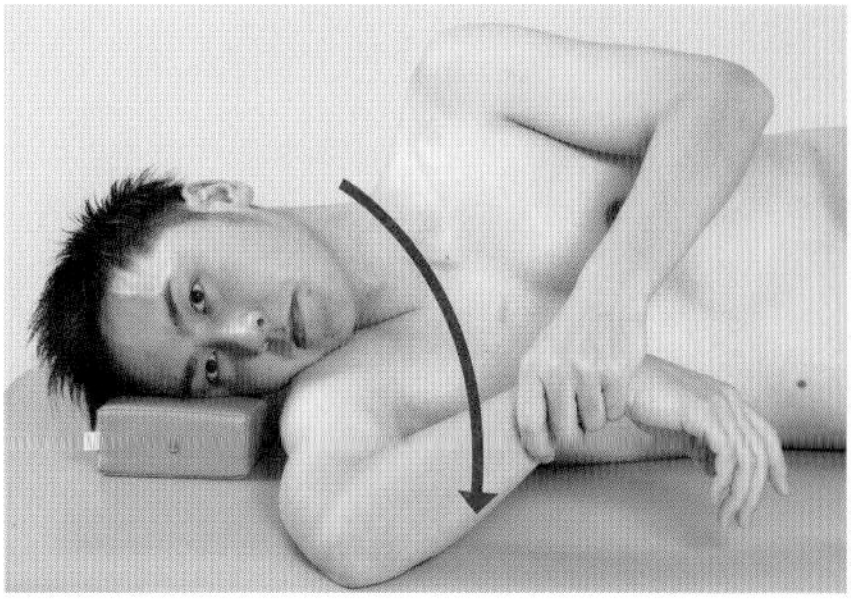

手首を持ち、ひじを支点にし、手をへそに近づける。肩の後ろが伸びていると感じたところでキープする。

肩後方のストレッチ
-スリーパーストレッチ-

Point

肩が浮かない程度に腕を倒し、引っ張りすぎないように注意する。肩の前面に痛みが出た場合は中止する！

肩の硬さが残る場合

肩後方のほぐし

目安の時間 5分

肩の後ろにボールを当て、床にこすりつけるようにして肩の後ろをマッサージする。

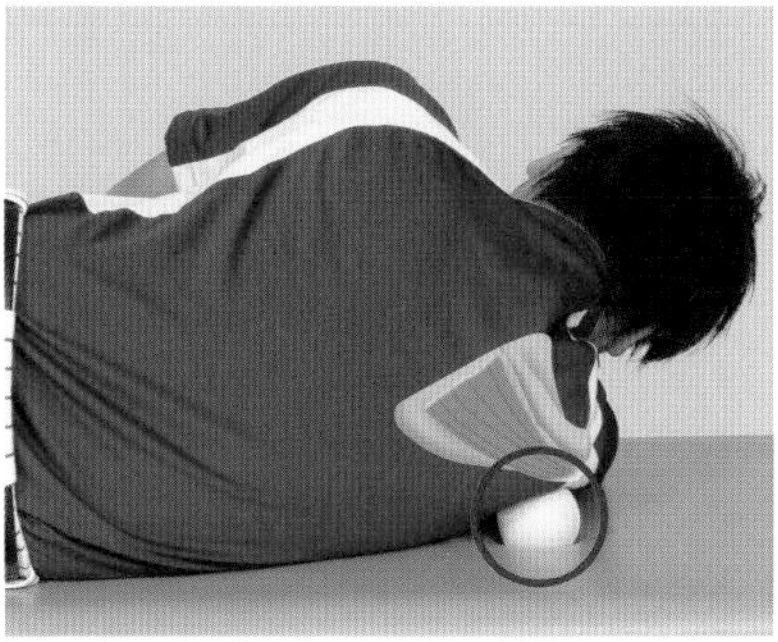

＊上のストレッチ方法で、肩の前面に痛みが出る場合にも有効。

再チェック

ストレッチが終わったらもう一度チェックしてみよう！

肩の柔軟性をチェック

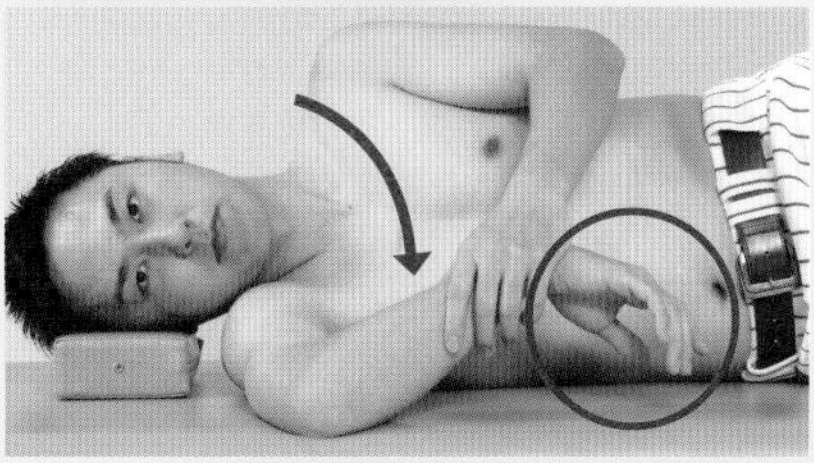

Check Point

垂らした指が床につくか？

自分でできる肩周囲のトレーニング

肩が柔らかくなったら、筋トレをスタート！

1 肩甲骨《けんこうこつ》（菱形筋《りょうけいきん》・僧帽筋《そうぼうきん》）のトレーニング

肩甲骨の内側にある、肩甲骨を寄せる筋肉を強くすると、胸をしっかりと張れるようになり、肩甲骨で肩にかかる負担を受けることができる。

回数など

10回×3セット（肩甲骨を寄せたまま5秒キープ）

1

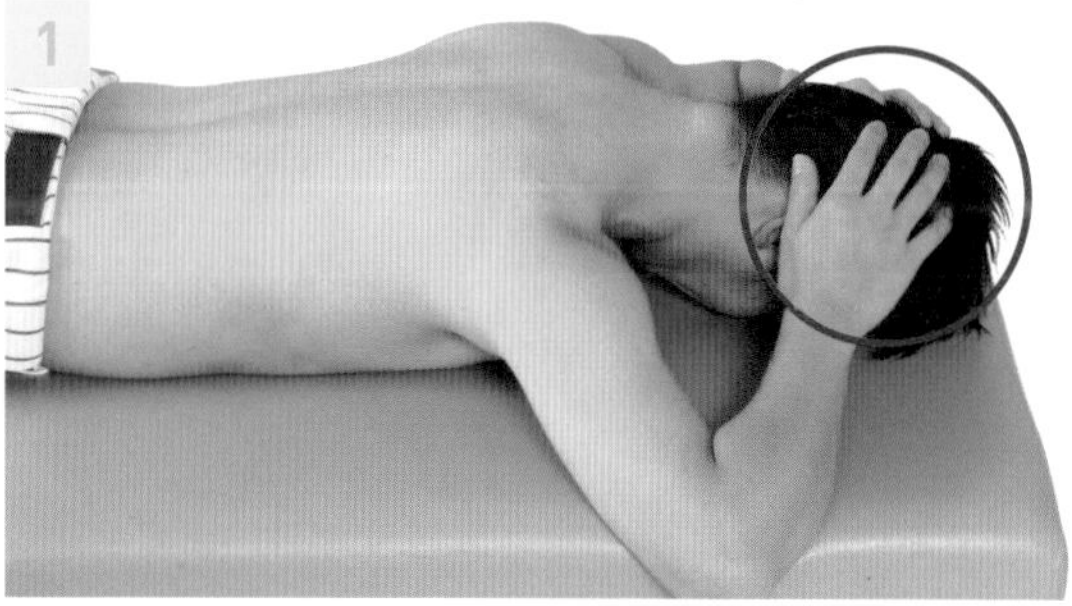

うつ伏せになり、つむじを両手で触る。

2

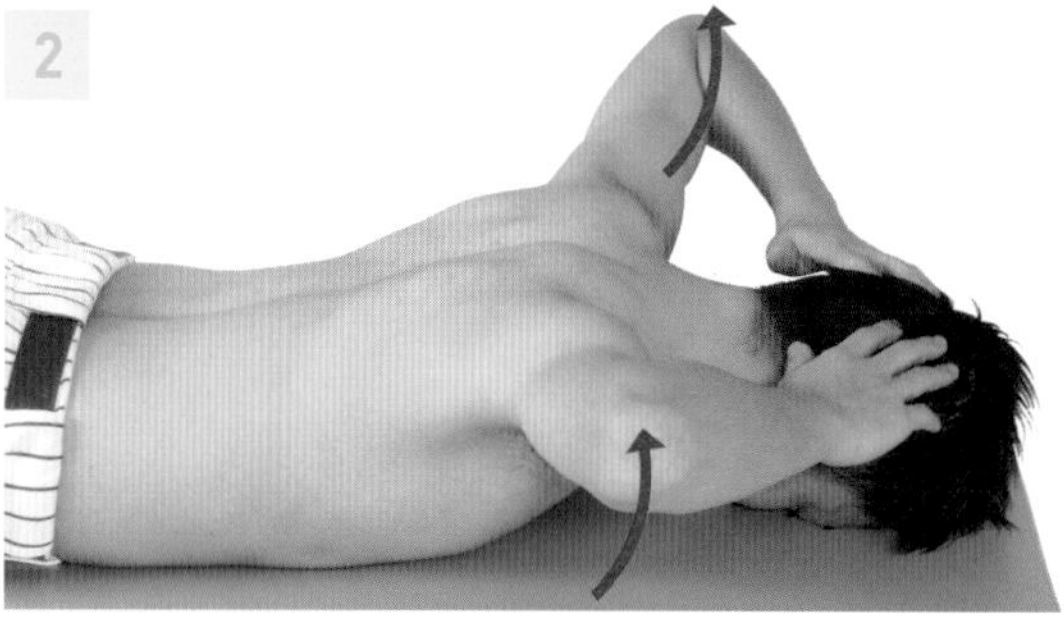

肩甲骨を背骨に寄せるようにして、胸を張る。

鍛えられる場所

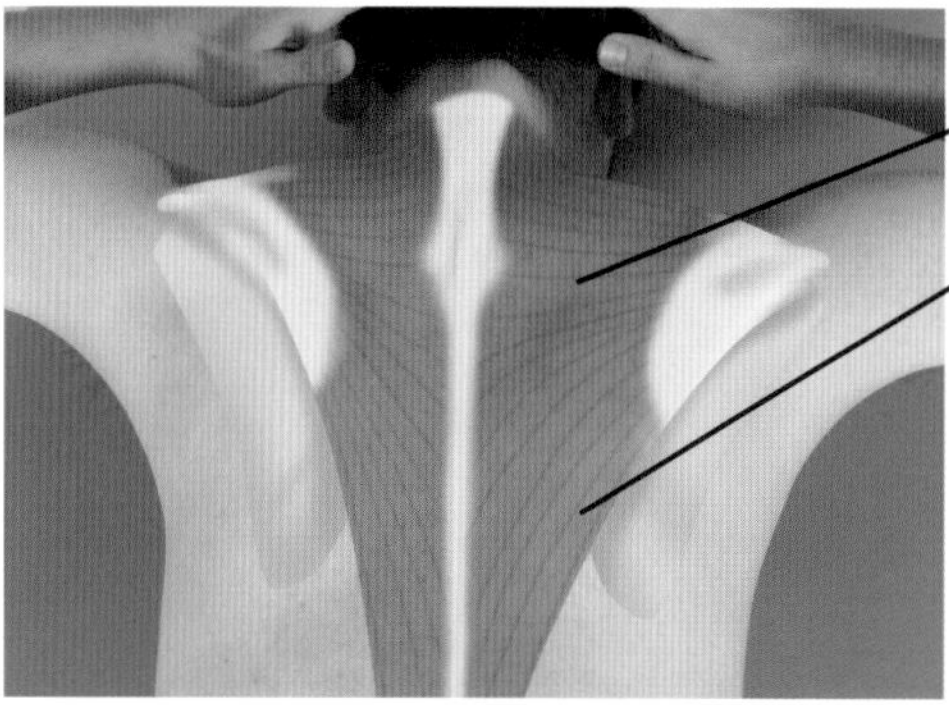

Point

肩甲骨の内側に力が入っていることを確認しよう！

別法 肩甲骨のトレーニング

回数など
(肩甲骨を寄せたまま5秒キープ)

用意するもの
ダンベル(重さは0.5～3kg)・ペットボトルなど

1

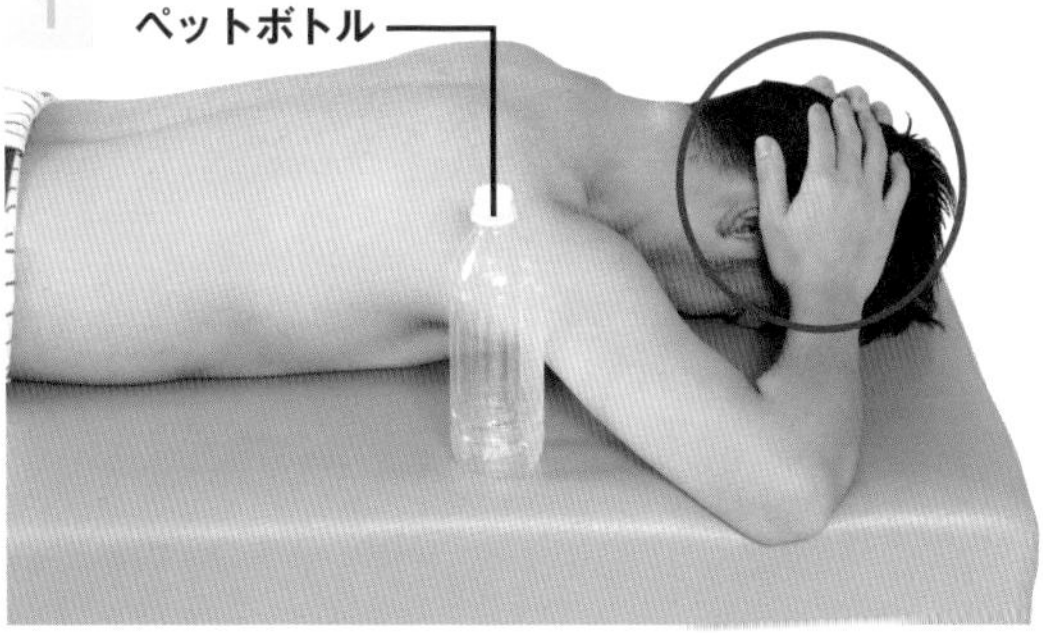

つむじに手を当て、腕のすぐ下にペットボトルを置く。

2

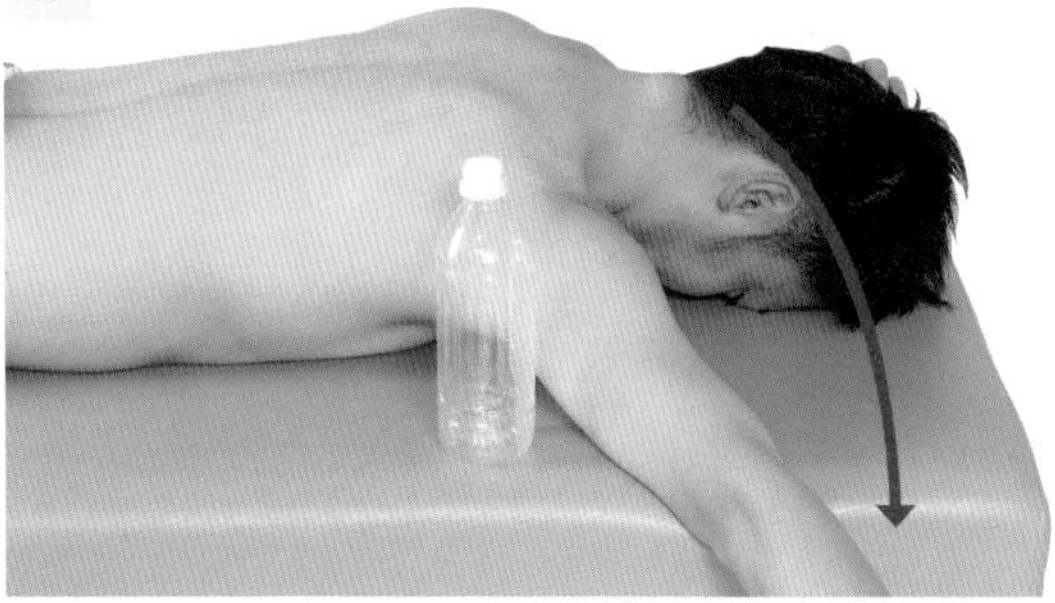

ひじを伸ばす。

3

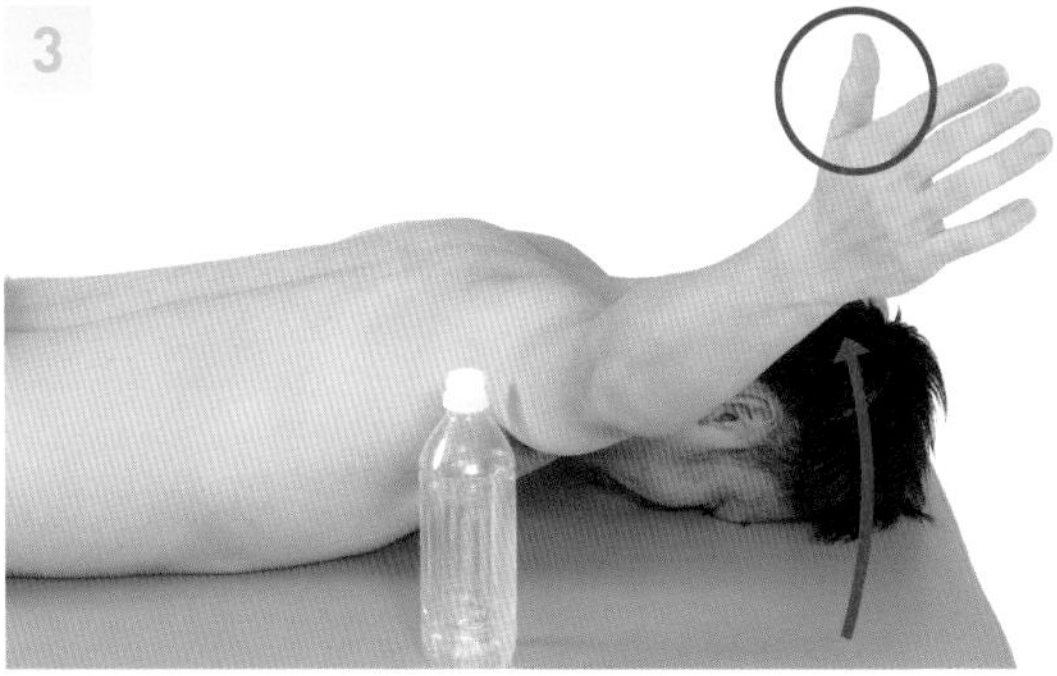

肩甲骨を寄せながら、親指が天井を向くように腕を上に浮かす。

Point

●腕がペットボトルに当たらないように腕を上げよう！
●余裕をもって10回できるようならば、おもりを持って行い、0.5kg→1kg→1.5kgと、0.5kgずつ重さを増やしていこう！

肩甲骨のトレーニング
-僧帽筋下部-

2 腱板《けんばん》（棘上筋《きょくじょうきん》）のトレーニング

肩を痛めたときには多くの場合、腱板機能のバランスが崩れている。腱板をバランスよくトレーニングすることで、肩へのストレスに対抗する力がつき、関節が安定する。とくに棘上筋は、腱板の中で最も重要なもの。いずれの肩のケガにおいても、このトレーニングは必須となる。

回数など	用意するもの
10回×5セット	ダンベル（重さは0.5kg ~ 1kg）、ペットボトル（500mlでもOK）

1

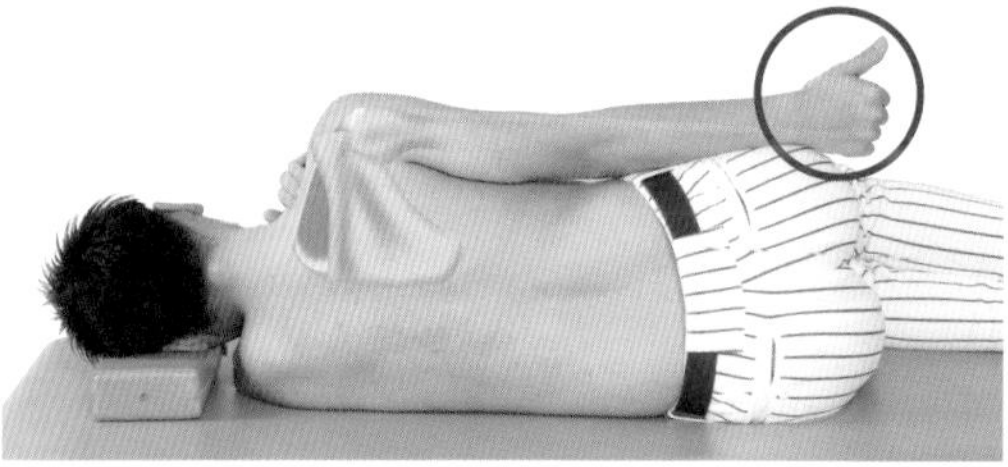

横向きに寝て、上の手を骨盤の上に乗せ、親指を天井に向ける。

2

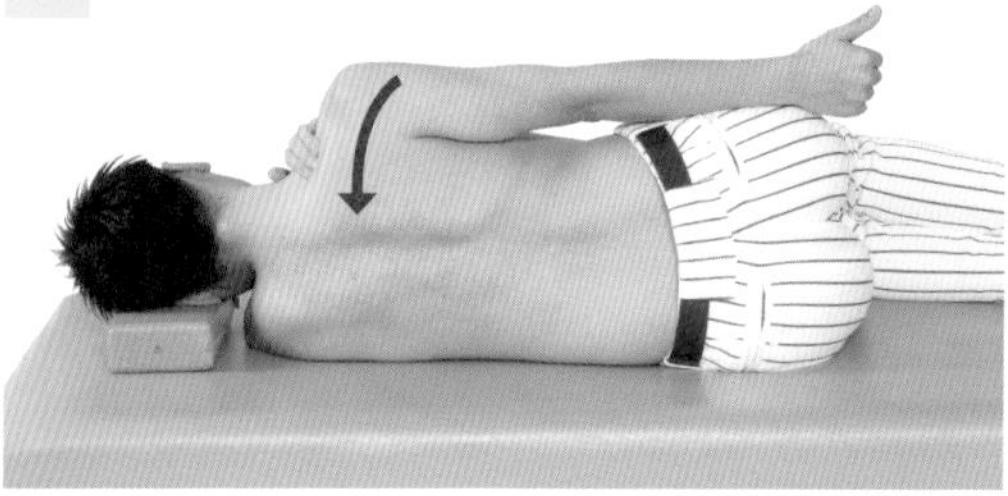

肩甲骨を少しだけ寄せる。

3

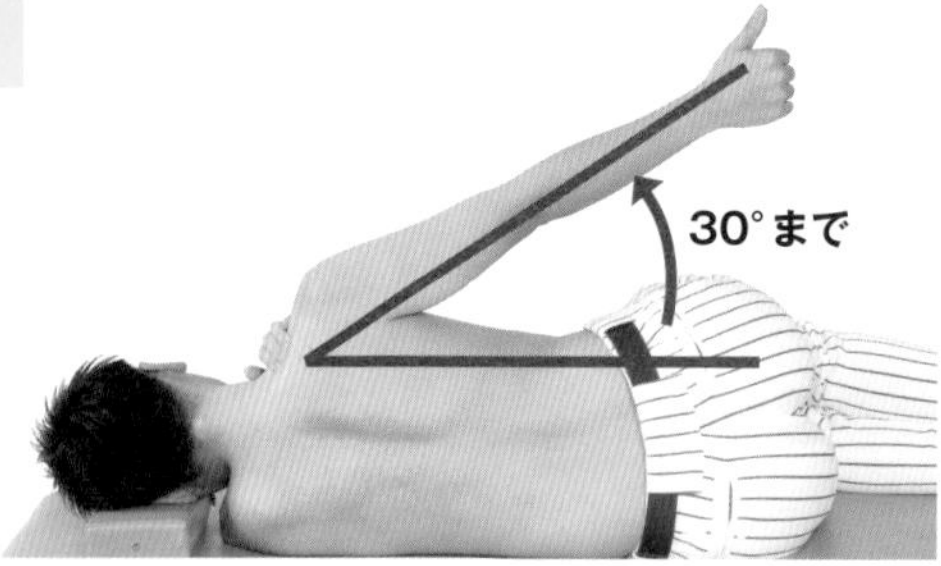

腕を体のライン上に上げる。このときの上げる角度は30度までにする。

Point

- トレーニング後に肩が少しだるくなるくらいがちょうどよい！
- 最初はおもりを持たず、10回×5セットがだるくなくできたら、20回×5セットにして行う。その後は、0.5kg → 1kgのおもりを持って行おう（重さを増やしたら、一度回数は20回から10回へ減らそう）！

3 腱板《けんばん》（棘上筋《きょくじょうきん》）のトレーニング

肩をケガする場合の多くは、棘下筋が疲労し、硬くなることで起こる。棘下筋のトレーニングを行うことにより、これを予防し、肩のケガを起こりにくくすることが可能だ。

回数など	用意するもの
10回×5セット	ダンベル（重さは0.5kg ～ 1kg）、ペットボトル（500mlでもOK）

1

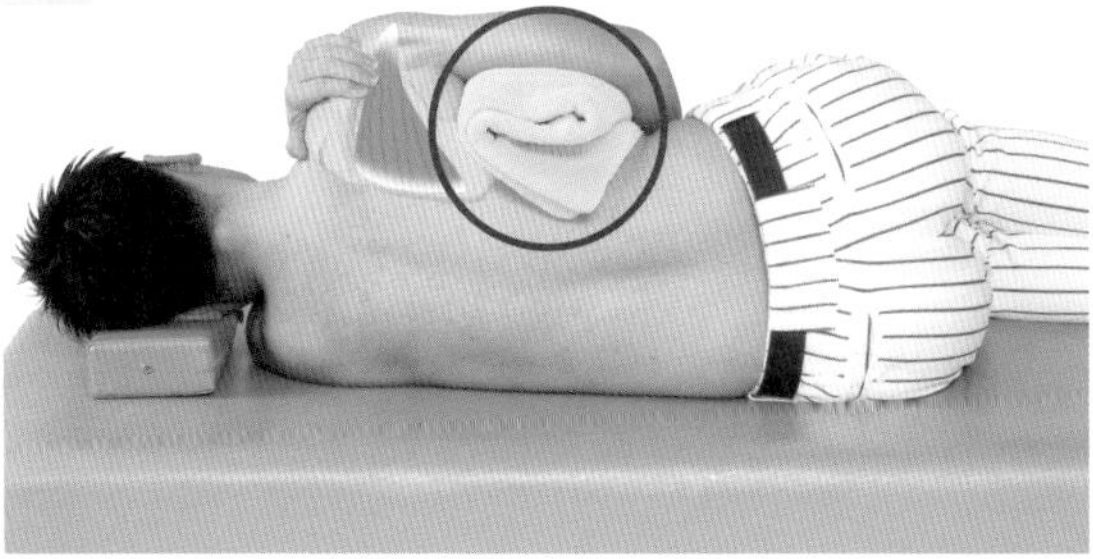

横向きに寝て、わきにタオルを挟み、ひじを曲げる。

2

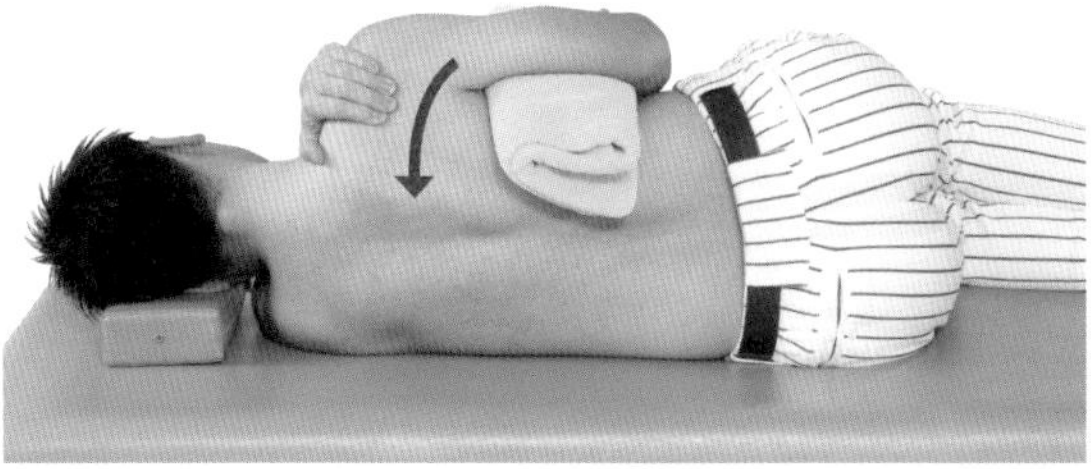

肩甲骨を少しだけ寄せる。

3

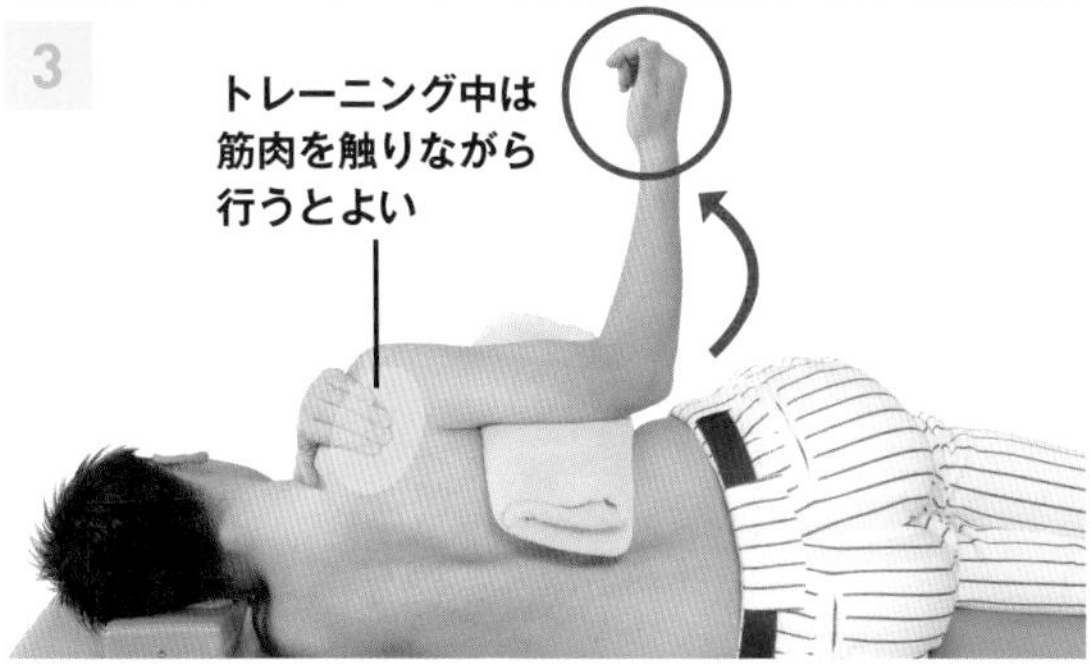
トレーニング中は
筋肉を触りながら
行うとよい

ひじを支点にしてわきにつけたまま、親指を上にして、腕を上げる。

Point

- 実際に力が入っているか、触りながら行うようにしよう！
- 負荷の上げ方は、棘上筋と同じように行うとよい！

-別法-練習環境でできるグローブを使ったインナートレーニング

4 腱板《けんばん》（肩甲下筋《けんこうかきん》）のトレーニング

肩甲下筋はトレーニングの方法が難しい腱板だが、肩の安定に非常に重要な腱板でもある。とくに上腕二頭筋腱炎《じょうわんにとうきんけんえん》や関節唇《しん》損傷、インターナルインピンジメントなどでは、肩甲下筋の筋力アップが欠かせない。

回数など	用意するもの
10回×5セット	ダンベル（重さは0.5kg～1kg）、ペットボトル（500mlでもOK）

1

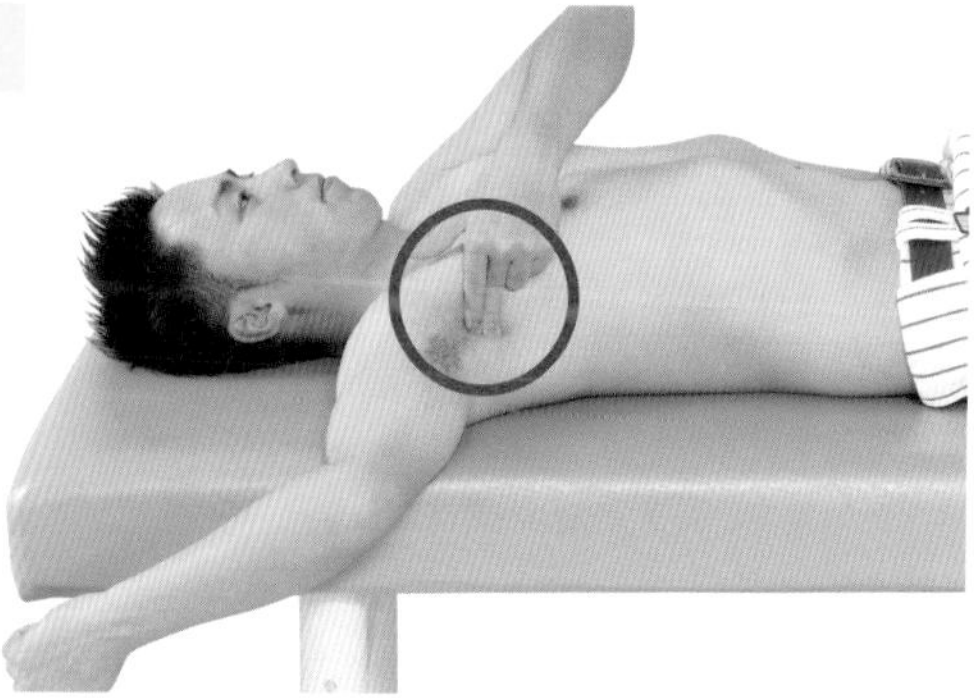

あお向けに寝て、ひじを両肩のライン上に来るようにし、ひじを90度に曲げる。ベッドで行うことができる場合は、ひじから先をベッドの端から出す。

2

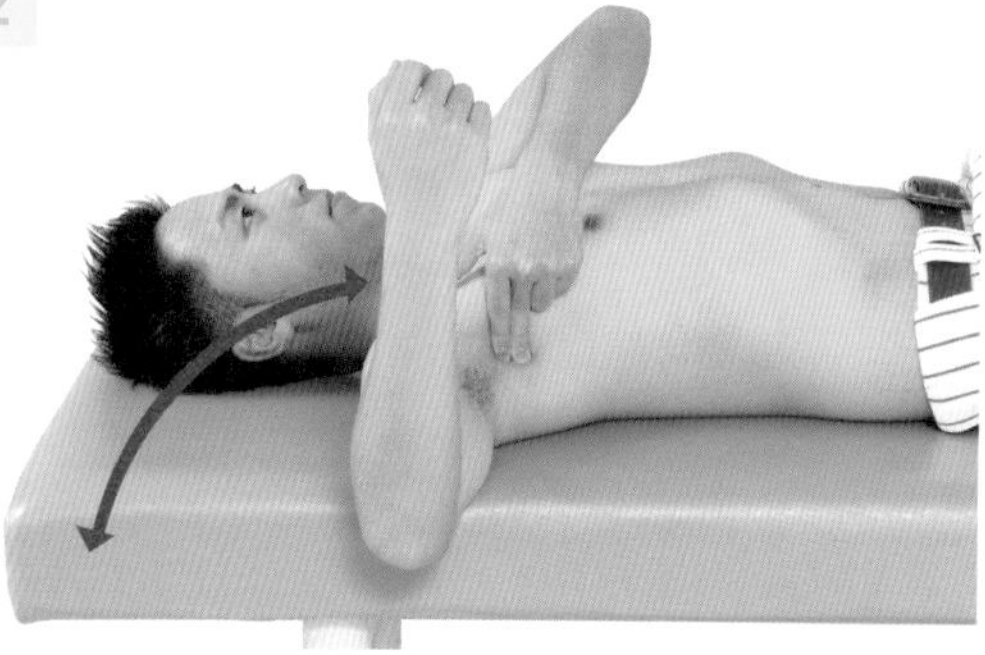

ひじを支点とし、腕を上げる。床面に垂直になるまで上げたら、また下まで戻す。この動きを繰り返す。

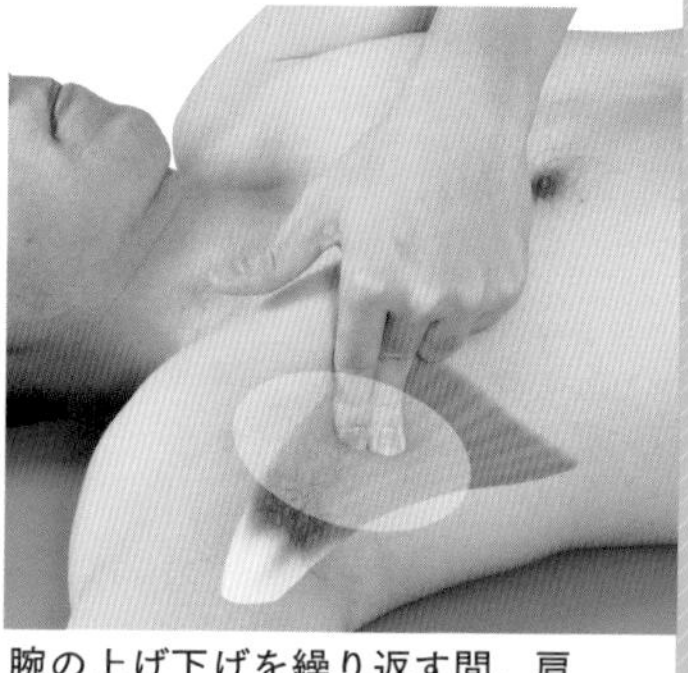

腕の上げ下げを繰り返す間、肩甲下筋を触り、収縮を確認する。わきの奥に手を入れて、2本指で肩甲骨の前側を触る。腕を動かすと、筋肉が動くのがわかる。

Point

**この腱板は疲労感を感じにくいので、
決められた回数と重さをこなすことが重要になる！**

[回数と重さの目安]

開始	10回×5セット、おもりなし	3週後	20回×5セット、0.5kg
1週後	20回×5セット、おもりなし	4週後	10回×5セット、1kg
2週後	10回×5セット、0.5kg	5週後	20回×5セット、1kg

3 肩甲骨《けんこうこつ》と腱板の複合トレーニング

肩甲骨や腱板を個別に鍛えたら、投球時に役立つようなトレーニングをする必要がある。投球時には、肩甲骨をしっかりと背骨に寄せたまま、腱板をバランスよく働かせ、肩をひねることが重要。チューブを用いると、肩甲骨と腱板を同時にトレーニングすることができる。

回数など	用意するもの
20回×3～5セット	チューブ（黄色または青色）

1

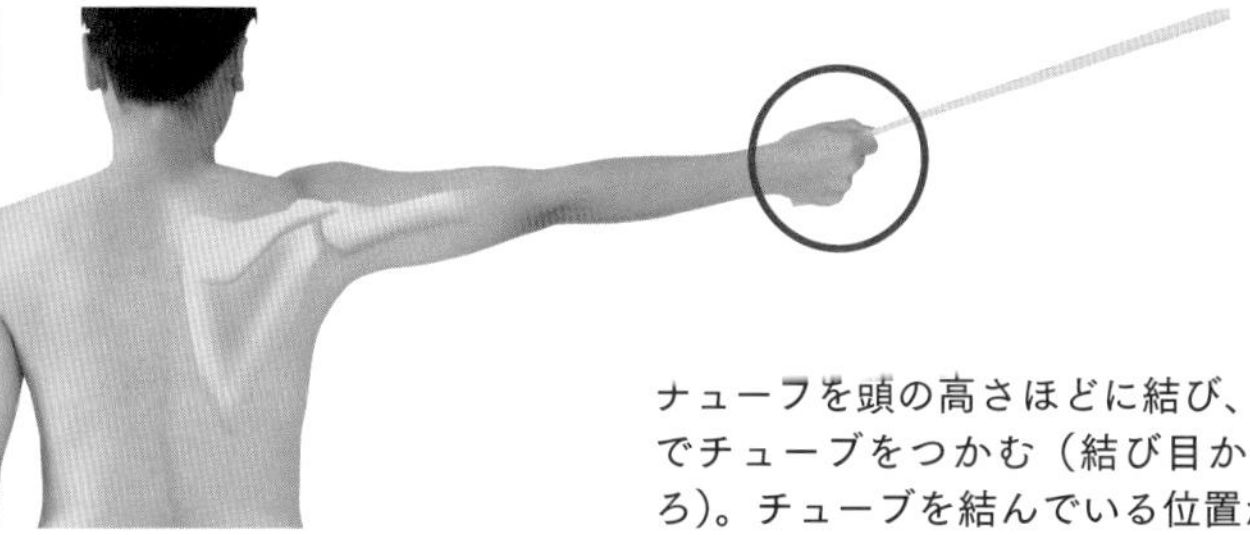

チューブを頭の高さほどに結び、ひじを伸ばした状態でチューブをつかむ（結び目から30cm程度のところ）。チューブを結んでいる位置から1mほど離れる。

2

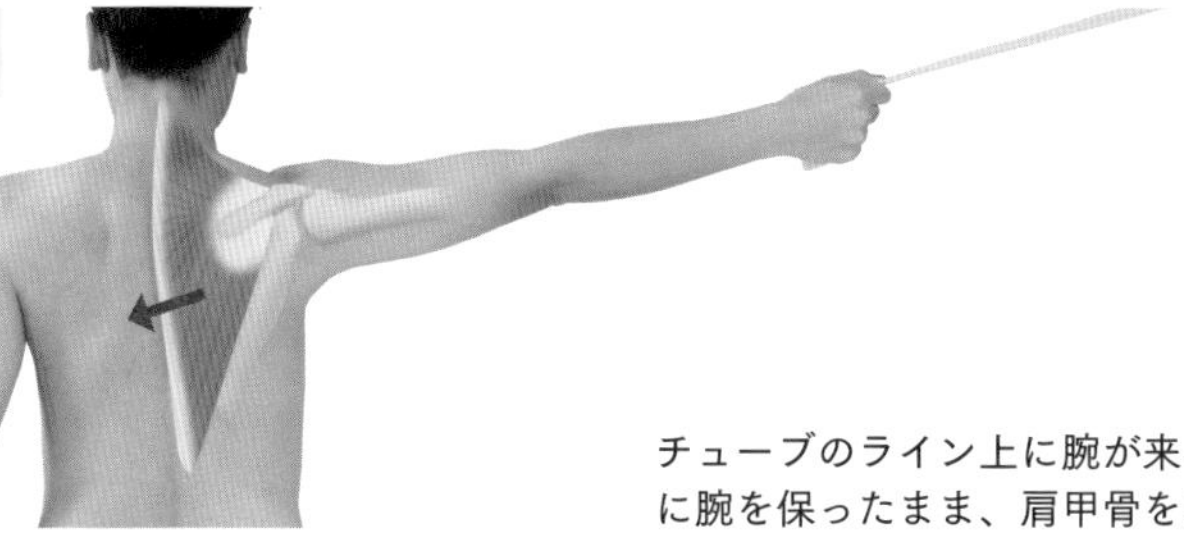

チューブのライン上に腕が来るようにする。ライン上に腕を保ったまま、肩甲骨を内側に寄せる。

3

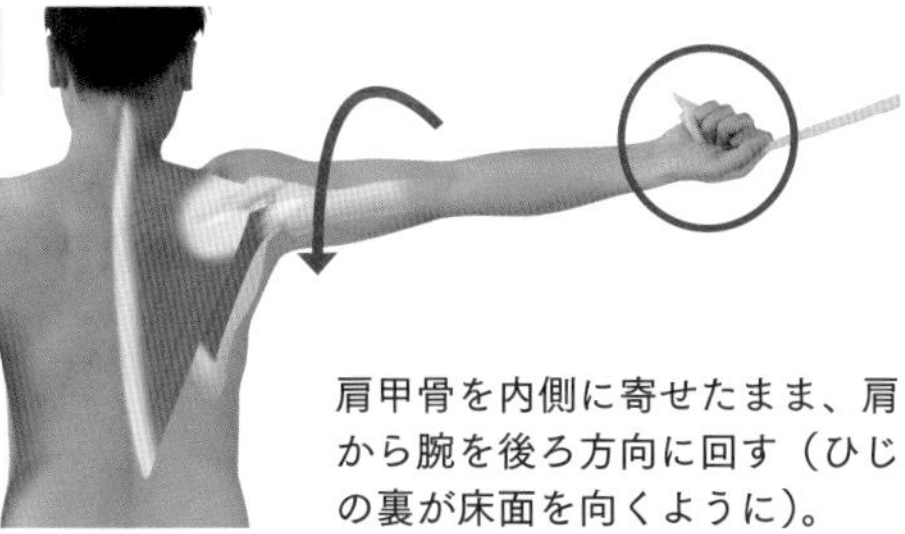

肩甲骨を内側に寄せたまま、肩から腕を後ろ方向に回す（ひじの裏が床面を向くように）。

4

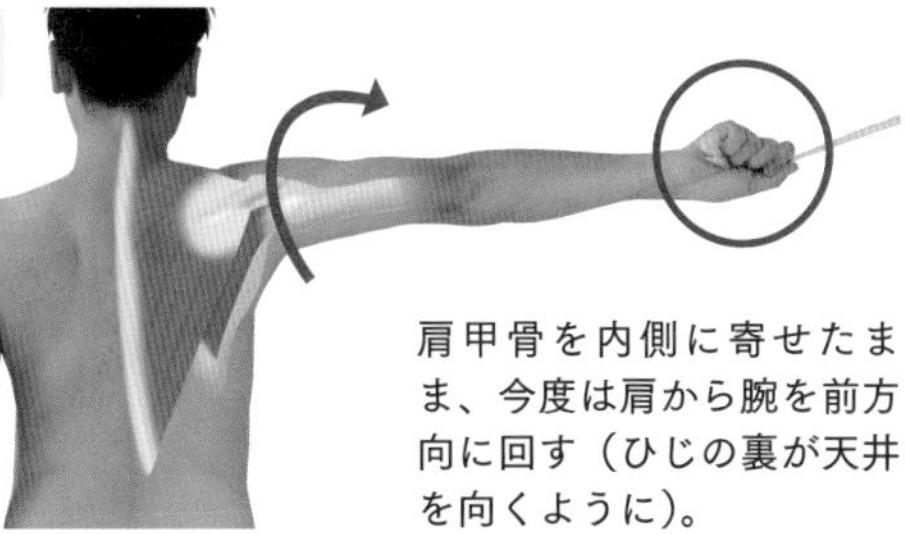

肩甲骨を内側に寄せたまま、今度は肩から腕を前方向に回す（ひじの裏が天井を向くように）。

Point

- 実必ず肩甲骨を寄せたまま、腕を外側・内側に回そう！
- ひじから先だけで回すのではなく肩から回すことや、ひじが曲がったり、腕のラインが下がらないように注意して行う

ポジション別の投球についてのポイント

1 キャッチボールのフォームを軽視しないこと

「自分は内野手だから、スナップスローがうまければいい」などという声をよく耳にします。

ですが、いわゆる安全できれいなフォームは、ピッチャーだけのものではありません。

全身を使ったしっかりとしたキャッチボールのフォームができるから、フットワークの中でも安全なフォームが作れるということを覚えておいてください。

2 すべての球を理想のフォームで投げられるわけではない

一方で、すべての球を理想のフォームで投げられるわけではありません。矛《む》盾《じゅん》するようですが、急いで投げなればいけないとき、不意にボールが飛んできたときなど、手投げをしなくてはいけない場面もあるでしょう

肩・ひじのケガのほとんどは繰り返しの負担で起こります。ボールを１球投げて痛めるということは非常にまれです。

要は確率の問題で、10 球投げて５，６球が危険なフォームで投げていたらケガをするでしょう。危険なフォームで投げる数が 10 球投げて２球、１球と減ってきたら、ケガはしにくくなるはずです。

3 準備が大切

安全なフォームで投げることができる確率を上げるためにも、ストレッチをし、トレーニングに励み、フォームを磨き、来るボールをイメージし、フットワークに注意する。いかに自分がよりよいフォームで投げられるか。そのために準備すること。

それがいちばん大切なことなのです。

撮影に協力いただいた町田ボーイズの関係者・選手の皆さま、逗子リトルリーグの富山開様、本当にありがとうございました。

Part 3

体幹の障害

早稲田大学スポーツ科学学術院／金岡恒治

＊体幹のケガの多くは、障害が大半を占めます。

体幹 1

体幹は下肢の力を上肢に伝える働きを担う

野球では体幹も重要な部位

野球をするとき、体幹はその動きが少ないため、注意を払う選手はあまり多くありません。しかし、**下肢《かし》から生み出された力を上肢《じょうし》に伝えるために体幹は重要な役割を担っています。**

このPartでは、まず体幹の構造と機能(しくみ)について説明します。

そして、野球選手に多く発生し、選手生命を脅かすこともある腰痛について解説し、腰痛を起こさないようにするための注意点やトレーニング方法について紹介していきます。

腰椎の無理な回旋は危ない

体幹は大きく、胸郭《きょうかく》、脊椎《せきつい》(胸椎・腰椎)、骨盤で構成されています。骨盤の上に5

体幹の構造

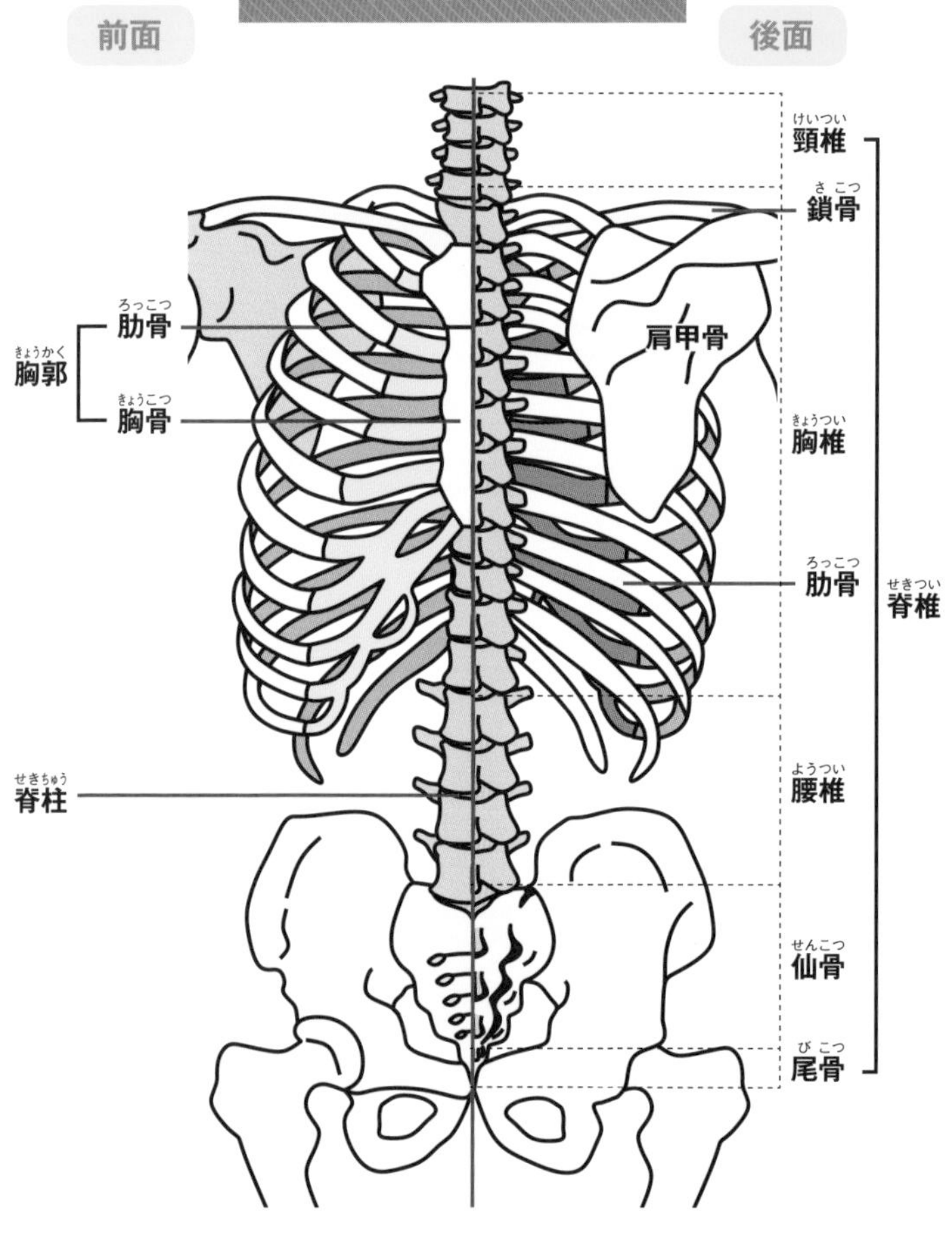

つの脊椎骨が積み重なって腰椎を作り、その上に12個の胸椎がつながり、胸椎から出た肋骨《ろっこつ》が肺や心臓を入れる胸郭《きょうかく》を作っています。

5つの腰椎は、前方では**椎間板**《ついかんばん》、後方では**椎間関節**で上下とつながり、体重を支えています。

椎間板は軟骨《なんこつ》の一種で、べとべとしたゲル状の髄核《ずいかく》を線維性の線維輪《せんいりん》が取り囲む構造になっていて、体重の負荷を吸収する〝**ショックアブソーバー**〟の役割があります。

後方では、腰椎から後ろに飛び出した突起（関節突起）同士が上下で関節を作り（椎間関節）、後ろから見ると〝蝶々〟のような椎弓《ついきゅう》とつながっています。

腰椎の椎間関節は前後方向の関節面を持っているので、前屈《ぜんくつ》や後屈《こうくつ》を行う運動には適していますが、回旋の動きはほとんどできません。このため、**腰椎を無理に回旋させようとする運動を繰り返すと、椎弓の疲労骨折や椎間関節の障害を引き起こします。**

椎間板《ついかんばん》と椎間関節

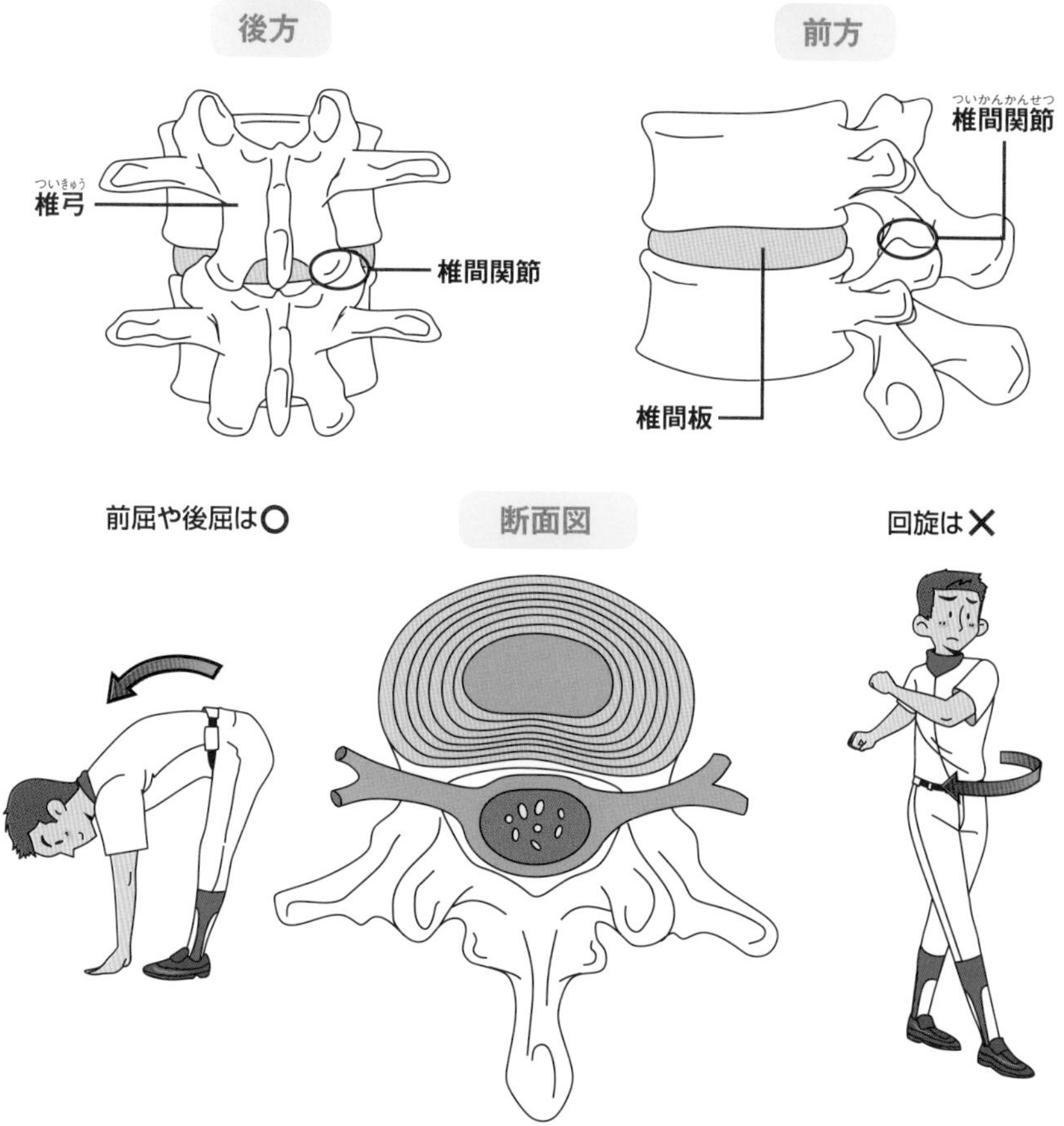

体幹 2

体幹筋は腰椎を支える筋肉

体幹筋には表層筋と深層筋の2種類がある

腰椎《ようつい》は上図のように、骨盤《こつばん》の上に積み重なった不安定な積み木のような構造をしているため、支えがないと倒れてしまいます。

この不安定な腰椎を支えているのが体幹筋です。

体幹筋には、胸郭《きょうかく》と骨盤を結んでいる表層筋《ひょうそうきん》（グローバル筋）と、腰椎のそれぞれの骨をつないでいる深層筋《しんそうきん》（ローカル筋、コアマッスル）の2種類があります。

表層筋には、腹直筋《ふくちょくきん》、外腹斜筋《がいふくしゃきん》、内腹斜《ないふくしゃ》筋《きん》、脊柱起立筋《せきちゅうきりつきん》があり、胸郭と骨盤をつないで体の大きな動きを起こす役割を担っています。

腰椎《ようつい》と体幹筋の関係

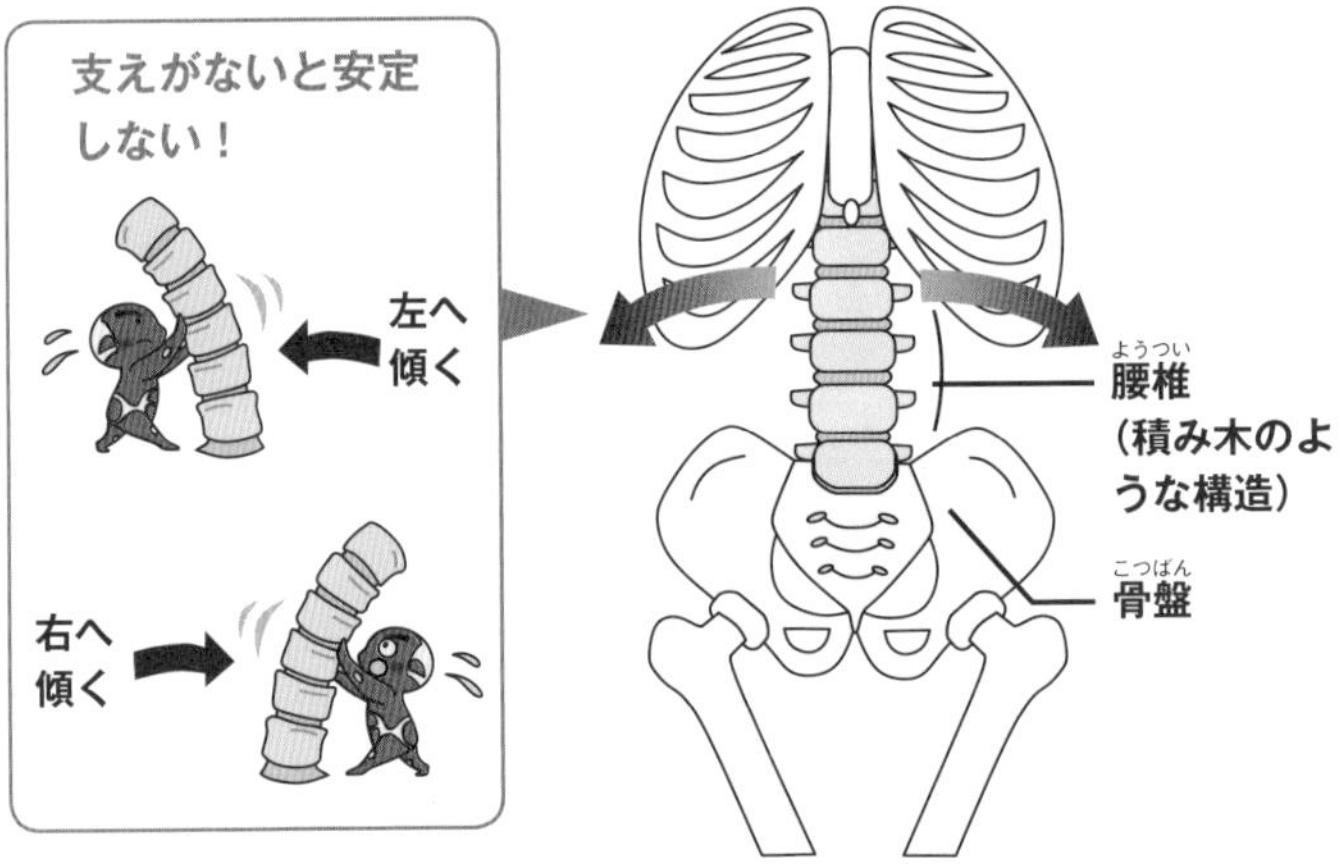

表層筋

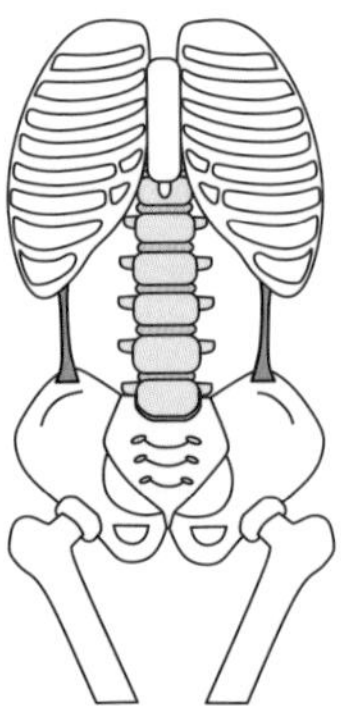

胸郭と骨盤を結ぶ筋肉

深層筋

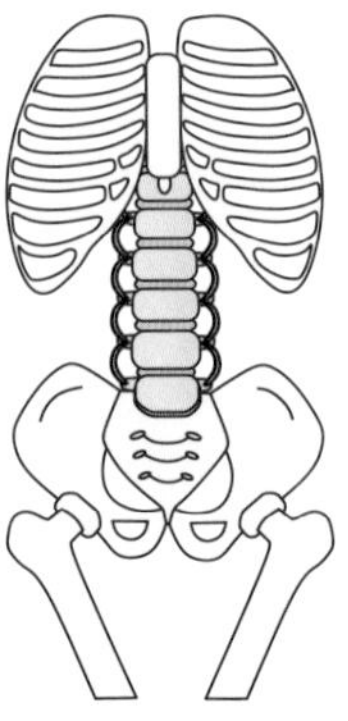

腰椎同士をつなぐ筋肉

深層筋の働きでまっすぐ立つことができる

深層筋は、腰椎に直接付着する筋肉で、背骨をまっすぐ保つため、つねに働いています。

深層筋の代表は、腹筋群では腹横筋《ふくおうきん》、背筋《はいきん》群では多裂筋《たれつきん》です。**人が立っていられるのは、いつもこの深層筋が正常に働いているからです。**

たとえば、体が左に傾くと右側の深層筋が働き、右に傾くと左側の深層筋が働いて、**姿勢が崩れないように自然に調整してくれています。**

とくに運動中は、体のバランスを保つため、このような調整機能がめまぐるしく働いていて、そのおかげで安定した運動を行うことができるのです。

このバランスを保つことができなくなると、**腰椎に余計な負担が加わって椎間《ついかん》板《ばん》や椎間関節の障害を起こす**ことになります。

深層筋の働き

腹横筋

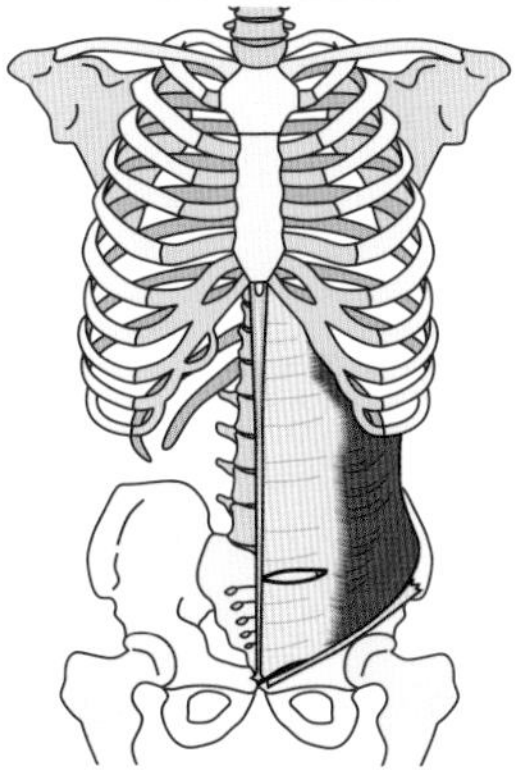

腹筋の一部で、表層筋の内腹斜筋の深層に存在する筋肉。

多裂筋

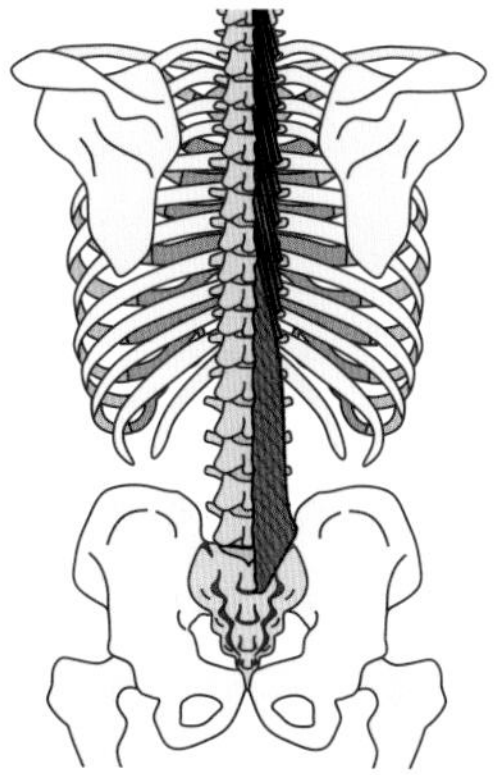

腰多裂筋は、腰椎の間にある深層筋。

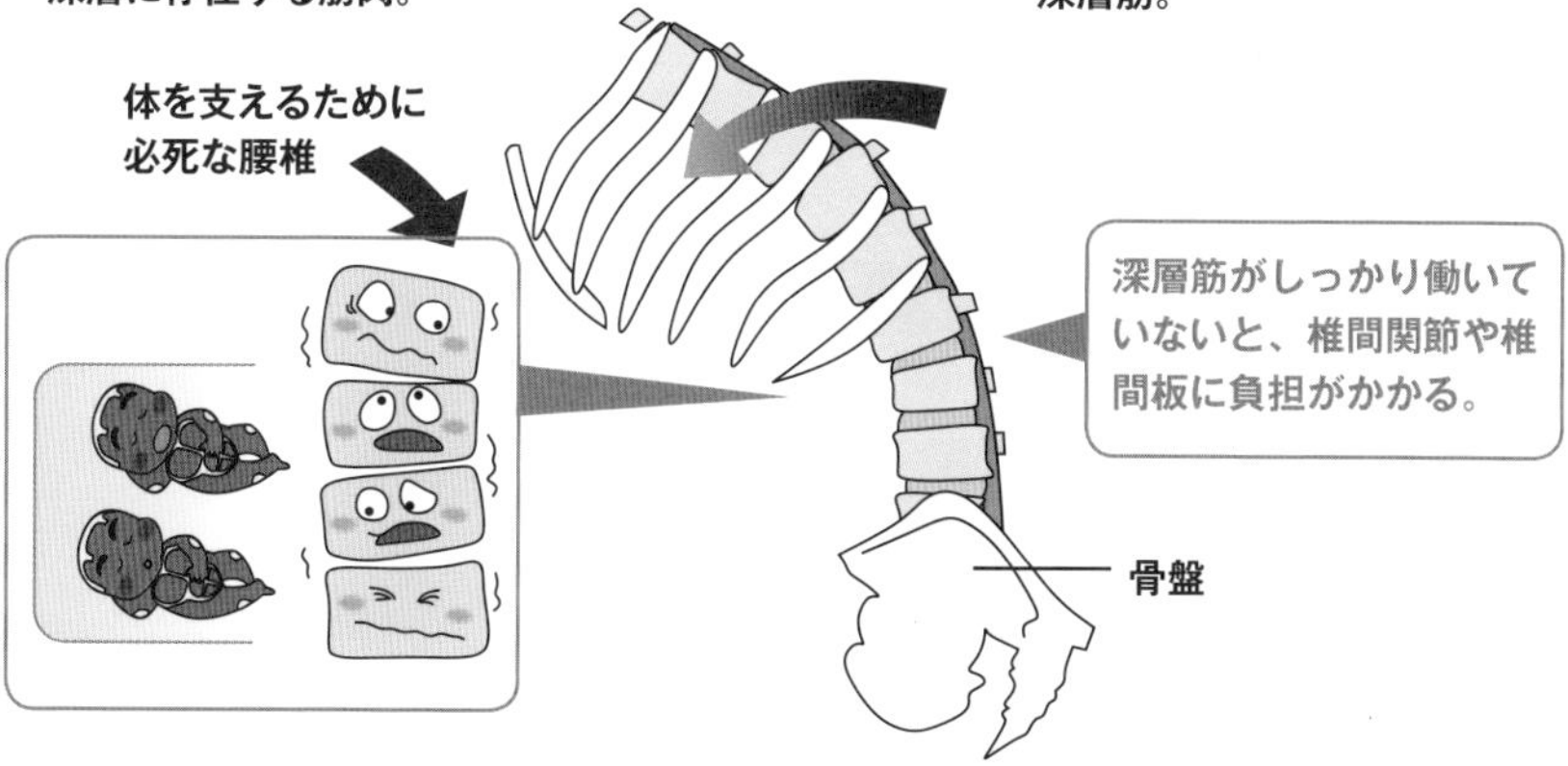
体を支えるために必死な腰椎
深層筋がしっかり働いていないと、椎間関節や椎間板に負担がかかる。
骨盤

体幹 3

野球選手に腰痛が多いのはなぜ？

野球選手の腰痛は非運動者の約3倍

スポーツ選手は体幹のいろいろな動きを繰り返しているため、腰痛に悩まされる人が多くみられます。

下のグラフは、大学入学までに行っていたスポーツと腰痛経験を調べた結果です。

野球はバレーボールに次いで、腰痛経験頻度が高く、また**野球をしている人は何も運動をしていない人(運動経験なし)より、腰痛を起こす確率が3倍超**高くなっています。

腰痛で苦しんでいるプロ野球選手も多く、一種の〝**職業病**〟といってもいいでしょう。

種目別の腰痛経験頻度（大学入学時）

野球選手は椎間板変性率が高い

下のグラフは、スポーツ種目別の椎間板変性保有率を調べた研究結果です。椎《つい》間板《かんばん》内の水分量は年をとるにつれて減っていきます（変性）が、野球は約6割の選手に変性が起きています。

では、椎間板の水分量が減少するとどのような弊害が生じるのでしょうか。

前述したように、椎間板は腰椎《ようつい》を支える軟骨《なんこつ》で、体重の負荷を吸収する〝**ショックアブソーバー**〟の役割を果たしますが、水分の減少により椎間板のクッション性能が十分果たせなくなると、腰痛などの障害が現れるのです。

野球にはいろいろな動作が含まれていて、どのような動きが腰痛を引き起こしているのかは明らかにされていませんが、**投げる、打つ、守る動作の繰り返しが腰に負担をかけている**ことは間違いありません。

種目別の椎間板《ついかんばん》変性保有率

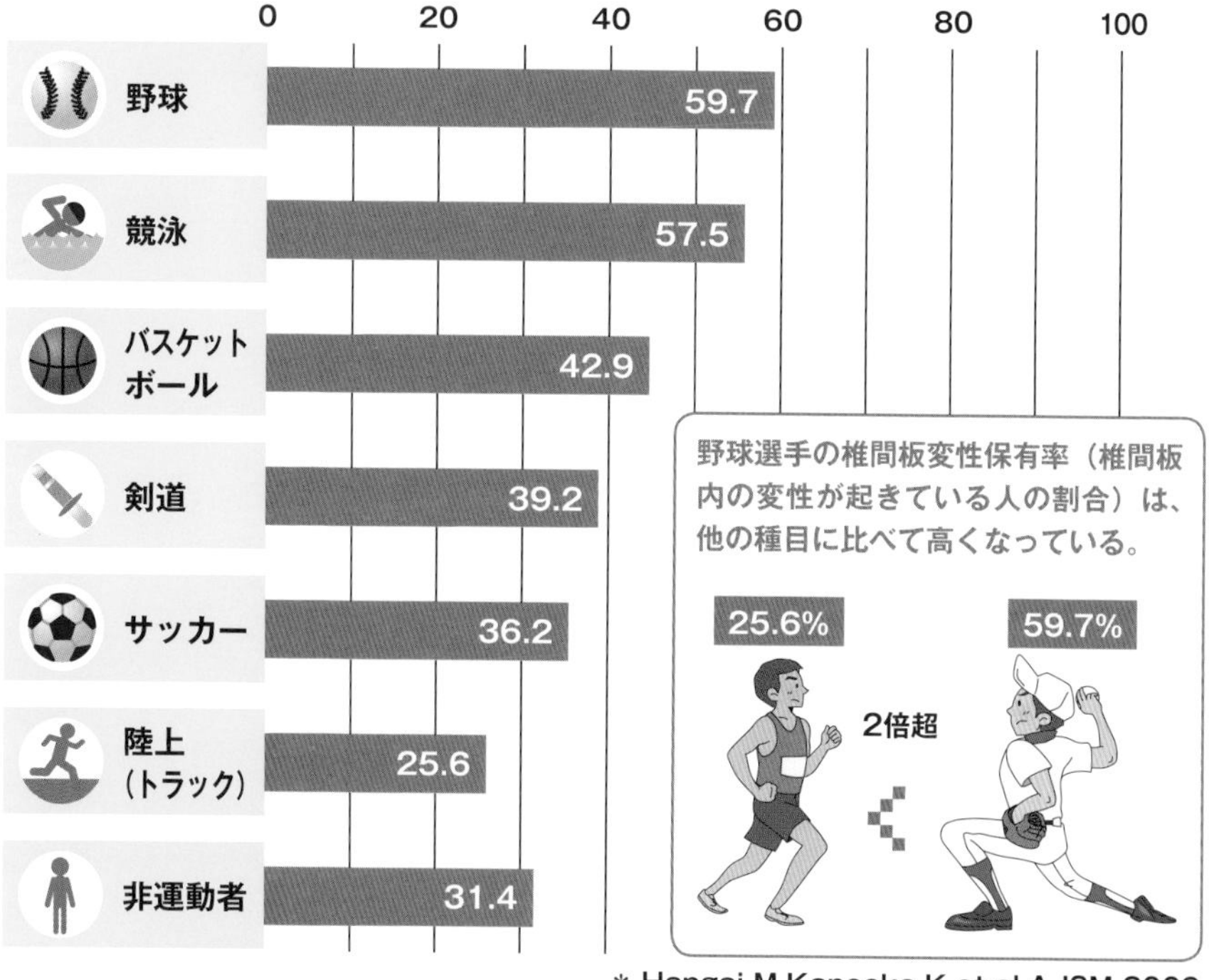

＊ Hangai M,Kaneoka K et al,AJSM 2009

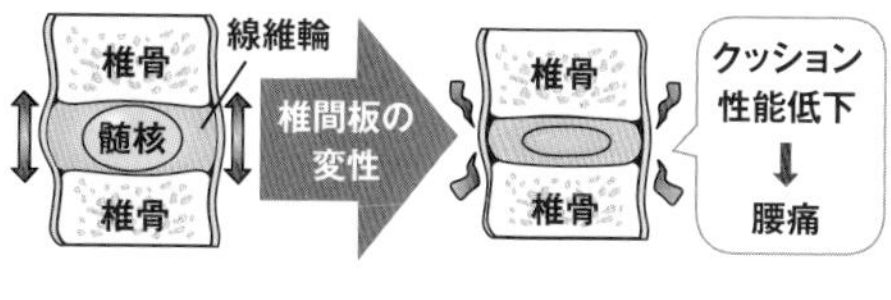

椎間板が変性するとクッションの機能が低下して、腰痛を引き起こす。

体幹 4

腰椎椎弓疲労骨折（分離症）

小・中学生の野球選手は腰の疲労骨折に注意！

疲労骨折は腰の繰り返しの回旋運動で起こる

成長期の選手がバッティングなどで腰をひねる動作を繰り返すと、腰椎椎弓《ようついついきゅう》疲労骨折（分離症）を起こします。**成長期の野球選手の長引く腰痛の原因の多くは、椎弓疲労骨折（分離症）**と考えてよいでしょう。

椎弓疲労骨折（分離症）は、小学校高学年から中学生の時期に発症します。

原因は腰の伸展と回旋運動の繰り返しで、素振りや投球動作などで体をひねることによって腰の骨の「**椎弓**」と呼ばれる部分に負荷が生じ、これを繰り返すことによって成長期の柔らかい骨が疲労骨折を起こしてしまうのです。

腰の骨は構造上、前かがみや後ろ反ら

腰の疲労骨折の原因

バッティングやピッチングで体をひねる動作を繰り返すことで、疲労骨折が起こる。成長期の選手に圧倒的に多い。

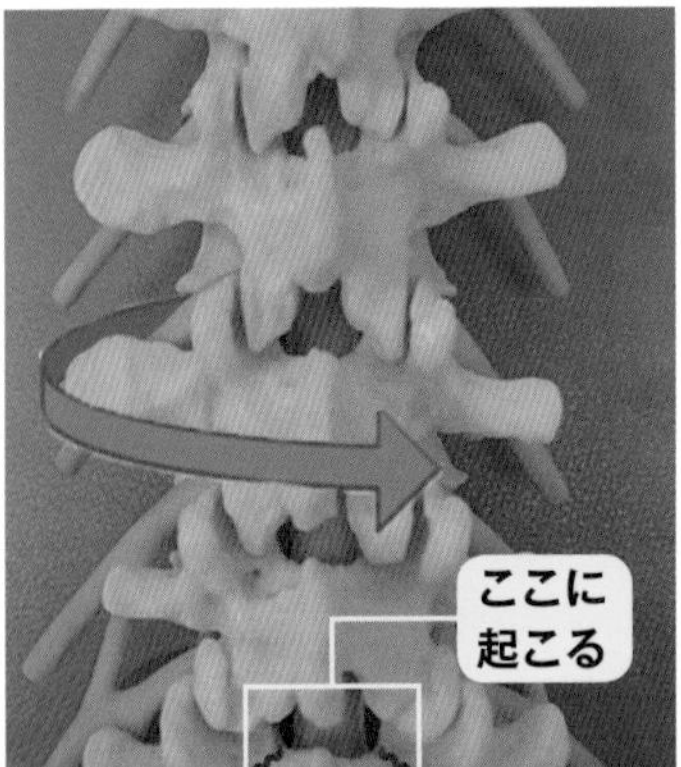

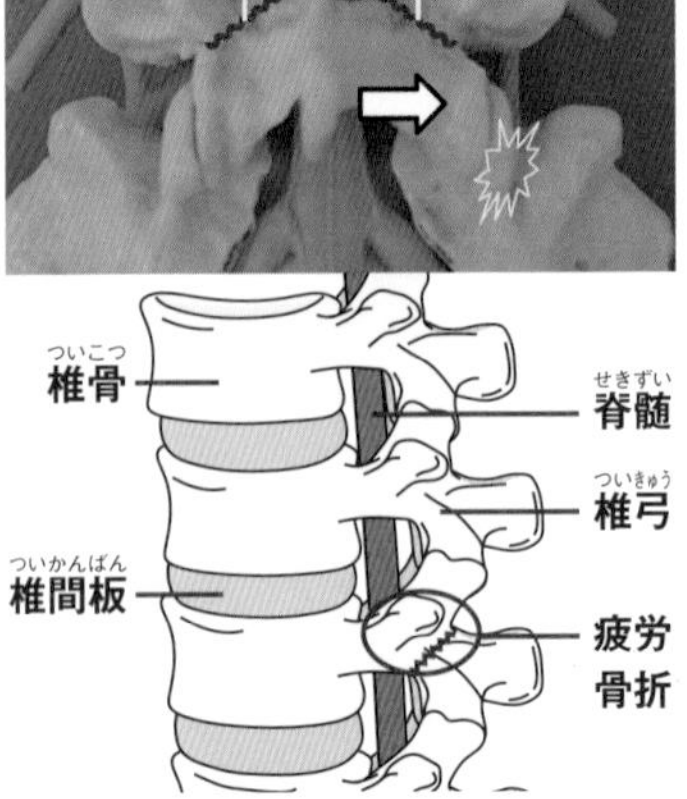

しの運動には適していますが、ひねり（回旋）には弱く、**無理な回旋運動を繰り返していると壊れてしまいます。** 椎弓疲労骨折（分離症）は腰を後ろに反らすと痛みが出ます。また、体を斜め後ろに反らすと疲労骨折を起こしている側がとくに痛みます。

4つのステージでの症状

椎弓疲労骨折（分離症）の重傷度には次の**4つのステージ**があり、そのステージによって治療方法や対処方法が異なります。

第Ⅰステージ（前期）

体のひねり動作の繰り返しによって骨（椎弓）に負担が加わり、骨の炎症が起きている時期です。**MRI検査で椎弓やその近辺に炎症を表す変化が見られます。** CTやレントゲン検査では異常を認めないので、病院で診断できないこともあります。腰痛の程度は人それぞれで、違和感程度の人や、なかには痛みを感じない

疲労骨折の見分け方

痛み
腰を後ろに反らす
痛みがあれば、疲労骨折の疑いあり！

痛み
体を斜め後ろに反らす
反らした側に痛みがあれば、疲労骨折の疑いあり！

人もいます。

第Ⅱステージ（初期）

炎症によって骨が壊されていき（吸収）、弱くなった骨に疲労骨折が起こり始めた時期です。**MRI検査で炎症を表す変化**が見られることに加え、**CT検査では椎弓にヒビ程度の亀裂**を認めます（左写真）。

レントゲン検査ではまだ異常が見えてこないのですが、体の後ろ反らしやひねりの動作によって腰痛が出て、運動ができなくなってきます。

第Ⅲステージ（進行期）

骨のヒビが広がって、すき間が広くなってきた時期です。**CT検査では疲労骨折による分離部**が広がり、レントゲン検査でもようやく分離部が見えてきます。

第Ⅳステージ（末期）

分離部で骨が欠損して、大きなすき間ができてしまった時期です。**レントゲン検査でも明らかな分離**が見られます。この頃になると、むしろ腰痛が軽くなっていたり、選手によっては痛みがなくなっていたりすることもあります。

痛みが出るかどうかは、選手によってその程度や経過が異なります。末期の分離症になっても痛みが続く選手もいれば、はじめからまったく腰痛を感じることなく分離してしまう選手もいます。

4つのステージでの治療法

第Ⅰステージ（前期）

体を後ろに反らしたときに腰痛が出る場合は、疲労骨折の起こりかけと考えましょう。たとえ病院の検査で異常がみられなくても、前期分離症の可能性があります。痛みが出るような腰に負担のかかる動作を行わないようにして、痛みがとれるまでは十分休息をとることが大切です。

この時期にきちんと休息をとりながら後述する腰痛対策を行えば、腰痛を克服することができるだけでなく、**競技パフォーマンスの向上**にもつながります。

後述しますが、腰椎の疲労骨折では、**腰椎にひねりの動きが生じないようなバッティングや投球フォームを身につけることが重要です。**また、ストレッチを十分に行い、骨盤の動きをよくするよう心がけましょう。

第Ⅱステージ（初期）

腰痛をがまんしながら何の対策もとらずに同じ運動を続けていると、椎弓の亀《き》裂《れつ》骨折が起きてしまいます。この時期なら、運動を休むことによって骨への負担を少なくすれば、自然に修復する可能性があります。**骨の修復が起きるまで、腰に負担のかかる運動は休止しましょう。**

この時期には、体をひねったり後ろに反らしたりすると修復されないので、これらの動きを制限するコルセット（硬性《こうせい》装具《そうぐ》＝122ページ写真）を装着し、骨が自然に治るのを待ちます。

ただし、コルセットをしていても、後

腰《よう》椎《つい》椎《つい》弓《きゅう》疲労骨折（分離症）の重傷度と発生機序

ＣＴでは、第Ⅲステージの進行期になって分離部のすき間が確認でき、第Ⅳステージの末期で完全に分離した状態になる。

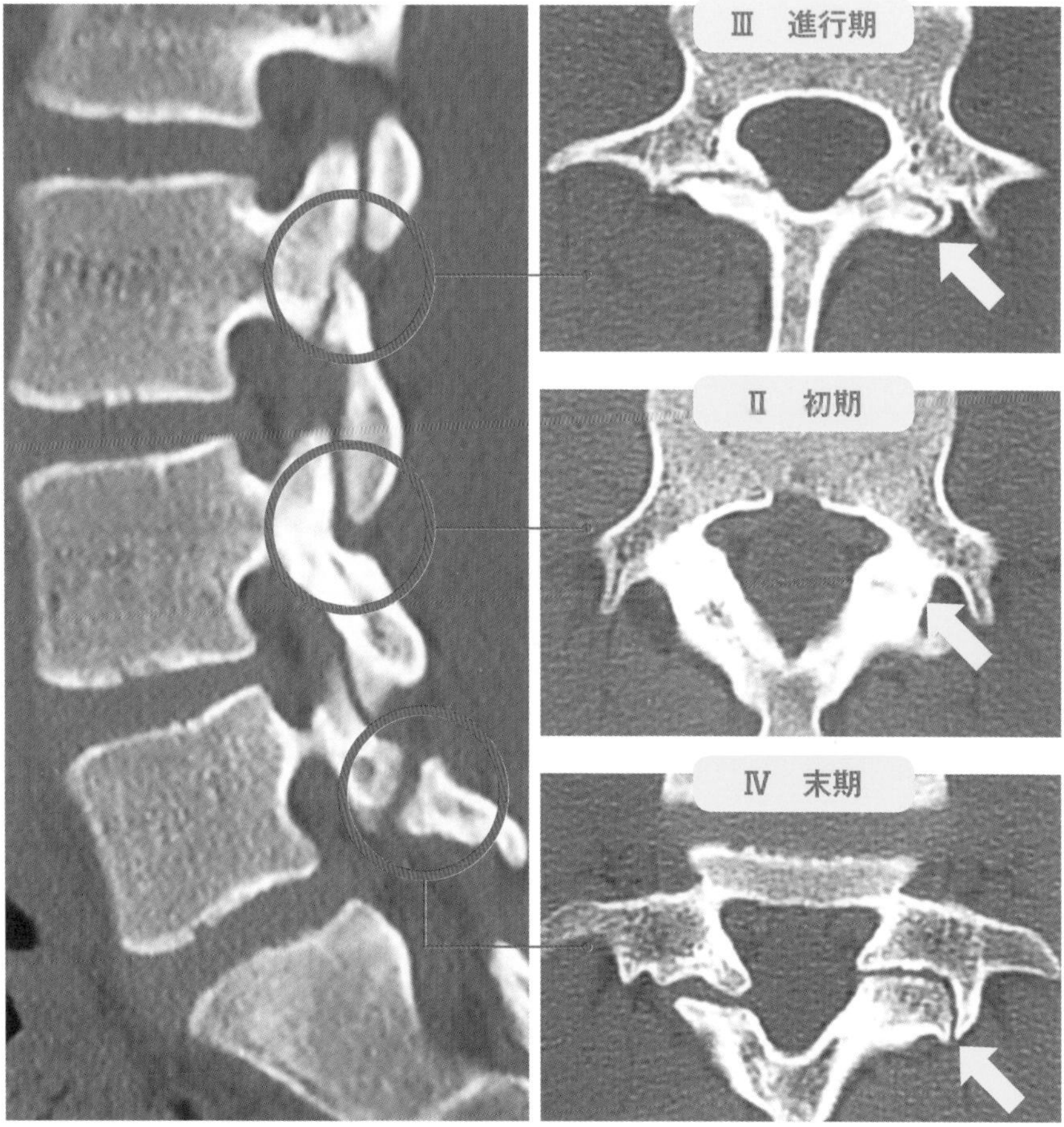

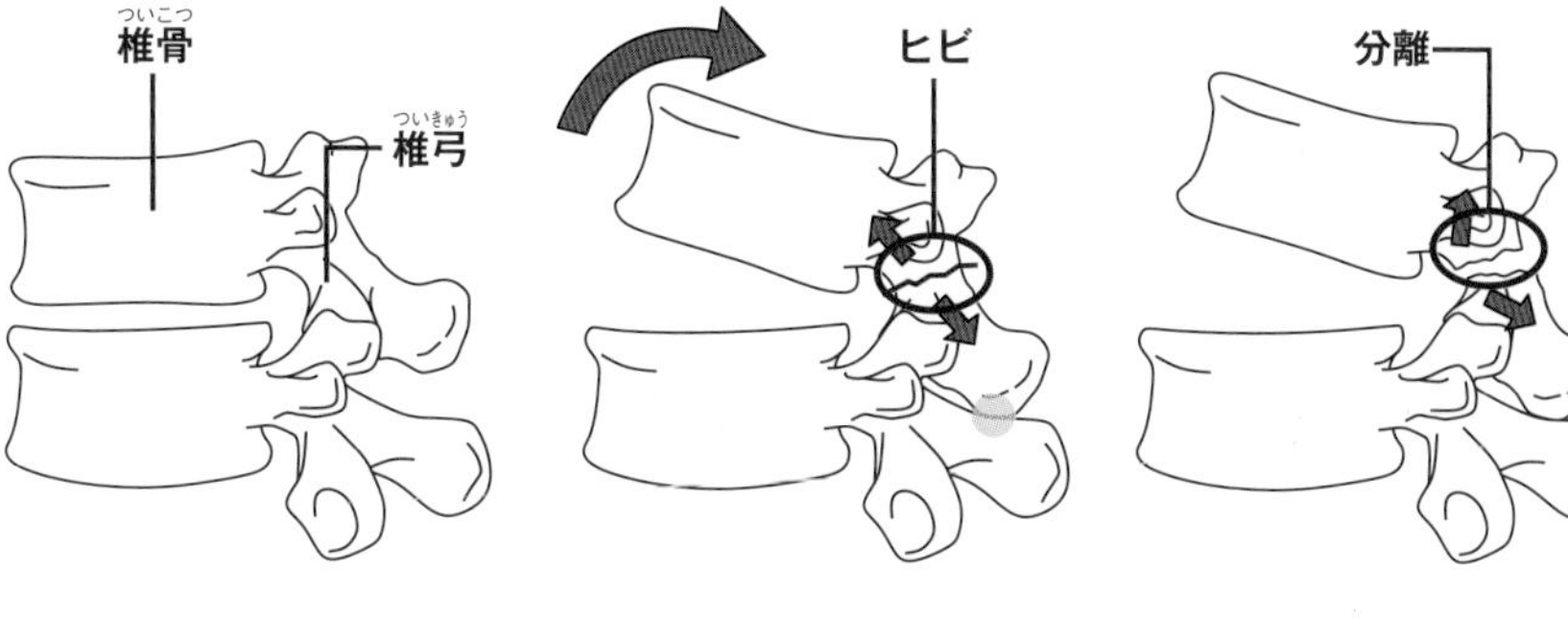

述する下肢《かし》のストレッチや体幹筋トレーニングのうち、できるプログラムは行います。2～3か月で骨がついたら運動を再開できますが、柔軟性や体幹安定性が獲得されていないと、同じことを繰り返します。

この時期の疲労骨折はレントゲンではわからないので、診断するためにはCT検査が必要です。施設の整った医療機関を受診しましょう。

また、現実的には、少年野球の選手に数か月間のコルセットの装着や運動休止を指示することは難しいことが多く、治療をそのまま受け入れられない場合もあります。

しかし、この時期にきちんと治しておかないと、**運動量が増えたり寒くなったりしたときに腰痛を繰り返してしまう**ことになります。

この時期にしっかり休んで治しておくことが、野球を長く続けていけることになるのです。目先の試合への出場にこだわって治療を躊躇《ちゅうちょ》する選手も多いのですが、**とくに少年野球では、この先の長い野球人生を考えて思いきって休むべきです。**

身体の違和感を抱いたときに、しっかりと休養をとるようにしている一流プロ野球選手の対応のしかたを、見習ってほ

コルセット（硬性装具《こうせいそうぐ》）の装着

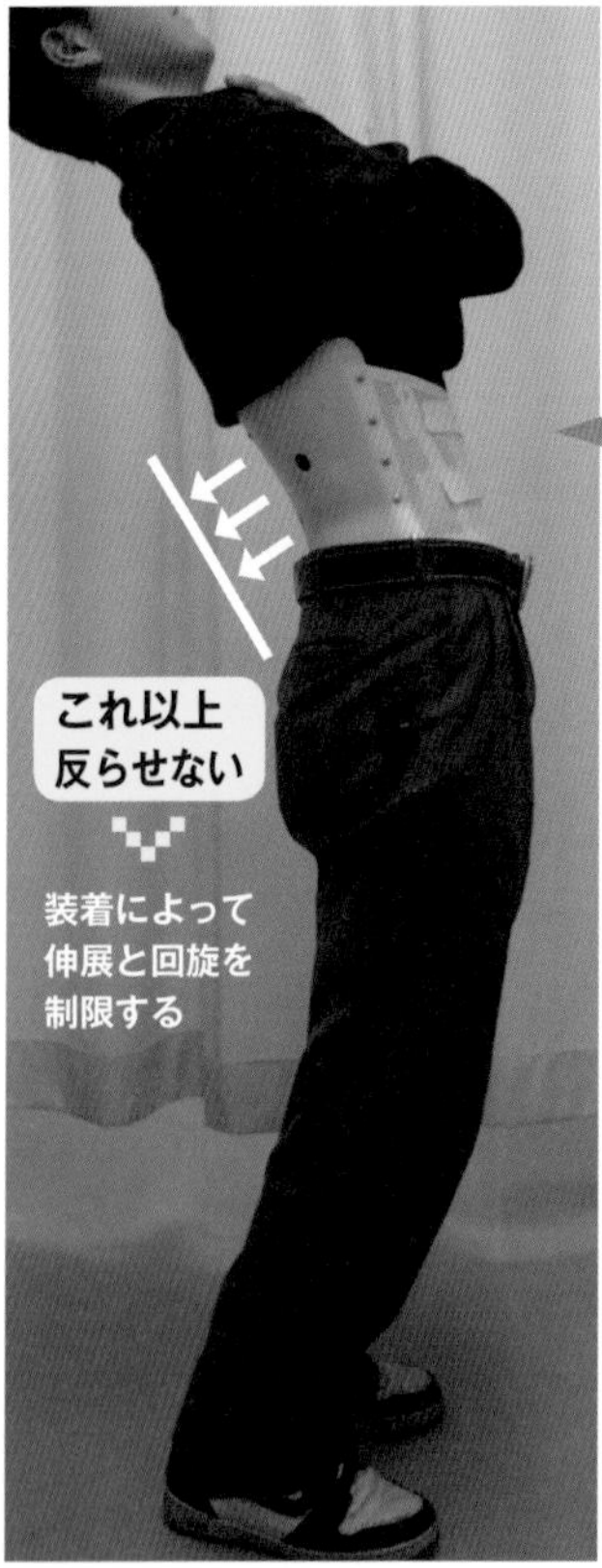
これ以上
反らせない
装着によって
伸展と回旋を
制限する

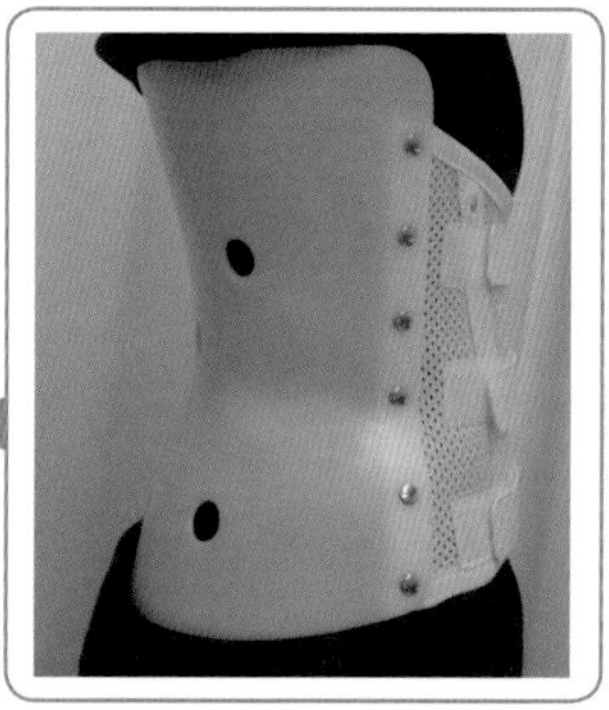

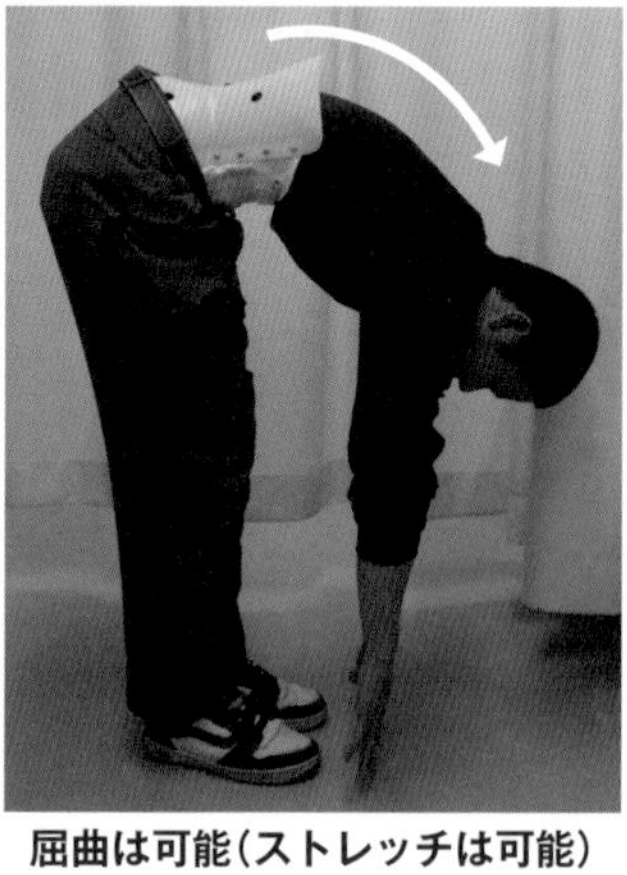

屈曲は可能（ストレッチは可能）

しいと思います。

第Ⅲステージ（進行期）

この時期までステージが進んでしまうと、運動の休止によって骨が修復されにくくなります。

つまり、野球を休止してコルセットで固定しても、元通りには治らない可能性が高くなります。このため、**整形外科でどのような治療法を選べばよいか、よく相談して決める**ことが必要になります。

第Ⅳステージ（末期）

骨が完全に分離してしまうと、運動休止による自然な修復は期待できません。しかし、完全に分離してしまったからといって、いつも痛みに悩まされるわけではなく、腰への負担が増えることで腰痛が出るようになります。 そのため、**分離部に負担のかからないような対処法**（下肢《かし》筋ストレッチ、体幹筋トレーニング、姿勢の注意、フォームの注意）をしっかりと行うことが大切になります。

分離部分に負担がかからないストレッチ&トレーニング例

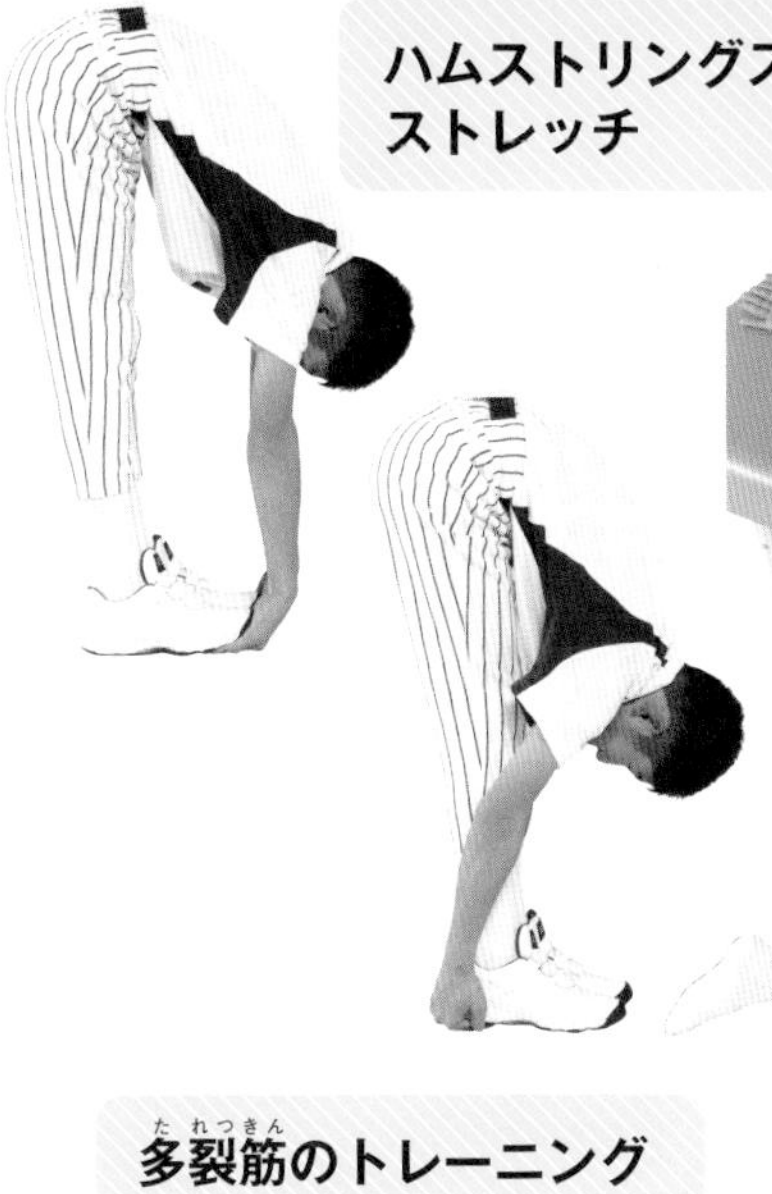

ハムストリングスのストレッチ

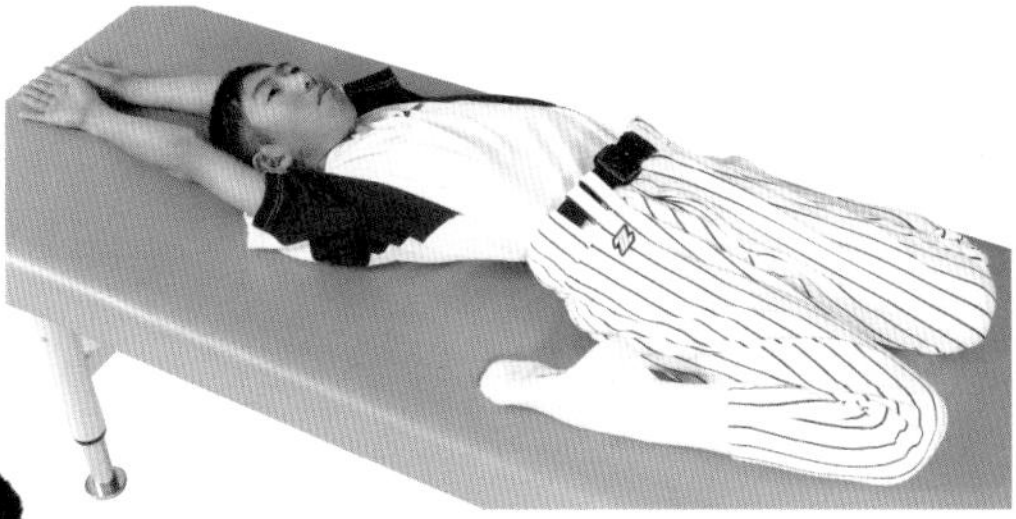

大腿四頭筋《だいたいしとうきん》のストレッチ

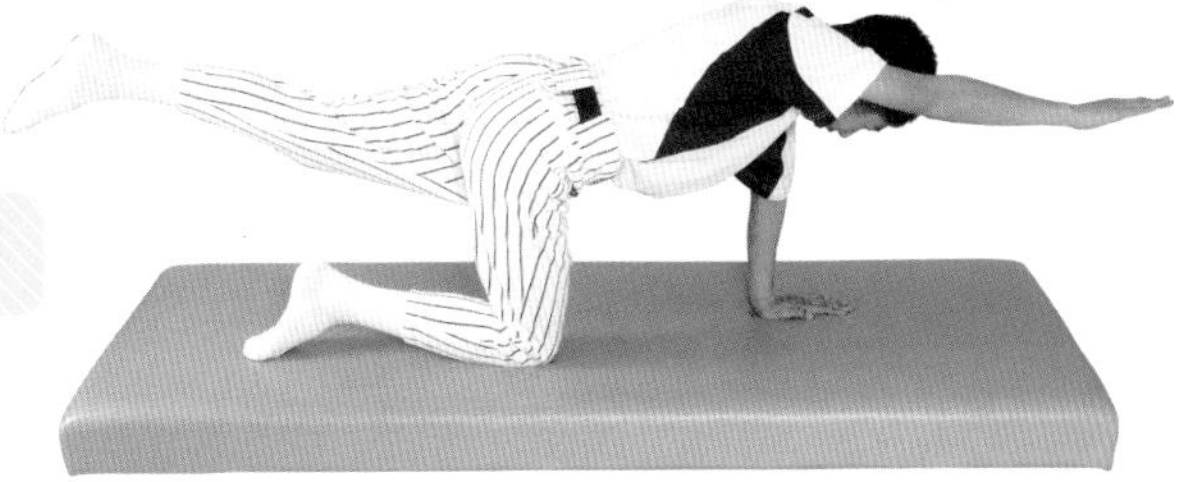

腹横筋《ふくおうきん》のトレーニング

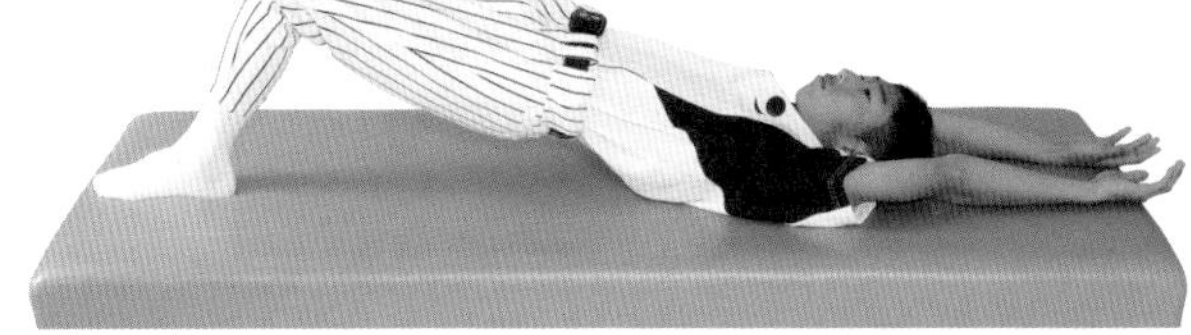

多裂筋《たれつきん》のトレーニング

野球選手には椎間板ヘルニアが多い!?

椎間板の水分は年齢とともに減っていく

「椎間板《ついかんばん》ヘルニア」はよく耳にする病名ですが、簡単にその病態について解説しましょう。

椎間板は腰椎の骨と骨の間にある軟骨《なんこつ》で、クッションの役割をしています。椎間板には、水分を保持する役割がある「**プロテオグリカン**」というたんぱく質が多く含まれています。若い人の椎間板には、プロテオグリカンが豊富に入っているため、多くの水分が含まれています。

年を重ねることによって、自転車のタイヤから空気が抜けていくように椎間板内のプロテオグリカンの量が減り、椎間板内の水分量は減っていきます。このような変化は加齢とともに誰にでも起きますが、**20歳代の若年層の3分の1の人に、MRI検査で水分量の減少が見られます。**このように水分が減った状態のことを「**椎間板の変性**」と呼びます。

椎間板が変性してつぶれてくると、椎間板が外に飛び出して神経を圧迫することがあり、これによって腰痛や坐骨神経《ざこつしんけい》痛《つう》を起こすようになった状態が椎間板ヘルニアです。

野球選手の約6割に椎間板の変性が!?

椎間板の変性は、加齢による正常な変化ですが、過度な運動や重労働によって早く進みます。スポーツ選手に腰痛が多いのも、**椎間板の変性が多く起きているため**です。

大学生の野球選手の椎間板の変性をMRIを使って調べたところ、**約6割の選手に椎間板の変性**が見られました（117ページ参照）。これは同世代の変性率と比べて明らかに高い率を示しており、「**野球選手は椎間板ヘルニアを起こしやすい**」といってよいでしょう。

野球のどんな動きが椎間板に負担をかけているのかは、はっきりわかっていませんが、おそらくバッティング動作、投球動作、守備動作の繰り返しが腰椎に負担をかけているのでしょう。

椎間板ヘルニアになってしまったら整形外科で治療してもらうしかありませんので、椎間板に余計な負担が加わらないような身体づくりをしっかり行うことが必要です。ストレッチと体幹筋トレーニングが基本ですので、後述するトレーニングをしっかり行ってください。

椎間板《ついかんばん》ヘルニアの状態

椎間板の水分が減少する「椎間板の変性」が起こると、椎間板が突出（ヘルニア）して神経を圧迫し、痛みとなって現れる。

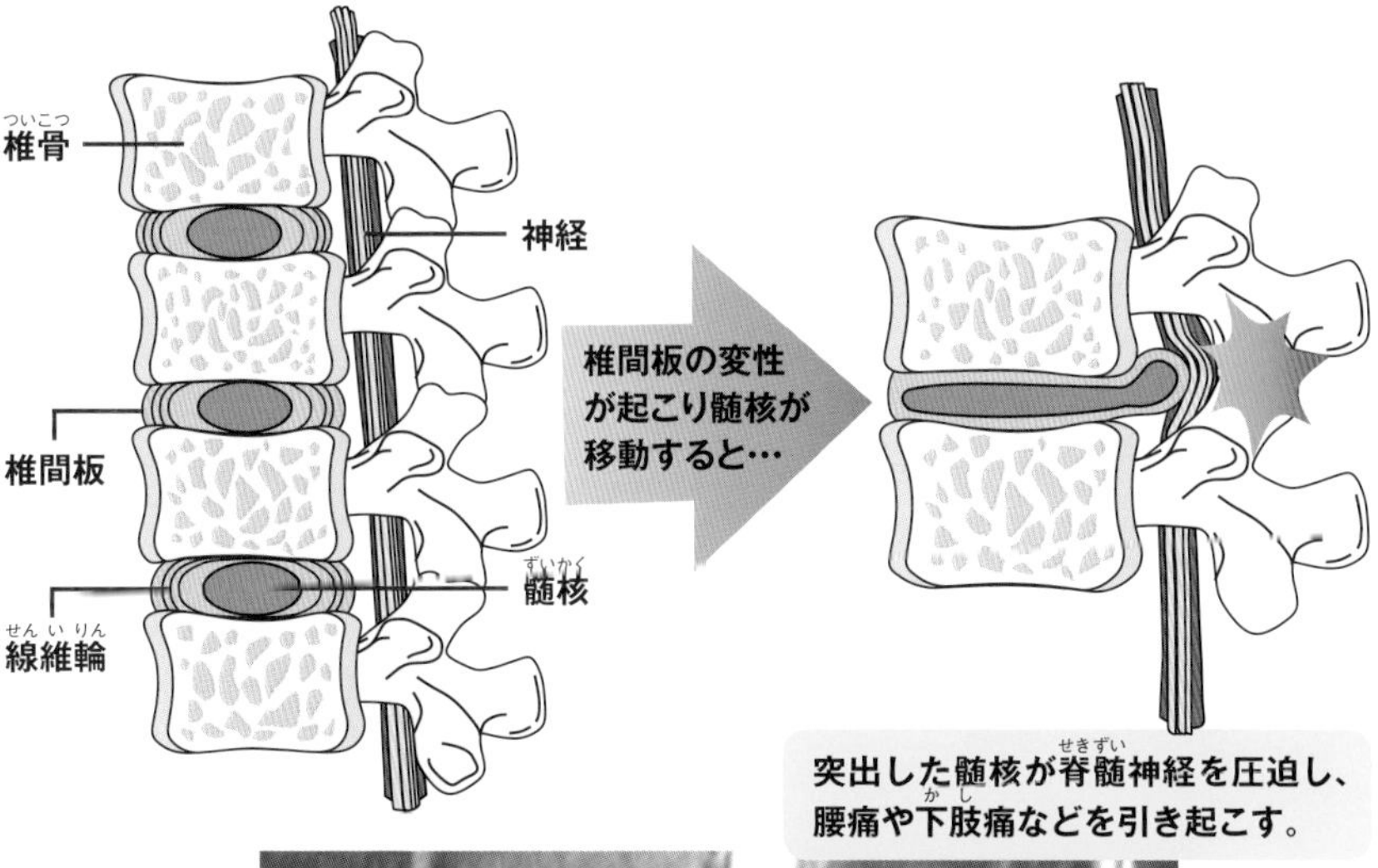
椎骨《ついこつ》
神経
椎間板
髄核《ずいかく》
線維輪《せんいりん》
椎間板の変性
が起こり髄核が
移動すると…
突出した髄核が脊髄《せきずい》神経を圧迫し、
腰痛や下肢《かし》痛などを引き起こす。

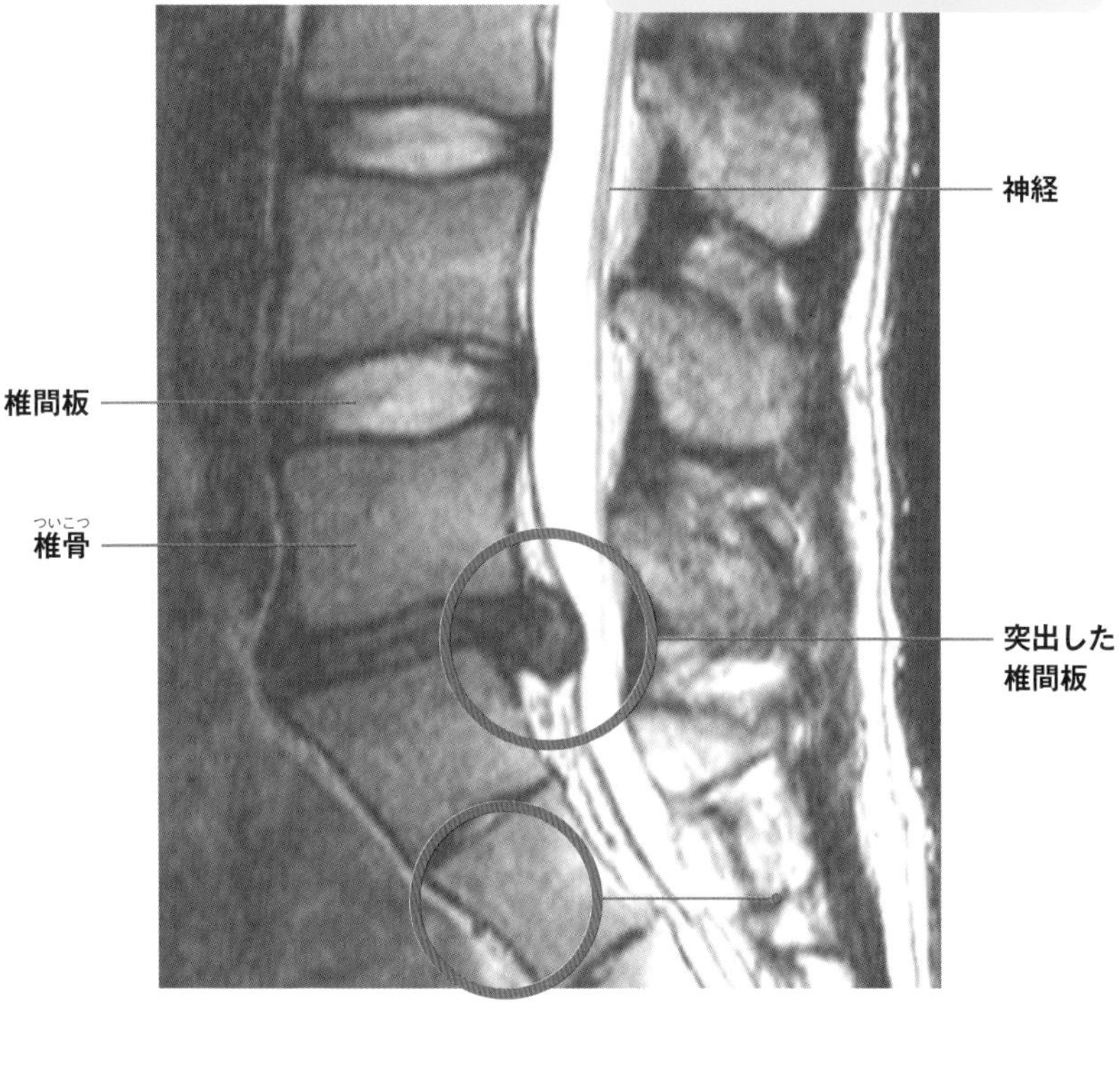
神経
椎間板
椎骨《ついこつ》
突出した
椎間板

体幹 6

フォーム、ストレッチ、筋トレが腰痛予防の3要素

腰痛の多くは原因を特定できない「非特異的腰痛」

腰痛の原因は多種多様です。椎弓《ついきゅう》の疲労骨折や椎間板《ついかんばん》ヘルニアのように、画像検査でその原因がはっきりとわかる腰痛は少なく、**多くの場合、はっきりとした原因を特定できません。**

画像検査で原因が特定できない腰痛には、腰の関節に負担がかかって生じるもの（椎間関節障害）、仙腸関節に負担がかかって生じるもの（仙腸《せんちょう》関節障害）、筋肉や筋膜からくる痛み（筋筋膜性腰痛）、腰の骨の突起がぶつかり合って起こる痛み（棘突起《きょくとっき》インピンジメント）、筋肉と骨の接合部に起きた炎症によるもの（筋付着部炎）などがあります。

くわしく診察をすれば原因がわかるこ

非特異的腰痛の例

レントゲンでは異常はなく、原因がはっきりしません。でも、腰の負担を減らすトレーニングをすれば大丈夫です！
腰が痛いのですが…。

腰椎椎間《ようついついかん》関節障害	椎間関節に負担がかかり、痛みが出る。
仙腸《せんちょう》関節障害	仙腸関節に負担がかかり痛みが出る。
筋筋膜性腰痛（筋性腰痛）	腰の筋膜や筋肉の損傷などによって起こる腰痛。
棘突起《きょくとっき》インピンジメント	腰椎の棘突起がぶつかり合うことによって痛みが出る。
筋付着部炎	腰背部などの筋肉と骨の結合部に炎症が起き、痛みが出る。

とが多いのですが、はっきりとした診断ができない場合に非特異的腰痛とされます。野球が原因でこれらの**非特異的腰痛**が起きた場合でも、**腰にかかる負担を減らすことで対処、また予防することができるので**、次に述べる予防トレーニングをしっかりと行うようにしてください。

身体を大きく回転させれば大きな力が生まれる

腰痛を予防するために取り組んでほしいのは、**正しいフォーム、ストレッチ、そして体幹筋トレーニング**です。

バッティングや投球は、両足が地面についた状態で身体を回転させて、肩や腕を大きく動かす動作です。この運動の連鎖がスムーズであれば、大きな力がボールやバットに伝わり、速い球が投げられ、速いスイングが行えます。つまり、身体を大きく回転させることが重要で、そのために必要なのが、ストレッチや体幹筋トレーニングです。

腰痛を予防するための3要素

腰痛を起こさないようにするためには、まず正しいフォームで投げたり、スイングしたりすることが大切。ストレッチや体幹筋トレーニングもそのためには必要。

体幹 7

骨盤の回転と体幹筋の連動がポイント

股関節、胸椎、肩甲骨でひねる

速い球を投げたり、速いスイングをしたりするためには、身体を大きく回転させることが重要になりますが、身体の回転はどのようにして起きているのでしょうか？　腰をひねることによって起こると思っていませんか？

しかし、**腰の骨はその構造からひねることができません。**無理にひねりの力を加え続けると、椎弓の疲労骨折や関節の障害を起こすことになります。

では、どこでひねるのでしょうか？　それは、**股関節**、**胸椎**（背中の部分）と**肩甲骨**です。

投球やバッティングのとき、前に踏み出した足（右投げ、右打ちの場合は左足）

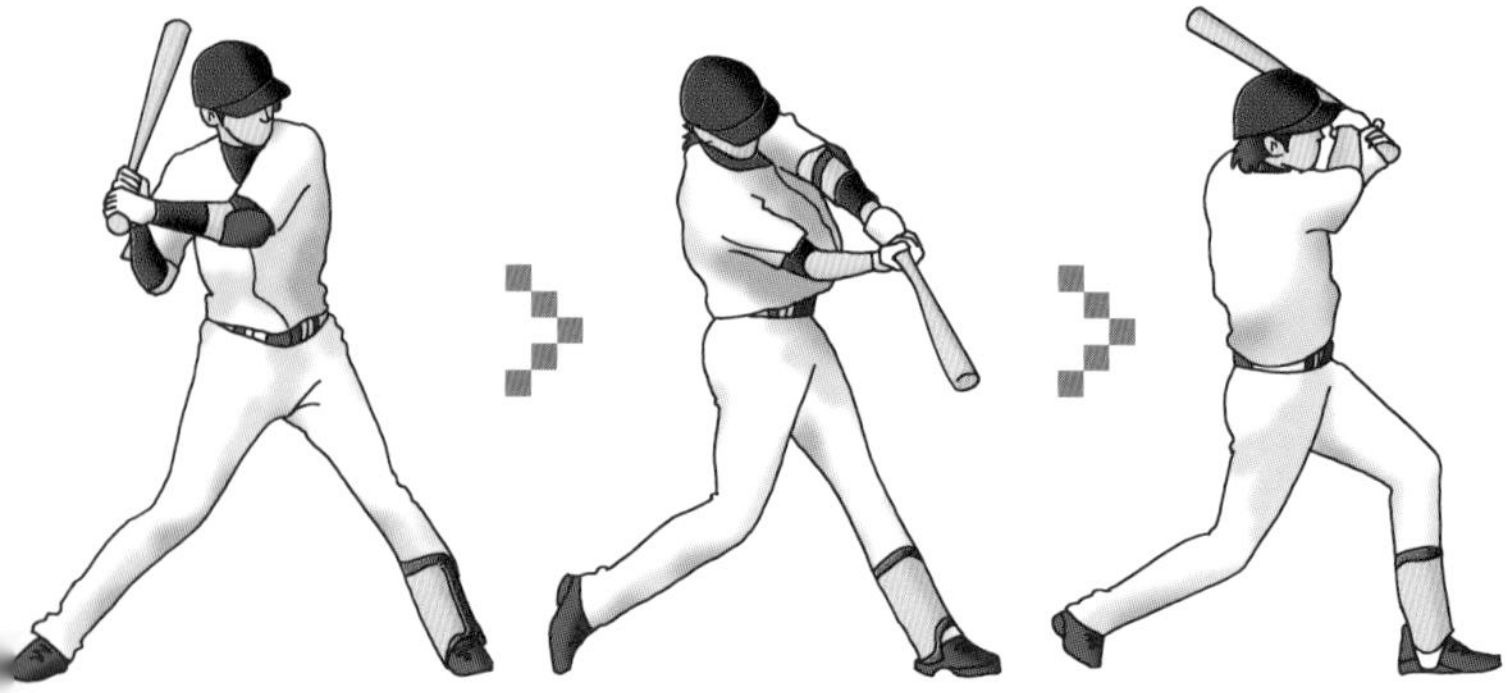

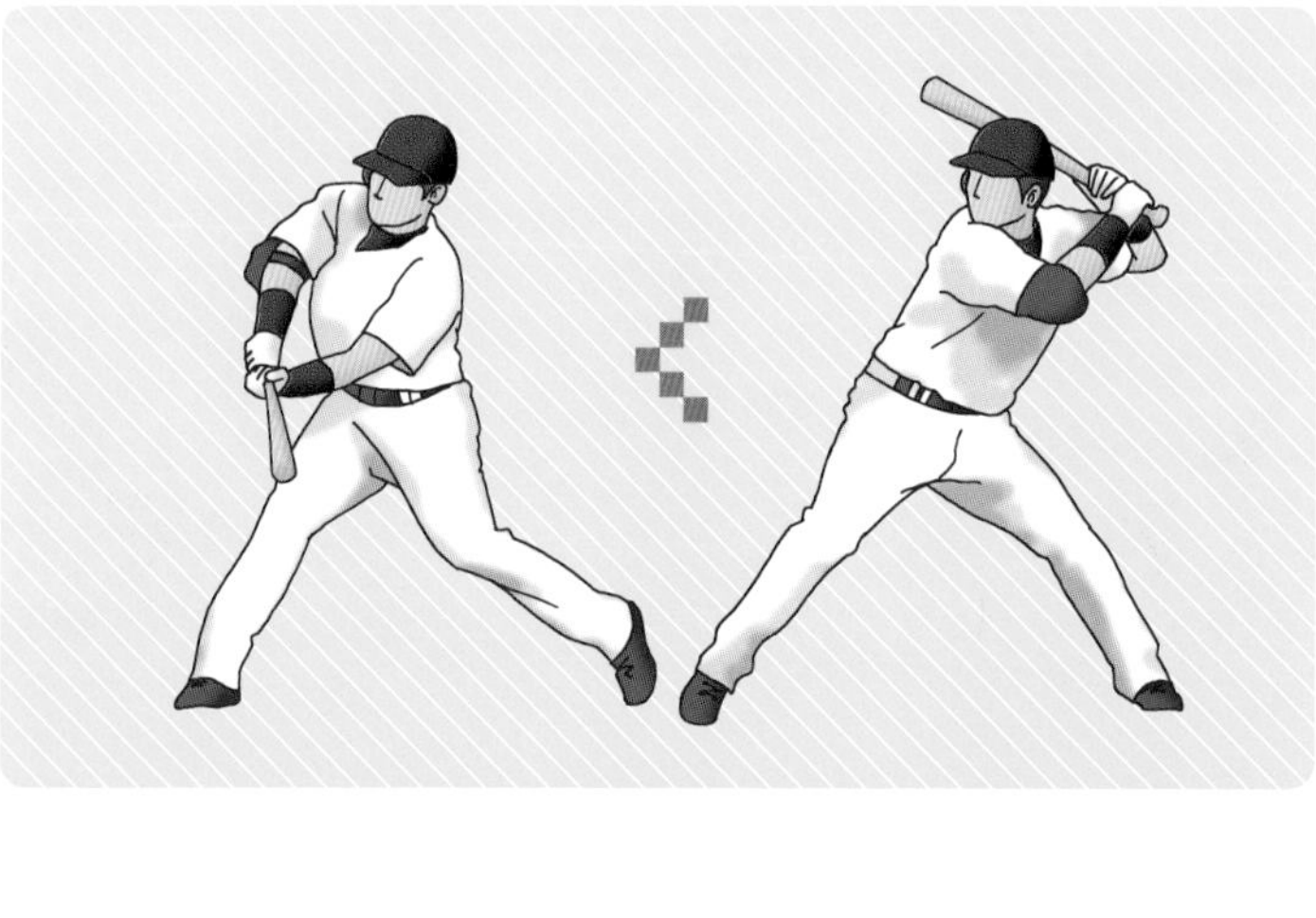

が地面についたあとから左股関節に体重が乗り、同時に　股関節を中心にした骨盤の回転が起こります。

腰を反らすことによる負担が腰痛を引き起こす

　骨盤が回転すると上に乗っている腰椎も一緒に回転しますが、このときに体幹筋がしっかりと働いていないと**骨盤の回転についていけずにねじれの力が骨に加わる**ことになり、腰痛の原因になります。体幹筋が身体（体幹）を安定させることにより、**骨盤の回転力が胸椎、胸郭、肩甲骨、上肢に伝えられる**ことになるのです。

　そして、ボールのリリースやバッティングのあとのフォロー期には胸椎と肩甲骨が大きく動いているので、外観上は身体が大きくひねられているように見えます。

　このような動きをスムーズに行うには、股関節が大きく回旋できるようにすること、骨盤についている筋肉のストレッチを行うことが重要です。

一流プロ野球選手のバッティングフォーム

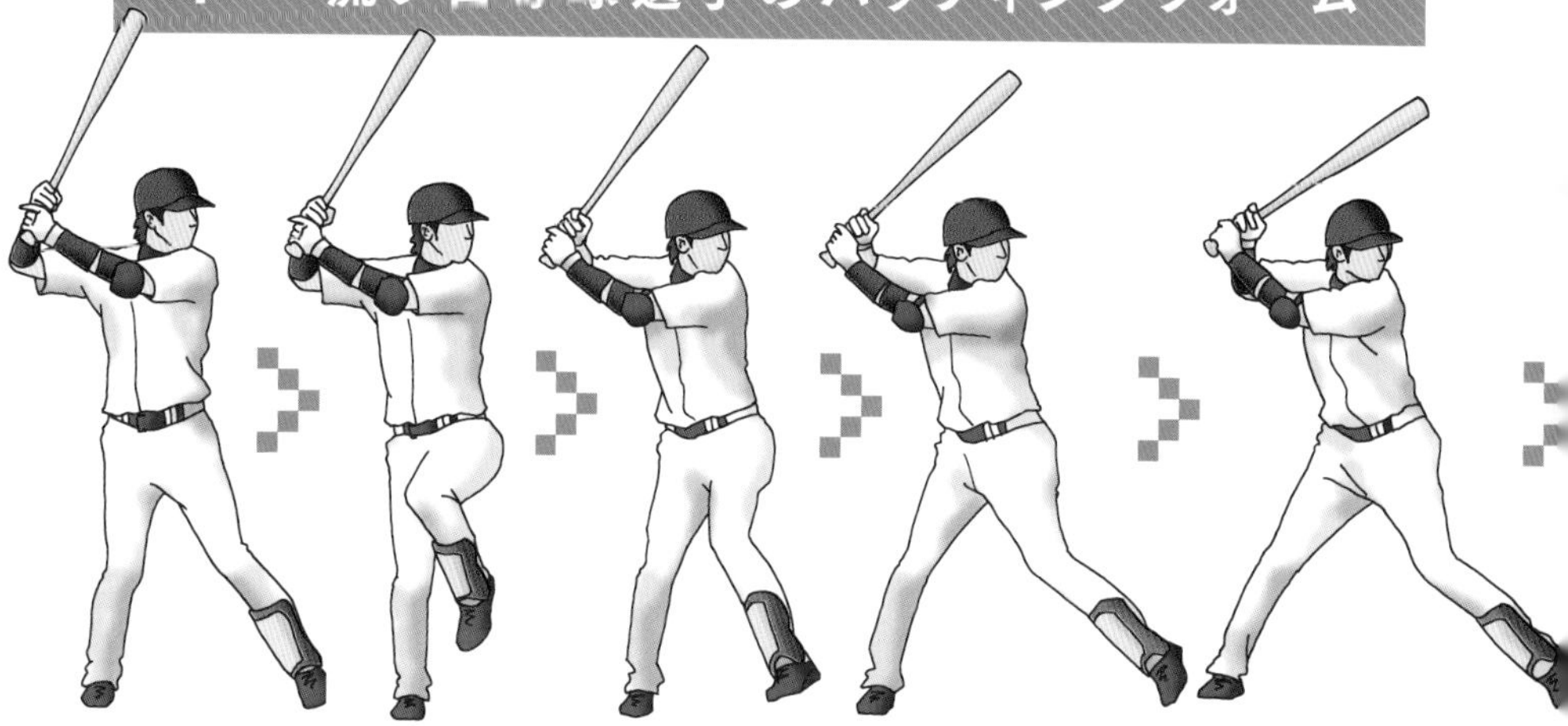

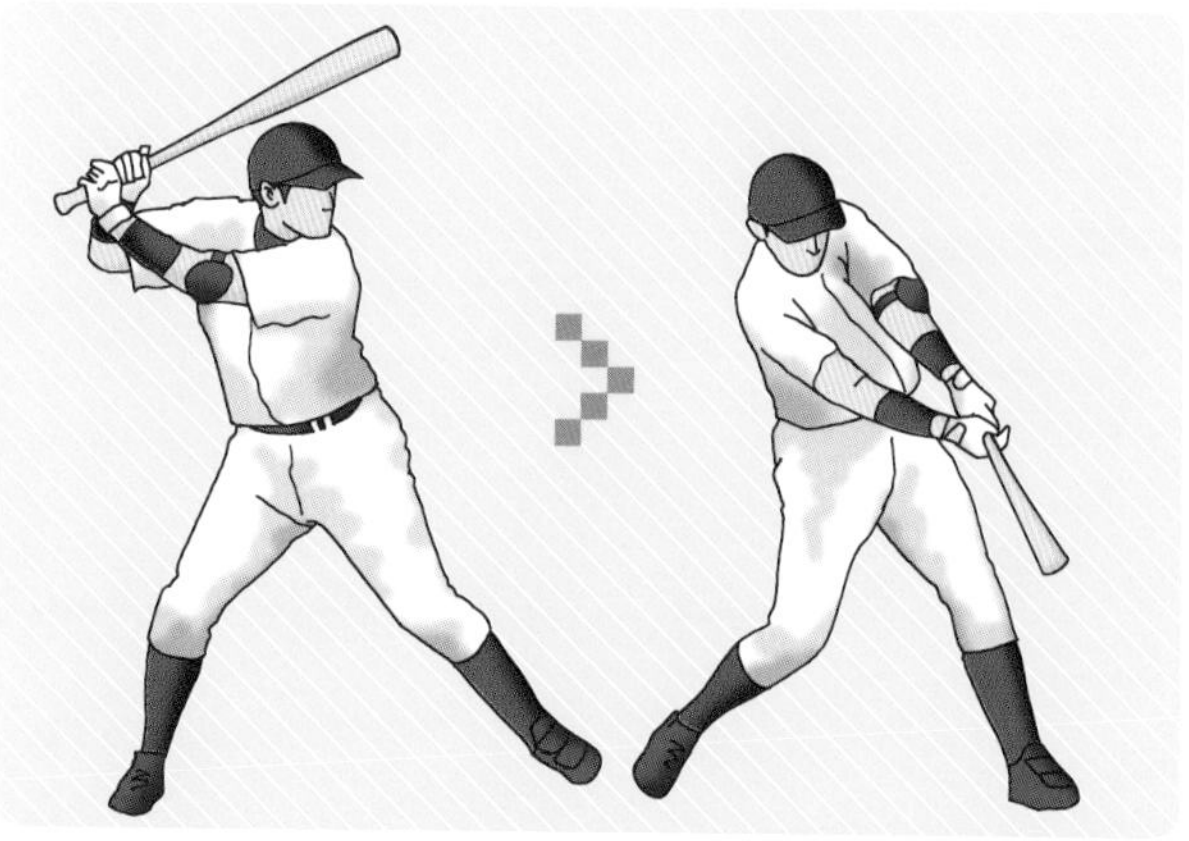

一流選手のバッティングは、股関節を中心に体幹が回旋し、腰にはねじりが起きていないことがわかる。

野球選手は椎間板変性率が高い

腰の骨は骨盤の上に乗っています。腰の骨が乗っている骨盤《こつばん》は地面に水平ではなく、30度ほど前下がりに傾いています。これを「**骨盤の傾斜角度（腰仙角《ようせんかく》）**」といいます。この角度が大きく骨盤が前傾《ぜんけい》すると、その上に乗っている腰椎の彎曲《わんきょく》（前彎）も大きくなります。

逆に、骨盤が後ろに傾いてくると腰椎の前彎は少なくなります。つまり、「**腰椎の前彎が大きい＝腰を後ろに反らせている状態**」ですので、腰の椎弓や関節には負担となってしまい、疲労骨折や関節障害の原因となるのです。

腰痛予防のためには、**骨盤を後ろに傾ける（後傾《こうけい》）姿勢をとる**ことが必要になります。

骨盤の後傾姿勢をとるためには、**体幹深部筋（コア）**の力が必要です。深部筋の腹横筋《ふくおうきん》がしっかりと活動することによって、骨盤は後傾します。骨盤後傾のよい

骨盤の傾斜角度

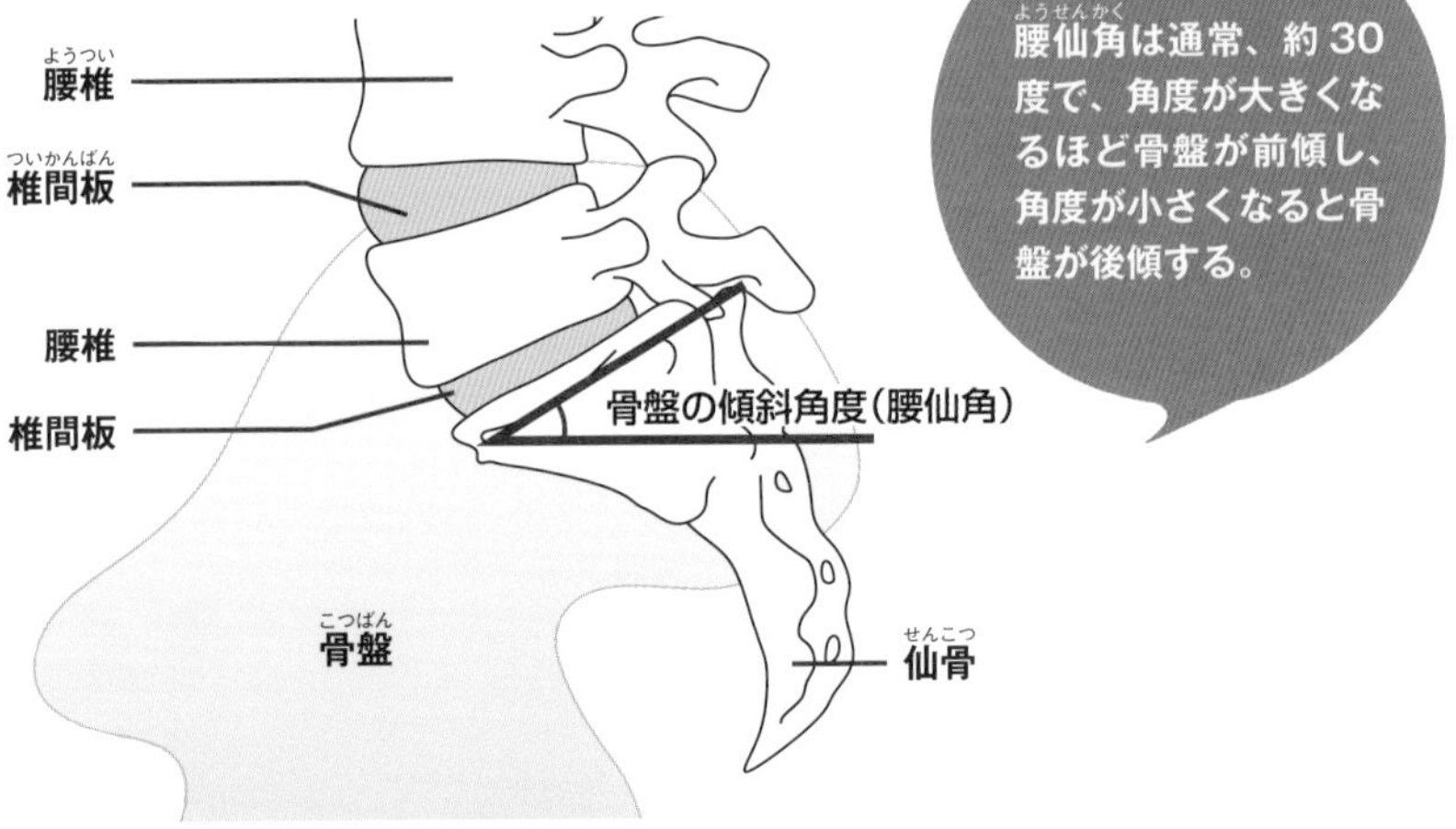

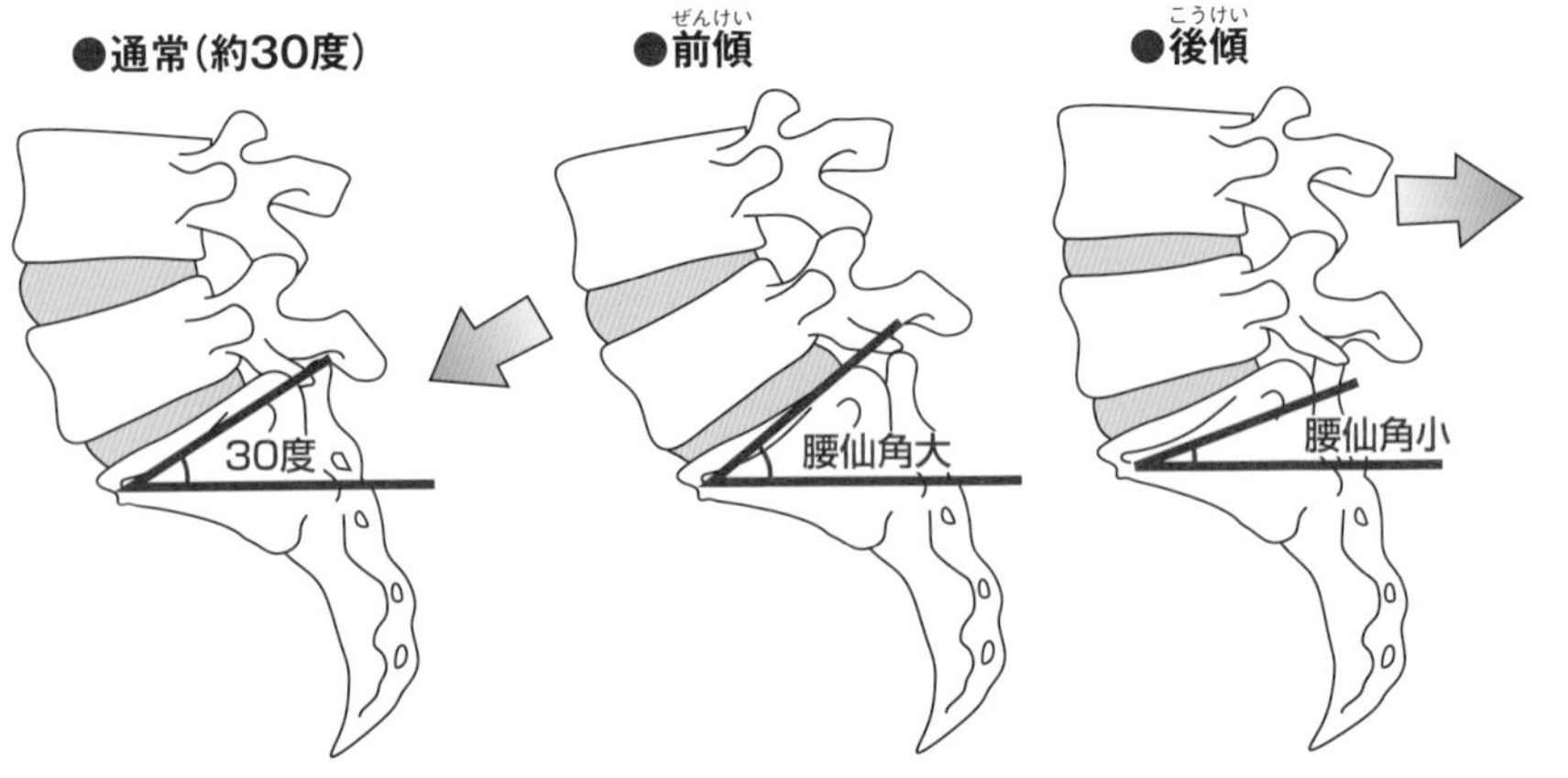

姿勢を保って運動するためには、**へそを後ろに引き込むような感覚で体幹筋をしっかり効かせてプレーする**ことも重要になります。

腰に負担がかからない正しい姿勢

○ 後傾 **腰椎《ようつい》の弯《わん》曲《きょく》が小さくなるので、腰への負担が軽減できる。**

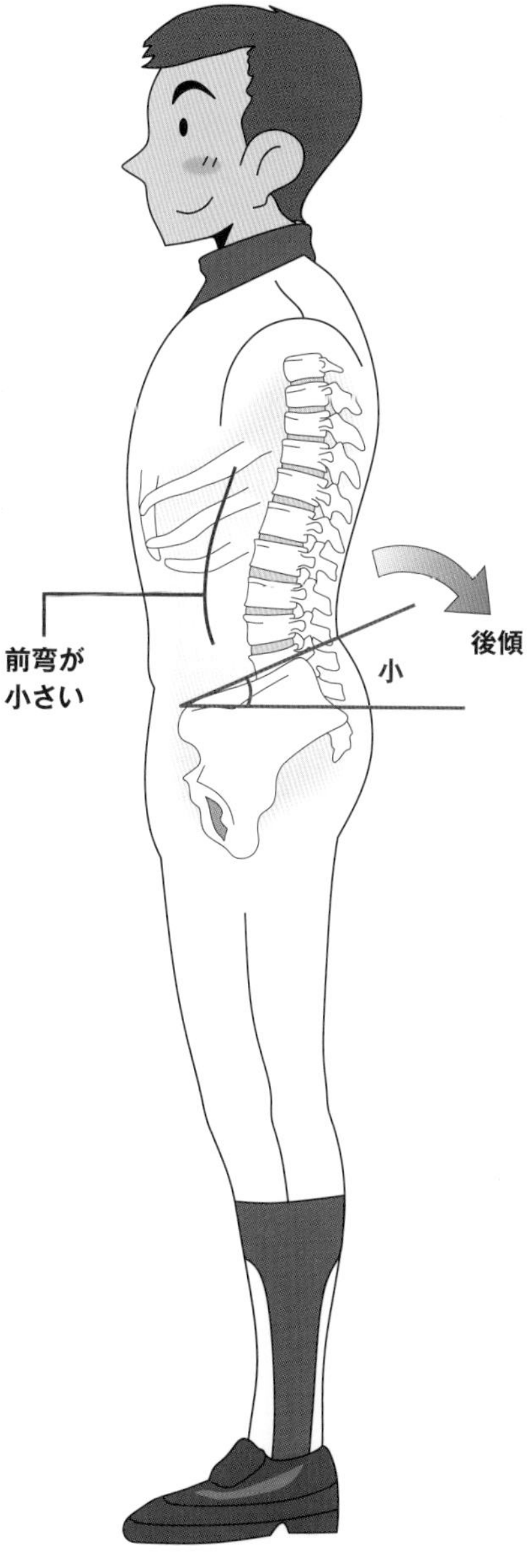

× 前傾 **腰椎の弯曲が大きくなるので、腰に負担がかかる。**

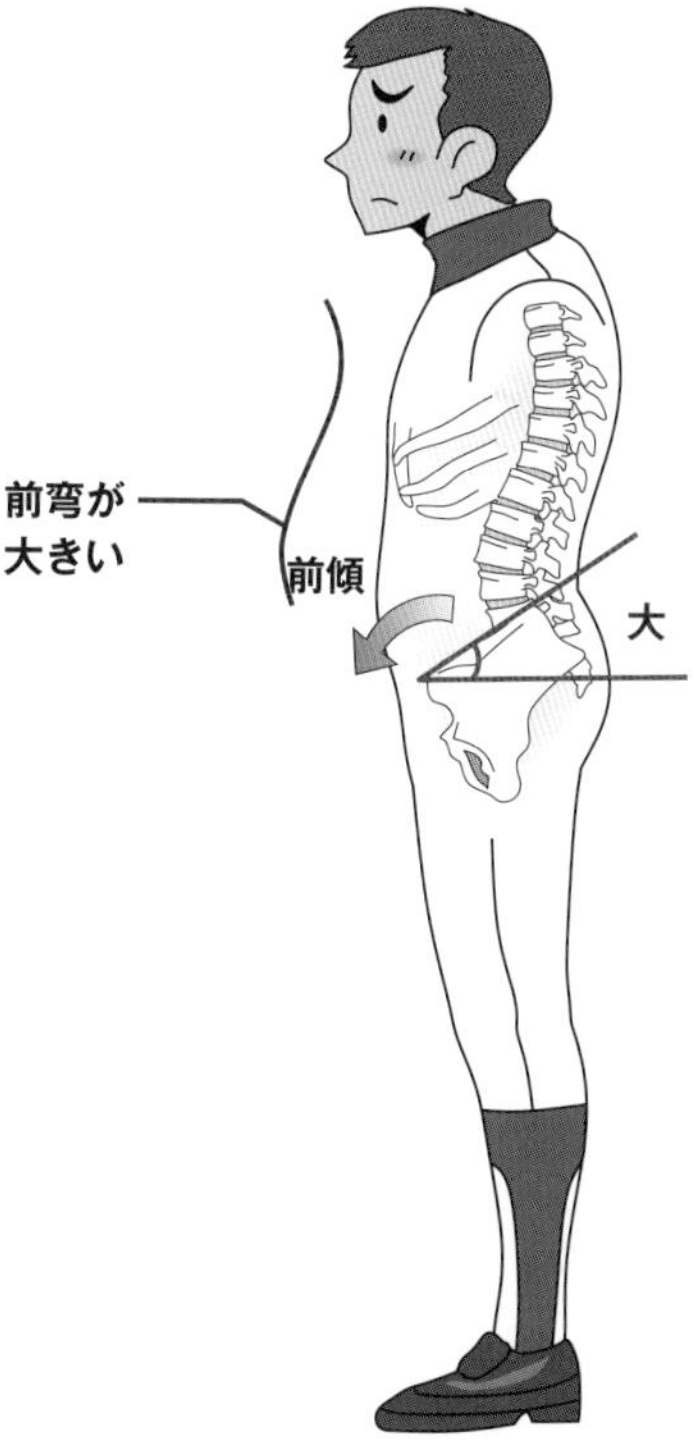

体幹 8

腰痛予防❷ストレッチ

ストレッチしない選手は野球をやめろ!

ストレッチの重要性を知ろう

ピッチング練習や素振りには一生懸命でも、ストレッチを熱心に行っている選手は残念ながらあまり多くありません。おそらく、楽しくないし、野球が上手になるのに役立っている気がしないからでしょう。しかし、**ストレッチをしないとよいフォームでプレーすることはできないうえに、練習を続けているうちに腰への負担が積もり積もって腰痛を起こし**、大好きな野球自体ができなくなってしまいます。

とくに、小学校高学年から中学校の時期は骨がどんどん成長し、その速さは筋肉や腱が成長する速さを上回ります。そのため、筋肉や腱が相対的に突っ張った状態になってしまい、**ひざの成長痛(オスグット病)や骨盤《こつばん》の裂離《れつり》骨折**などを起こしてしまいます。その意味からも、この時期にしっかりとストレッチを行っておくことは重要です。

前屈で手指が床につく?

腰痛で来院する選手の多くは**身体が硬く、前屈で手の指が床に届かない**人ばかりです。野球選手として長くプレーするためには、手のひらが床につくくらいの柔軟性がほしいところです。

「**身体の硬い人がいくらストレッチしても、そんなに柔らかくなるわけないよ**」、そう思っていませんか? そんなことはありません。134〜135ページのストレッチを実践すれば、今よりも身体はずっと柔らかくなります。

ジャックナイフストレッチは、八王子スポーツ整形外科で実践され始めた方法で、ひざを曲げる作用を持つハムストリングスを伸ばすために、ひざを伸ばす作用を持つ大腿四頭筋の筋力を用いていることに秘密があります。神経が大腿四頭筋を働かそうとすると、その拮抗筋(反対の作用を持つ筋)への神経刺激が抑制されるため、ハムストリングスを伸ばしやすくなるのです。このような拮抗筋の自動収縮を利用したストレッチは「**アクティブストレッチ**」と呼ばれ、ハムストリングスだけではなく、他の部位のストレッチにも用いられています。

今まで、効果が感じられずにヤル気をなくしていた選手も、明らかに改善が見られるこのストレッチならば毎日続けられると思います。**手のひらが床につくようになることを目標**に続けましょう。

大腿四頭筋《だいたいしとうきん》とハムストリングス

大腿四頭筋 もも前面の筋肉　　**ハムストリングス** もも後面の筋肉

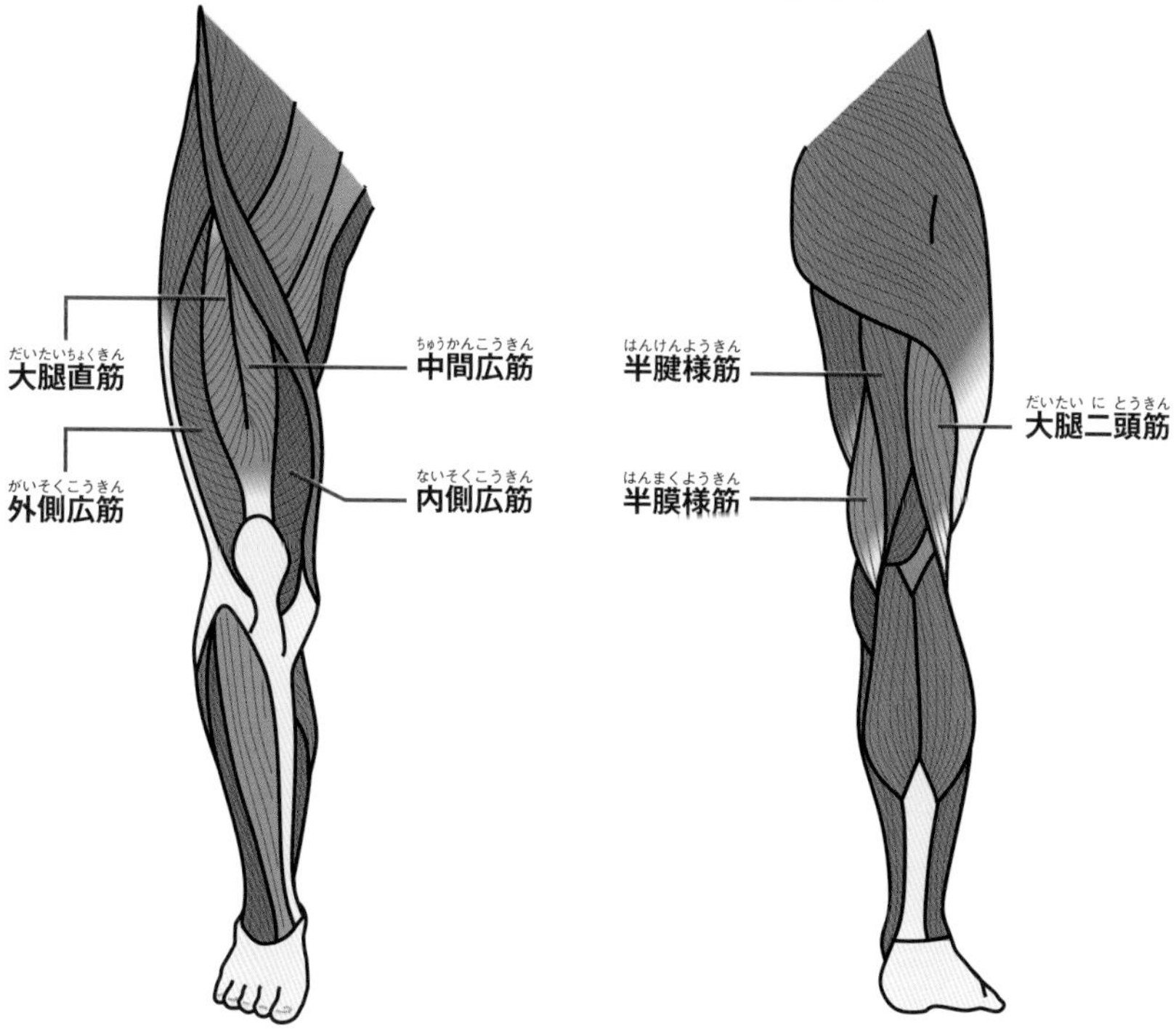

ジャックナイフストレッチのしくみ

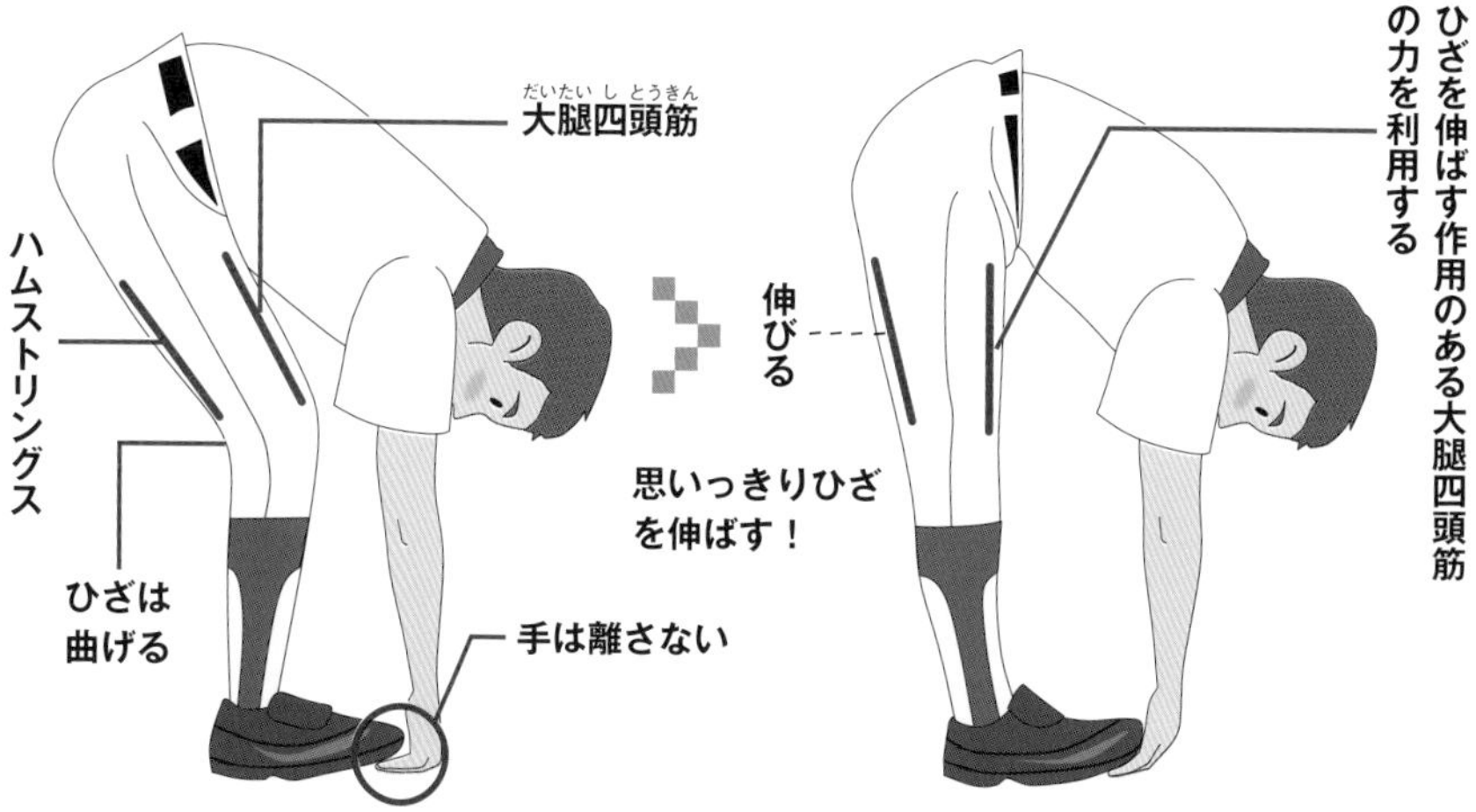

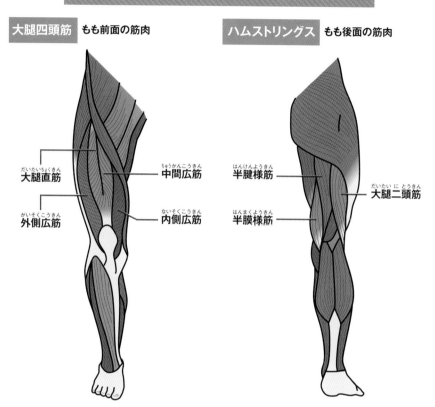

ハムストリングスのストレッチ［ジャックナイフストレッチ］

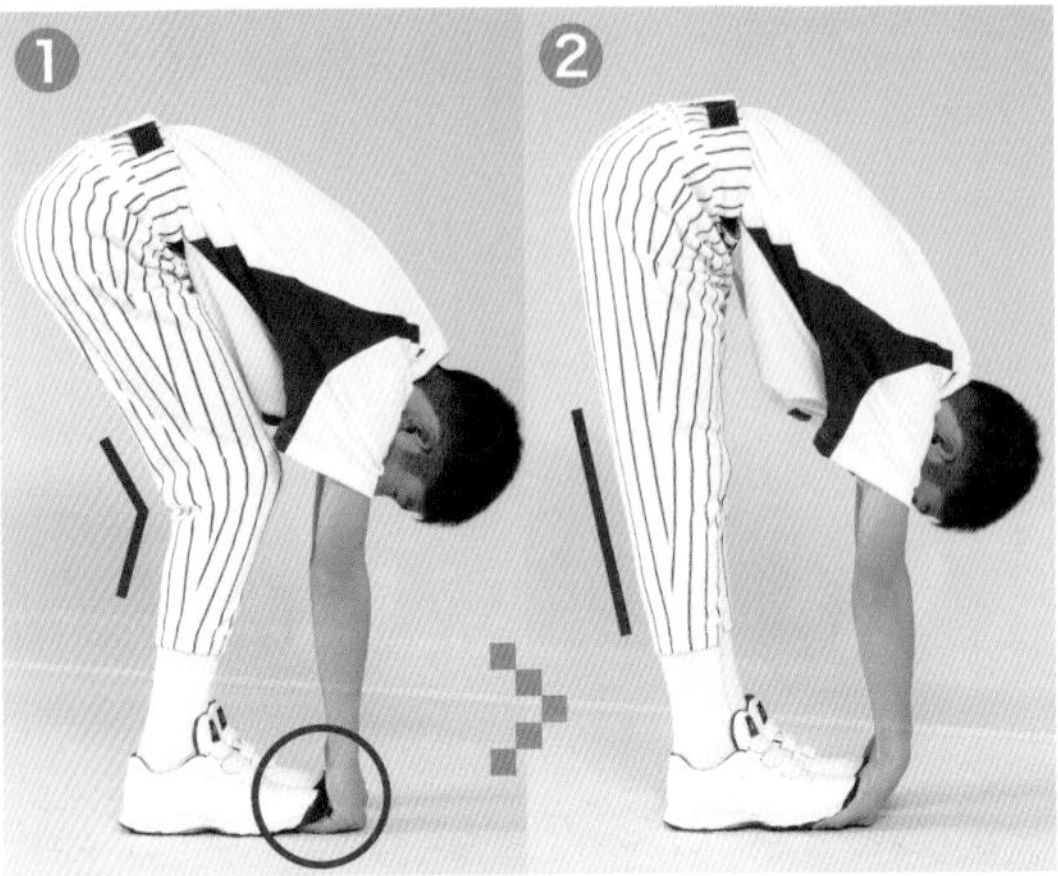
❶
❷

❶両ひざを曲げて足の先を握る。指の付け根の関節は地面につけておく。

❷手を離さないようにしてひざを目一杯に伸ばす。このとき、太ももの裏側が引っ張られていることを意識する。約 10 秒間、力一杯伸ばしたら 10 秒ほど休み、もう一度同じことを繰り返す（3回繰り返す）。

腰痛予防だけでなく、肉離れの予防にもなる！

❸
❹

❸今度は両ひざを曲げてかかと部分を握る。指の付け根の関節は地面につけておく。

❹手を離さないようにしてひざを目一杯に伸ばす。このとき、太ももの裏側が引っ張られていることを意識する。約 10 秒間、力一杯伸ばしたら 10 秒ほど休み、もう一度同じことを繰り返す（3回繰り返す）。

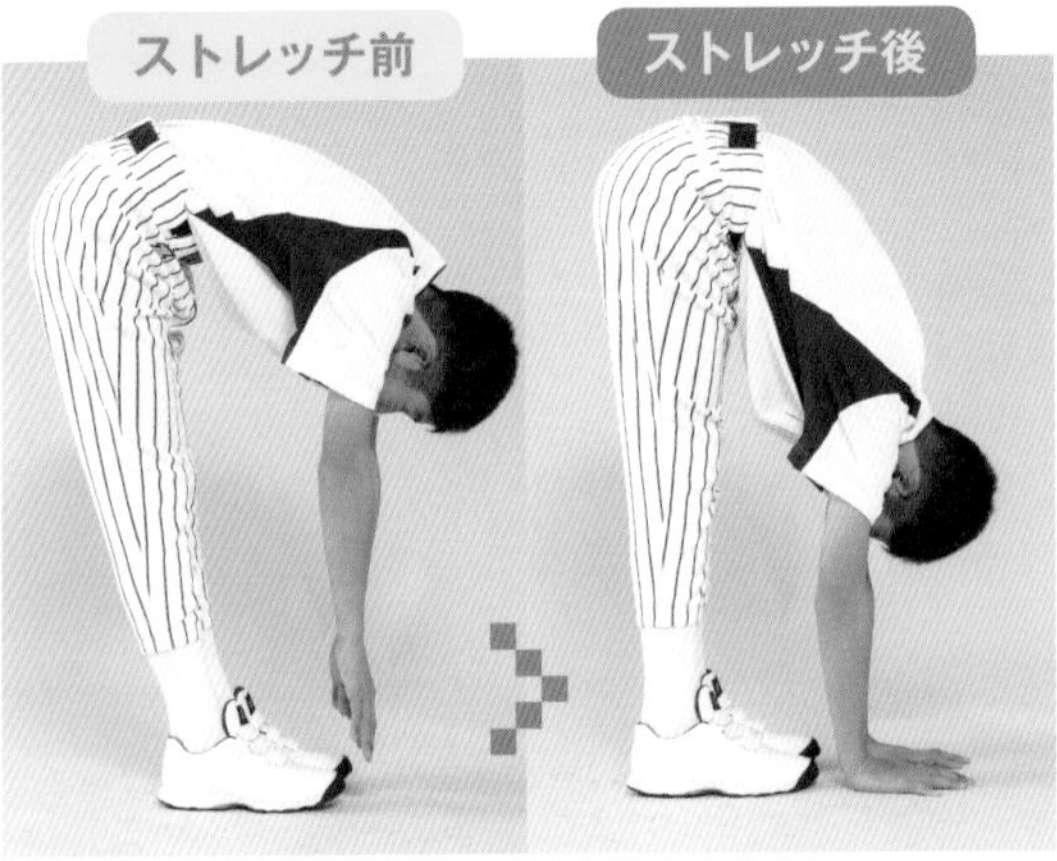
ストレッチ前
ストレッチ後

前屈で指がつかない人も、上記のストレッチをするだけで、手のひらが床につくようになる。イチロー選手が、準備運動をしっかり行って身体の柔軟性を保っていることは有名な話。彼をお手本にしよう。

大腿《だいたい》四《し》頭筋《とうきん》のストレッチ

❶正座の姿勢から足と足の間におしりを入れて床につける。
❷両腕で体を支え、そのまま身体を後ろに倒していく。

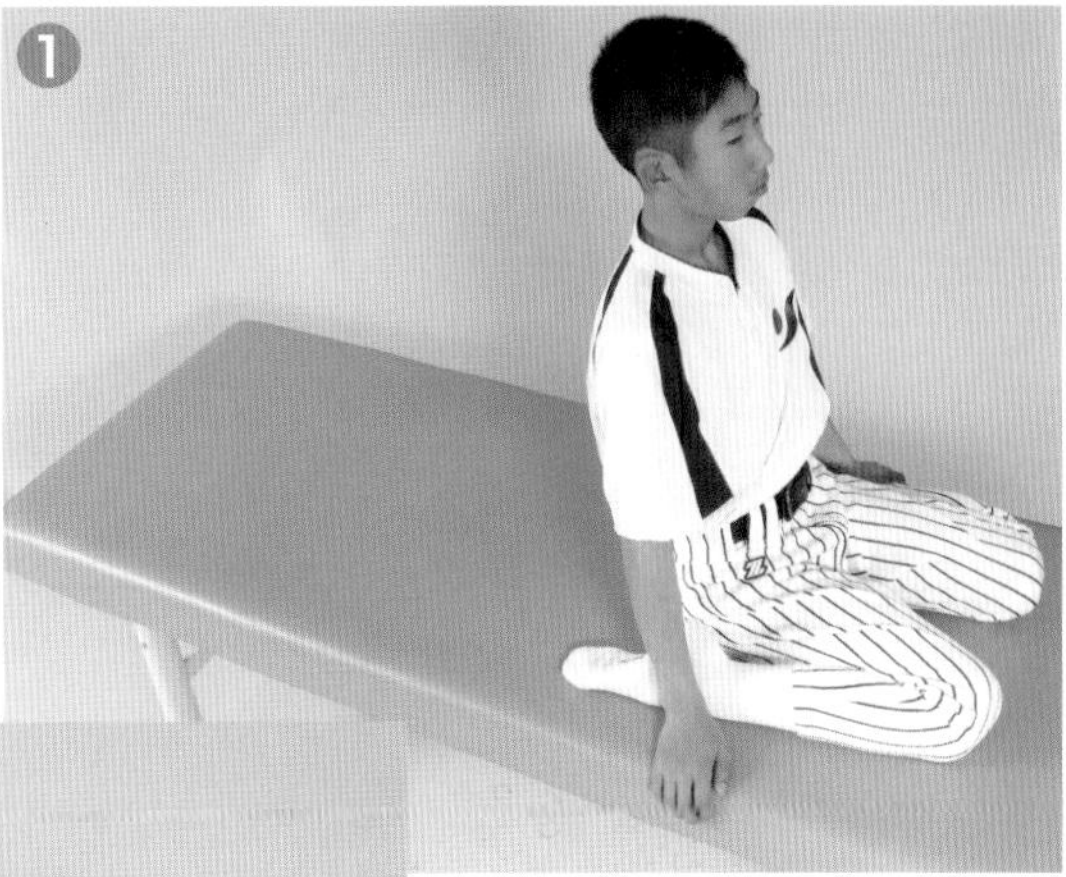

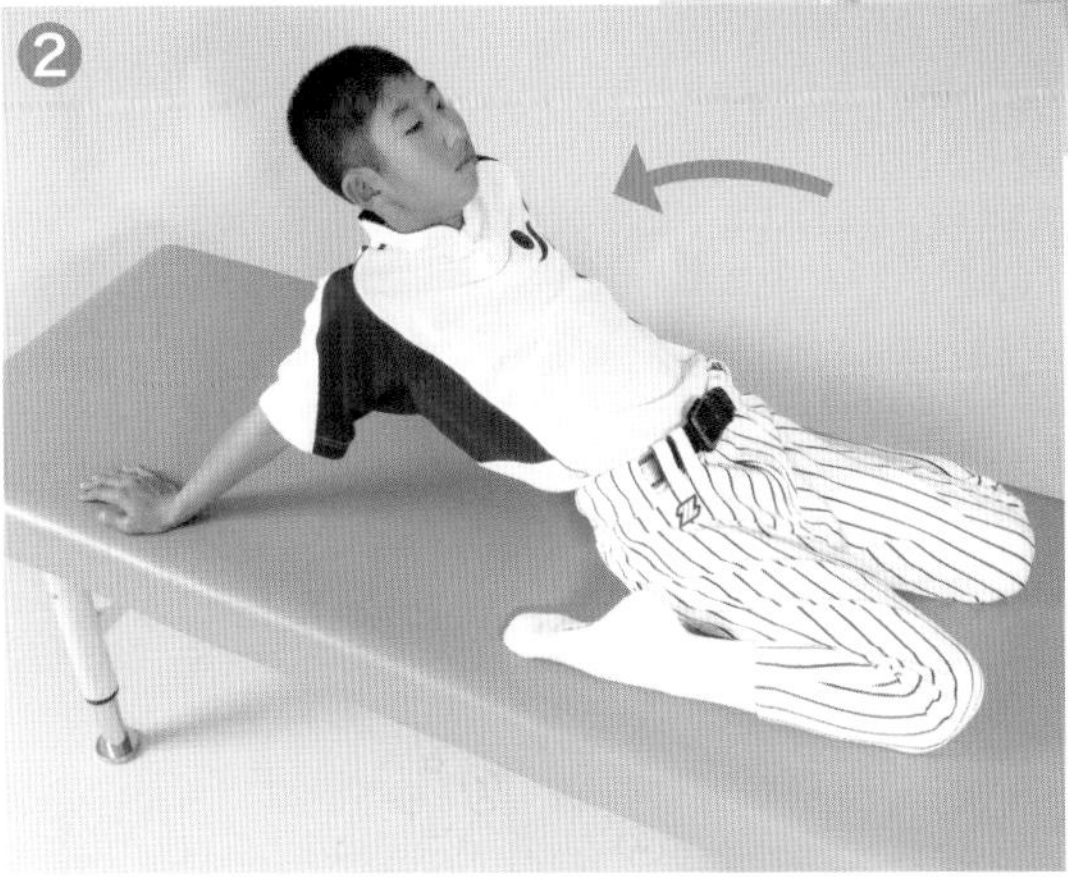

体を倒すことによって、もも前面が伸ばされ、大腿四頭筋がストレッチされる！

❸両腕を伸ばし、肩を床につける。途中で痛みを感じたときは、痛みが出るところで身体を止めて筋肉を伸ばす。

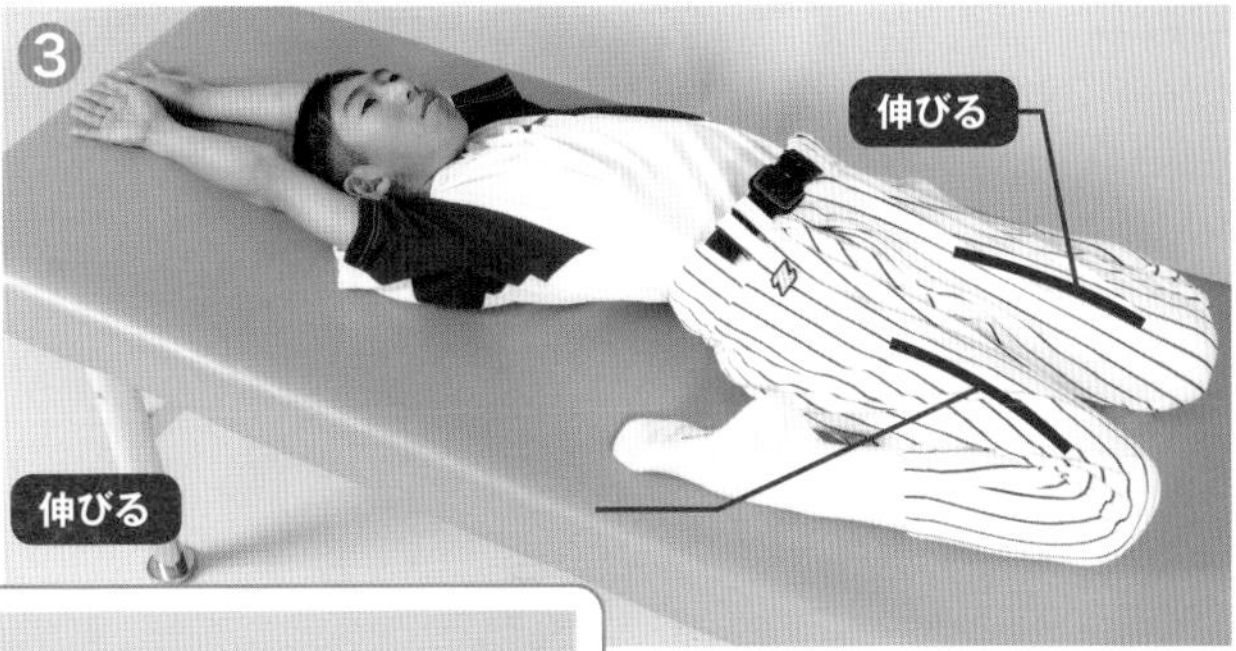

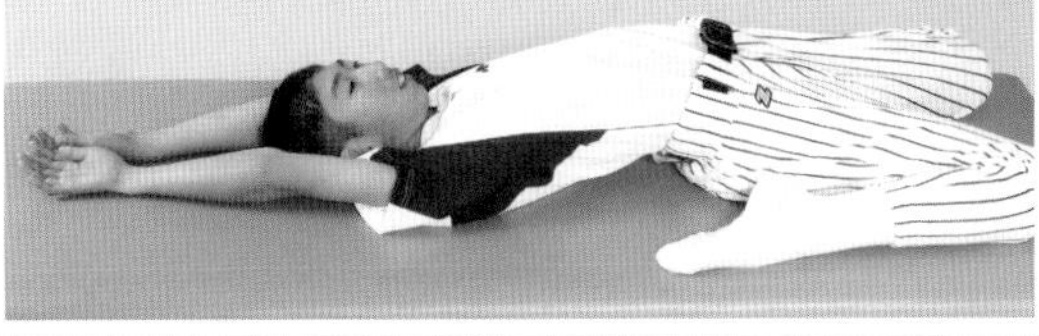

一流選手は身体を完全に床に倒すことができるので、それを目標にしよう！

体幹 9

腰痛予防③体幹筋トレーニング

「投げる」「打つ」は体幹深部筋の働きが大切

体幹深部筋（コア）を使えるか

ピッチングやバッティングの動きは、**下肢《かし》→骨盤《こつばん》→体幹→肩甲骨《けんこうこつ》→上肢《じょうし》**と伝わっていきます。そのため、体幹が安定していないと力が上手に伝わらずに途中で吸収されてしまい、その力は腰の骨への負荷となり、腰痛を起こす原因になってしまいます。

体幹を安定させるためには、**体幹の筋力を上手に使い、骨盤の動きをしっかりと肩甲骨や上肢に伝えるようなイメージを持つ**ことが大切です。

体幹の安定は、自然に身についている選手もいますが、教えてもなかなかできるようにならない選手もいます。そこでまず、自分が上手に体幹深部筋（コア）を

腹横筋《ふくおうきん》の収縮

腹横筋が収縮するか確認

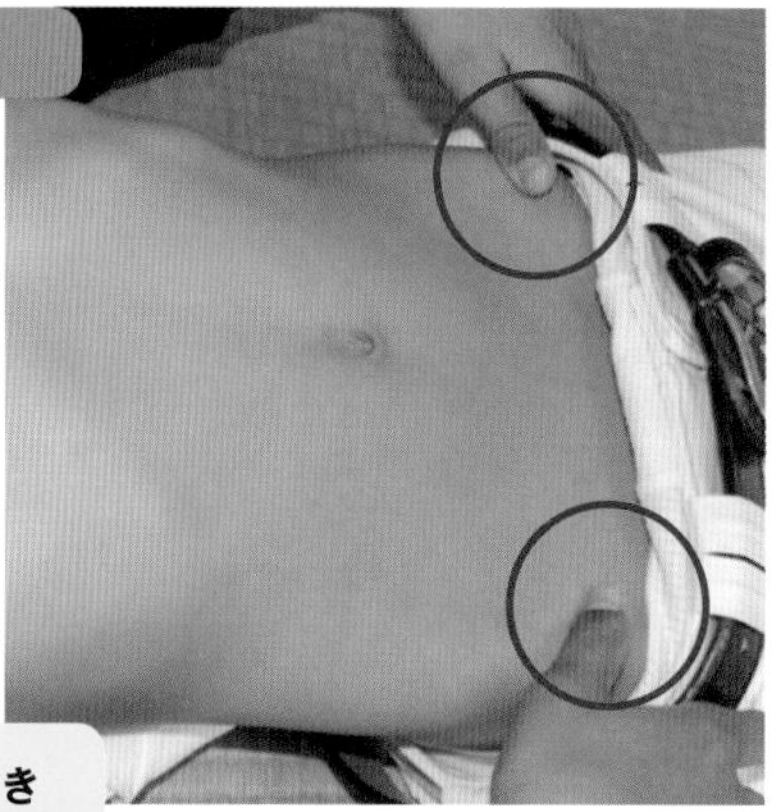

❶あお向けに寝て、親指を骨盤の前にある骨の突起部から少し内側にずらしたところに当てる。
❷へそを後ろに引き込むように力を入れ、親指の当たっているところ（腹横筋）が硬くなることを確認する。

腹横筋の収縮を感じることができない人はコアの使い方が上手ではないので、次のような訓練が必要。

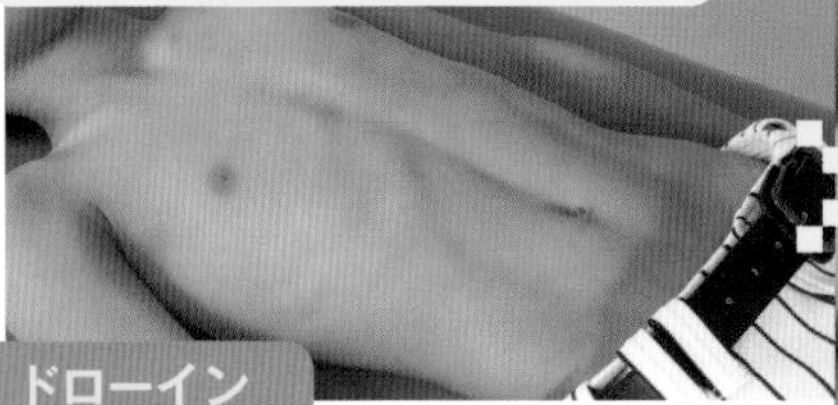

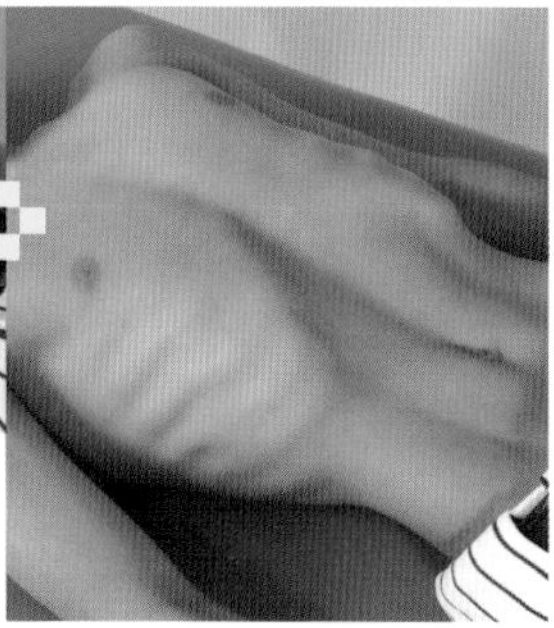

ドローイン

❶あお向けに寝てひざを軽く曲げる。
❷へそを床に向かって引き込むようにして力を入れる。このとき、親指で腹横筋の収縮を確認する。
❸2の状態で力を入れて20秒間キープする。休憩を挟んで3セット行う。

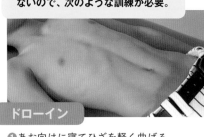

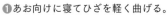

使うことができるか、確かめてみましょう。

腹横筋の収縮と骨盤の前傾・後傾

まず、**腹横筋《ふくおうきん》の収縮**を確かめます。親指を骨盤の前にある骨の突起部から少し内側にずらしたところに当てます。その状態でへそを後ろに引き込むように力を入れ、親指の当たっているところが硬くなることが確認できますか？　この硬くなる筋肉が腹横筋で、重要な深部筋の一つです。

　このときに筋の収縮を感じることができない人は、コアの使い方が上手ではないので次のような訓練が必要です。

　親指に筋の収縮を感じることができるまでへそを引き込んでください。せき払いをしたり、肛門を締めるように意識したりすると、収縮のさせ方がわかりやすくなります。

　次に、**骨盤の前傾《ぜんけい》と後傾《こうけい》**です。

　立った姿勢で骨盤を上の写真のように

＞骨盤の前傾《ぜんけい》・後傾《こうけい》

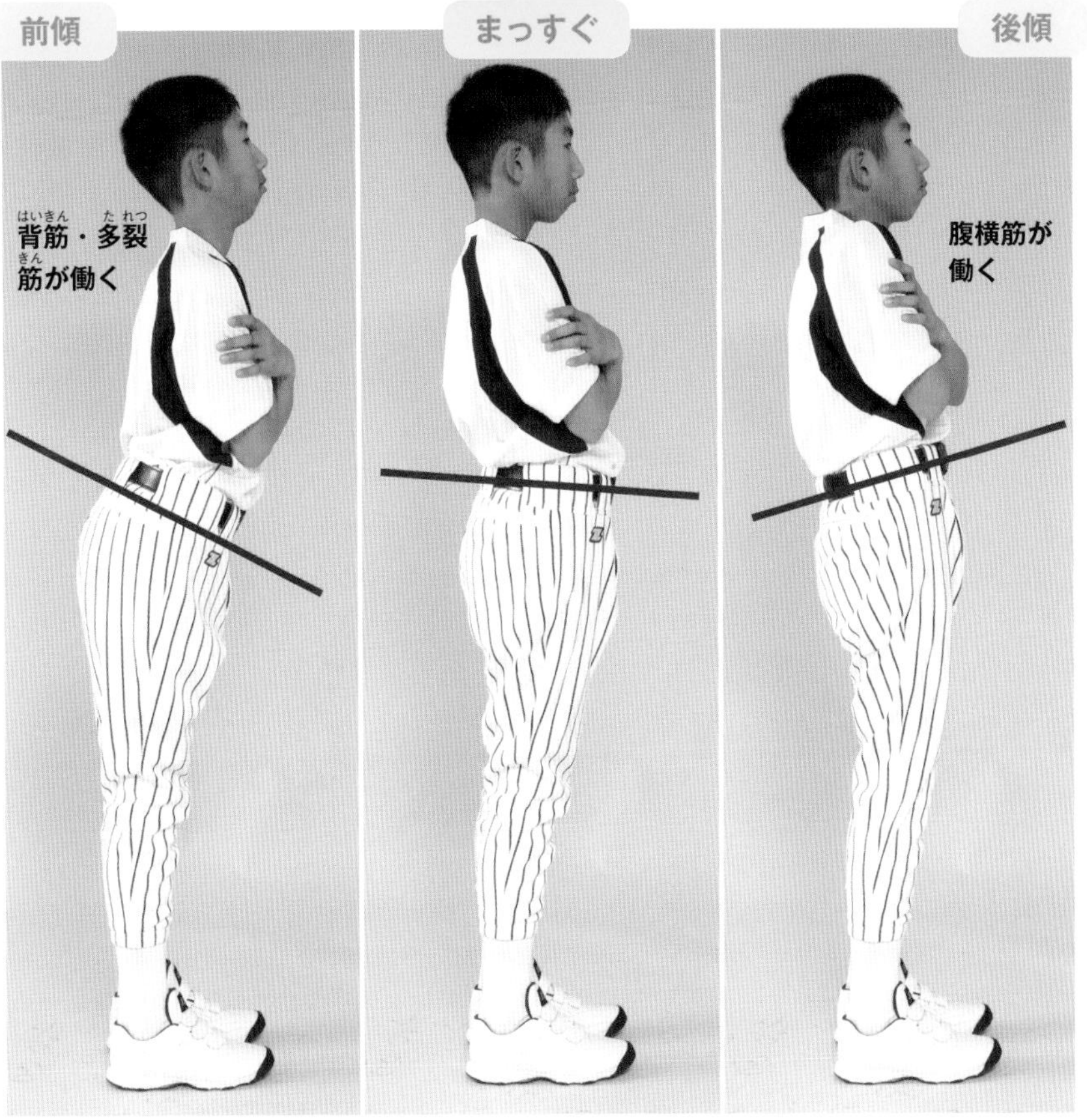

前傾（前に傾ける）または後傾（後ろに傾ける）させてみましょう。**骨盤を前傾させるときは背筋と多裂筋**が働き、**後傾させるときは腹横筋**が主に働きます。

腰を反らすと痛みの出る選手は、骨盤を後傾させると痛みが減るので、このような骨盤の動きを自由にできるようにして、ピッチングやバッティング時に意識して骨盤を後傾させましょう。

コアを鍛えよう！

体幹深部筋が上手に使えるようになったら、次に筋力トレーニングを行いましょう。

体幹筋は他の部位の筋肉のトレーニング方法と違って、物を持ち上げたり動かしたりしないので、**トレーニングの方法がわかりにくいのが特徴**です。そのため、いろいろな方法が考案されて、コアエクササイズ、スタビリゼーション、骨盤体操などの名称で行われています。

ピラティスやヨガは、ともに体幹深部筋に対してアプローチしている運動方法

腹横筋《ふくおうきん》のトレーニング方法

❶

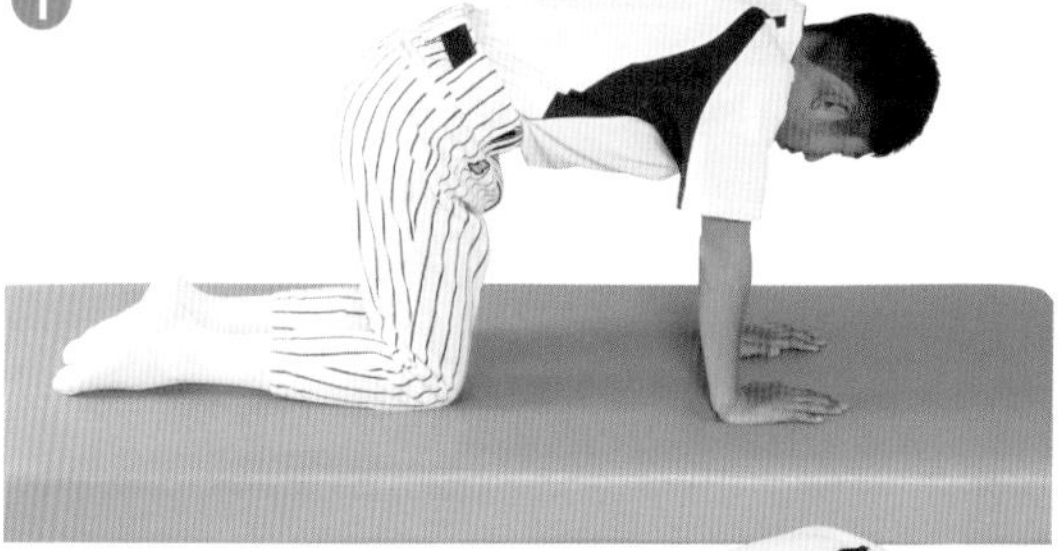

❷

❸

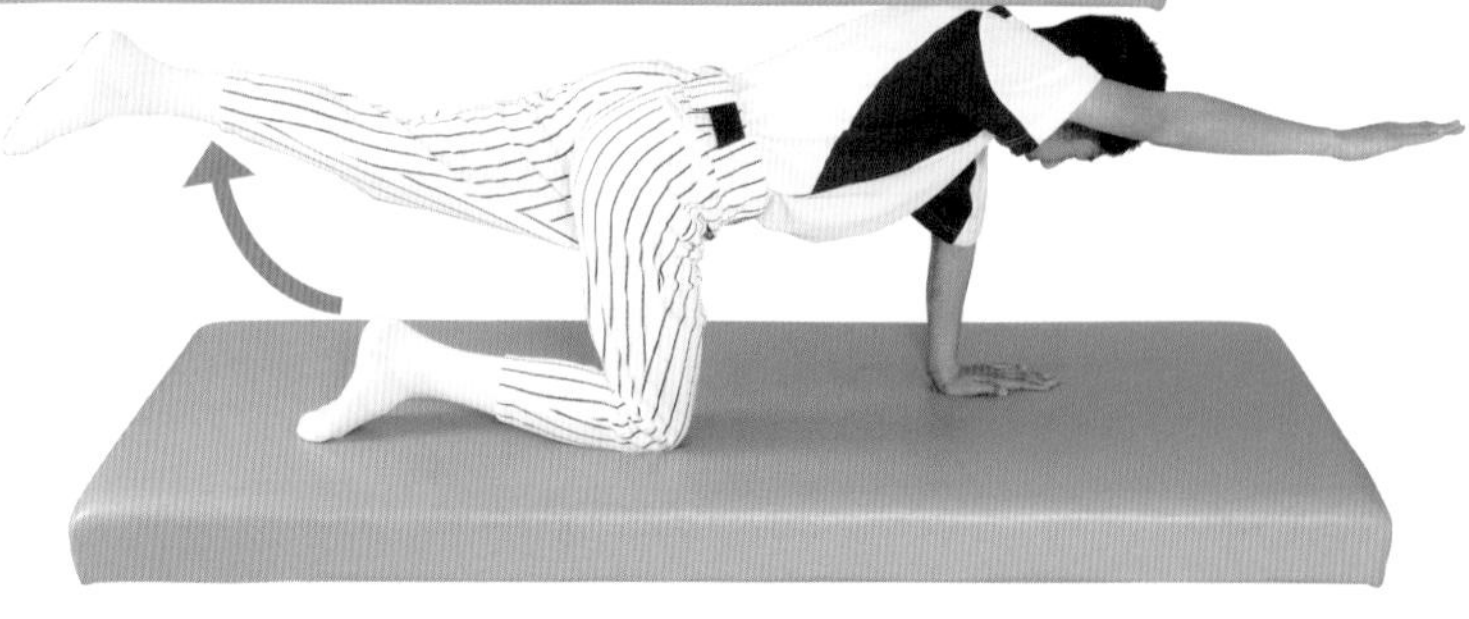

ハンドニーリング

❶両手と両ひざを床につけて四つ這いの姿勢をとる。骨盤の傾きに注意して、腰を反らないようにする。

❷そのまま右腕を床と平行になるように上げる。

❸２の状態で安定しているようなら、左下肢も水平になるように挙上し、その姿勢を30秒間キープする。

＊左右反対にして同様に行う。

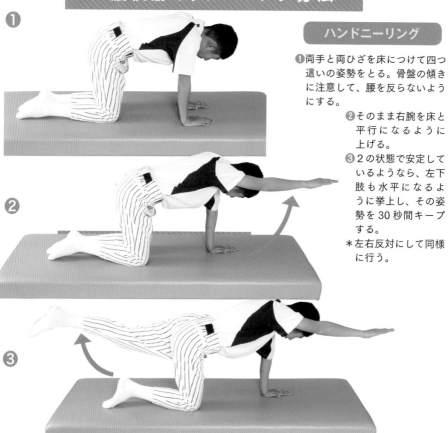

サイドブリッジ

横向けに寝て、ひじと足を床につけて身体を支え、足、骨盤、脊椎《せきつい》、頭が一直線上になるようにする。この姿勢を30秒間保持し、反対側も同様に行う。右側が下向きであれば、右の腹横筋が活動している。

フロントブリッジ

❶

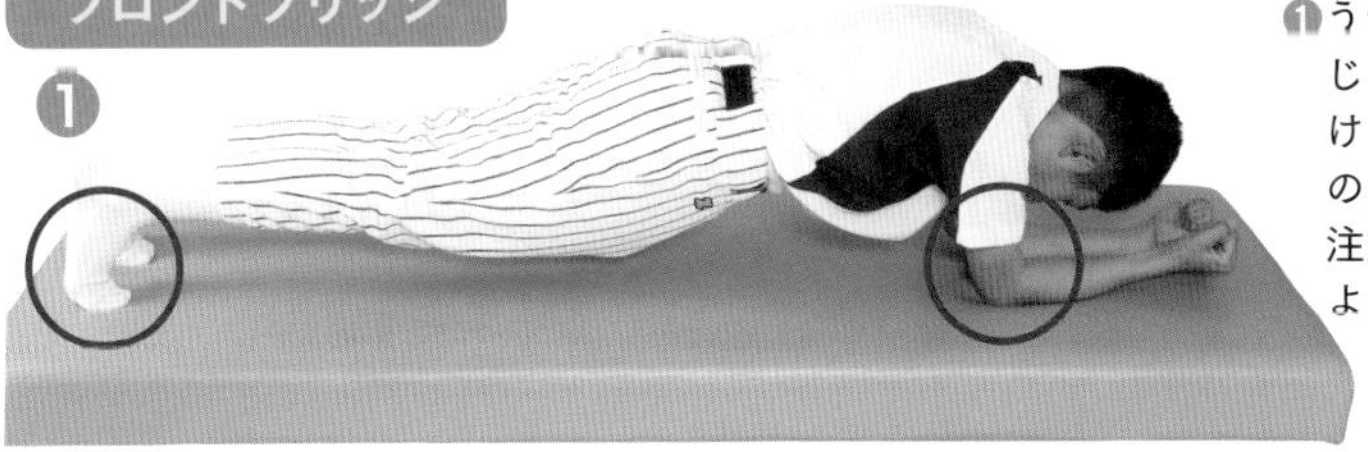

❶うつ伏せの姿勢からひじとつま先を床につけて身体を支える。このとき、骨盤の傾きに注意し、腰を反らないようにする。

❷

❷この姿勢で安定していれば、右腕を水平に上げる。このとき、骨盤が左右に大きく回旋しないように注意する。

❸

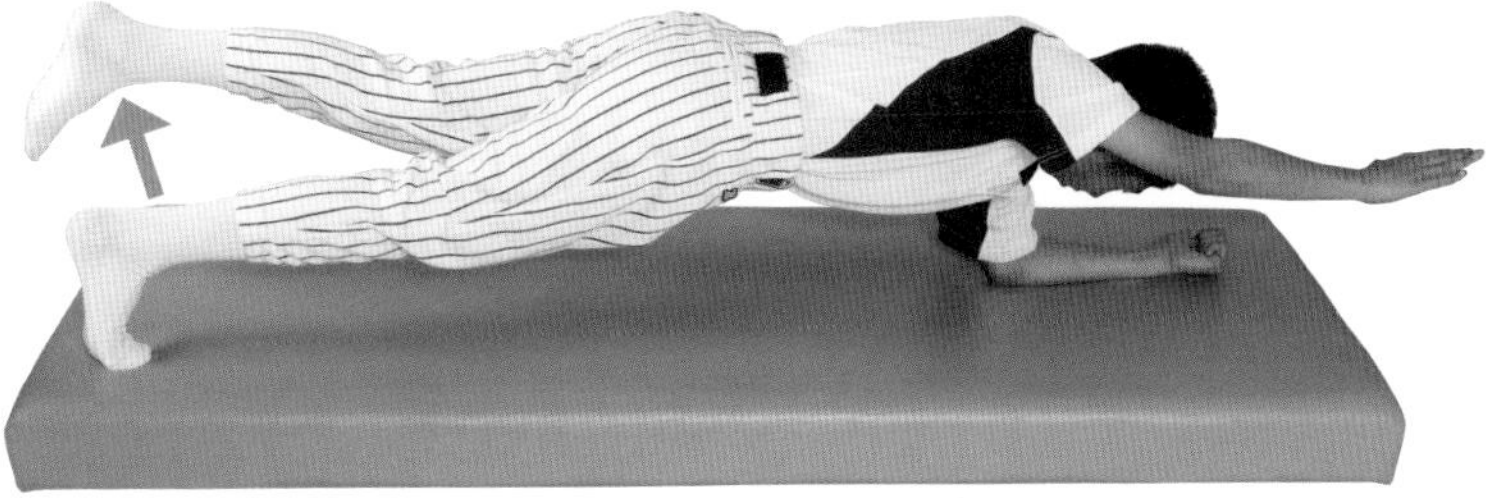

＊このポジションを保持するためには相当の筋力を必要とするので、この姿勢で骨盤回旋したり、上手に保持したりすることができないようであれば、右ページのハンドニーリングをしっかり行ってから徐々に行うようにする。

❸腕の挙上が安定して行えるようなら、左下肢を水平に挙上する。この姿勢を30秒間キープし、反対側も同様に行う。

です。腹横筋がきちんと活動しているかどうかは外からの観察ではわかりにくいので、指導が難しい体操といえます。

最近では、どの体操がどの筋肉を多く使っているのかという研究が行われてきているので、ここでは有効性の高いエクササイズを紹介します。このような**科学的根拠に基づいたトレーニングを行うことにより、より確実な効果が得られます。**

プロ野球選手は、オフの時期に専門のトレーナーや指導者からさまざまな体幹筋トレーニングの指導を受けていますが、ここで紹介した方法はどこでも簡単にできるので、ぜひ実践して体幹を鍛えてください。

本書で紹介した腰痛の対処法や予防法は、野球選手だけでなく、一般の人の腰痛に対する運動療法としても有効ですので、腰痛に悩んでいる人は実践してみてください。

多裂筋《たれつきん》のトレーニング

バックブリッジ

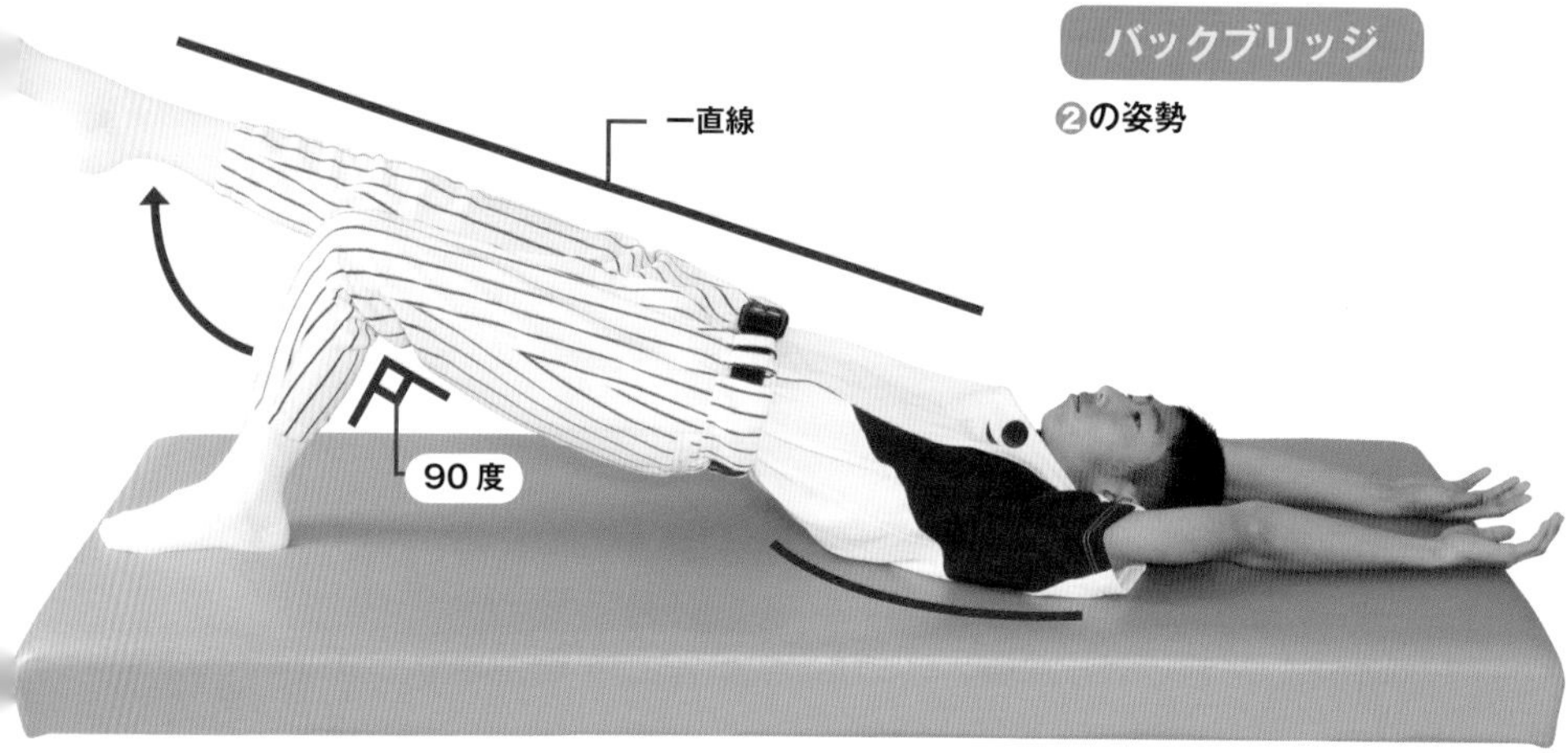

❶あお向けに寝てひざを90度に曲げ、背中の肩甲骨付近と足を床につけて身体を支える。背中、股関節、ひざが一直線上になるような姿勢を保持する。
❷これが上手にできるようなら、片足を持ち上げて足先まで一直線になるようにする。この姿勢を30秒間キープし、反対側も同様に行う。

Part 4 下肢の障害

弘前大学大学院整形外科／石橋恭之

＊下肢のケガの多くは、外傷が大半を占めます。

下肢 1

下半身は野球のプレーの基礎となる部位

下肢の筋肉は筋力＋柔軟性が必要

下肢《かし》は、ももの付け根から下の脚部全体をさし、「**打つ**」「**投げる**」「**走る**」といった**野球の基本動作の基礎**となる、身体の土台となる部分です。

野球に限らず多くのスポーツは、「走る」「跳ぶ」といった動作を繰り返し行うため、下肢に非常に大きな力が加わり、筋肉や骨のケガが多発します。

ケガは大きく、**外傷**と**障害**に分けられます。**外傷は急性のもの**で、骨折やねんざなどをさし、**障害は慢性のもの**で、疲労骨折や腱《けん》の付着部炎などをさし、別名「**オーバーユース障害**」とも呼ばれています。

また、下肢は身体の他の部位に比べて成長期に大きく伸びるため、**成長障害が多い**という特徴があります。

下半身の筋力は、すばやい動き、力強い動作を行うために非常に重要ですが、同時に**柔軟性を維持**することも必要です。筋力があっても柔軟性に乏しい筋肉は、肉離れなどの外傷や、関節・腰などの障害の原因となるからです。

さらに、投球フォームにも悪影響をおよぼします。**肩・ひじの障害は、じつは下半身に原因がある**ことも少なくありません。

身体の構造、自分の足の特徴を理解する

運動前にはストレッチを十分行うことが大切ですが、**関節・筋肉の構造を理解して行わなければ効果が期待できません。**

たとえば、大腿四頭筋《だいたいしとうきん》（もも前面の筋肉）にある大腿直筋《ちょくきん》は2つの関節をまたぐ**二関節筋**ですが、ひざを曲げるだけでなく、股関節を伸ばさなければこの筋肉を十分にストレッチすることはできません。

また、下肢の形は人それぞれ特徴があります。O脚の人、X脚の人、足部では甲の高い人、扁平足《へんぺいそく》の人と、その形はさまざまです。どの形が理想ということはありませんが、下肢の形と生じる障害には関連性があるといわれています。

障害を防ぐためには、**自分の足の形に合ったシューズを選ぶ**ことが非常に大切です。長時間のランニングやトレーニングを行うときは、足の形にあったクッション性に優れたトレーニングシューズに履《は》き替えることで、障害を未然に防ぐことができます。

下《か》肢《し》の構造

前面

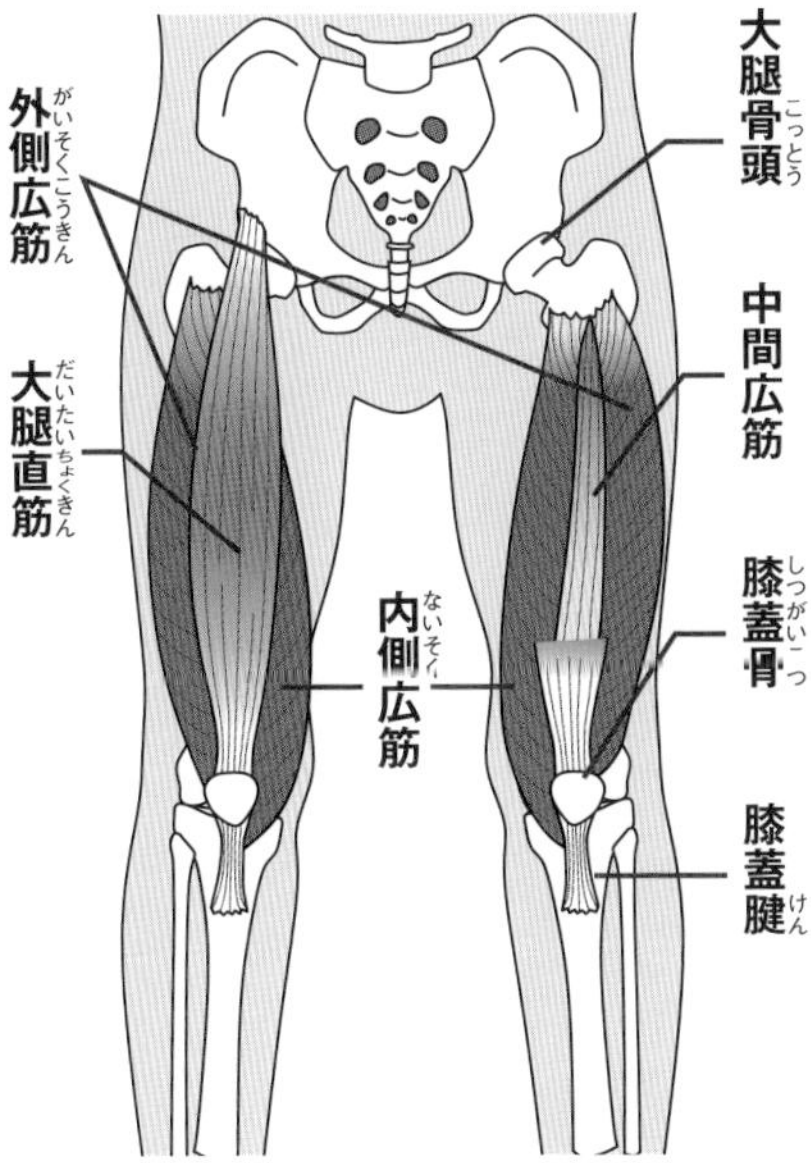

後面

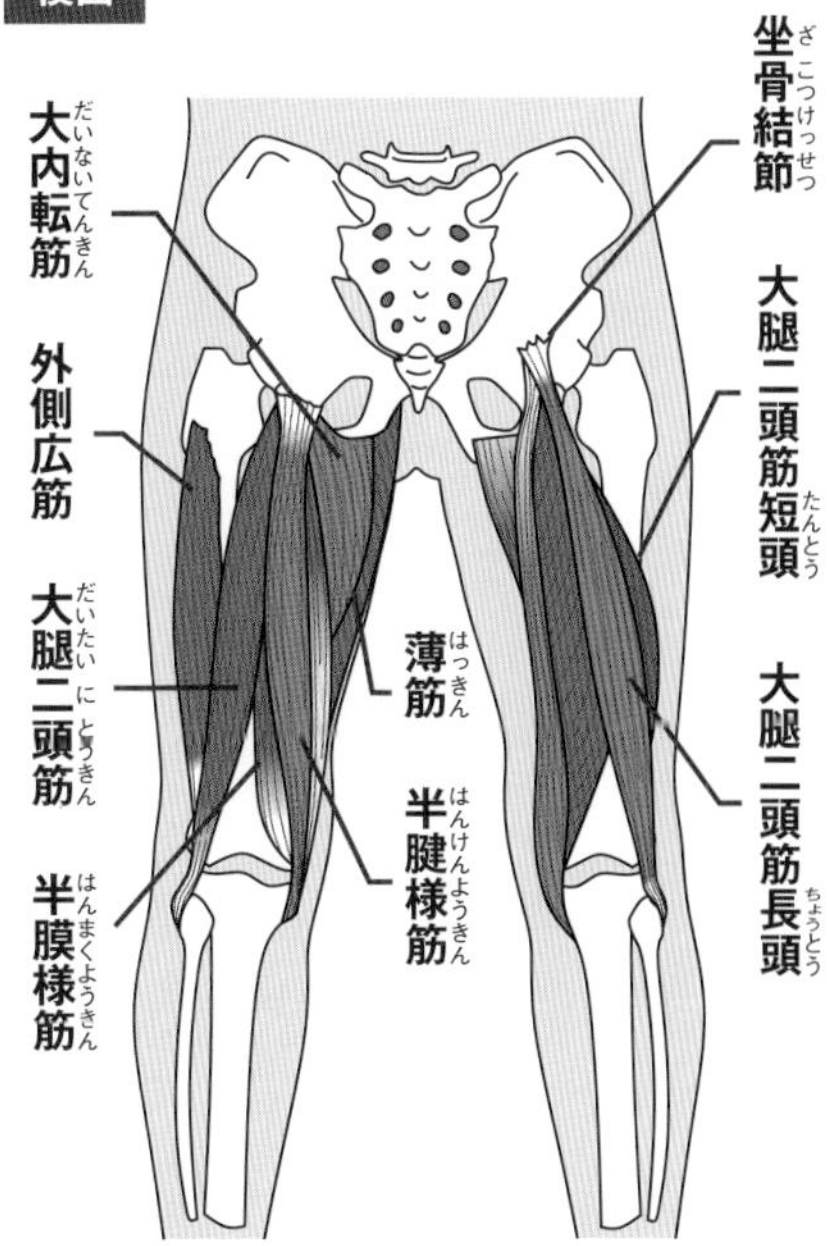

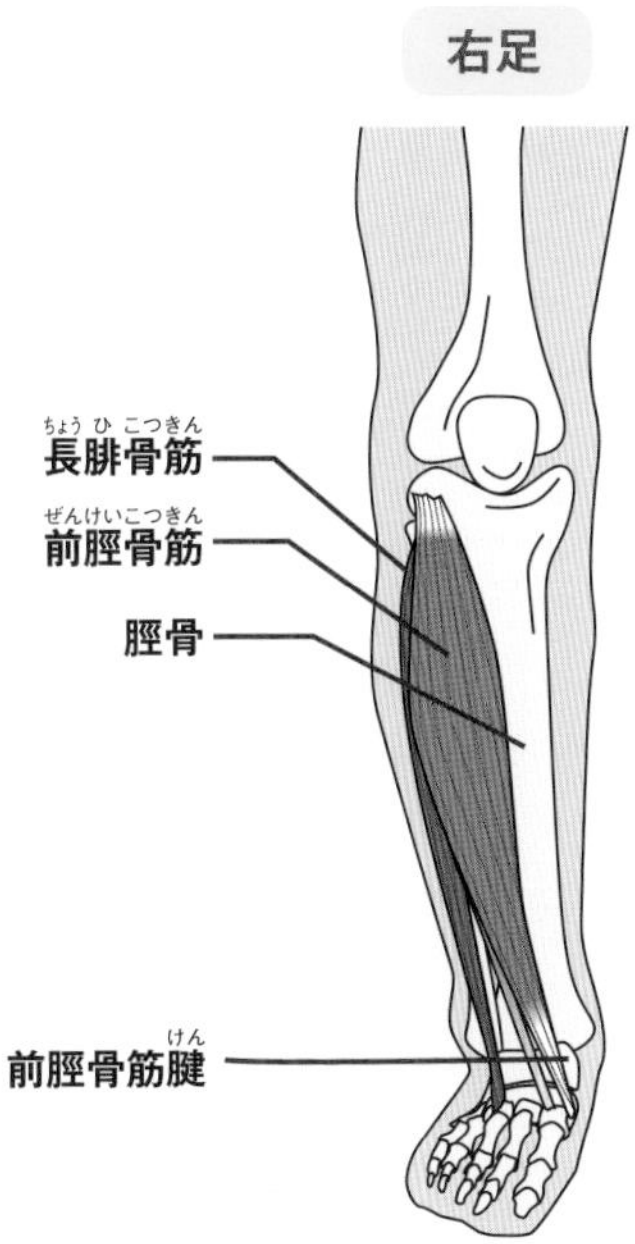

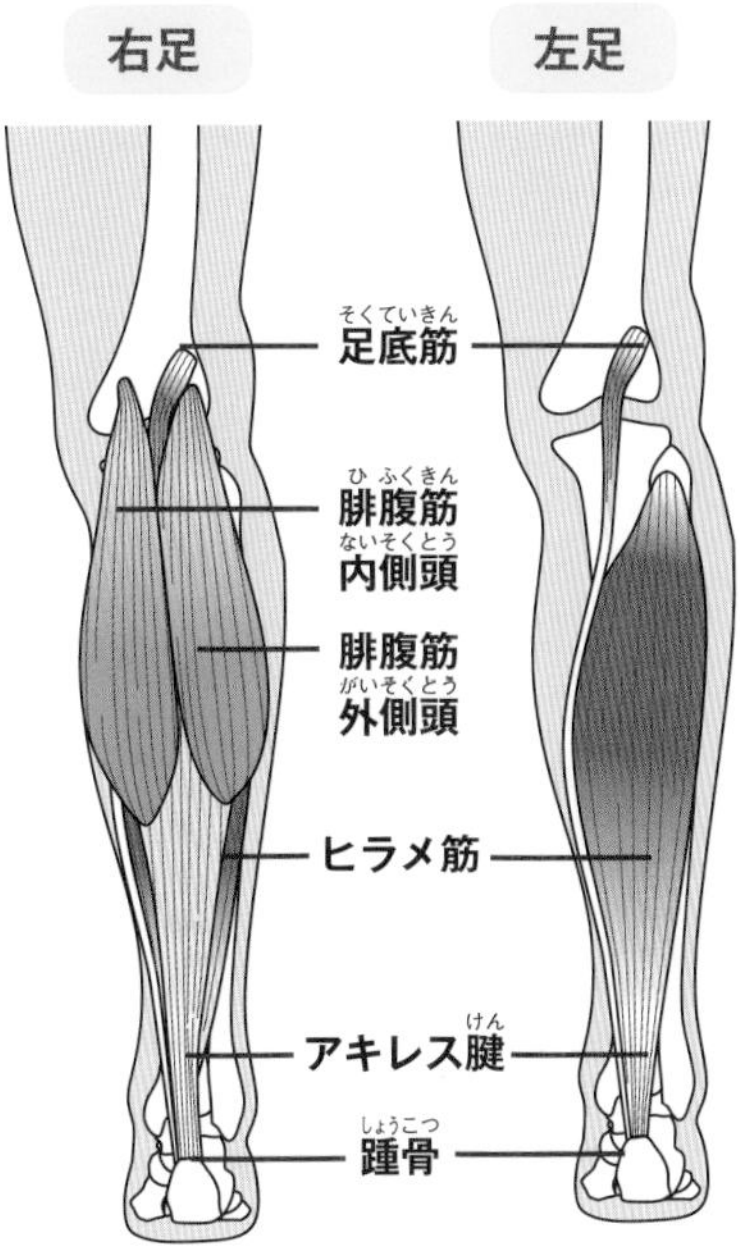

下肢 2

股関節・太もものケガ

ももの筋肉（大腿四頭筋とハムストリングス）は強大な筋肉です。柔軟性が伴わなければ肉離れの原因につながり、また腰痛や成長痛の誘因ともなります。

股関節のケガ

股関節のケガは、ひざや足関節に比べると多くはありません。ただし、股関節周囲に痛みがある場合は、骨盤《こつばん》や大腿骨《だいたいこつ》の疲労骨折なども考えられるので注意が必要です。

また、13～15歳の成長期の男子がダッシュなどの際に突然痛みを訴えた場合は、肉離れより**筋肉付着部の剥離《はくり》骨折**が疑われます。痛みが強い場合は、医療機関を受診しましょう。

太もものケガ

太ももの痛みの多くは、筋肉に由来します。運動中に相手のひざやボールが当たったことによる**筋《きん》挫《ざ》傷《しょう》**（いわゆる〝**ももかん**〟）や**肉離れ**は、非常に多い外傷です。

肉離れのMRI

大腿四頭筋《だいたいしとうきん》の肉離れ（上矢印部分）とハムストリングスの肉離れ（下矢印部分）。肉離れは、筋肉内の出血（軽症）から重症の筋肉の断裂《だんれつ》まで、程度はさまざま。リハビリやスポーツ現場への復帰に関しては、スポーツ専門ドクターやトレーナーの指導を受けよう。

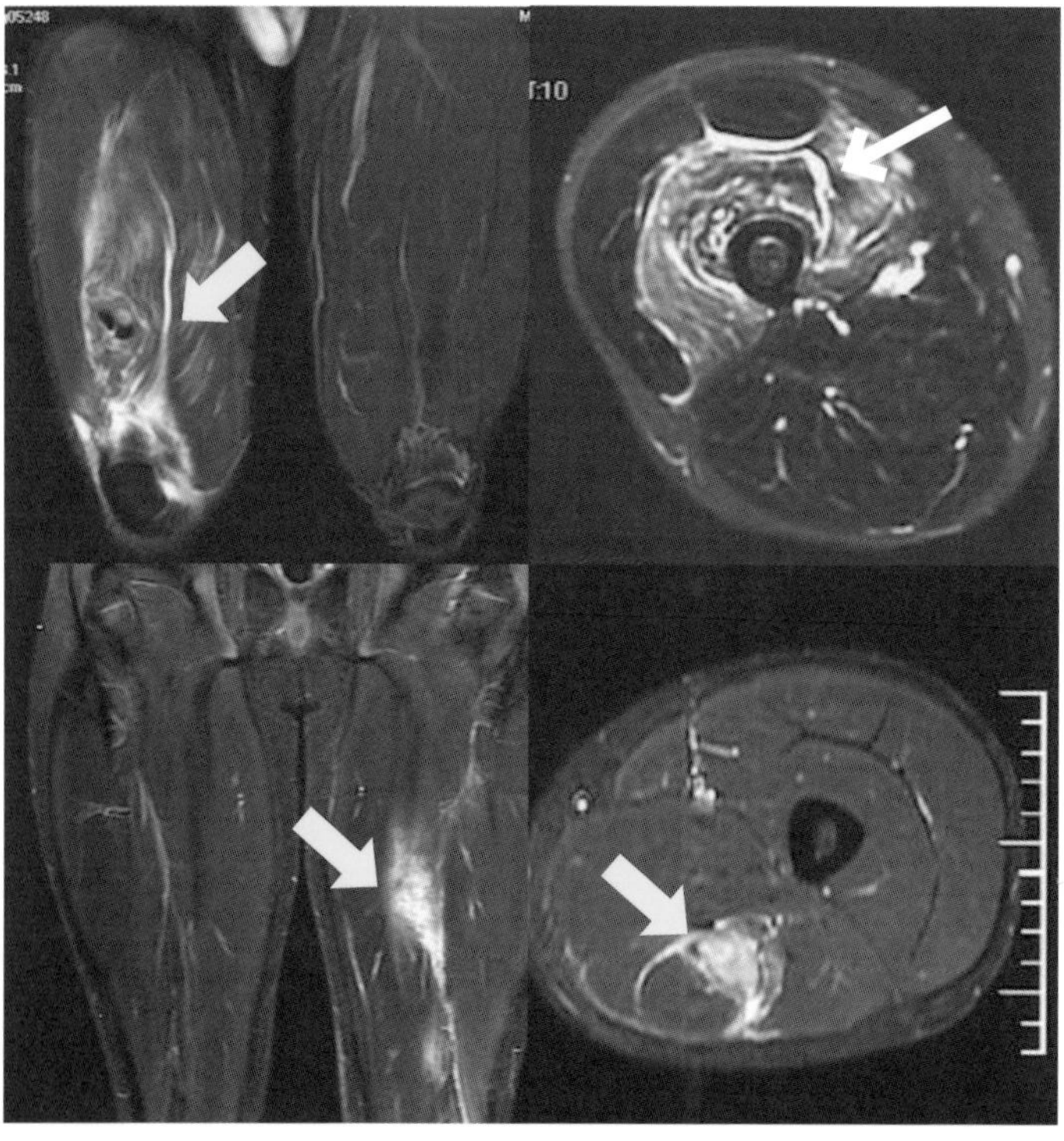

肉離れは、本人が意図しないままに筋肉を形成している筋線維《きんせんい》や筋膜などが出血・断裂《だんれつ》を起こすもので、**ハムストリングス**に最も多く、次に**大腿四頭筋《だいたいしとうきん》**に多く生じます。

ごく軽度のものからまれに手術を要するものまでありますが、最近はMRI検査（磁気《じき》共鳴画像検査）で肉離れの状態がくわしくわかるようになり（右ページの画像）、スポーツ現場への復帰の目安もある程度つくようになっています。

肉離れを起こしたら まず「R・I・C・E」処置

肉離れの急性期は、筋肉からの出血をできるだけ少なくするために、**安静・冷却・圧迫・挙上《きょじょう》**を行います。これら一連の処置法は「**R・I・C・E**」と呼ばれ、**ケガの初期治療の基本**です。

安静にして患部を冷やすことにより出血や腫れ、炎症を抑え、圧迫することで回復を早め、患部を高く上げて腫れを最小限に抑えます。

ケガの初期治療の基本「R・I・C・E」

R (Rest) 安静

練習や試合を中断して、患部の安静を保つ。安静により腫《は》れや炎症を抑え、出血を最小限にする効果がある。

I (Icing) 冷却

ケガをすると内出血が生じ、腫れの原因となる。できるだけ早期に患部を冷やすことが大切。

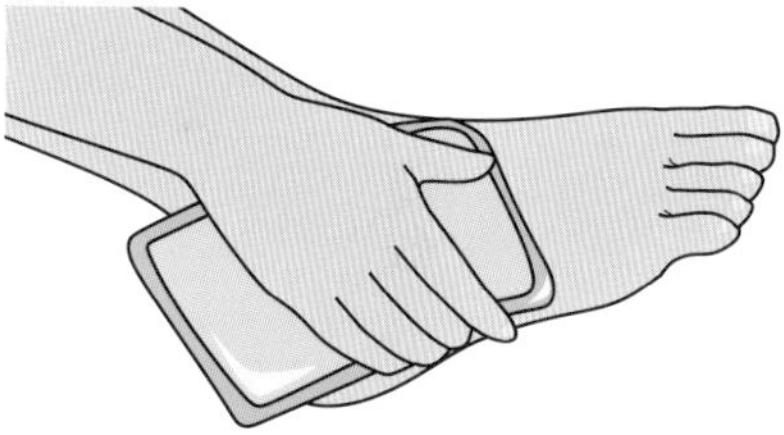

C (Compression) 圧迫

安静・冷却と同様に、内出血や腫れを抑え、回復を早める効果がある。必要に応じて、圧迫と固定を併用するとより効果的。

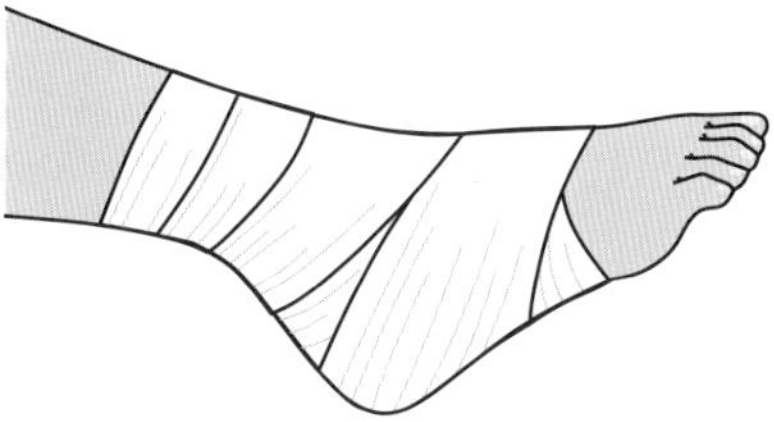

E (Elevation) 挙上《きょじょう》

患部を心臓より高く上げることにより、腫れを最小限にとどめる。

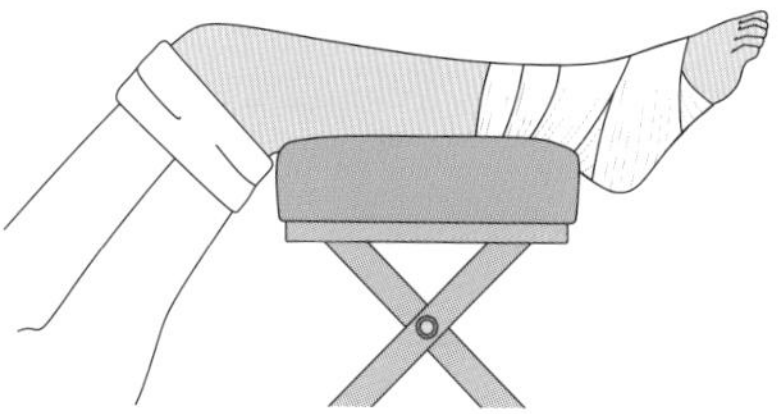

大腿《だいたい》四《し》頭筋《とうきん》・ハムストリングスの肉離れ

柔軟性をチェック!

肉離れを起こした足を挙上《きょじょう》し、太もも前面の肉離れの回復状況を確認する。

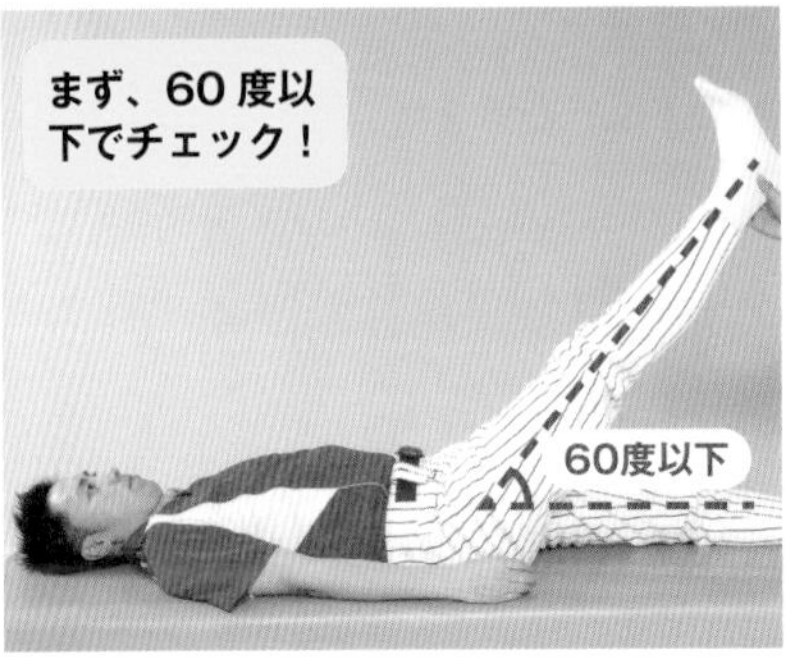
まず、60度以下でチェック!
60度以下

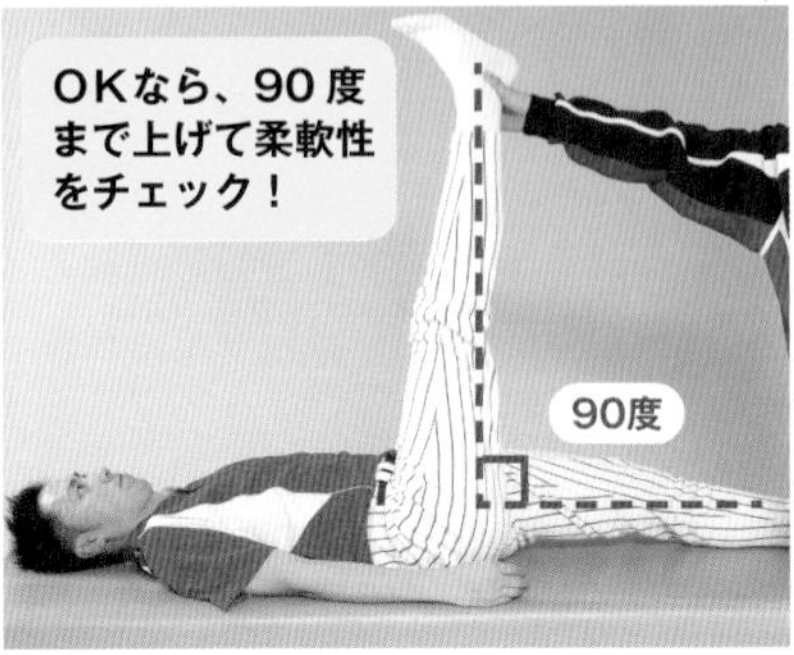
OKなら、90度まで上げて柔軟性をチェック!
90度

大腿四頭筋のストレッチで柔軟性を回復!

肉離れした箇所の柔軟性を確認したら、徐々にストレッチを開始し、回復に努める。

壁に手をついて、バランスをとる
伸びる

壁に手をつき、足を曲げて足先を持ち、お尻につけるように太もも前面を伸ばす。

あお向けで行う場合

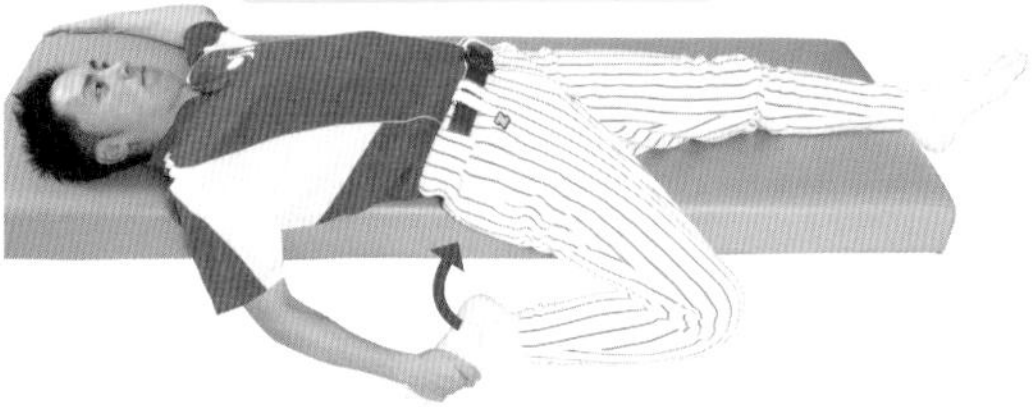

うつ伏せで行う場合

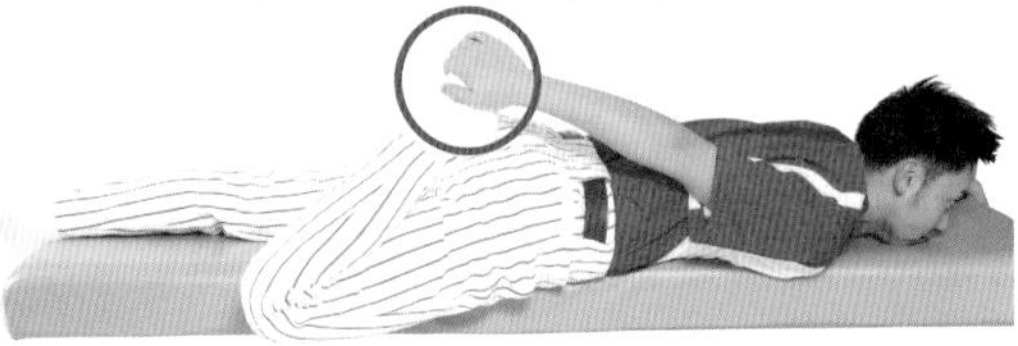

タオルを利用する場合

肉離れから復帰まで

出血が止まったと思われる3日後くらいから、徐々に軽い筋力訓練やストレッチを開始します。軽い肉離れの場合には、反対の脚と同程度、**痛むことなく筋肉を伸ばせる**ようになってから、軽い運動を開始します。

一度肉離れを起こした筋肉は柔軟性が失われているため、運動して筋肉が張ってくると違和感を生じます。このようなときは無理をせず、少し休んでストレッチなどを行い、筋肉の柔軟性の回復に努めるようにします。ランニングやダッシュが違和感なく可能となってから、チームの全体練習に合流しましょう（上表）。

筋肉が一部断裂《だんれつ》した場合は、スポーツ専門医の指導を受けたほうがいいでしょう。

肉離れでよくある間違いは、痛みが消失したことを治癒《ちゆ》とかん違いし、患部の筋力や柔軟性が不十分な状態でスポーツ復帰し、再受傷することです。

肉離れ（軽症）発症後から復帰までのリハビリテーションメニュー例

経過日時＼メニュー	メディカルケア	メディカルリハビリテーション	アスレチックリハビリテーション
受傷当日	安静・冷却		他の部位の筋力トレーニング
3日後	弾性包帯 サポーター テーピング	等尺性自動運動、等張性自動・他動運動 運動前の温熱療法（ホットパック、超短波、パイプラバス） 運動後の冷却療法	
5日後		抗動力源動 自動ストレッチング 他動ストレッチング	傷害部位の筋力トレーニング
7日後			ショギング 快調走 加速走 競技技術練習開始
12日後			ダッシュ 走り込み
14日後			競技復帰

下肢

3

ひざのケガ

ひざは身体の中で最も大きな負荷がかかる関節で、スポーツにとっても非常に重要な部位です。半月板や靭帯などは複雑な構造となっているため、スポーツ外傷や障害が頻出する関節でもあります。

ひざはスポーツ障害の宝庫

大腿四頭筋《だいたいしとうきん》から膝蓋骨、膝蓋腱《けん》に至る部分（「膝伸展機構《しんてんきこう》」と呼ばれる）は、運動時に強く引っ張られるため、**子供から大人まで障害を起こしやすい部位**です。同じ部分に繰り返し力が加わることで、腱や靭帯《じんたい》、軟骨《なんこつ》などに目に見えない小さな傷ができたり炎症が起こったりして、徐々に痛みを生じるようになります。

ひざの障害は、大腿四頭筋やハムストリングスといったももの筋肉が硬いと、腱や骨・軟骨に過度の負担がかかり発生しやすくなります。練習前後のストレッチも重要ですが、**とくに成長期の子供は、生活の中で毎日ストレッチをすることを習慣づける**ことが大切です。

ひざの構造

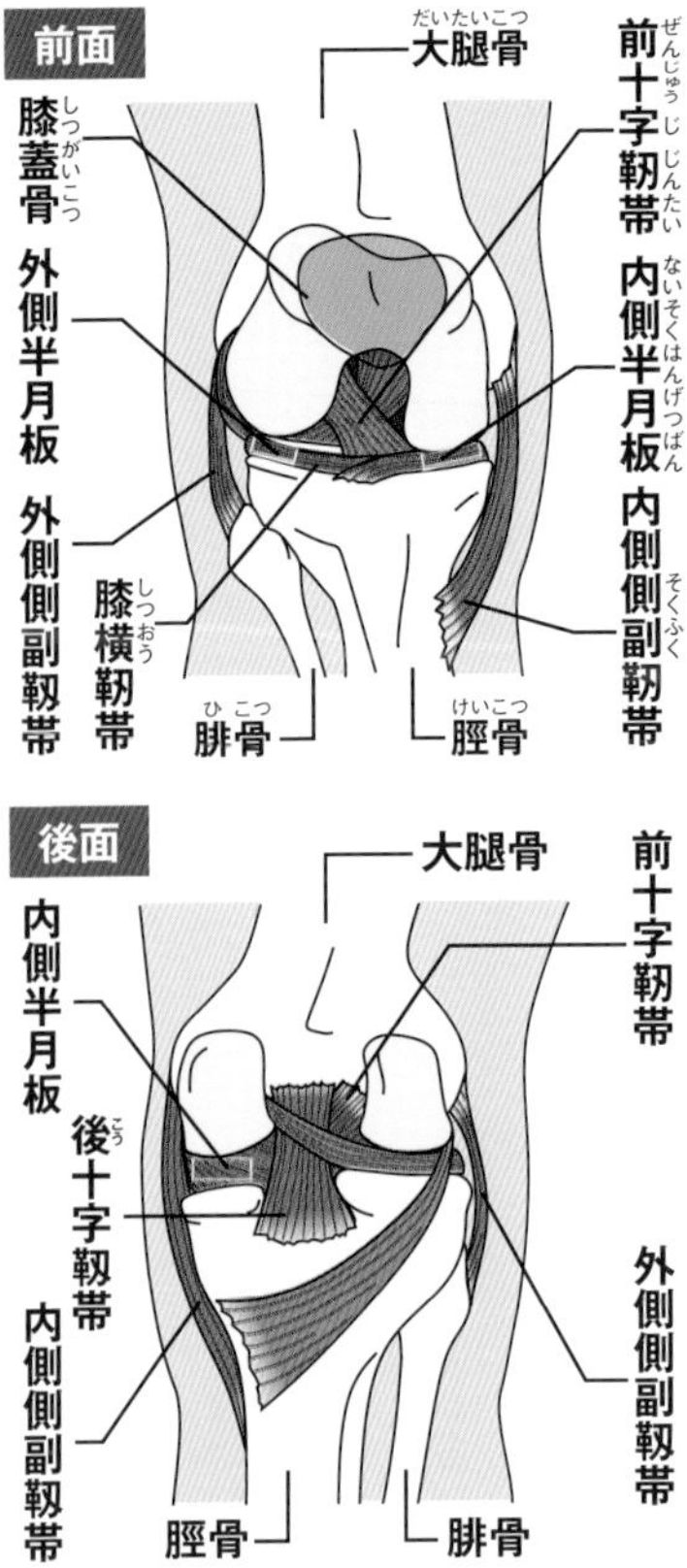

子供に最も多いオズグット病

オズグット病（正式には「オズグット・シュラッター病」）は、**脛骨粗面《けいこつそめん》**というひざ前の出っ張りに痛みが生じます。成長期の男子（10～14歳）に多く、成長痛の一つとして一般の人にも広く知られているスポーツ障害です。

大腿四頭筋の牽引《けんいん》力によって、成長している脛骨粗面の軟骨部分が障害されるオズグット病は、初期では運動時のひざ前の痛みだけですが、徐々に腫《は》れや熱感を生じ、正座が困難になることもあります。通常は成長の停止とともに痛みは

オズグット病のレントゲン写真とチェック法

成長期の子供は、つねに脛骨《けいこつ》粗面《そめん》部に痛みがないかチェックしよう！

セルフチェック法

「脛骨粗面」というひざ前の出っ張り部分を手で圧迫し、痛みがあるかチェックする。

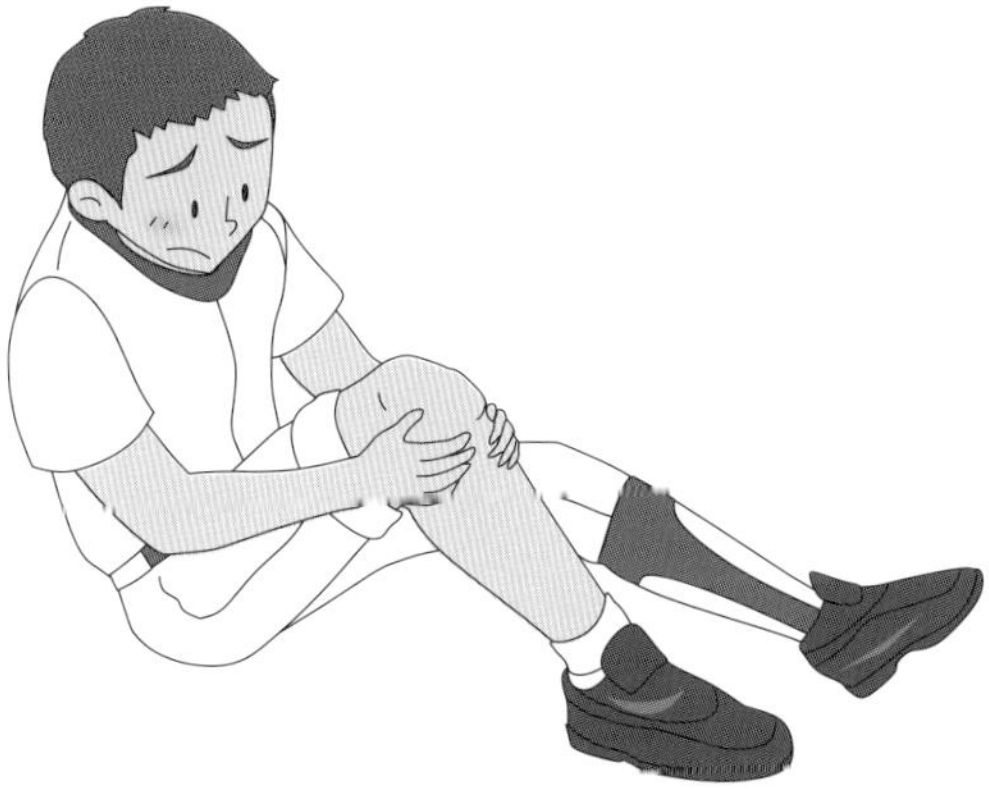

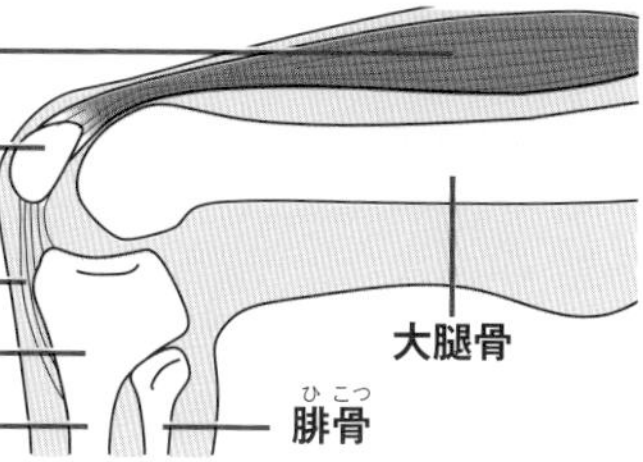

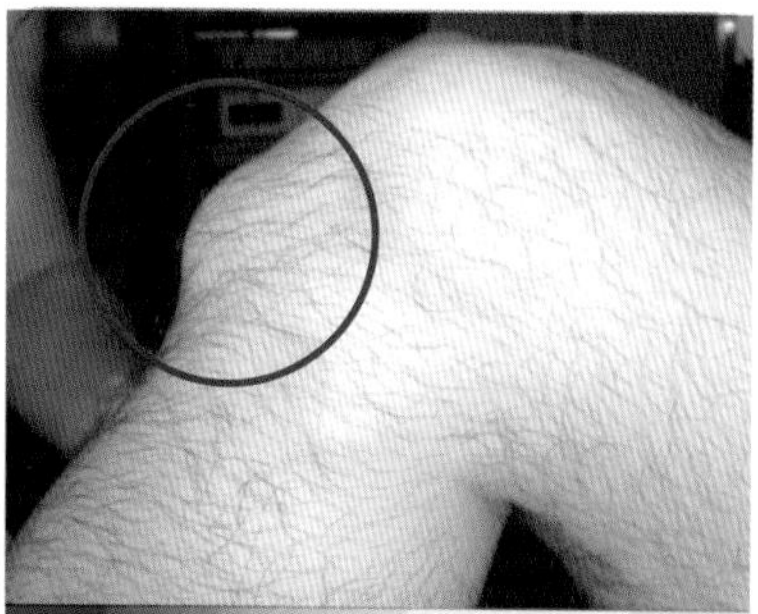

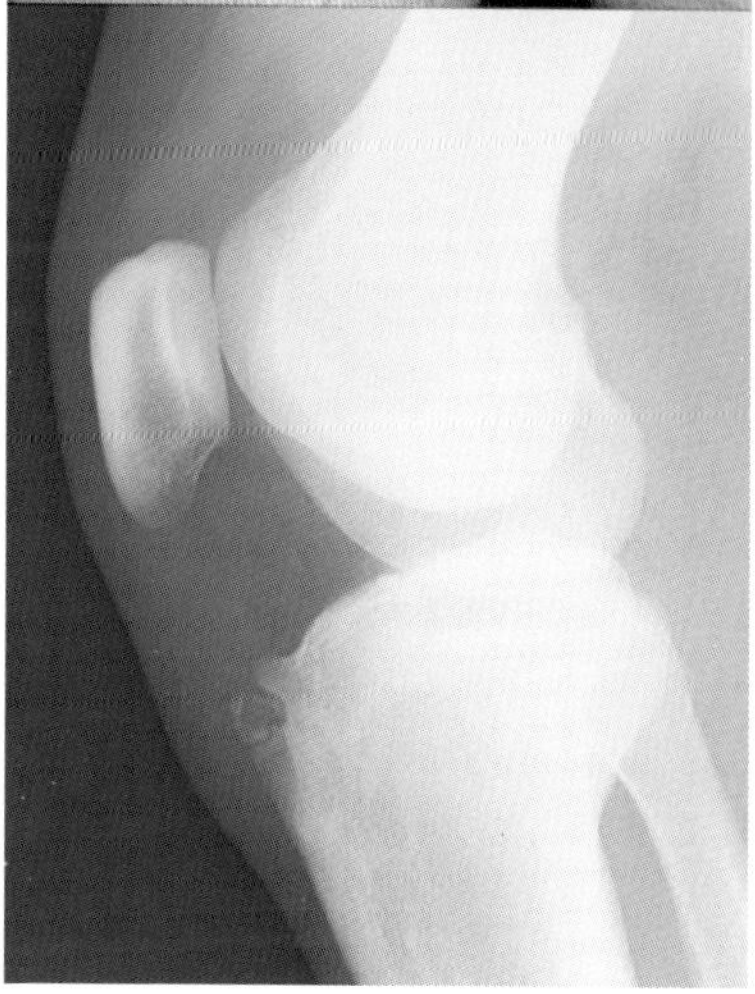

改善しますが、その後も痛みが続く場合は手術が必要になることもあります。痛みが強いときはジャンプ、ダッシュ、スクワットなどの運動は控え、ストレッチを行いましょう。練習直後のアイシング（15～20分程度）や膝蓋腱《しつがいけん》部の装具も有用です。

オズグット病の発症は成長と密接な関係があり、野球肘《やきゅうひじ》と同様に、**成長期の子供は自分で痛みが生じていないかチェックする**ことが必要です。

このほか、成長期の子供に生じるひざの痛みの原因には**分裂膝蓋骨**などが挙げられますが、ももの筋肉の固さが一因となります。

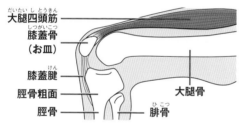

高校生以上に多い ジャンパー膝

ジャンパー膝《ひざ》（膝蓋腱炎）は、**高校生以上のスポーツ選手に見られる膝蓋腱付着部の痛み**です。バレーボールなどの跳躍競技の選手に多く生じますが、野球選手にもしばしば起こります。痛みは運動時だけに生じることが多いため、スポーツパフォーマンスが低下して、慢性化してから病院を受診する傾向にあります。

ジャンパー膝には、**練習直後のアイシングが有効**です。また、筋肉の柔軟性に乏しいと痛みが悪化するので、**練習前のウォーミングアップと大腿四頭筋《だいたいしとうきん》のストレッチ**に十分時間をかけましょう。

そのほか、ひざの外側が痛くなる障害に**腸脛靭帯炎《ちょうけいじんたいえん》**があります。O脚傾向の人が硬い路面などで長距離走したときに起こしやすく、ランニングシューズを工夫したり、腸脛靭帯をストレッチしたりして予防に努めます。

ひざのねんざである半月板損傷と靭帯損傷

ジャンプの着地に失敗したり、プレー中に他の選手と交錯したりしてひざをひねってしまうことがあります。このようなひざのねんざでは、半月板《はんげつばん》損傷や靭帯損傷を伴うことがあります。

半月板はひざのクッションの働きをし

ジャンパー膝《ひざ》のMRI画像とチェック法

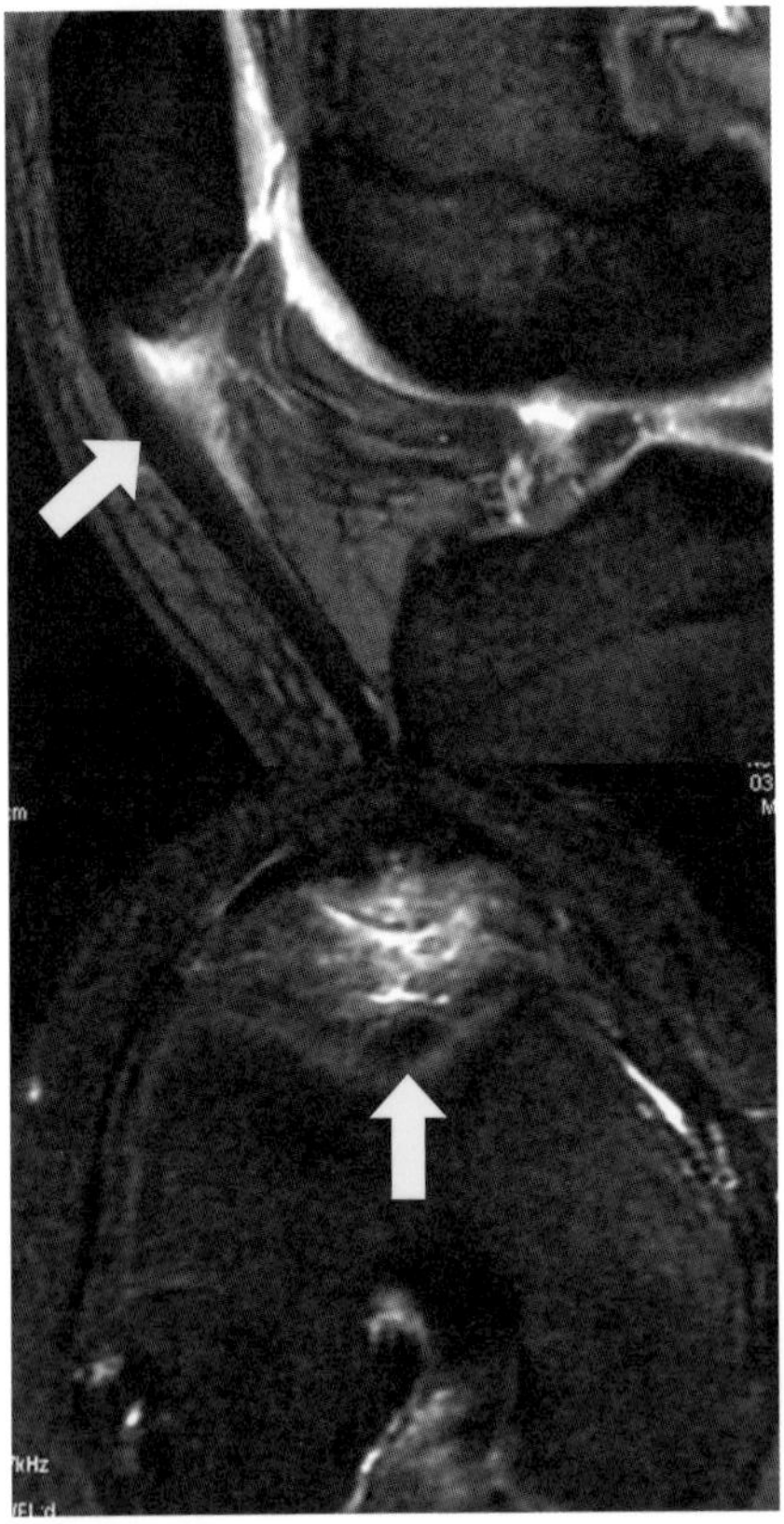

膝蓋腱《しつがいけん》が腫《は》れ、白く変性している（矢印部分）。

セルフチェック法

ジャンパー膝の選手は大腿四頭筋《だいたいしとうきん》が硬くなっている。うつ伏せでひざを曲げてもかかとがお尻につかなかったり、ついてもお尻が上がったりする。

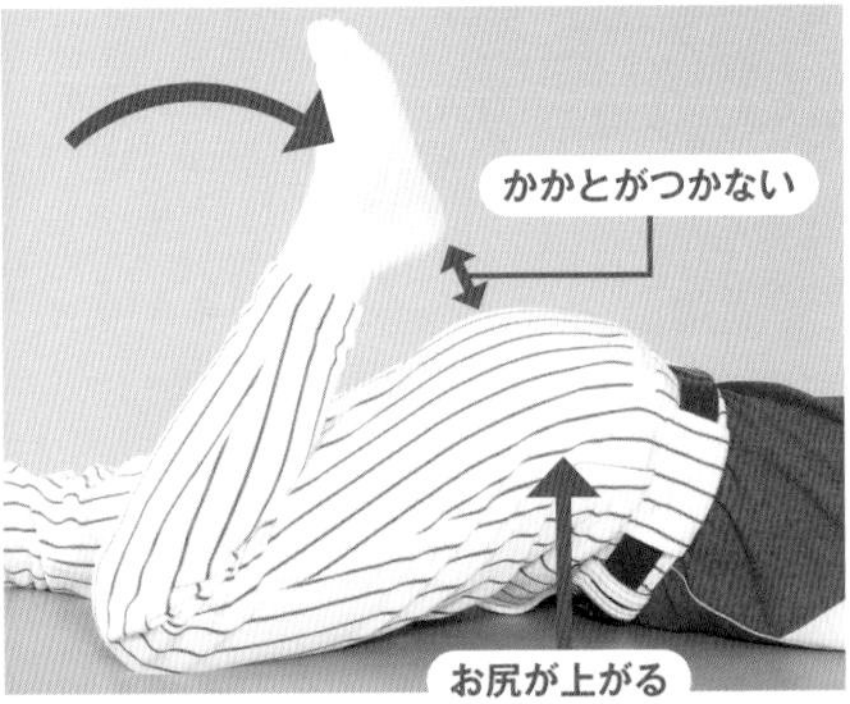

曲げたとき、指が何本入るかチェック！

より重度
指が1～2本 → 指が5本以上

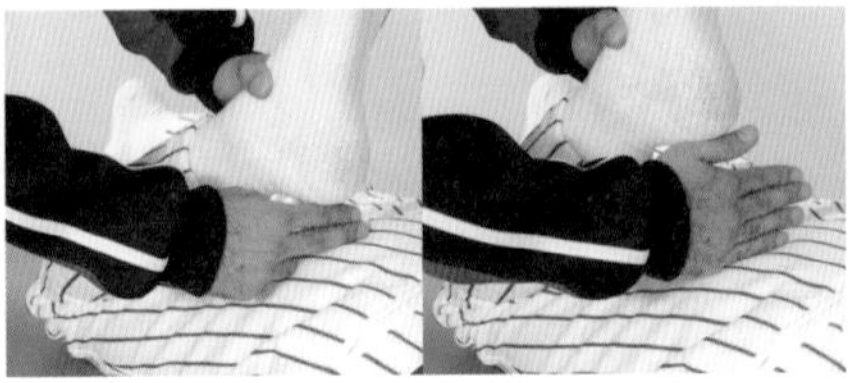

ていますが、損傷すると運動時に痛みを感じたり、屈伸の際に引っかかり感を生じたり、ときにひざが動かせなくなったり(**ロッキング症状**)します。

半月板損傷はMRI検査で診断し、半月板の損傷状態によっては手術が必要となります。現在では、内《ない》視《し》鏡《きょう》(関節鏡)による手術治療が一般的です。

ひざの靭帯損傷で最も多いのが、ひざの中にある**前十《ぜんじゅう》字《じ》靭帯の損傷**です。野球選手も含めて多くのスポーツ選手が、このケガで手術を受けています。

前十字靭帯は、一度切れてしまうと治ることはほとんどありません。運動時にひざがガクッとしますが、放置することで半月板損傷や軟骨《なんこつ》損傷を合併し、ひざは徐々に悪化します。このため、このケガの治療には、靭帯再建術という手術が勧められます。

ひざの靭帯損傷はこのほかにもいくつかありますので、ひざに不安定感を感じたら、専門医を受診してください。

前十《ぜんじゅう》字《じ》靭帯《じんたい》断《だん》裂の過程

前十字靭帯が切れると脛骨《けいこつ》が前方にずれるようになる。専門医の診察が必要。

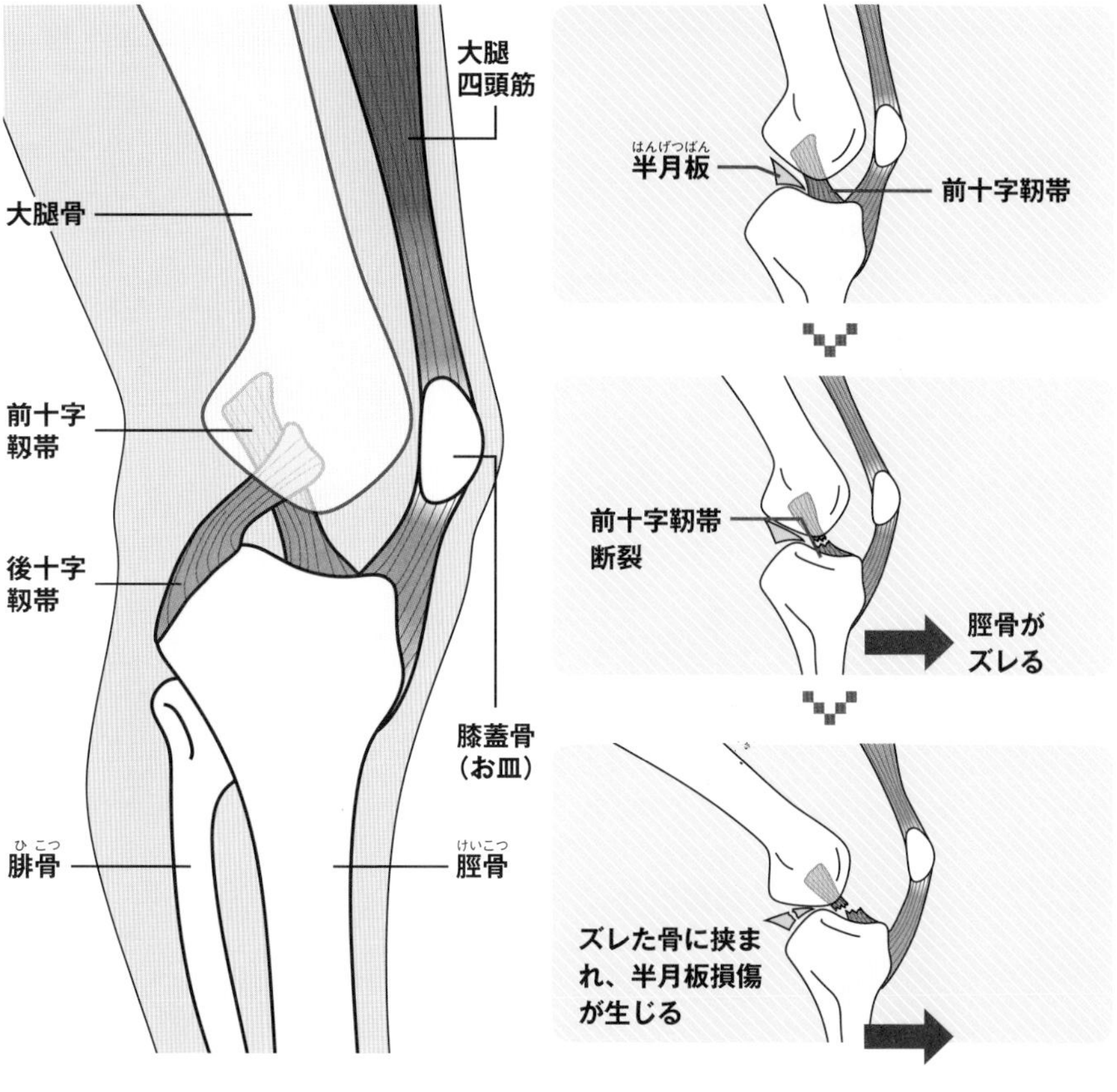

下肢 4

すね・足のケガ

野球選手の〝あしの痛み〟は、肩・ひじのような選手生命を脅かすケガではありません。しかし、野球の多くのプレーに支障をきたすため、予防が重要になります。

スポーツ選手に多いシンスプリント

シンスプリント（過労性脛部《けいぶ》痛）は、走ったり跳んだりするトレーニングを行うことにより、**すねの内側が痛くなる障害**です。

レントゲンで異常がないのが普通で、疲労骨折と同様に、運動していないときは、ほとんど痛みを感じません。扁平足《へんぺいそく》ぎみの選手はシンスプリントになりやすい傾向があり、そのような人には**アーチサポート**（シューズのインソールの土踏まずを高くする）が有効です。

また、走り方によってシンスプリントを生じることがあります。そのような場合は、**ランニングフォームの矯正**が必要です。

シンスプリントが発生しやすい部位

正常なアーチがなくなると、地面からの衝撃を吸収できずに脛骨《けいこつ》の下方に痛みが出る「シンスプリント」を起こす。

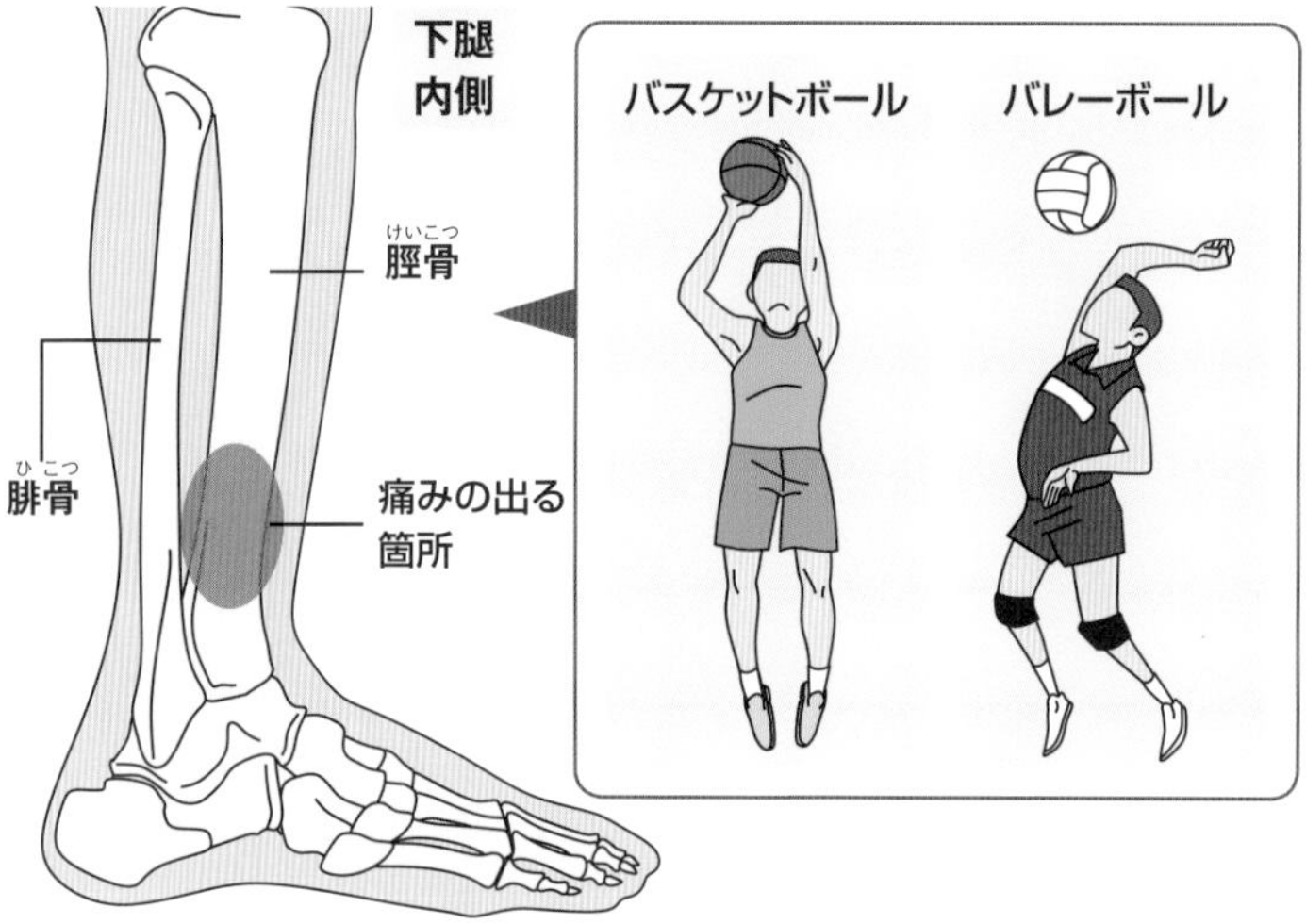

アーチの存在が重要

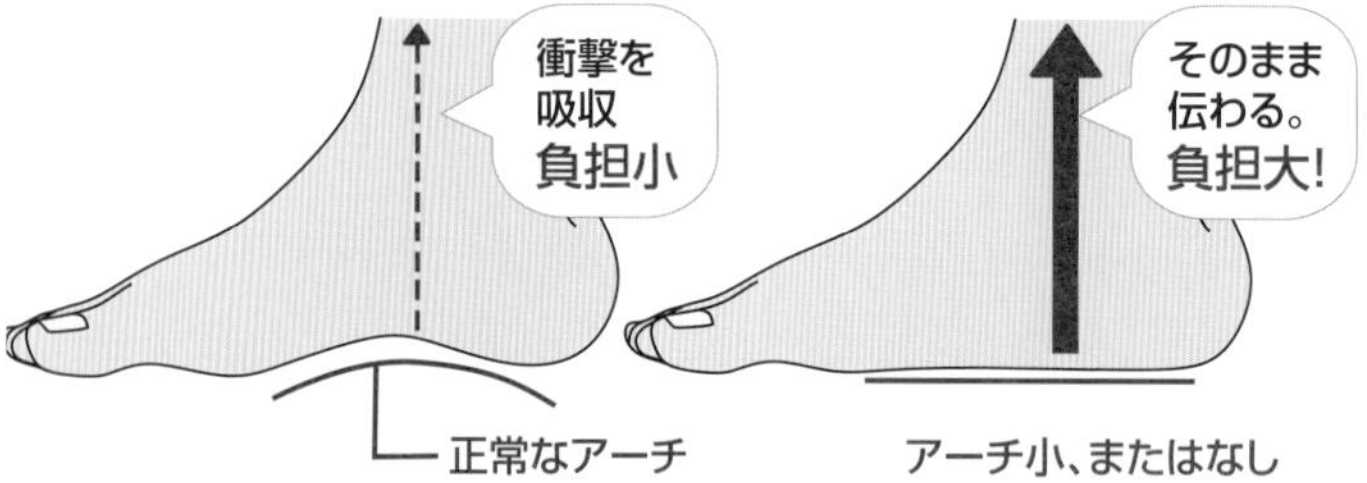

金属疲労の状態の疲労骨折

疲労骨折は、ランニングなどにより**骨の同じ部位に繰り返し力が加わることで徐々に生じる骨折**で、金属疲労のような状態です。腰の疲労骨折を除くと、**すね(脛骨《けいこつ》)とあし(中足骨《ちゅうそくこつ》)**に最も多く起こります。初期にはレントゲンでは異常がみられないことがあるので、痛みが続く場合は再度レントゲンをとる必要があります。

疲労骨折の痛みは、痛めている足でジャンプなどをすると生じます。シーズンの初めや大会前など、過度にトレーニング量を増やしたときに疲労骨折が多発します。

疲労骨折を予防するためには、**計画的なトレーニングメニューを立案し、実行をする**ことが重要です。また、疲労骨折の原因となった運動(**走りすぎなど**)を一度休んで、他の部位のトレーニングを行うようにしましょう。

疲労骨折が発生しやすい部位

疲労骨折を起こしやすい部位は、脛骨と中足骨が圧倒的に多くなっている。

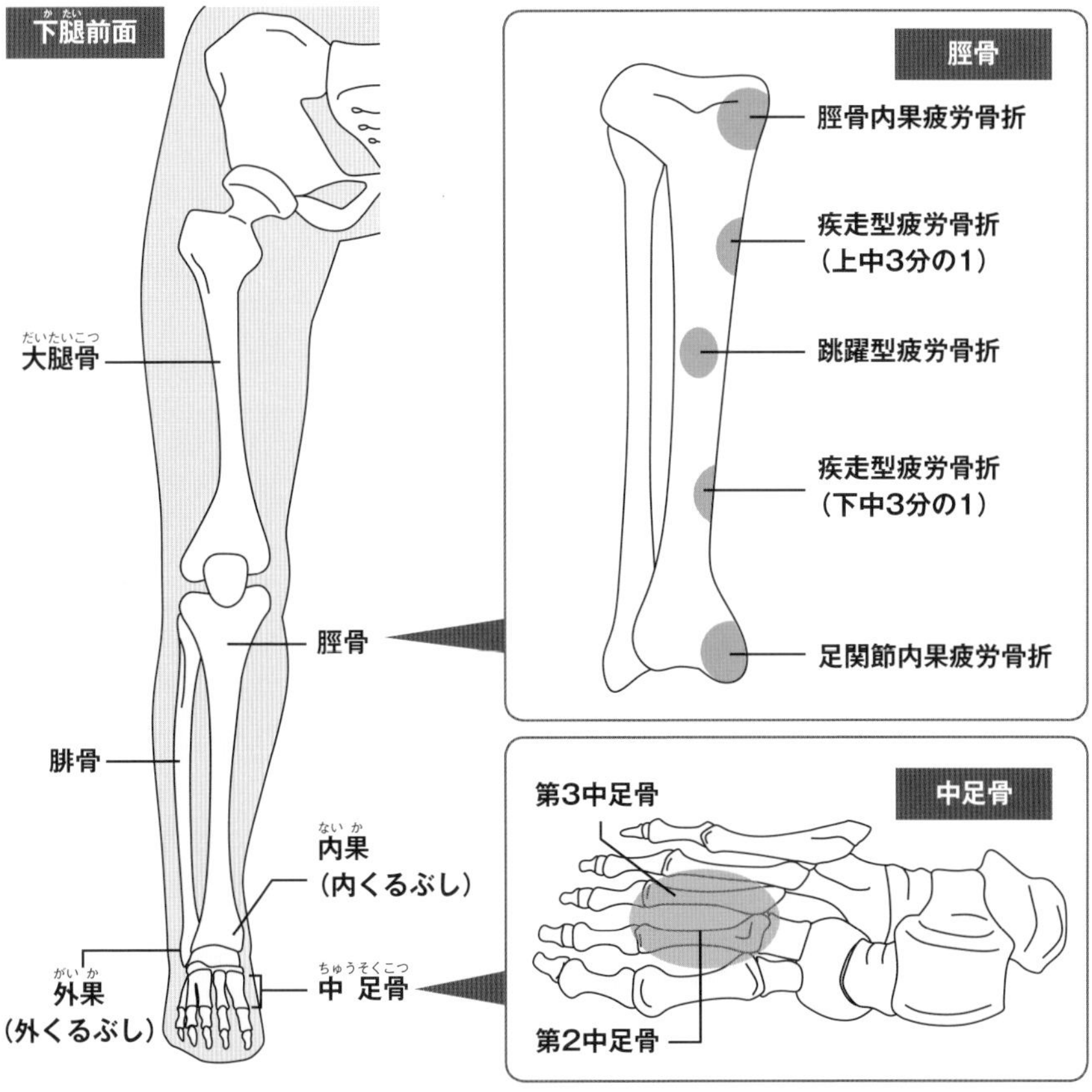

足関節外側の靭帯《じんたい》と外側側副《がいそくそくふく》靭帯損傷

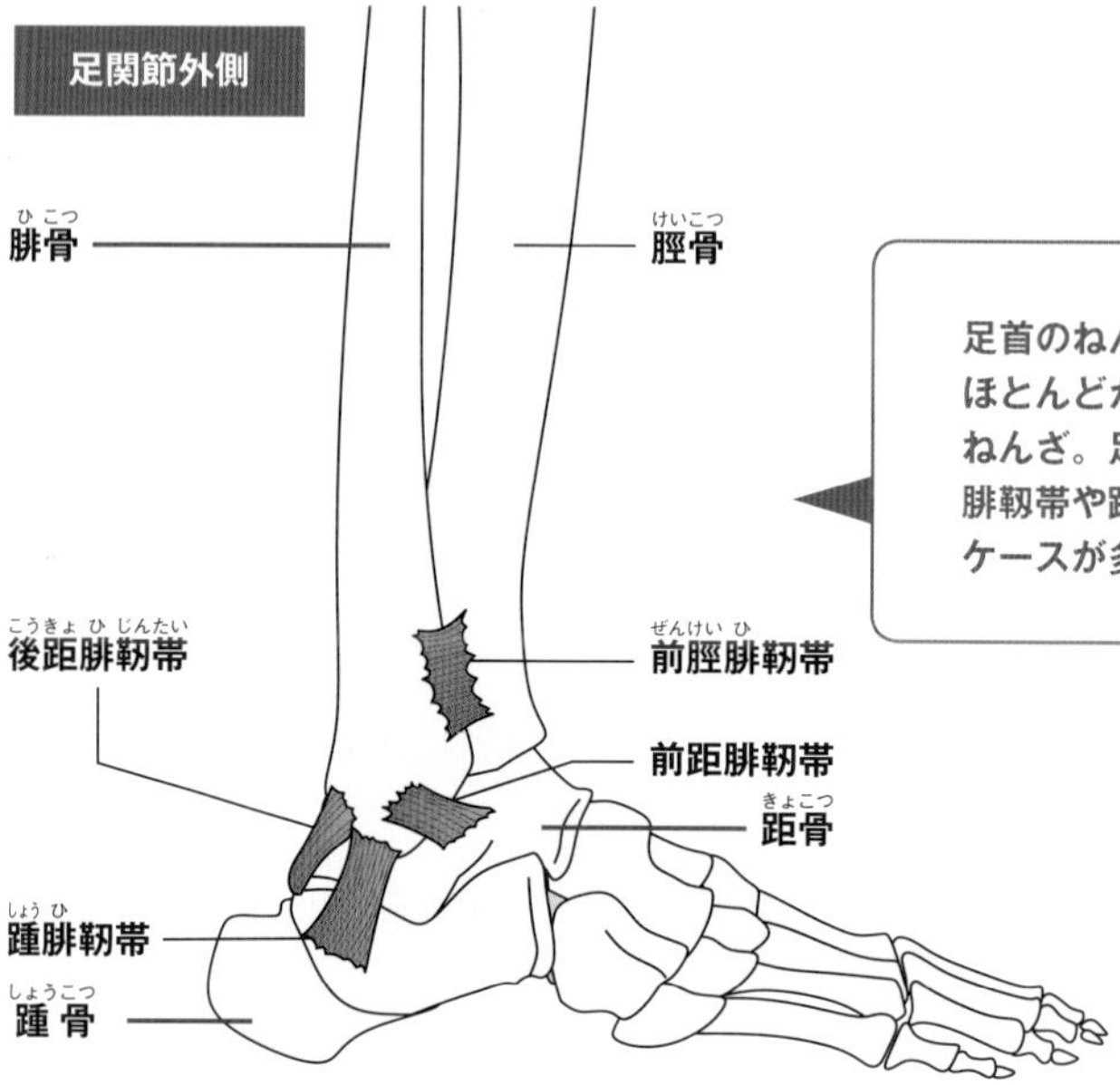

足首のねんざは、構造上そのほとんどが内側にひねる内反《ないはん》ねんざ。足関節の外側の前距腓靭帯や踵腓靭帯を損傷するケースが多い。

内側にひねると

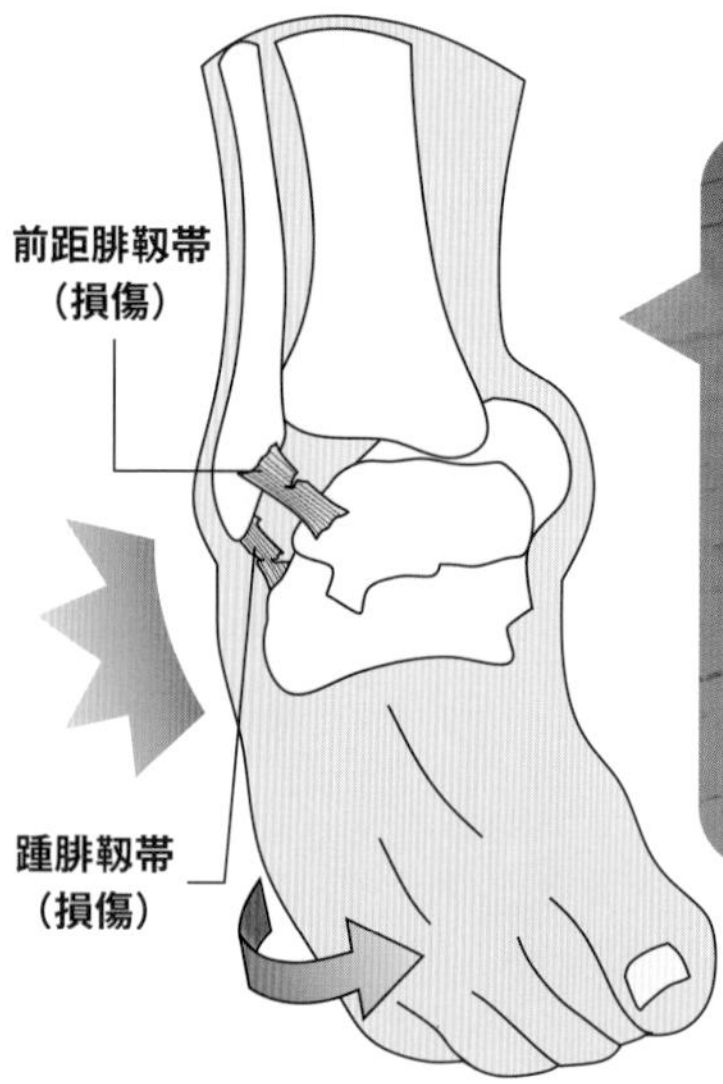

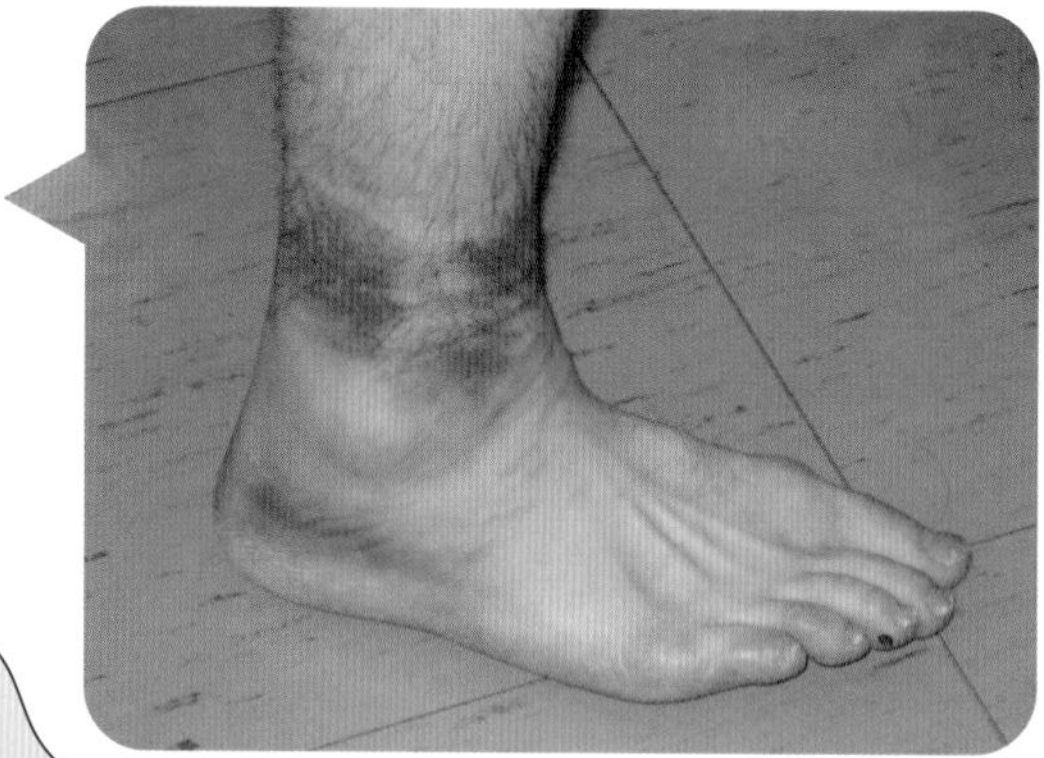

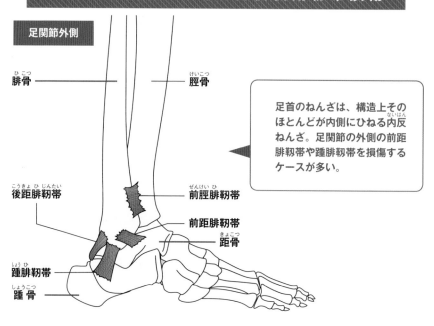

スポーツの現場で頻出する足首のねんざ

足首のねんざは**足関節《そくかんせつ》周囲の靭帯《じんたい》損傷**のことをいい、あらゆるスポーツで最も多い外傷の一つです。ジャンプの際の着地、ベースの踏み損ないなど、足首を内側にひねることによって起こります。

通常は、足首外側の靭帯を損傷するため、外側の痛みと腫れ、その後に内出血を生じます。

ねんざ発症直後は、安静にしてすぐにアイシングをして患部を冷やし、その後、弾性包帯などで圧迫して挙上します（R・I・C・E処置→145ページ参照）。ねんざの初期処置が悪いとくせになることが多いので、初期は足関節装具などでしっかり固定するのがベストです。

完治したら、ねんざを繰り返さないようにするため、**再発予防のトレーニング**を行います。

外側側副靭帯損傷の再発防止トレーニング

腓骨筋《ひこつきん》のトレーニング

足が内反《ないはん》しないようにするために、腓骨筋の筋力トレーニングを行い、内反ねんざを予防する。

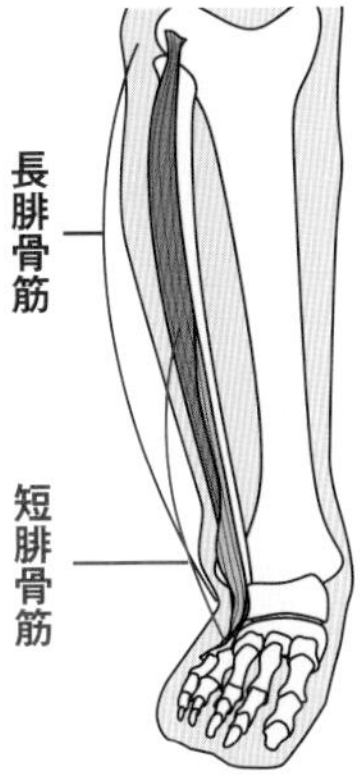

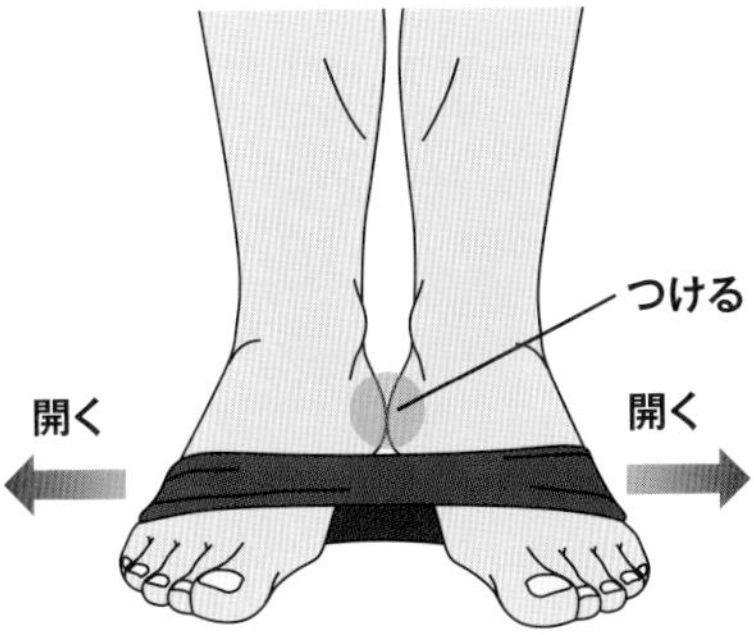

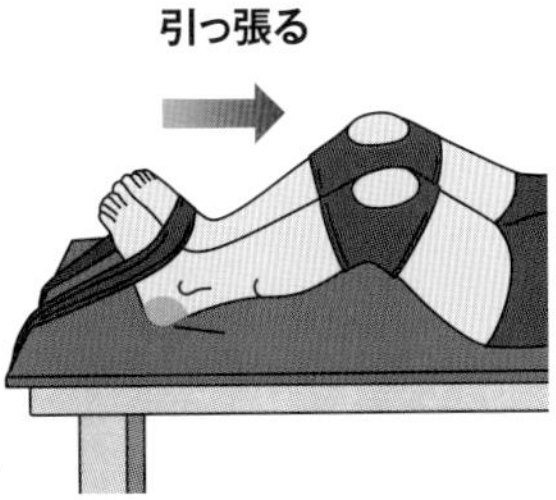

ゴムバンドを引っ張ることで、腓骨筋が鍛えられる。

足関節周囲の神経・筋肉の協調訓練

バランスボードに乗ってバランス感覚を養うことによって、足首の感覚を取り戻す。

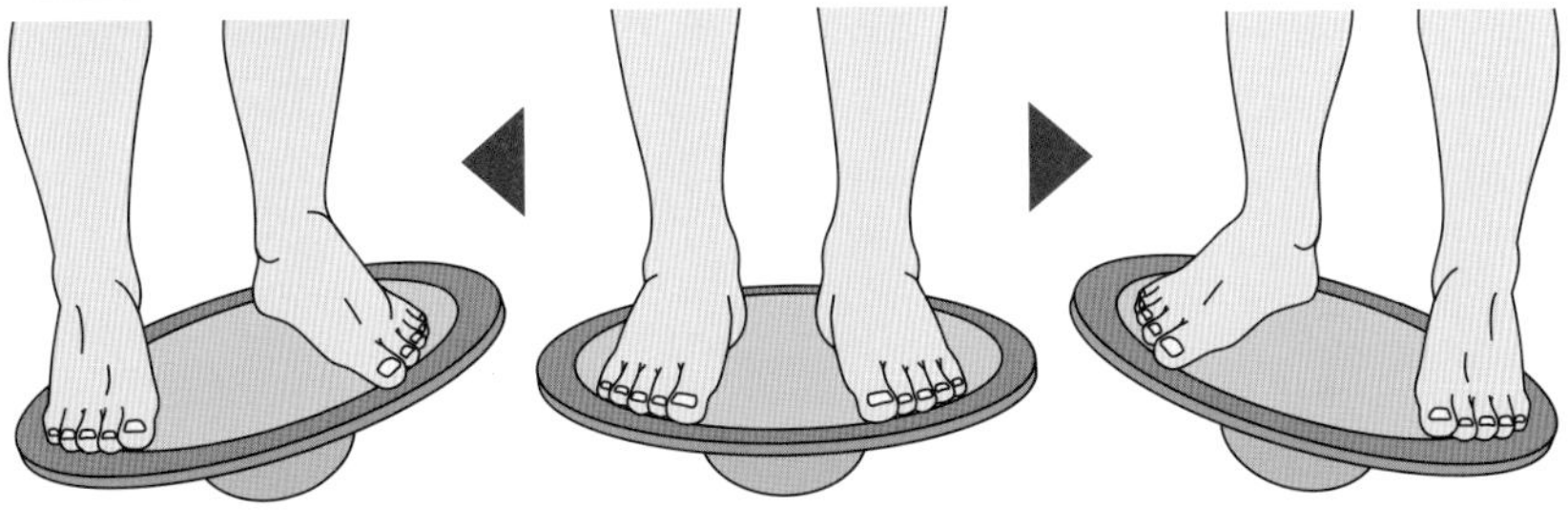

選手の皆さんへ

八王子スポーツ整形外科　間瀬泰克

故障したときこそ飛躍のチャンスだ!

ケガをしたとき、障害を発症したときに、「あのとき、ああしなければ」「このケガさえなかったら」と、故障を悔やんでばかりいて、現実と向き合えない選手がいます。

一方、故障したことによって生じた時間を利用して、いままで目を向けられなかったコンディショニングや栄養管理を勉強したり、故障の原因となったプレーをビデオで研究したりする選手がいます。

故障から這い上がって復活し、再び活躍できるのは、間違いなく後者の選手です。

競技レベルが高く、経験年数が長い選手ほど、身体のどこかに故障箇所を抱えている場合がほとんどですが、一流選手ほど自分なりにしっかりケアを行っています。そしてすべてを受け入れ、プラスに考えられる精神的強さを持ち合わせているのです。

ケガや障害をいつまでも悔やむのではなく、「この程度の故障でよかった」「しっかり治して以前よりも強い選手になる」「ピンチは最大のチャンス」など、プラス思考で物事を考えられるようになりましょう。

自分の身体と相談できるようになること!

身体の状態は毎日違います。そこに注意を向けることが大切です。いま自分の身体は、どこが調子が悪いのか、そのために何をすべきか。最終的には、その時々の自分のコンディションに合った身体の使い方ができるようになるのが理想です。

食事(栄養)も同じで、出された物をただ食べるのではなく、いま自分の身体は何を欲しているのか、つねに自分の身体と会話できるようにならないと一流にはなれません。

受け身の考えを変えること!

ケガや故障をしたとき、病院に来たから治るという意識ではダメです。なぜケガをしたのか、何が悪かったのか、自分で見つけ出そうと考えることが大切です。そして、自分の弱点と素直に向き合い、克服する努力と心の強さが必要になります。

とくに野球はメンタルな要素の強い競技ですので、すべてのことに対して受け身ではなく、自ら率先して対処し、乗り越えていくという強い姿勢が大切です。これは、より逆境に強い選手になるための修行でもあるのです。最終的に治すのは選手自身であることをしっかりと認識しましょう。

Part 5

正しいフォームと修正メニュー

トヨタ記念病院リハビリテーション科／坂田 淳・内田智也

投球フォーム

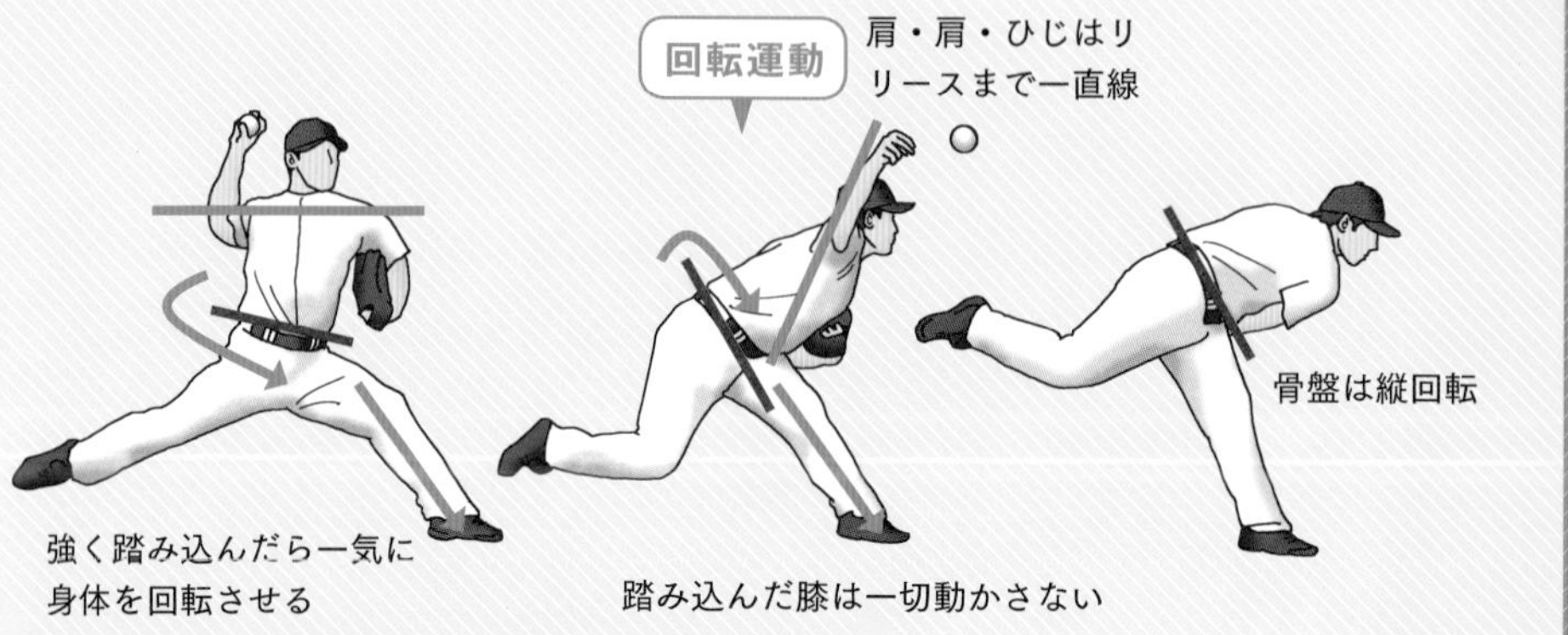
回転運動
肩・肩・ひじはリリースまで一直線
骨盤は縦回転
強く踏み込んだら一気に身体を回転させる
踏み込んだ膝は一切動かさない

回転運動は「短く速く」

力強い踏み込み＋骨盤回転軸 vs 上体回転軸 vs 腕の軌道の一致

強く踏み込むことで地面から反力をもらい、水平運動から回転運動への鋭い変換が起きます。その際、骨盤・上体の回転軸と腕の軌道が一致することで肩・ひじ・腰に安全な投球ができます。

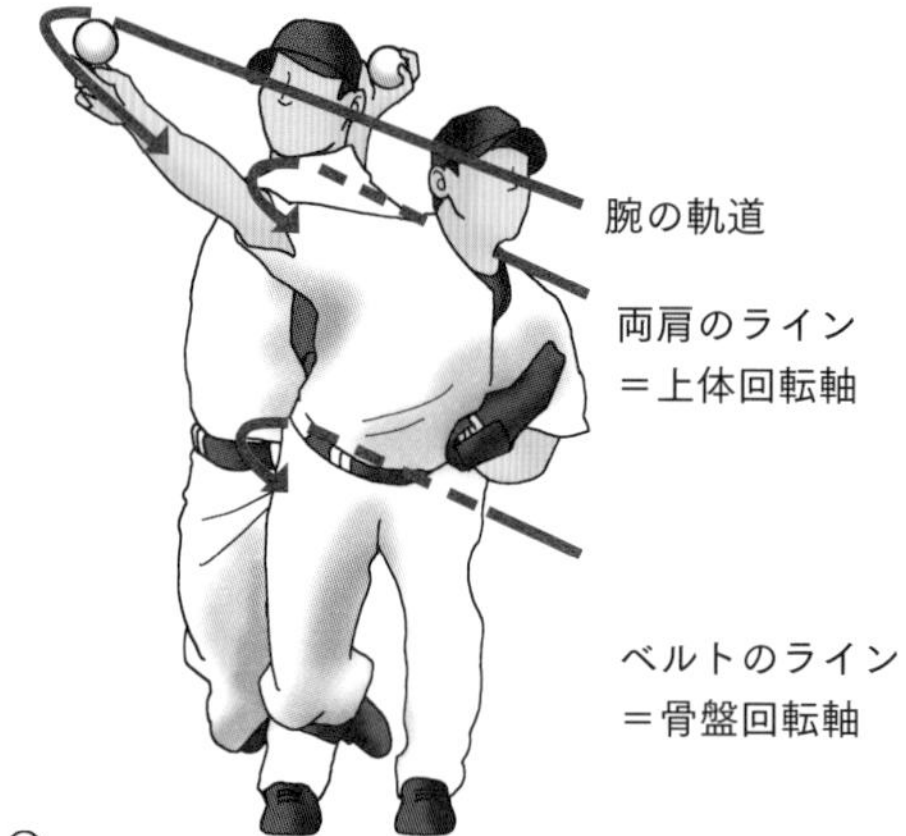
腕の軌道
両肩のライン
＝上体回転軸
ベルトのライン
＝骨盤回転軸

両肩のラインと
腕の軌道が一致
全身でのしなり
＝モビリティが重要
踏み込み足の安定性が重要

踏み込み足の縦割れ
➡骨盤の横回転と上体の縦回転

フォーム 1

イラストから学ぶ 理想的な

水平運動
バランスよく両腕を上げる
グローブは足がつくぎりぎりまで動かさない
まっすぐ立つ
軸足で最後までしっかり地面を押す

水平運動は「長く強く」

片脚立ちの安定十投球方向への股関節伸展

軸足での片脚立ちが安定し、投球方向に十分股関節を伸展させることで、強いエネルギーを投球方向に向けることができます。注意すべき点として、軸足でどれだけ強く蹴り出せたとしても、踏み込み足がその衝撃に耐えられなければ、動作が崩れてしまうため、自分の体に合ったバランスの良い踏み込み幅を選択する必要があります。

軸足の伸展減少⇒上半身主導

軸足の十分な伸展⇒下半身主導

軸足が不安定だと、下半身主導の動作が難しく、身体の回転を止められず、身体が早く開いてしまいます。身体の開きの早い動作は球速やコントロールを低下させ、上半身主導となることで、肩・ひじへの負担も大きくなります。

ティとスタビリティから

スタビリティ

3

軸足を台の上に乗せ、骨盤を持ち上げながら、反対反対足を浮かす。上足の内転筋で耐えながら、ゆっくり骨盤を下ろす（軸足を上にして 10 回）

4

軸足を台の上に乗せて骨盤を浮かしたまま、下の足を前後に大きく振る。上体・骨盤・足が一直線のまま行い、体幹を鍛える（軸足を上にして 10 回）

3

座ったまま足を前後に開き、手を前に出して姿勢を起こす。体をひねりながら反対側を向き、手を前に突き出す（往復 10 回）

4

投げるときの足幅で前後に開き、骨盤を浮かす。後頭部に投げる側の手をあててから、前方に最大限リーチする。骨盤を落とさずに、かつ骨盤からまわす（10 回）

フォーム 2 野球上達の基本はモビ!

モビリティ

1

足を前後に開いてバーを高く挙げて、身体を横に倒す。体重を前にかけ、股関節の付け根を伸ばす（10 秒）

2

足を肩幅の 2 倍開き、重り（1~2kg）を真下の床にタッチする（ 10 回）。次に、重りを床にすらせたまま、左右に移動する。背中が丸まらないようにし､内転筋を伸ばす（10 往復）

軸足ドリル

軸足ドリル
(p160~163上)

1

ひじでボールを挟み、手首にチューブをかけ、チューブを外に引っ張る。ひじを前に突き出しながら、ボールを顔の上に持ち上げる（10 秒）

2

四つん這いで背筋を伸ばす。骨盤を踏み込み足側の後ろに引いて、お尻を伸ばす（10 秒）

踏み込み足ドリル

踏み込み足ドリル
(p160~163上)

み込み足の動作学習ドリル

ムーブメント
回転

ムーブメント
投球

7

壁に手を当て、踏み込み足を横に伸ばす
壁方向に身体をひねりながら軸足を伸ばし切り、両手で壁を強く押す（10 回）

8

骨盤にチューブをかけ、片足立ちになる
後ろ足を最大限伸ばして前に踏み込み、骨盤を押し出す（10 回）

7

重り（3 ～ 5kg）を頭の上で持ち、前足を地面に押し付けるようにしながら、ひねるように錘を振り下ろす（10 回）

8

両手で棒を持って頭の上にあげ、足を強く踏み込みながら、身体をひねり、棒を振り下ろす（10 回）

フォーム 3

野球上達のための軸足・

ムーブメント垂直　ムーブメント水平

5

壁に手を当て、最大限、踏み込み足を後ろに引き、軸足のお尻にパワーを貯める。膝を壁に突きさすようにしながら、軸足で地面を踏みしめる（10回）

6

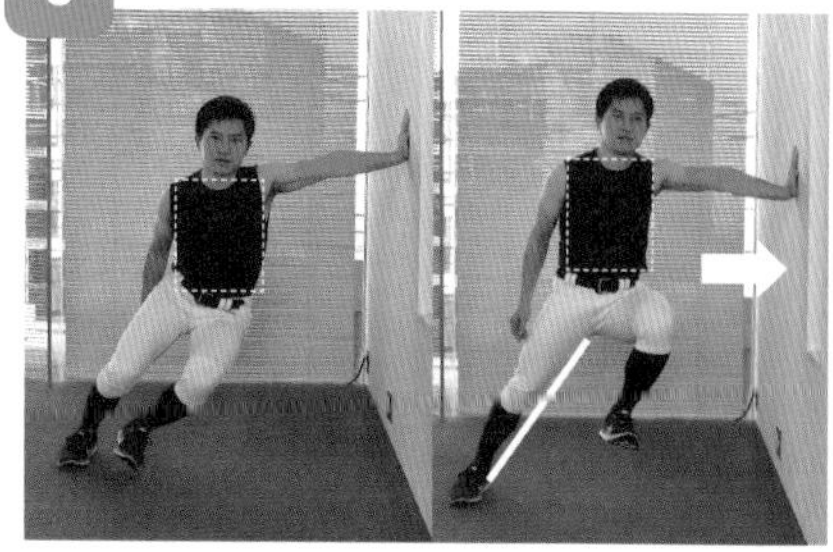

壁に手を当て、踏み込み足を浮かし、腰を落として軸足のみで踏ん張る。体幹がゆがまないように注意しながら、軸足を蹴り、壁に骨盤を押しつける（10回）

＞ 軸足ドリル

5

重り（3～5kg）を手を伸ばして持ち、立ち膝から前足を地面に押しつけ後ろ膝を浮かす（10回）

6

前足を地面に押し付けながら、胸の前に持った重り(3～5kg)を真下に振り下ろす(10回)

＞ 踏み込み足ドリル

フォームの異常のフローチャート

ムを複雑にさせ、ひとつのフォームの異常を生み出してしまいます。

次ページからは、それぞれのフォームの異常のパターンについて詳細に解説し、その修正方法を紹介します。

テイクバックのしかた

166~169ページ

- 腕を後ろに引いてしまう

重心移動のしかた

172~173ページ
174~175ページ

- 方向がクロスする（インステップ）
- 前に移動するタイミングが早い

踏み込み足の使い方

178~179ページ
162~163ページ

- 骨盤が横回転する（縦回転できない）
- 踏み込んだひざが曲がりすぎる（縦割れ）
- 骨盤の回転が途中で止まる

軸足のバランス

190~193ページ

- 軸足のひざが内側に倒れる

グローブの使い方

184~189ページ

- 動かすタイミングが早い

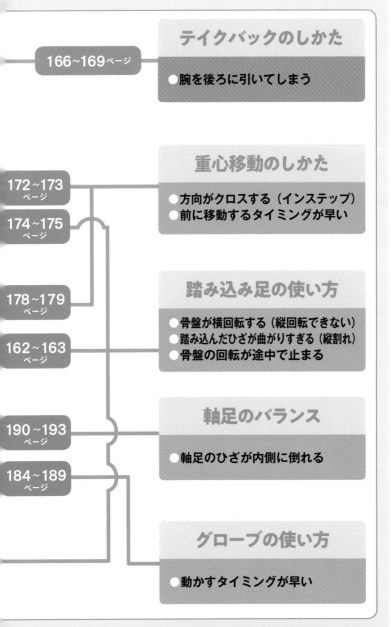

不良なフォームには必ず異常なパターンがあります。フォームの異常の原因をさかのぼると、「テイクバックのしかた」「重心移動のしかた」「軸足のバランス」「グローブの使い方」「踏み込み足の使い方」の5つに集約されます。

見るポイント、直すポイントは、この5つのどれかに限られます。これらが重なり合うことで、フォー

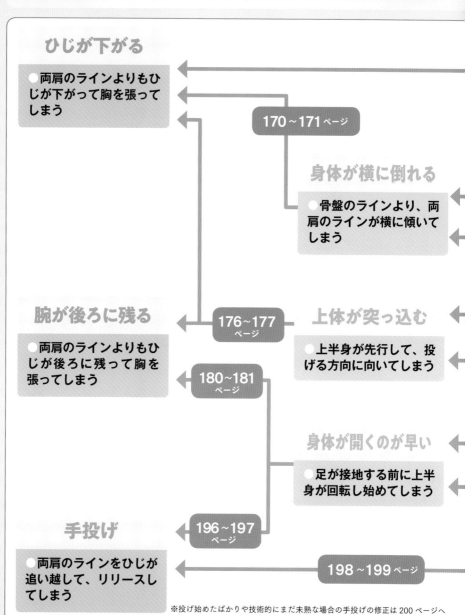

ひじが下がる

●両肩のラインよりもひじが下がって胸を張ってしまう

170～171ページ

身体が横に倒れる

●骨盤のラインより、両肩のラインが横に傾いてしまう

腕が後ろに残る

●両肩のラインよりもひじが後ろに残って胸を張ってしまう

176～177ページ

上体が突っ込む

●上半身が先行して、投げる方向に向いてしまう

180～181ページ

身体が開くのが早い

●足が接地する前に上半身が回転し始めてしまう

196～197ページ

手投げ

●両肩のラインをひじが追い越して、リリースしてしまう

198～199ページ

※投げ始めたばかりや技術的にまだ未熟な場合の手投げの修正は200ページへ

踏み込み足がつくまでに、ひじが肩のラインまで上がり、しっかりと胸が張れている。

しっかりと胸を張ったまま、リリースできている。

Check Point ❶
両肩のラインよりひじが下がっていないか

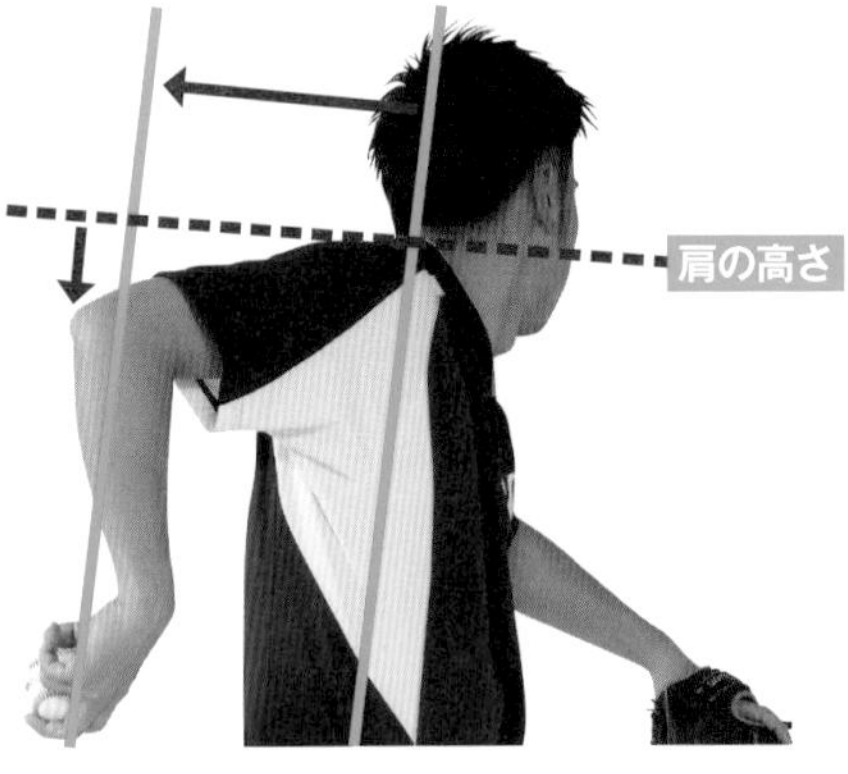

肩は、構造的に、ひじを後ろに引きすぎると肩のラインまで上がらないようにできている。腕を引きすぎると、ひじが十分に上がらず、“ひじ下がり”のフォームになる。

❶（＋❷）＋❸ 腕の引き方（テイクバック）の修正 168~169ページへ

フォーム 5 ひじ下がりのフォームの見方

パターン❶ 腕を後ろに引きすぎ

安全なフォーム（横から）

踏み込みながら、両ひじを
バランスよく上げている。

ひじ下がり（横から）

Check Point ❷
両ひじの上げ方がバラバラでないか

Check Point ❸
テイクバックでひじを肩のラインより
過剰に後ろに引いていないか

テイクバックの修正メニュー

トレーニング前にチェック！

肩が硬いと、1のトレーニングでひじが上がらない

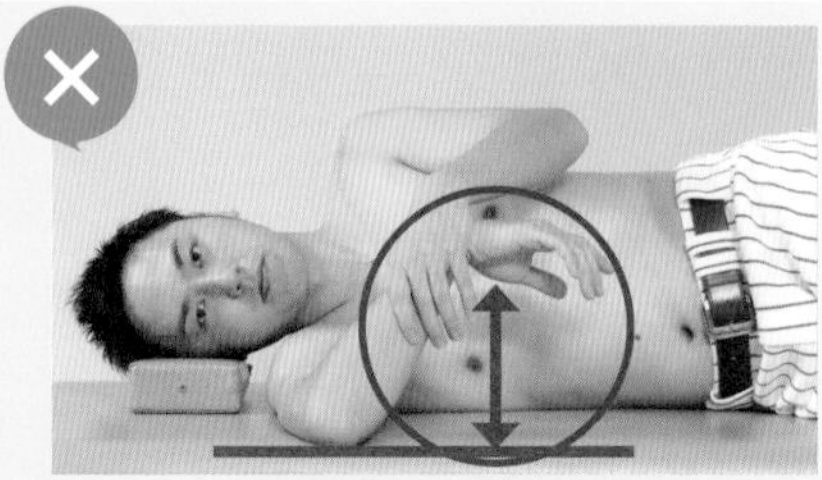

垂らした指が床につかない当てはまる場合 → 103ページへ

1 腕の動かし方の練習

ひじを上げ下げする
10回×3セット

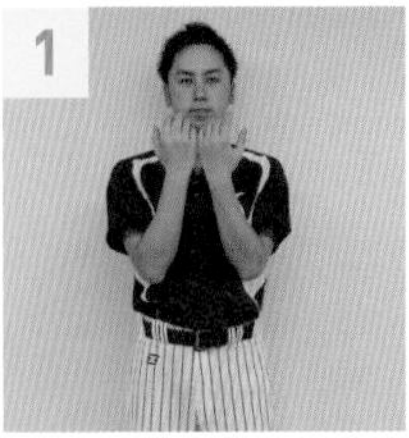

壁際に立って、両手を前で合わせる。

両腕をひじから対照に上げる。

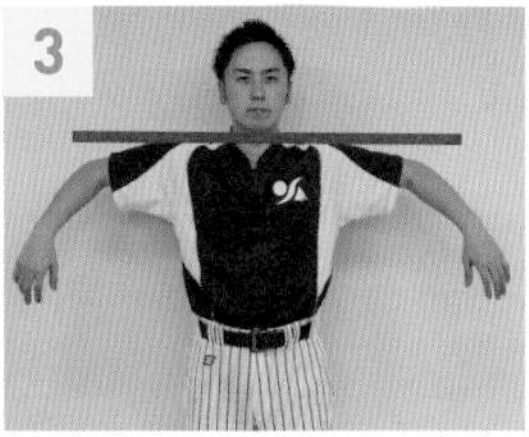

肩のラインまでひじを上げきる。

Point
背筋を伸ばし、胸を張って行おう！

片脚バランス&リーチ
-ラテラルスライド-

2 片脚バランス＋腕上げ

片脚でバランスをとりながらひじを上げ下げする
10回×3セット

壁際で片脚立ちになり、両手を前で合わせる。

腰を落としながら、両腕をひじから対照に上げる。
同時に踏み込み足も前にリーチする。

肩のラインまでひじを上げきって､バランスをとる(3秒キープ)。

※ 3→2→1と戻るのが難しければ、3で足を床についてもよい。

3 壁際でシャドー

肩甲骨《けんこうこつ》を寄せたまま身体をひねる
10回×3セット

壁際に構えて、シャドーする。はじめはゆっくりと行い、壁にぶつからないことを確認しながら、徐々にシャドーのスピードを上げていく。

壁から離れる距離は、おおよそ軸足のかかとと壁の間に、靴の横幅が入るくらいとる。

※これぐらいのすき間があれば、身体は壁にぶつからない。

Point

強く振りきっても、壁にぶつからないでシャドーができるようにしよう！

腕を引きすぎるフォームと身体の開き

テイクバックで腕を引きすぎてしまう選手の中には、身体が開くのを抑えるために、グローブを持つ手を三塁側に向け（右利きの場合）、クロスするように構える選手もいる。このようにして開きを抑えると、結果としてボールを持つ手が後ろに行きすぎてしまう場合がある。

このようなフォームの選手に対し、グローブをまっすぐ向けさせたり、腕の引き方だけを注意してしまうと、身体が開いてきてしまう危険がある。

その際は、身体の開くフォームを同時に修正する必要がある。


身体が開くフォームの修正方法 182~183ページへ

しっかりと踏み込み足に体重を乗せながら、肩のライン
と骨盤のラインが平行に近い形で上体をひねっている。

まっすぐ踏み込み足に
体重が乗っている

Check Point ❶
両肩のラインよりひじが
下がっていないか
Check Point ❷
両肩のラインが骨盤のラインより
過剰に傾いていないか
Check Point ❸
骨盤が横回転のままに
なっていないか
Check Point ❹
踏み込み足が外に傾いていないか

❶＋❷＋❸
（＋❹）

骨盤が横回転する場合⇒骨盤が横回転する場合の多くは、踏み込み足が安定せずに、踏み込み足の縦割れや外傾がおきてしまうことによる。

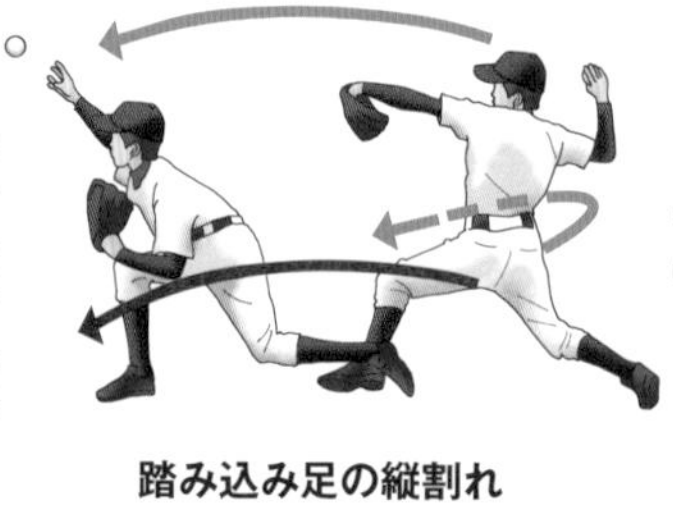

踏み込み足の縦割れ

骨盤横回転の修正
174~175
ページへ

フォーム 7

ひじ下がりのフォームの見方

パターン❷ 体が横に倒れる

安全なフォーム（前から）

片脚でまっすぐに立ち、踏み込み足を
投球方向に対しまっすぐ出している。

ひじ下がり（前から）

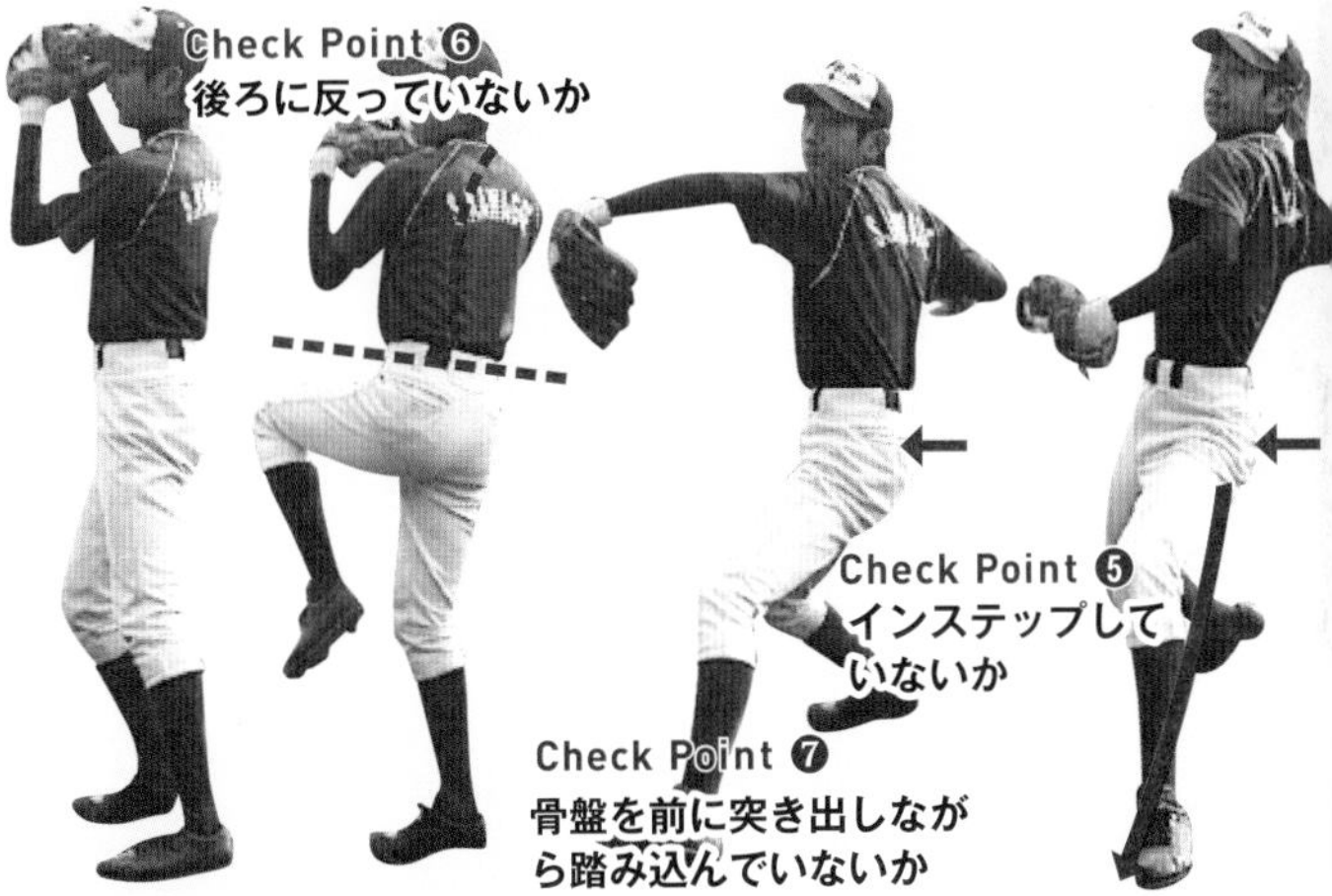
Check Point ❻
後ろに反っていないか
Check Point ❺
インステップしていないか
Check Point ❼
骨盤を前に突き出しながら踏み込んでいないか

身体が横に倒れると、相対的にひじが下がる。
身体が横に倒れる原因は多くあるが、大きく分けると、踏み出す方向が投球方向に向いていないか、骨盤が横回転のままになっているため、上体だけが横に倒れるか、どちらかになる。

❶＋❷＋❺
（＋❻ or ❼）

インステップする場合➡インステップすると、投げる方向と足の方向がずれる。上体が投球方向に向く結果、横に倒れる。

インステップする場合の多くは、その前に骨盤が前に突き出していたり、上体を後ろに反っていることが多いため、同時にチェックしておく。

ステップ方向の修正
172~173
ページへ

インステップの修正メニュー

フォーム 8

1 横向きケンケン

軸足の足長の幅から外れないようにケンケンを行う。
5m×10本
※ 高くではなく、できるだけ遠くに跳ぶことを意識

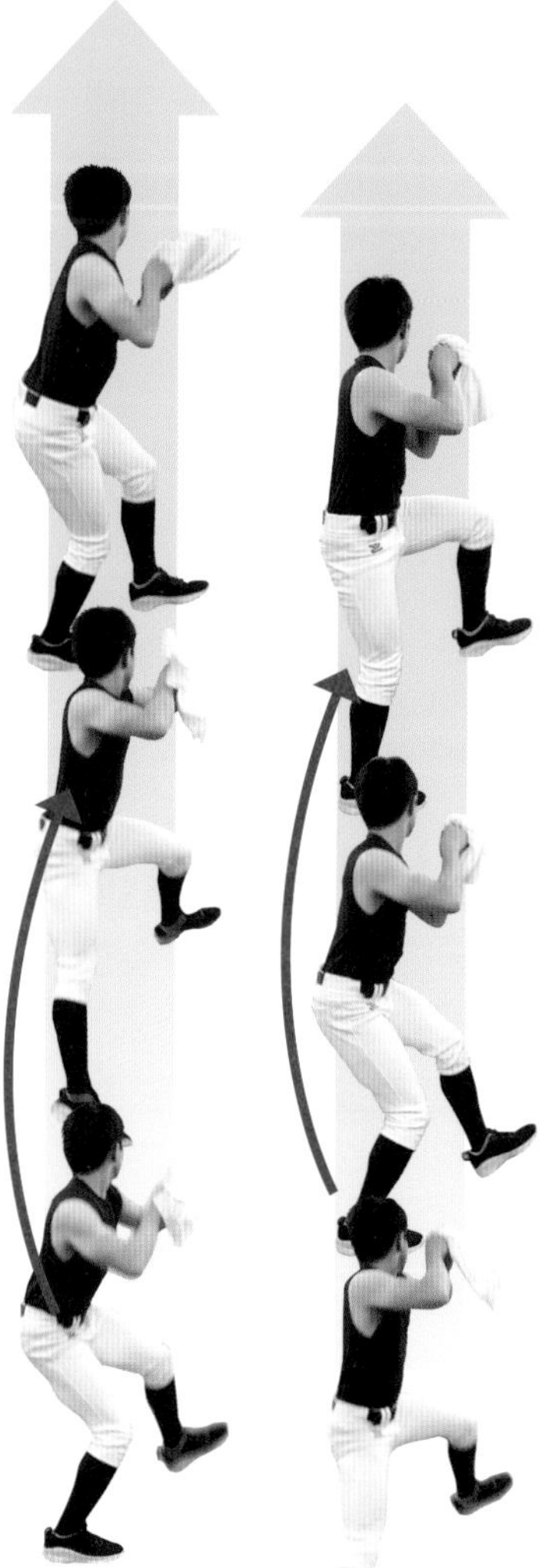

2 ケンケンシャドー

軸足でケンケンを2回してシャドー
10～30回

できるだけ遠くにケンケンを 2 回行う

3 回目にシャドーを行う
軸足の足長の幅に外れずに踏み込めたか確認する

ケンケン
シャドー

インステップと身体の開き

インステップしてしまう選手の中には、身体が開くのを抑えるために、わざと三塁方向に踏み出す選手もいる。このようにして開きを抑えると、結果として身体が倒れたり、身体の回転が早めに終了してしまったりする。

このようなフォームの選手に対し、足のつき方だけを注意してしまうと、身体が開いてきてしまう危険がある。

その際は、身体の開くフォームを同時に修正する必要がある。

身体が開くフォームの修正方法 182~183ページへ

また、インステップをしたり、グローブをクロスに構えることで、開きを抑えようとしても、実際には、足がつく前から上体は回り始めてしまっていることが多い（このまま足をつくまで上体を開かずに投げたら、ボールは三塁方向へ行ってしまう…）。

開かないで投げるために重要なのは、足がついたときに、上体が開いていないだけでなく、足がつくときに上体が回り始めていないことも重要である。

そのためには、下半身を使って身体の開きを抑えることが大事である。

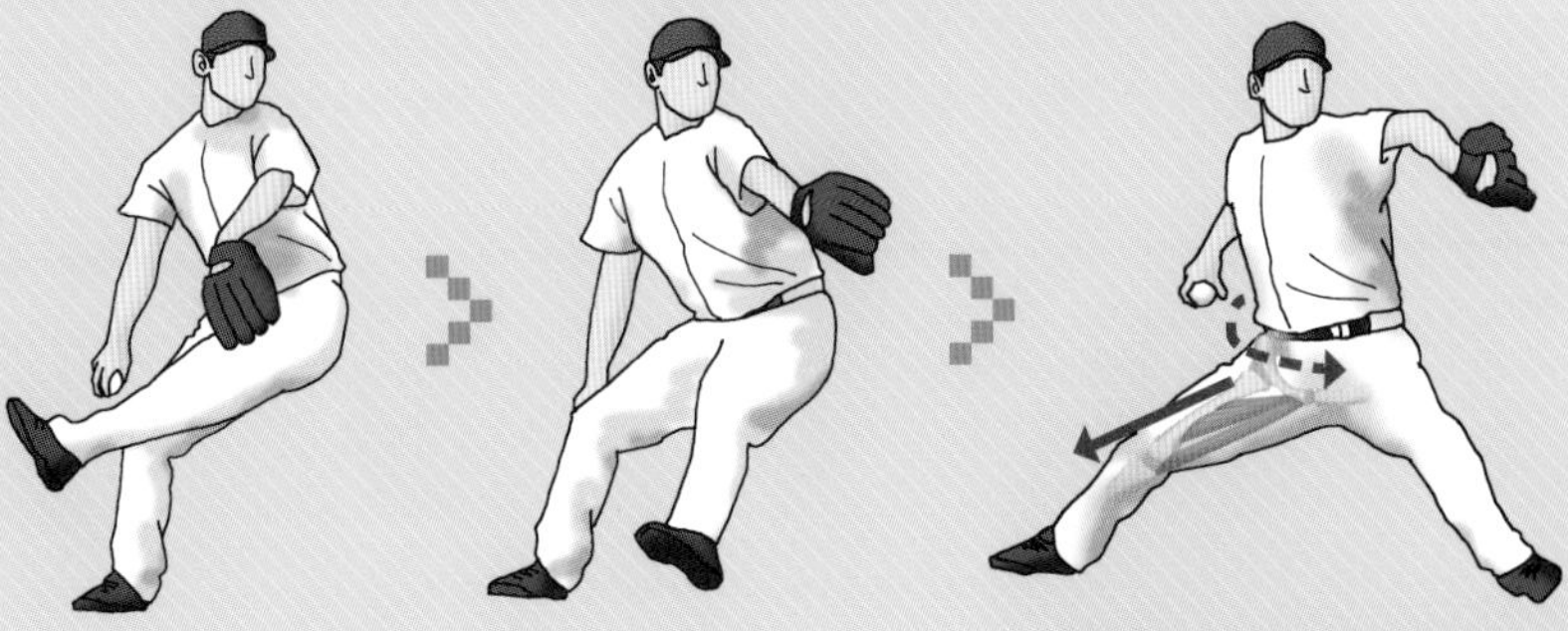

詳細は 192 ページへ

踏み込み足の使い方の修正メニュー

フォーム
9

> トレーニング前にチェック！

股関節が硬いと、1のトレーニングで体重移動が十分できない

両手で床をタッチできない
当てはまる場合

22～23ページへ

×

1 踏み込み足のトレーニング

骨盤を開いたり、閉じたりする
10回×3セット

1 腰に手を当て、壁に軸足をかけ、片脚で立つ。

2 踏み込み足の股関節を中心に、骨盤をできるだけ開く。

3～5 骨盤を上体と一緒に踏み込み足の方向へひねる。

Point
踏み込み足のひざがぶれないように注意する！

2 踏み込み足のトレーニング＋胸張り

胸を張ったまま骨盤を開いたり、閉じたりする
10回×3セット

最後まで胸を張る

手をつむじに当て、しっかりと胸を張った状態で、骨盤を開いたり閉じたりする。

3 踏み込み足を強調したシャドー

踏み込み足でバランスをとりながらシャドー
10回×3セット

つむじに手を当て胸を張り、骨盤を開く。

グローブを持つ手を伸ばす。

踏み込み足を中心にひねることを意識しながら、床に向かってシャドーを行う。

4 キックバックシャドー

前後に跳ねながらシャドー
10回連続×3~5セット
※ テンポよく、できるだけ早く行う。

キックバックシャドー

① 軸足片脚立ちから、シャドーを行う

② 振り切った姿勢から、踏み込み足をキックバックし、素早く軸足片足立ちに戻る

③ すぐにシャドーを行い、キックバックして戻る

Point

踏み込み足が前に倒れすぎないよう、しっかり地面から反発をもらい、素早くキックバック

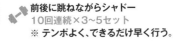

足がついたときにひじが肩のラインまで上がっており、骨盤も前に行きすぎていない。

しっかりと胸を張ったまま、リリースできている。

Check Point ❶
胸を張ったとき、両肩のラインよりひじが下がっていないか

Check Point ❹
リリースにかけて踏み込み足の膝が曲がっていってしまっていないか（縦割れ）

重心が早く前に移動したり、踏み込んだ足が曲がりすぎてしまうと、下半身につられて、上半身が引っ張られる。その結果、上体が突っ込み、腕だけが後ろに取り残されると、ひじが下がってしまったり、腕を後ろに引きすぎてしまう。

❶＋❷＋❸ 〉 重心移動のタイミングの修正 178~179ページへ

❶＋❷＋❹ 〉 縦割れの修正 162~163ページの踏み込み足ドリル

フォーム
10

ひじ下がりのフォームの見方

パターン❸ 上体の突っ込み

安全なフォーム（横から）

片脚でしっかりと立ち、重心をしっかりと軸足に残しながら、踏み込み足を前に出せている。

ひじ下がり（横から）

Check Point ❷
上体が前に突っ込んでいないか
Check Point ❸
骨盤（重心）が早く前にいっていないか

安全なフォーム（前から）

左右の肩とベルトを結んだ三角形が二等辺三角形になっていることが望ましい。

ひじ下がり（前から）

上体が突っ込み、三角形がいびつになっているのがわかる。

重心移動の修正メニュー

トレーニング前にチェック！

体幹が弱いと、1のトレーニングで体重移動が十分できない

同側挙上

四つ這いで背中にボールを載せ、同じ側の手・足があげられない当てはまる場合 24ページへ

小学生・中学生の場合

1 股割り＋重心移動

重心を落として身体をひねる
10回×3セット

両手をつむじに当て、胸を張り、重心を落とす。

一度軸足に体重をのせ、前に体重移動しながら骨盤をひねる。

最後まで胸を張りながら、体重を踏み込み足にかける。

※ つねに肩甲骨の内側に力を入れて胸を張り、ひじが前に出ないように注意する。

Point

重心移動を意識する
軸足に体重をかけたときは、軸足：踏み込み足が８：２、正面向いて４：６、回しきって２：８

2 股割りシャドー

重心を落としてシャドー
30~50回
※はじめはゆっくり行う。

重心を落としたまま、一連の流れですばやくシャドー。

高校生以上の場合

1 棒振りトレーニング

棒を振りながら踏み込む
10回×3セット

詳細は162ページへ

2 蹴り出しトレーニング

骨盤でチューブを引っ張る
10回×3セット

詳細は162ページへ

3 キックバックシャドー

前後に跳ねながらシャドー
10回連続×3~5セット
※ テンポよく、できるだけ早く行う。

詳細は175ページへ

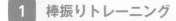

しっかりと踏み込み足に体重を乗せながら、肩のラインとベルトが二等辺三角形に近い形で上体をひねっている。

まっすぐ踏み込み足に体重が乗っている。

Check Point ❶
胸を張ったときに腕が後ろに残っていないか

Check Point ❹
上体が突っ込んでいないか

Check Point ❶
胸を張ったときに腕が後ろに残っていないか

パターン❷

❶＋（❷）＋❹　上体が突っ込むと、腕が後ろに取り残される

上体の突っ込みの修正
176~177
ページへ

フォーム 11 腕が後ろに残るフォームの見方

パターン❶ 身体の開き
パターン❷ 上体の突っ込み

安全なフォーム（前から）

腕を後ろに引いているが、踏み込み足がつくまでしっかりと身体の開きを抑えている。

腕の引きすぎ（前から）

Check Point ❷
テイクバックで腕を後ろに引きすぎていないか
Check Point ❸
開くのが早くないか

腕の引きすぎ（前から）

パターン❶

❶＋（❷）＋❸　身体が早く開くと、腕が後ろに取り残される

身体の開きの修正
182~183
ページへ

足がつくまで上体は開かず、しっかりと肩が入り、踏み込み足がついてから鋭く回旋している。

まっすぐ踏み込み足に体重が乗っている。

Check Point ❶ のバリエーション

●軸足が早めに突っ張る　●軸足が曲がらず、重心がまったく下に落ちない
●軸足のすねが前に倒れすぎ、上体が後ろに倒れるなど

パターン❶

❶＋❷　グローブを早く引きすぎると、上半身がグローブの動きに合わせて早めに回転し、身体が開く。

グローブの使い方の修正
184~189
ページへ

パターン❷

❶＋❸　軸足のひざが内に入ったり、伸びきったりすることで、骨盤が早く回ってしまう。骨盤が早く回ることで、上体もつられ、身体が早く開いてしまう。

軸足バランスの修正
190~193
ページへ

フォーム 12

身体が開くフォームの見方

パターン❶ グローブが早く動く
パターン❷ 軸足のバランスが悪い

安全なフォーム（横から）

片脚でまっすぐに立ち、踏み込んでいくときに骨盤は開かず、グローブも動いていない。

身体の開き（横から）

Check Point ❶
踏み込み足がついた際に上体が大きく回旋していないか
Check Point ❷
グローブが早く動いていないか

安全なフォーム（横から）

身体の開き（横から）

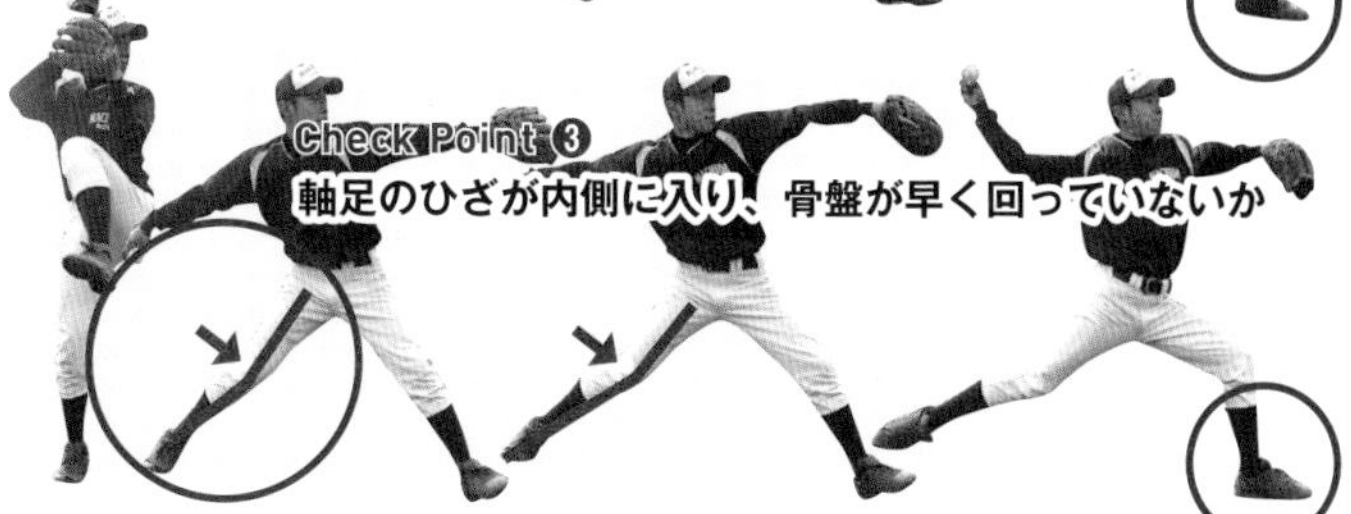
Check Point ❸
軸足のひざが内側に入り、骨盤が早く回っていないか

グローブの使い方の修正メニュー

フォーム
13

グローブの使い方

グローブを持つ手の使い方は、選手によってバリエーションがある。
重要なのは、向ける方向と、動かすタイミングである。
向ける方向については、大きく２種類ある。
ひとつは、お手本❶、❷のように、グローブを投球方向に向ける方法。
もうひとつは、お手本❸、❹のように、ひじを投球方向に向ける方法。
動かすタイミングは、グローブを持つ手を足がつくギリギリまで動かさないこと。
足がついてから一気にグローブを動かすことで、身体の開きを抑え、
切れのある球を投げることができる。

グローブを投球方向に向ける

お手本❶

お手本❷

ひじを投球方向に向ける方法

お手本❸

お手本❹

グローブを動かすタイミング:4選手とも、足がつくまではグローブは動いていない

①

②

③

④

1 肩甲骨と体幹のトレーニング

肩甲骨を寄せたまま身体をひねる
10回×3セット

1

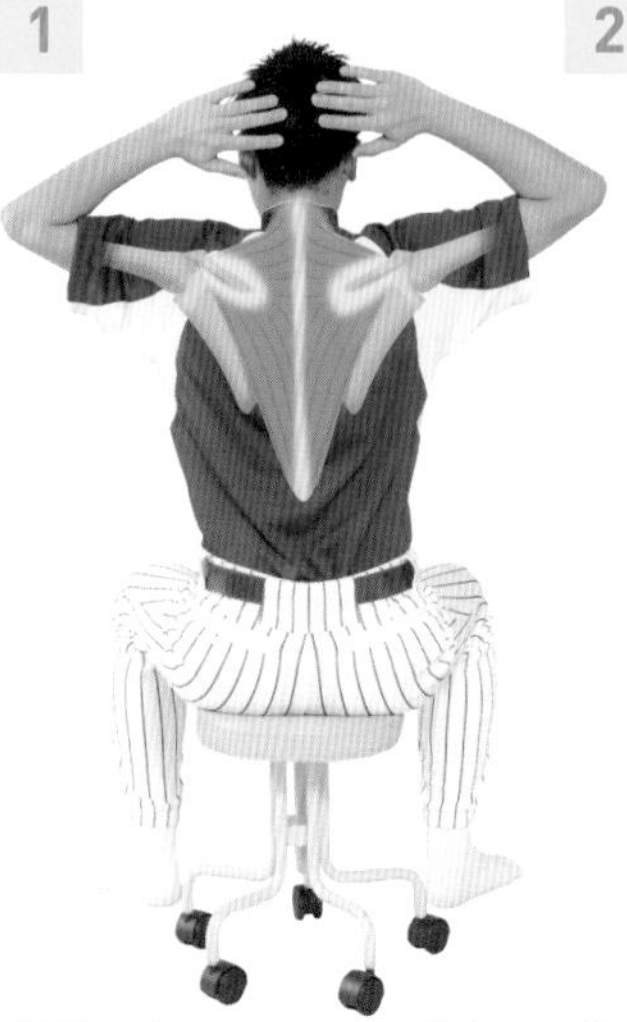

椅子に座る。つむじに手を当て、胸を張る。

2

胸を張ったまま、身体を右へひねる（右投げ）。

3

胸を張ったまま、左へひねる。

※つねに肩甲骨の内側に力を入れ、上体を回してもひじが前に出ないように注意する。

2 テイクバックの練習

肩甲骨を寄せ、
グローブを持つ手を使って身体をひねる
10回×3セット

ひねるのに使う筋肉

右にひねるときは右の腹筋と右の内転筋（内もも）に力が入るのが正しい。

正しく使うためのポイント

ひねった側の坐骨（座ったときに椅子に当たる骨）に体重が乗るようにすると、腹筋と内転筋に力が入りやすい。

Point

どこの筋肉を使ってひねっているかを意識して行おう！

肩甲骨＆体幹
協調性トレーニング

慣れてきたら、手を前に合わせた位置から胸を張りながら引いて行う。

つむじに手を当てて胸を張り、身体をひねる。

投げる方向にしっかりとグローブを持つ腕を伸ばす。

伸ばした腕を引きながら、身体を最後までひねる。

※ 3で身体が正面に向いたときに、ちょうど引いた手が体に当たるくらい。

手を前に合わせた位置より、腕を下から回して引いて行う。

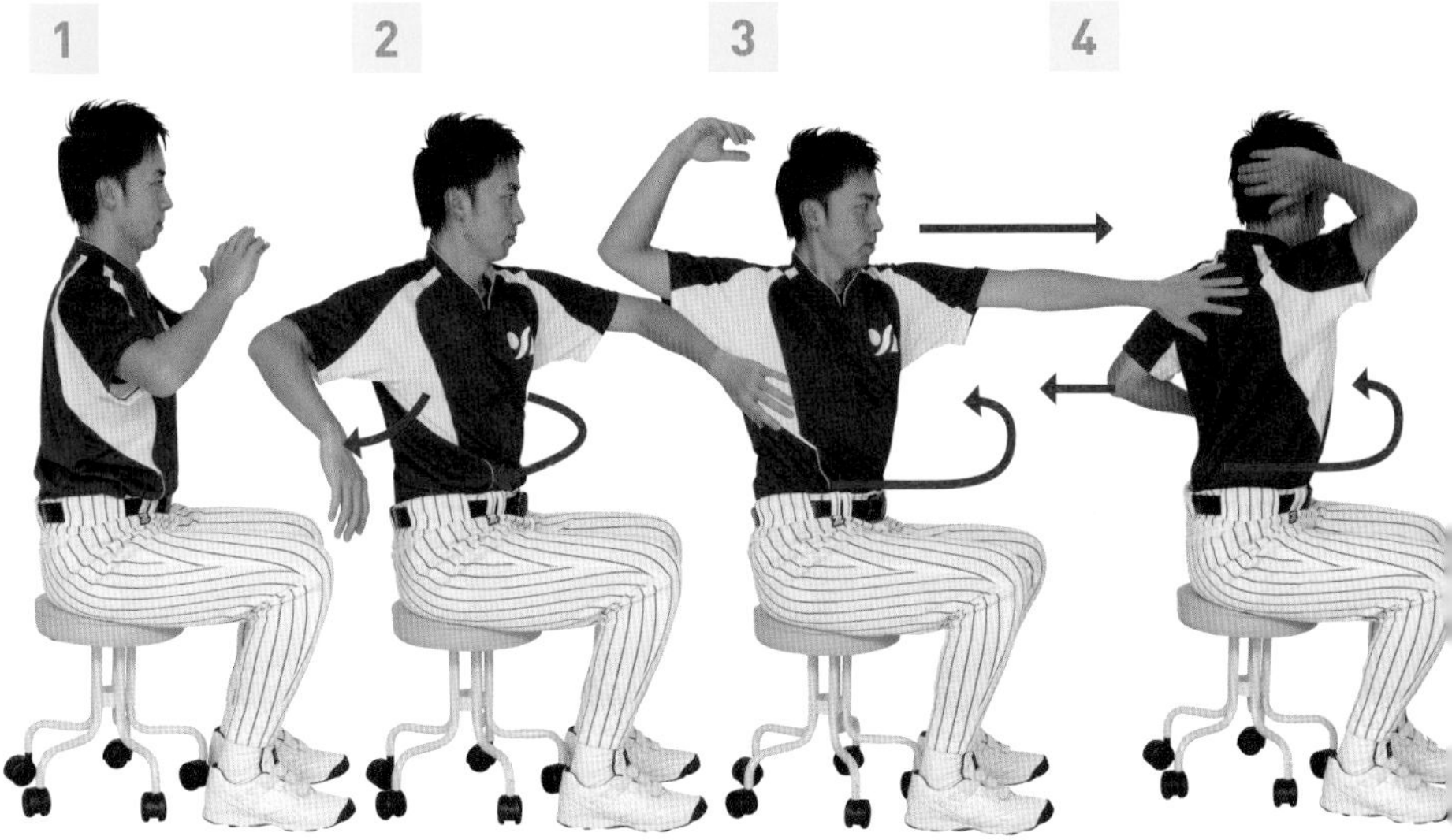

慣れてきたら、手を下から回しても同じ位置にひじを上げられるようにする。

3 座ってシャドー

座った状態でシャドー
30～50回

1 2 3 4

グローブとタオルを持ち、胸の前で合わせる。

下から手を回し、テイクバックをとる（グローブの親指は下向き）。

グローブをかくように横に動かしながら、身体をひねり始める。

5 6 7 8

徐々にグローブを返し、下に引く。

胸を張り、身体が正面に向いたときに、グローブを当てる。

最後まで振り抜く。

Point

グローブを動かし始めるタイミングと身体をひねるタイミングを合わせよう！

4 股割りシャドー

重心を落としてシャドー
30〜50回
※はじめはゆっくり行う

1 グローブとタオルを持ち、胸の前で合わせて立つ。

2・3 重心を落とし、軸足に体重移動をしながら、両手を上げていく。

4 軸足に完全に体重をかけきり、踏み込み足を浮かす。このとき、両腕のひじが肩のラインまで上がりきるようにする。

5 踏み込み足がつくまではグローブは動かさない。

6 踏み込み足がついたらすばやくグローブを引き、骨盤を同時にひねりながら、重心を前に移動させる。

7 身体をひねり続けながら、リリースの位置へひじを伸ばす。

8 最後まで振りきり、軸足を浮かす。

Point

グローブを動かすタイミングと足を接地するタイミングを合わせる！

Advance

重心を落としてシャドー
30〜50回

重心を落としたまま、一連の流れですばやくシャドー。

軸足バランスの修正メニュー

フォーム 14

1 体幹のトレーニング（腹横筋《ふくおうきん》・内外腹斜筋《ないがいふくしゃきん》）

体幹のトレーニング
- 腹横筋＆腹斜筋 -

骨盤《こつばん》を浮かせたまま10秒キープ
10回×2～3セット(軸足支持のみ)

1

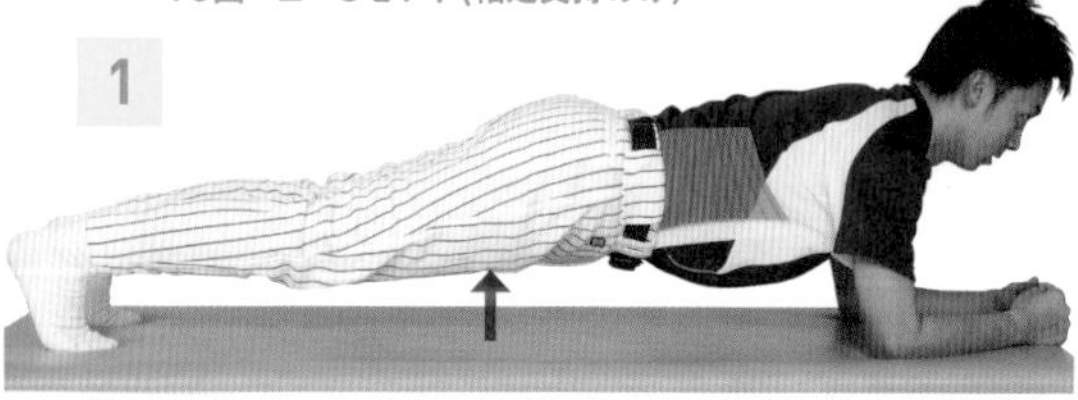

お腹に力を入れ、肩の高さまで骨盤を上げる。
※支えている側の腹筋や股関節の前に力が入るのを感じながら行う。

2

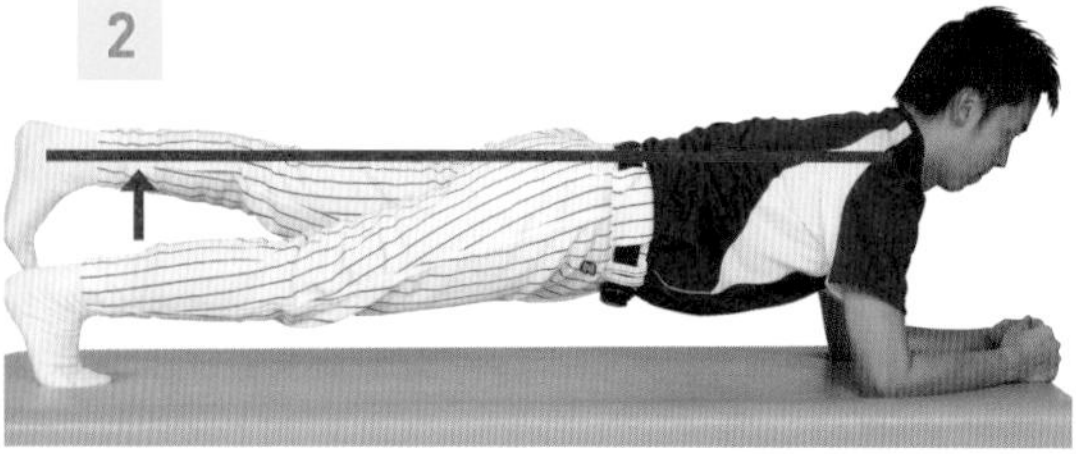

踏み込み足を骨盤の高さまで上げ、軸足だけで支えてキープする。

トレーニング前にチェック！

姿勢が悪いと、23のトレーニングでうまく立てない

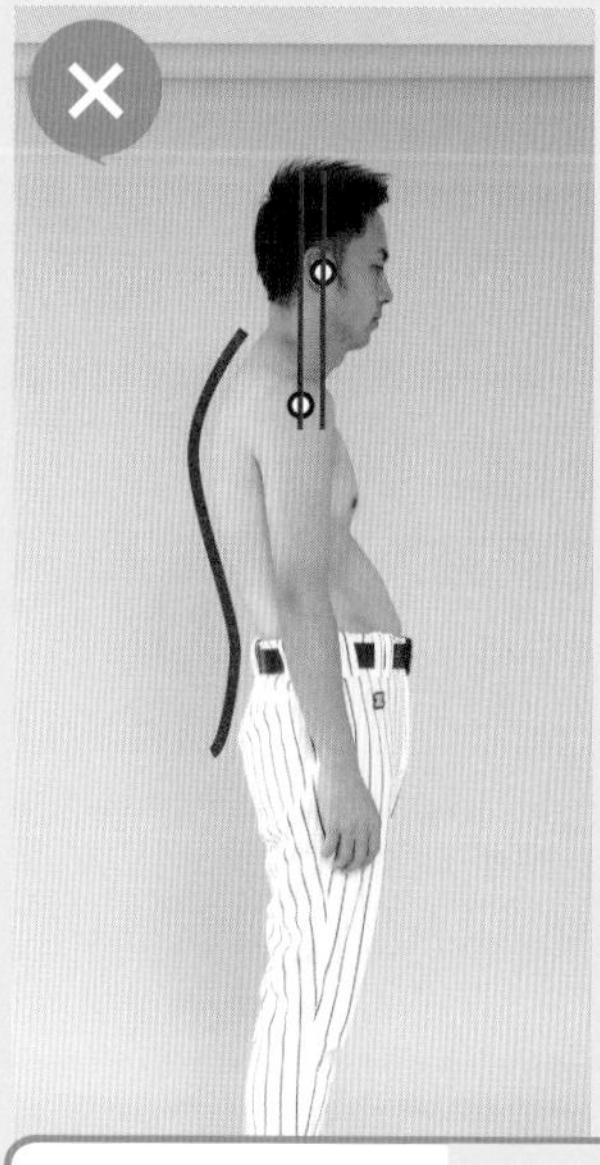

ダメな姿勢
・耳（頭）が肩より前
・背中が丸い
当てはまる場合

102ページへ

2 椅子からの片足立ち上がり

片足で立ち上がり
10回×3セット

椅子に座り、片脚を浮かす
地面をしっかりと踏み、まっすぐ立ち上がる
椅子の音が鳴らないように座る

Point

軸足の股関節をしっかりと使って、重心を落とすようにしよう！

軸足のバランスに大事な筋肉❶

大殿筋《だいでんきん》(お尻の筋肉)

片脚立ちでバランスがとれるようにするために最も重要な筋肉は大殿筋。この筋肉により、軸足に力をためることができる。姿勢が悪く、股関節が使えていないと、もも前にばかり力が入り、大殿筋に力が入らなくなる。

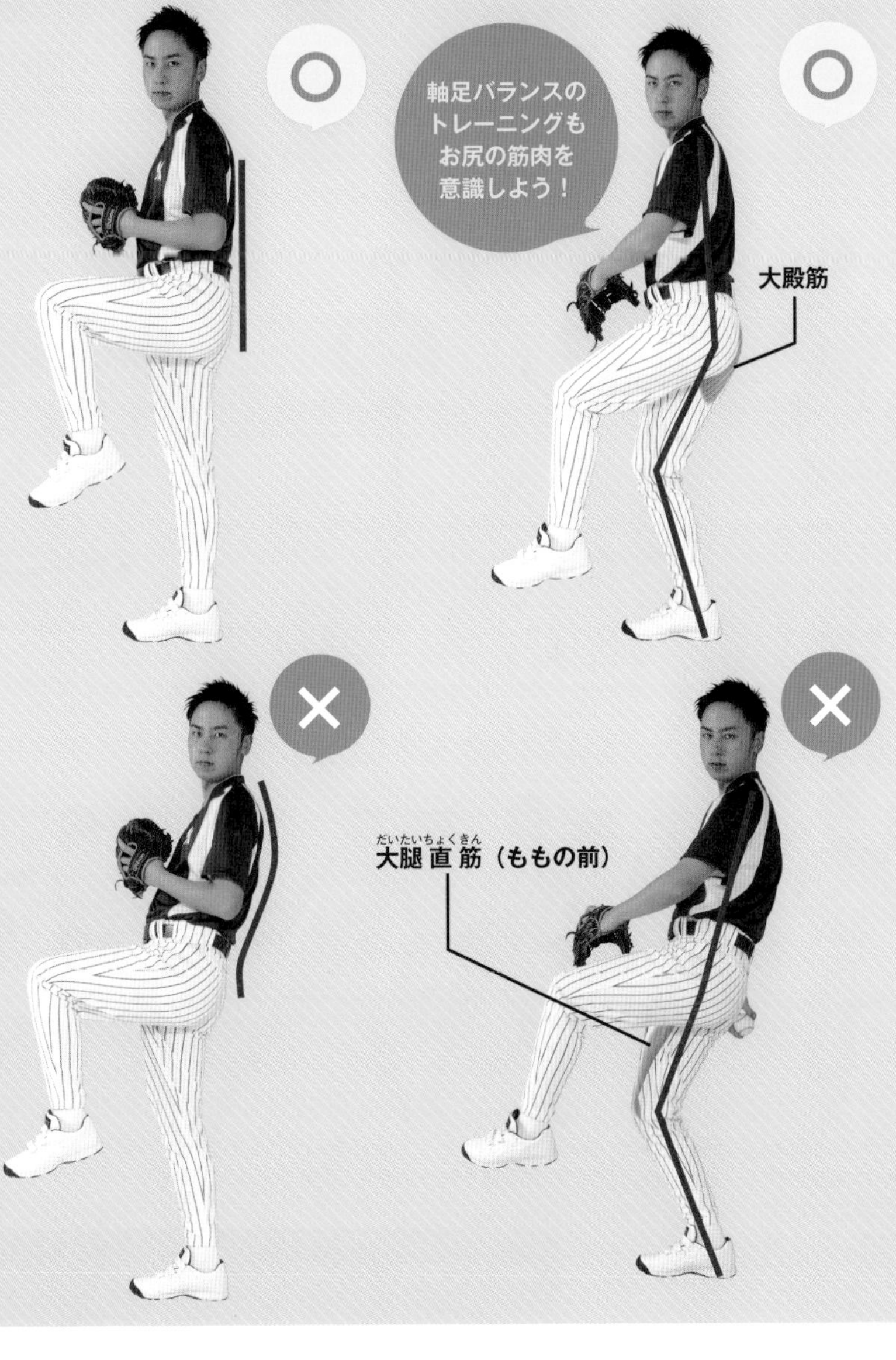

軸足のバランスに大事な筋肉❷

内転筋《ないてんきん》(内もも)

内転筋は股関節の付け根から、ももの内側につきます。この筋肉は、股関節を閉じる役割があります。踏み込んでいくときに、内転筋に力が入ることで、骨盤が過剰に開いてしまうのを抑えることができます。開きを抑える大事な筋肉です。

片脚バランス
&リーチ
-ラテラルスライド-

3 片脚バランス&リーチ

片脚でスクワットしながらリーチ
10回×3セット

1 両手を前で合わせて片脚立ち。

2 軸足を中心に骨盤をひねる。

3・4 ひざを曲げ、重心を落としながら、かかとから出すように踏み込み足を横に伸ばす。

4 片脚バランス&チューブ

チューブを使いながらストライド
30~50回

1 チューブやタオルをももの内側にかけて片脚立ちになり、バランスを維持する。

2 内ももの筋肉を意識し、かかとから踏み込み足をリーチし始める。

3・4 ギリギリまで軸足に重心を残し、踏み込み足のお尻を投げる方向に向けながらリーチする。

5 足をつく。

Point

内転筋を意識しながら、重心移動を行うようにしよう!

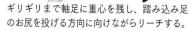

5 片脚バランス＆リーチ＆シャドー

1、2は戻り、3でシャドー
10回×3セット

1～5までのリーチ動作を2回繰り返す。

3回目にギリギリまで軸足に重心を残しながら、シャドーに入る。

足がついた瞬間に一気にグローブを引き、骨盤を回旋させて振りきる。

正面から見ると……

足がつくギリギリまで骨盤を開かない。

足がついたら一気に回転させる。

Point

足がつくギリギリまで、骨盤が開かないようにキープしよう！

身体の開きのバリエーションと修正方法の盲点

身体が開くことは、注意される場合が多い。身体の開きは、それ自体が問題となるだけではない。身体が開くことで手投げになったり、腕が後ろに強く残ったりと、

パターン❶　身体の開き ⇒ インステップ ⇒ 手投げ

※インステップをして開くのを抑えようとしている⇒骨盤の回転が早く止まる⇒手投げを助長。

パターン❷　身体の開き ⇒ グローブをクロス ⇒ 腕が後ろに残りすぎ

※グローブをクロスするように使うことで開くのを抑えようとしている⇒ボールを持つ手も強く後ろに引く⇒まっすぐボールを投げるために、クロスしたグローブを早めに動かしてしまう⇒身体が開く⇒腕が後ろに残るのを強くさせる⇒リリースが後方になる。

そのほかのさまざまな問題になるフォームにつながる危険性がある。ただ開くのがいけないのではなく、結果として何がいけないのかを明確にしたほうがよい。

また、その修正方法としてグローブの使い方やステップの方法だけを用いると、結果として開きは抑えられても（抑えられているように見えても）、その他のフォームの問題を助長させていることもある。以下にその例を紹介する。

このようにフォームを修正することで、逆に肩やひじに問題を増やしている選手もいるため、フォームの修正には注意が必要である。

ひじが肩のライン上につねにあり、しっかりと胸が張れている。

最後までしっかりと身体が回り、腕も振れている。

Check Point ❶
両肩のラインをひじが追い越していないか

Check Point ❸
グローブが遊んでいないか

❶＋❷ 身体が早く開くと、リリース付近では逆に身体の回転が早めに終わり、腕が大きく前に動き、手投げのフォームになる。

身体の開きの修正 182~183ページへ

❶＋❸ グローブが遊んでしまい、わきが空いたままになると、ボールを持ったほうの腕だけで投げてしまい、手投げになる。

グローブの使い方の修正 184~189ページへ

フォーム 15

手投げのフォームの見方

パターン❶ 身体の開き
パターン❷ グローブが使えていない

安全なフォーム（横から）

重心をしっかりと軸足に残しながら、踏み込み足を前に出せている。足がつくときにはまだ上体が正面を向いていない。

手投げ（横から）

Check Point ❷
身体が開いていないか

安全なフォーム（前から）

手投げ（横から）

ひじが肩のライン上につねにあり、
しっかりと胸が張れている。

最後までしっかりと身体が回り、
腕も振れている。

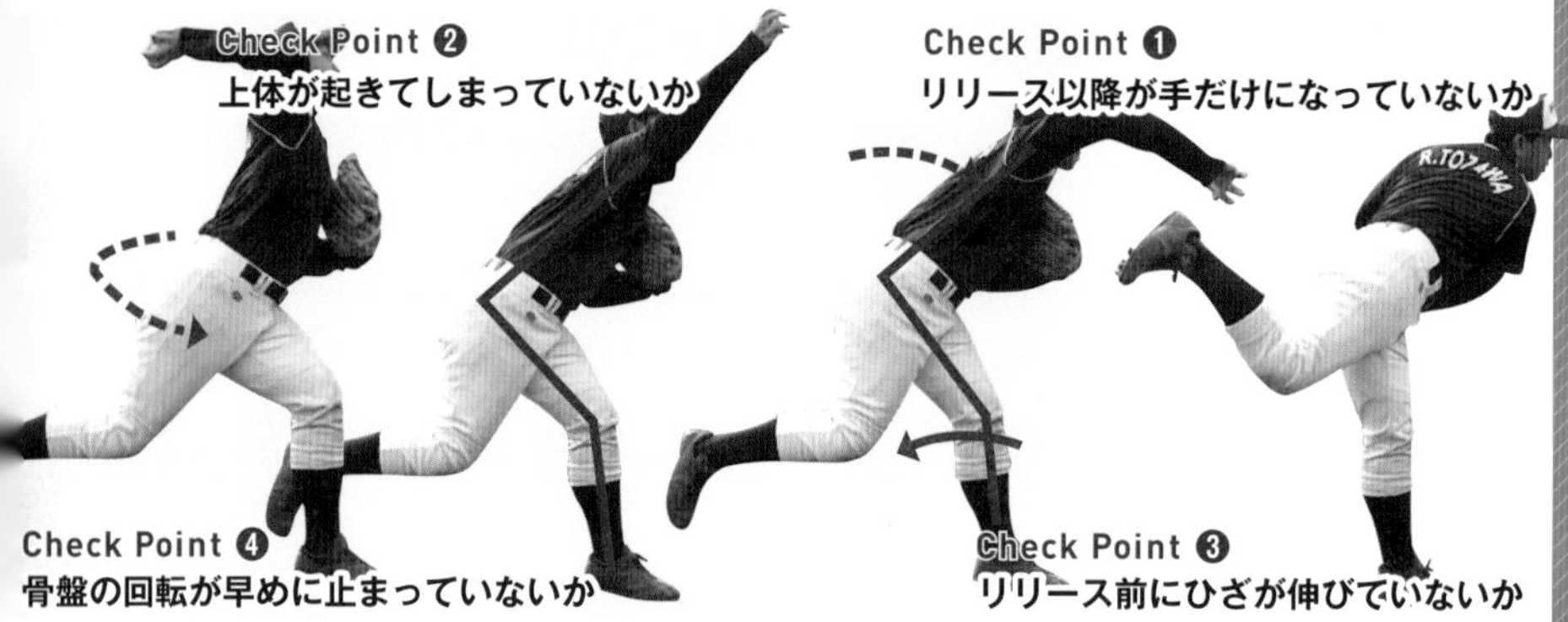

Check Point ❷
上体が起きてしまっていないか
Check Point ❶
リリース以降が手だけになっていないか
R.TOZAWA
Check Point ❹
骨盤の回転が早めに止まっていないか
Check Point ❸
リリース前にひざが伸びていないか

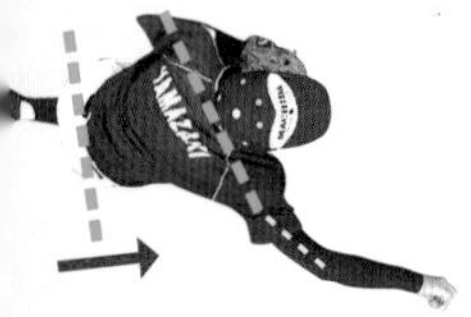

YAMAZAKI

上から見ると、手投げのフォームでは、骨盤《こつばん》の回転が２枚目の写真からほとんど止まってしまっているのがわかる。
骨盤の回転が早く止まることで、上体の回転もリリース付近で止まってしまい（3～4枚目）、リリース以降が手だけで投げてしまっている（4～5枚目）。

R.TOZAWA

❶＋❷　上体が起きてしまうことで、最後に手でボールを抑えないといけなくなり、手だけになる。

❶＋❸　踏み込み足が伸びてしまうことで、お尻が後ろに引けてしまい、手だけになる。

❶＋❹　骨盤の回転が早めに終わってしまい、手だけになる。

踏み込み足の使い方の修正
174~175ページへ

リリースポイントの修正
200~201ページへ

フォーム 16

手投げのフォームの見方

パターン❸ 身体の回転が途中で止まってしまう

安全なフォーム（横から）

重心をしっかりと軸足に残しながら、踏み込み足を前に出せている。足がつくときにはまだ上体が正面を向いていない。

手投げ（横から）

安全なフォーム（上から）

手投げ（上から）

リリースポイントの修正メニュー

頑固な手投げに対して…

身体の開きを抑えたり、骨盤《こつばん》の回転を最後まで止まらないようにしようとしてみても、うまく直らない場合もあります。とくに、技術的にまだ未熟の場合の選手にその傾向が多い印象です。その場合は、投げるときの身体の使い方の基本からリリースのポイントまで、基礎から教えることになります。

1 肩甲骨《けんこうこつ》と上腕三頭筋《じょうわんさんとうきん》のトレーニング

肩甲骨を寄せたまま ひじを曲げ伸ばしする
10回×3セット

肩甲骨を寄せたまま1～2kgのおもりを持ち、ひじを曲げ伸ばしする。

※ この際、ひじの高さが、ぶれないように注意する。

2 肩甲骨と体幹のトレーニング

肩甲骨を寄せたまま 身体をひねる
10回×3セット

詳細は186ページへ

3 テイクバックからリリース

肩甲骨を寄せたまま身体をひねり、リリースまで
10回×3セット

グローブとボールを持ち、頭の後ろに両手を回して身体をひねる。

グローブを持つ手を伸ばし、テイクバックをとる。

グローブを引いて身体をひねる（身体が正面を迎えるまで、ひじは曲がったまま）。

リリースに向かって、身体をさらにひねりながら、ひじを伸ばす。

4 リリースポイントの練習

バドミントンのシャトルを投げる
50回

グローブとバドミントンのシャトルを持ち、頭の後ろに両手を回す。

身体をひねり、テイクバックをとる。

グローブを引き、身体をひねる（身体が正面を迎えるまでは、ひじは曲がったまま）。

リリースに向かって、一気にひじを伸ばし、シャトルを投げ、最後まで振りきる。

Point

正しいリリースポイントで離せていると、シャトルの飛ぶ方向は斜めになる！

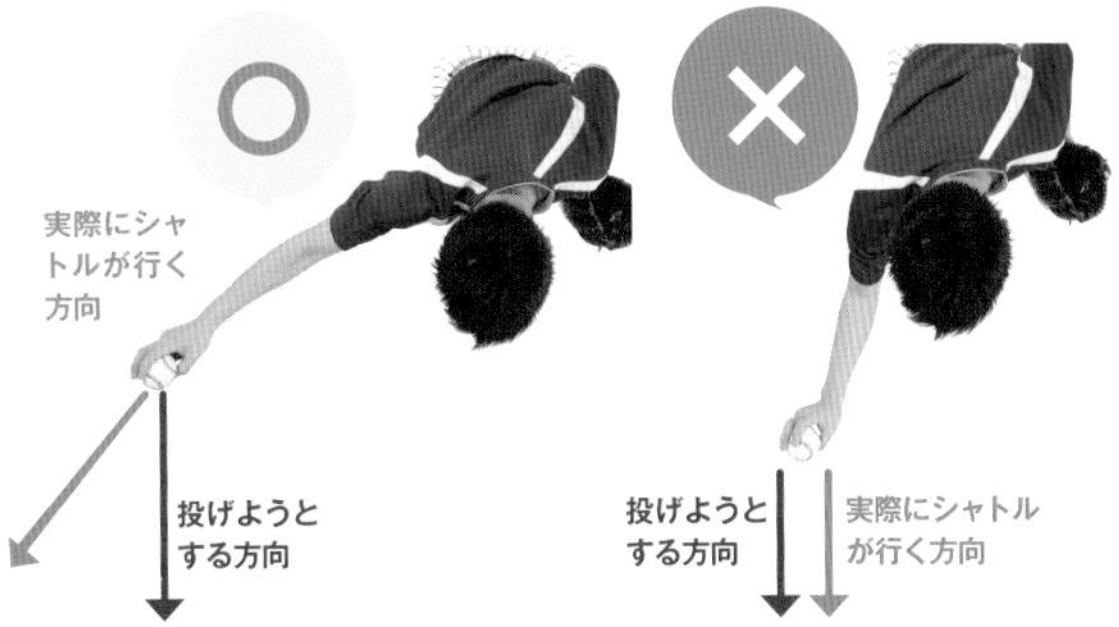

座ってシャトルを投げると、立って投げるのとは違い、身体がひねられきれないため、斜めにシャトルが飛ぶ。

立って、同じ要領でシャトルを投げる

今度は、正しいリリースポイントで投げると、シャトルはまっすぐ飛ぶ。

Point

リリースポイントでしっかりとひじを伸ばす！

フォーム 18

ポジション別に起こるフォームの問題

シャドーやキャッチボールのフォームがよくなっても、いざノックを受けてみると、バックホームをしてみると、二塁へ送球してみると、たちまちフォームが崩れてしまう…。そういう選手はたくさんいます。

その理由は、投げるという動作の前に、ボールに向かって走る、しゃがんだところから立つなどの動きが入るからです。

ただ、もしキャッチボールのフォームがうまくなっていれば、ちょっと意識をするだけで、そのような状況でのフォームも必ずよくなります。

その陥りやすい問題と、それを修正できるトレーニングを紹介します。

Check Point ❷
軸足で一瞬自分の体重
を支えているか

Advance 軸足で1秒止まってそのままシャドー
10回×3セット

6
7
8

1～5：ボールから2，3歩離れた位置からステップし、5の姿勢で1秒キープする。
6～8：そのまま振りきる。

Point

実際のノックを受けるときにも、上下動をなるべく抑え、一瞬だけ軸足一本足立ちになる瞬間をつくろう！

フォーム 19

内野手で起こりやすいフォームの問題点と修正方法

○

×

Check Point ❶
重心の上下動が大きくないか

❶❷重心の上下動が大きく、軸足で自分の体重を支えられない⇒上体が突っ込んだり、手投げのフォームになる

1 内野手のステップの練習

軸足で止まって3秒キープ
10回×3セット

1・2：ボールを床に置き、一歩踏み出して拾う。
3・4：重心を前に移動しながらステップする。
5：軸足だけで立ち、テイクバックの姿勢で３秒キープする。

Check Point ②
グローブを持つひじの高さは肩のラインまで上がっているか
Check Point ③
リリース前に踏み込み足のひざは伸びていないか

②肩のラインまでひじが上がらない⇒身体が開いたフォームになる
③踏み込み足が伸びてしまう⇒手投げのフォームになる

Advance 軸足で1秒止まってそのままシャドー
10回×3セット

5
6
7
8

すばやく4の姿勢になり、1秒キープする。
5～8：そのまま振りきり、しっかりと体重を踏み込み足に乗せる。

Point

実際に送球するときも、一瞬だけ軸足一本足立ちになり、グローブを持つひじを肩のラインまで上げよう！

フォーム 20

キャッチャーで起こりやすいフォームの問題点と修正方法

Check Point ❶
軸足で一瞬自分の体重を支えているか

❶軸足で自分の体重を支えられない⇒上体が突っ込んだり、手投げのフォームになる

1 キャッチャーのステップ練習

軸足で１秒止まって
そのままシャドー
10回×3セット

1～3：キャッチャーの構えから、ワンステップする。
4：軸足だけで立ち、テイクバックの姿勢で３秒キープする。

フォーム 21

外野手のバックホームや遠投で起こりやすいフォームの問題点と修正方法

Check Point ❶
上体を前屈しすぎて捕球していないか

Check Point ❹
グローブは高く上がっているか

Check Point ❸
軸足で一瞬自分の体重を支えているか

Check Point ❷
できる限り早く半身になれるか

Check Point ❺
骨盤と肩のラインは平行で、投げる方向を向いているか

❶上体だけで前屈《ぜんくつ》
⇒上体が突っ込む
❷半身になるのが遅い
⇒身体の開きが早い
❸軸足に体重が乗らない
⇒上体が突っ込む
❹グローブが低い
⇒身体が開く、横に倒れる
❺骨盤《こつばん》と肩のラインがバラバラ
⇒手投げ

Point

グローブを高く上げ、踏み込み足側の骨盤を引き上げて投げるようにしよう！

遠投のフォームの練習

ケンケン×3回
ジャンプしてシャドー×30回

1：片脚立ちになる。
2～6：2回ケンケンをしながら前に進む（踏み込み足側の骨盤《こつばん》を引き上げる）。
7～10：3回目のケンケンで着地をしたら、そのままグローブ(もしくはグローブを持つ手のひじ）を高く上げる。
11・12：そのまま振りきる。

COLUMN

冬場のトレーニングって何をしたらよいの？

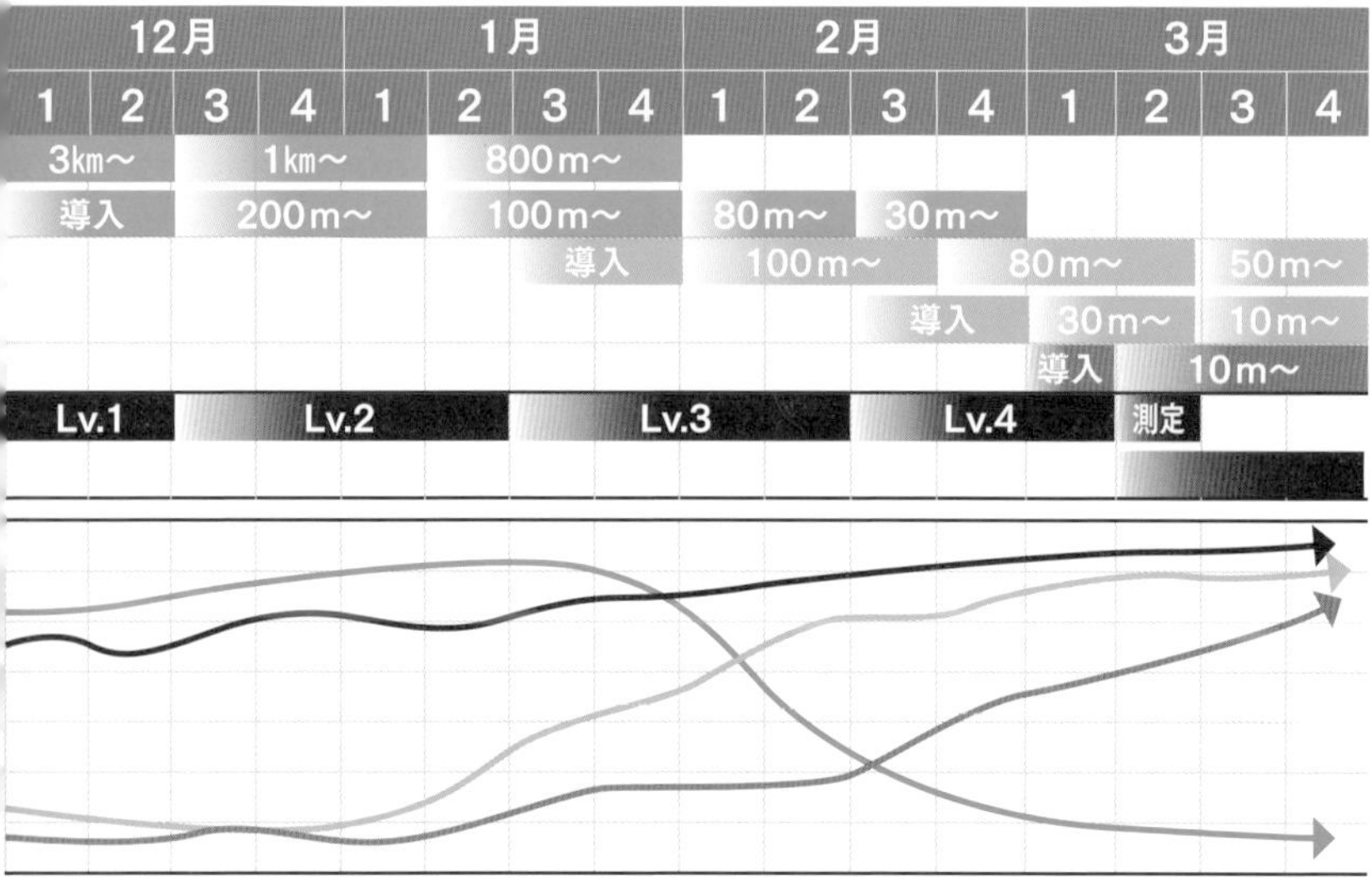

高校生以上のチームが勝利のために取り組むとよいトレーニングについて、冬のトレーニングを例に挙げて紹介します。

野球では競技の中で長距離を走ることはなく、そのためシーズンが始まるぎりぎりまで長距離を走る必要はありません。一方で、長いシーズンや夏の暑い時期を乗り切るためには、基礎体力や回復力は重要であり、走るという行為は、この能力を鍛えるために適したトレーニングです。

基礎体力のベースアップを念頭に、一定のペースで走る持久走からスタートをします。距離は増やすよりも、むしろ短くし、その代わりにペースを上げます。途中から並行して、間欠的トレーニングを加えます。間欠的トレーニングは、ある距離を全速力で走り、帰りはジョグで戻るというランを繰り返します。動きながら呼吸を整えることで、回復力を高める効果もあります。距離を短くすると、回復する時間も短くなり、キツくなるトレーニングです。

スピードトレーニングは、年明けの気温上昇とともに、強度・量を段階的に増加させます。しっかり休憩をとり、一本一本全力で走ることが重要です。

敏捷性のトレーニングは、スピード能力が上がった状態で行うことが重要なため、短い距離でしっかりとスピードをあげられるよう

				11月			
			頻度（週）	1	2	3	4
持久力	長距離	800m〜5㎞	1〜2	導入			
	間欠的	30〜400m	2〜3				
スピード	中距離	50〜200m	1〜2				
	短距離	10〜50m	2〜3				
	敏捷性	10〜20m	1〜2				
筋力	中距離	50〜200m	3〜4	学習		測定	
	短距離	10〜50m	1〜2				

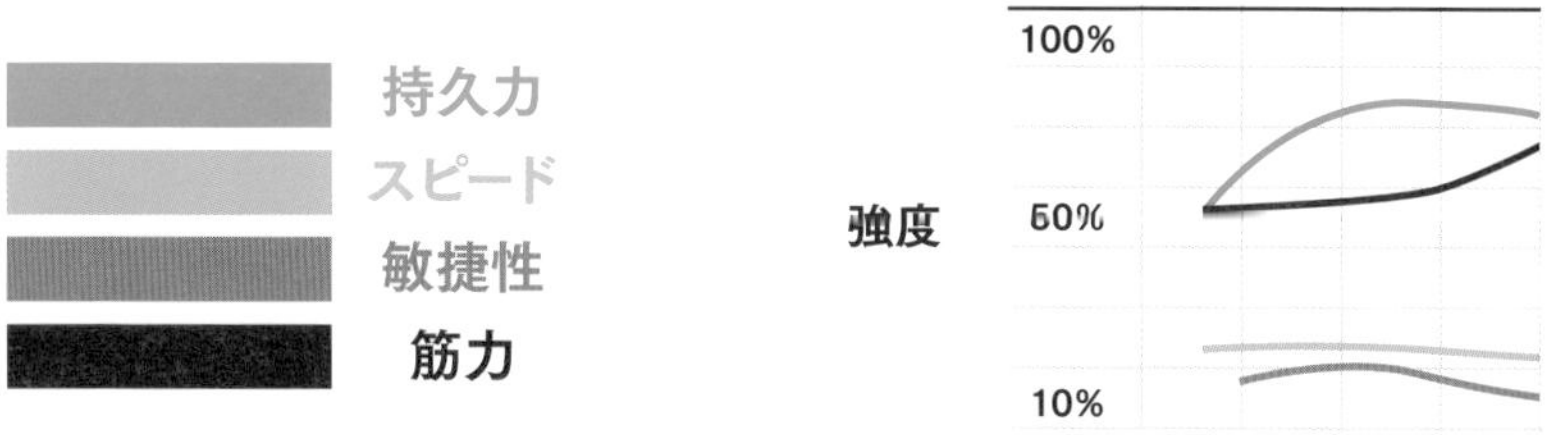

になってから取り組むことが重要です。トレーニングのタイミングは後半となり、練習試合が始まる時期でも構いません。

筋力トレーニングは、3週間ごとに負荷を上げていき、筋肥大と正確な動作獲得を目指します。スピードを意識したパワートレーニングは、敏捷性と同様、練習試合が開始される時期で構いません。

いずれのトレーニングも、開始した週は身体の動かし方と負荷量のコントロールを中心とすることと、達成タイムや重量などを定期的に測定するようにしましょう。

ここで挙げたトレーニングはあくまで一例であり、チームや選手個々の目的によって内容は異なります。また、野球の世界では、冬は身体づくりの時期というのが当たり前になっていますが、本来であれば、量をコントロールしたうえで、シーズン中にも実施することが望ましいです。また、あくまで高校生や大学生以上の成長が進んだ選手の内容であり、小学生や中学生の冬場のトレーニングはまったく異なります。よく体力を鍛えるといって、ストップウォッチを片手に長距離ランニングを指導している場面を目にしますが、小学生で伸びる能力は持久力よりも、いわゆる運動神経です。選手が子どもであればあるほど、大人の楽な単一的なメニューではなく、大人が苦労して、工夫を凝らした、いろんな要素の入ったメニューを行うことが重要です。大人が大変なトレーニングほど、良いトレーニングである。このことを胸に、トレーニング指導をするとよいでしょう。

おわりに

長期的アスリート育成とスポーツとの関わり

坂田 淳

Long-Term Athlete Development (LTAD) とは

カナダで発展したLTADとは長期的アスリート育成と訳され、世界的に注目されている競技者育成モデルのひとつです。左図の左下の幼児から、右上の高齢者まで、スポーツと運動を長期的スパンで発達させていくのかが示されています。

6歳以下では、活発に動くところから始めます。日常生活の遊びの中で、動く楽しみを覚えてもらうことが重要です。位置覚、物体の操作、バランス感覚を刺激するような運動を一日3時間ほど行うことが望ましく、具体的には、平たんや斜面、土や芝生、砂、雪の上や水、空中など様々な環境で、いろいろな素材や形のおもちゃを使い、視線が変化するような遊びを行いましょう。ただし、身体的な危険を認識して、大きなケガが起きない中での遊びに挑戦することも重要です。

7～9歳は、遊びを通して、スポーツの基本となる身体の様々な動かし方の基本(走る、打つ、捕る、投げる、跳ぶなど)を楽しく身につけることが重要です。複数のスポーツを経験しながら、方向転換やバランス、基礎的コーディネーションに重きを置いた運動を行ったり、様々なボールを使ったり、自分の体重を使ったトレーニングを、自信と競争心を育むような内容で行うことが望ましいとされています。

10～12歳の間は、様々な運動能力が発達します。複数のスポーツを経験しながら、専門的コーディネーションや体幹の安定、柔軟性を身につけるトレーニングを行います。練習と試合は7：3の割合がよいと推奨されています。小学生年代は、身体の賢さを養う時期でもあり、様々な運動経験が重要になります。後々、よりレベルの高い、複雑なスポーツの技術へと発展させていける基礎を養います。

中学生では、野球のような特定のスポーツの技術を身につけ、ポジションプレーも身につけるなど、その後の勝利を目標にした競技スポーツにむけた強い基盤を養います。有酸素系の能力と筋力の発達が著しく、全身のスピー

※https://sportforlife.ca/ を参考に作成

ドが向上します。ただし、体格の変化による要素も大きく、周りより身体が早く大きくなり、力がついた高校生のような中学生と、まだ骨の成長も起きていない小学生のような中学生が混在しており、身長のモニタリングを行うようにしましょう。身体が大きな選手には、力に頼らず身体の使い方を意識させること、まだ小さな選手の機会を失わせないことが、将来の彼らに大事です。成長真っただ中の彼らは、手足が長くなることで、身体が硬くなり、力も急につき、バランスも崩れ、一次的に技術が下がることがあります。ストレッチや体幹トレーニングを行い、新しい身体に慣れることが重要です。

　その後、高校生になり、いよいよ勝利に向けた競技スポーツが本格化します。特定なスポーツに特化した運動能力や技術を高めます。このときまでに蓄えた強い基盤が、この後に活きてきます。身体、戦術、メンタル面で専門的な技術をまんべんなく学ぶことになるでしょう。

　一方で、競技スポーツは一生は続きません。表彰台にのぼることができるのは一握りの選手です。むしろ大事なことは勝利という結果だけでなく、スポーツで培った競争に挑戦するメンタリティです。また、多くの人のスポーツとの関わりは、健康であること、活動的であることといった生涯スポーツであり、それはどの年代からでも始めることができます。スポーツとは本来、遊びであり、動くことの楽しさであり、決して苦しみではありません。そのことを感じてもらえるようなスポーツとの関わりを、していってほしいと願います。

著者紹介

間瀬泰克（ませ やすよし）

1960年東京生まれ。日本医科大学卒業後、スポーツ整形外科を志し、早くからスポーツ現場を中心に活動。多くのスポーツ競技にかかわる。2003年に「八王子スポーツ整形外科」を開設。専門は関節鏡視下手術で、連日スポーツ選手の手術を手がける。現在は、同院長、医療法人社団スポーツメディカル理事長。

坂田　淳（さかた じゅん）

トヨタ記念病院リハビリテーション科、理学療法士、アスレティックトレーナー、博士。アスリートのリハビリに従事しながら、小学生から大学生、社会人、プロまで、幅広い野球選手の肩・ひじのケガ・故障の予防・パフォーマンス向上に取り組んでいる。

編者紹介

医療法人社団スポーツメディカル　八王子スポーツ整形外科

2003年開設、日本で最初に「スポーツ整形外科」を標榜したスポーツ専門のクリニック。第一線で活躍するスポーツドクター、アスレティックトレーナー、理学療法士、鍼灸マッサージ師、管理栄養士、メンタルセラピスト等のプロの職人たちが、全国から集結し、あらゆるスポーツ種目、競技レベルの選手に対応。受傷した選手がベストの治療を受け、早期に現場復帰ができるよう、トータルでサポートしている。

https://sports-medical.net

協力	渡邊雅也・岩城久雄（八王子スポーツ整形外科）
モデル	町田ボーイズ／金岡優志／松澤寛太（理学療法士）
写真撮影	株式会社ノビテック／天野憲仁（日本文芸社）／坂田 淳
イラスト	横浜市スポーツ医学センター（骨格図）
	岡田真一／室井明浩（studio EYE'S）
動画制作	坂田淳・橘内基純／（モデル）松澤寛太・鈴木龍大
DTP・デザイン	四方田 努（sakana studio）

※本書は『野球　肩・ひじ・腰の鍛え方・治し方』（2012年小社刊）を増補改訂、大幅に加筆し、再編集したものです。

野球《やきゅう》　肩《かた》・ひじ・腰《こし》の鍛《きた》え方《かた》と治《なお》し方《かた》

2023年3月1日　第1刷発行
2024年10月20日　第2刷発行

著　　者　間瀬泰克　坂田 淳
編　　者　医療法人社団スポーツメディカル　八王子スポーツ整形外科
発 行 者　竹村 響
印 刷 所　株式会社文化カラー印刷
製 本 所　大口製本印刷株式会社
発 行 所　株式会社日本文芸社
〒100-0003　東京都千代田区一ツ橋 1-1-1　パレスサイドビル 8F

Printed in Japan 112230219-112241009 Ⓝ 02（210110）
ISBN978-4-537-22084-1

（編集担当：坂）